国家级特色专业（汉语言文学）建设系列教材

全国普通高等学校中文专业通用教材

新编民间文学教程

XINBIAN MINJIAN WENXUE JIAOCHENG

毛巧晖　陈勤建 ◇ 主　编
郑土有　陈丽琴 ◇ 副主编

北京师范大学出版集团
BEIJING NORMAL UNIVERSITY PUBLISHING GROUP
北京师范大学出版社

图书在版编目（CIP）数据

新编民间文学教程／毛巧晖，陈勤建主编.—北京：北京师范大学出版社，2012.8（2019.12 重印）
（全国普通高等学校中文专业通用教材）
ISBN 978-7-303-12020-8

Ⅰ．①新…　Ⅱ．①毛…②陈…　Ⅲ．①民间文学-中国-高等学校-教材　Ⅳ．① I207.7

中国版本图书馆 CIP 数据核字（2011）第 003633 号

营销中心电话	010-58802181 58805532
北师大出版社高等教育分社网	http://gaojiao.bnup.com
电子信箱	gaojiao@bnupg.com

出版发行：北京师范大学出版社　www.bnup.com
　　　　　北京新街口外大街 19 号
　　　　　邮政编码：100875

印　　刷：天津中印联印务有限公司
经　　销：全国新华书店
开　　本：170 mm × 230 mm
印　　张：18.75
字　　数：317千字
版　　次：2012 年 8 月第 1 版
印　　次：2019 年 12 月第 4 次印刷
定　　价：35.00 元

策划编辑：马佩林		责任编辑：陈佳宵
美术编辑：毛　佳		装帧设计：毛　佳
责任校对：李　菡		责任印制：陈　涛

国家级特色专业(汉语言文学)建设系列教材

顾　问：陈　洪　朱立元　孟昭毅

　　　　丁　帆　钱曾怡

编委会：(按音序排列)

　　　　陈勤建　陈志明　亢西民　毛巧晖

　　　　毛远明　王临惠　席　扬　谢志礼

　　　　辛　菊　延保全　张　杰　张天曦

总　序

　　近年来，随着中国高校教育改革的进一步深化，高等教育本科教学质量与教学改革工程的实施，我们欣喜地看到"专业建设"一词越来越多地进入人们的视野，成为众所瞩目的焦点；"专业建设"或"特色专业建设"在人才培养中的核心地位，以及对于高校专业结构优化、人才培养、特色办学、高水平办学所起的重要作用也越来越受到重视，并成为广泛共识。

　　专业建设的重要内容之一是教材建设。2007年山西师范大学汉语言文学专业获批为教育部第一批特色专业建设点之后，本人作为项目负责人，就开始筹划汉语言文学专业系列教材的编写工作，并把其作为特色专业建设的重要内容之一列入建设规划。教材编写对于我们高校教师来说，并不陌生。从教以来，我曾多次主持和参与一些专业教材的编写，2003年还曾受命组织编写一套汉语言文学专业的教材丛书；然而，十年过去，教材编写、使用的形势和环境与以前相比，已经发生了很大变化。

　　首先，随着中国高等教育的快速发展，大量院校"专升本"、"中升专"，出现了一大批新的本、专科院校，从而对同一专业（如汉语言文学专业）不同层次与类型的学校的多样化、多层次、高质量教材的编写提出了新的要求。其次，加强对中国大学生实践能力和创新精神的培养成为提升中国高等教育质量、推进高等教育改革的重要目标和方向，这项改革不仅渗透于高等教育的各个环节，同时也要求在教材编写中有所体现。再次，新世纪以来的十年，也是中国高校人文社会科学教学与科研领域飞速发展、气象更新的十年，在20世纪80年代中后期引入中国的新理论、新方法在经过十余年的操练、积淀和本土化改造之后，更趋成熟、稳定，并在批评、研究实践中取得累累硕果；同时，20世纪结束，促使文学史家对这百年的文学历程进行新的梳理与审视，给文学史研究增加了新的视野和景观，不

1

可避免地给文学史教材编写带来内容、结构、方法诸多方面的改变。

鉴于上述种种原因，组织编写一套适合地方高等师范院校和普通高校汉语言文学专业教学，最大限度地吸收近年来的科研、教改成果，贴近教学，有利于学生实践能力和创新精神培养，便于教师备课和学生使用的教材，不仅适时也是十分必要的。

本丛书的特色有以下几个方面：

简明实用：从地方高师院校和普通高校教学实际出发，丛书编写不求宏大繁富，但以简明实用为尚；力求在教材的有限篇幅之内，以朴实简洁的语言，对教材内容作出简明扼要、条理清晰、科学准确、完整周密的阐述，以利于教师讲授和学生自学。

便于教学：丛书编写最大限度地贴近教学、服务教学，在简要勾勒知识体系全貌的基础上，尽量突出教学重点、难点，并对重要教学内容进行必要的挖掘、拓展和系统化表述；同时在各个章节之后设计若干思考练习题和拓展阅读内容，以备学生课外学习。

贴近前沿：尽量阅读、浏览、把握学术界最新研究成果，吸收、借鉴被广泛认可的学术观点，力求最大限度地反映国内外学术界的研究水平；采用新的批评理论和方法时，务求将其内化为一种文学素养与能力，做到灵活运用、妥帖得当，力戒机械套用、生拉硬套。

注重实践：丛书编写十分注重对学生实践能力、创新精神以及思考、解决问题能力的培养；理论联系实际，凸显问题意识与探索意识；在史料甄别、使用和阐述过程中，力求体现撰写者的史学观和文学观，以论带史，以观点统帅材料，力戒机械地罗列史料。

本丛书的使用对象主要是地方高师院校、普通高校的汉语言文学专业的学生、中文专业函授学员和广大文学爱好者。本套丛书的撰写者都是国内高校教学科研一线的教授、博士和该领域有所专长的专家学者。由于时间仓促，编写者水平有限，疏漏不足在所难免，敬祈广大读者和使用者提出宝贵意见。

亢西民

2012 年 7 月

目　录

第三部分　民间文学资料举例与个案分析

绪　论

第一节　民间文学与民间文艺学

　　民间文学（folklore）的界定一直是学术界的一个纷繁复杂的问题。1916 年梅光迪在给胡适的一封回信中说："文学革命自当从'民间文学'（folklore, popular poetry, spoken language, etc）入手，此无待言。"①这是民间文学一词最早的出处，但梅光迪并没有进行解释，只是将其等同于 folklore（民俗）、popular poetry（流行诗）、spoken language（口头语言）等。这三个词的意义不在一个层面上，可见他只是信手拈来，仅仅为了强调民间文学的语言特性对于文学革命的意义。再加上这个词出现在私人信件中，它的影响到底有多大难以估计。

　　最早对民间文学进行阐释的是胡愈之，他认为："民间文学的意义，与英文的'folklore'大略相同，是指流行于民族中间的文学。民间文学的作品有两个特质：第一，创作的人乃是民族全体，不是个人。普通的文学著作，都是从个人创作出来的，每一种著作，都有一个作家。民间文学可是不然，创作的绝不是甲也不是乙，乃是民族全体。……第二，民间文学是口述的文学（oral literature），不是书本的文学（book literature）。书本的文学是固定的，作品完成之后，便难变易。民间文学可是不然，因为故事、歌谣的流行，全仗口头的传述，所以是流动的，不是固定的。"②胡愈之虽然提到民间文学与"folklore"大略相同，但他并没有将其混同于民俗学，这与最初搜集歌谣不同。③他的界定中基本上陈述了民间文学的内涵和基本特征，尽管没有得到当时学界同人的认同，但它是超越时代的，后来的民间文学概念基本上是在它的基础上演化而来的。随着民俗学运动的发展和深入，对民间作品在语言、文学方面的把握比重增大，遂有一种要求民间文学从民俗学中分离出来、走向独立的意向。20 世纪二三十年代，出现了民间文学概论性书籍，这是一个学科出现和独立的第一步，主要有徐蔚南的《民间文学》、王显恩的《中国民间文学》以及杨荫深的《中国民间文学概说》。徐蔚南认为："民间文学是民族全体所合作

---

①　罗岗、陈春燕：《梅光迪文录》，162 页，沈阳，辽宁教育出版社，2001。

②　胡愈之：《论民间文学》，载《妇女杂志》，第 7 卷第 1 号，1921。

③　参见《发刊词》，载《歌谣》周刊，第 1 号，1922-12-17。其中提到搜集歌谣的目的有两个：一是学术的，一是文艺的。

的，属于无产阶级的、从民间来的、口述的、经万人的修正而为最大多数人民所传诵爱护的文学。"① 他的概念只是加上了阶级理念，民间文学是另一个阶级的文学。杨荫深则认为："像歌谣，谜语，时调，笑话，传记，神话……便是所谓'民间文学'。""这里的文学是口述的，耳听的，是一般民众——不论其为智识阶级或无智识阶级，他们都有演述口传的可能，这便是真正的民间文学。"② 他沿袭了胡愈之的概念。

延安时期的民间文学基本上是毛泽东《在延安文艺座谈会上的讲话》（以下简称《讲话》）一文在学术上的延伸。《讲话》中提出"萌芽状态的文艺（墙报、壁画、民歌、民间故事等）"、"原始形态的文学"、"较低级的群众的文学和群众艺术"、"群众的言语"和"初级文艺"，并且进一步指出："我们的文学专门家应该注意群众的墙报，注意军队和农村中的通讯文学。我们的戏剧专门家应该注意军队和农村中的小剧团。我们的音乐专门家应该注意群众的歌唱。我们的美术专门家应该注意群众的美术。一切这些同志都应该和在群众中做文艺普及工作的同志们发生密切的联系，一方面帮助他们，指导他们，一方面又向他们学习，从他们吸收由群众中来的养料，把自己充实起来，丰富起来，使自己的专门不致成为脱离群众、脱离实际、毫无内容、毫无生气的空中楼阁。"③ 从其所列内容中可以看出所指的是民间文学。延安时期民间文学充分发挥了它对于文学的意义，正如周扬所说："解放区文艺的一个重要特点之一，就是和自己民族的特别是民间的文艺传统保持了密切的血肉关系。"④

新中国成立以后，民间文艺学领域对民间文学的界定出现了差异，其差别主要集于两点：一是对"民间"一词概念的理解，一是对"文学"一词概念的理解。⑤ 从 20 世纪 50 年代至"文革"前，对民间文学的界定主要有：那些表现劳动人民的生活、感情和愿望的作品是民间文学；民间文学在阶级社会里才有了最确切的含义，它是劳动人民的创作；⑥ 民间文学是指劳动人民所创造的文学。⑦

20 世纪 80 年代以后，对民间文学的概念众说纷纭。对于"民"的内涵，民间文艺学从新中国成立后对其界定于"劳动人民"的范围，它更多意义上是

---

① 徐蔚南：《民间文学》，6 页，上海，世界书局，1927。

② 杨荫深：《中国民间文学概说》，1～2 页，上海，华通书局，1930。

③ 毛泽东：《在延安文艺座谈会上的讲话》，载《解放日报》，1943-10-19。

④ 《周扬文集》，第 1 卷，519 页，北京，人民文学出版社，1984。

⑤ 参见魏同贤：《民间文学界说》，载《文史哲》，1962（6）。

⑥ 同上。

⑦ 参见中国民间文艺研究会上海分会编：《中国民间文学论文选》（上），503 页，上海，上海文艺出版社，1980。

一个政治概念，新时期以来基本沿承了这一内涵，只是将其扩展为"广大人民"。随着民俗学的兴盛，"民"的探讨逐步进入学人视野。陈勤建在《中国民俗》中认为："民俗意义上的民众，是相对于官方立场而言的宽泛的人群概念。"① 这一范围界定突破了政治视野的"民"之内涵，与世界民俗学对"民"的探讨趋向一致。"民"不再是指农民或乡下人，在中国用"劳动人民"指称，这对于民俗学而言意味着民俗学取向的变化。正如高丙中所言："民俗学的取向是历史还是现实？民俗学的对象是罕见的奇风异俗还是普通的大众生活文化？关键在于正确认识作为民俗主体的'民'。"② 通过"民"内涵的推进，民俗学思想逐步摒弃古俗研究，开始介入现代生活，其现实意义越来越得到重视，这也是它得以迅速发展的一个重要因素。关于"民"的具体内涵，学界首先介绍了西方"民"的历史演化过程以及当前的现状。《美国民俗学》一书中关于民众类型叙述非常清晰。民众是美国民俗文化传统的传承者，"泛而论之，在解释谁是民众、其民俗如何起源问题上有四种基本理论。公有理论认为，'民众'是淳朴的农民，他们共同创造了民俗。残留物理论把民俗的起源上推到文明的'野蛮阶段'，认为现代民俗是古代的遗传或'残留物'。文化降低因素理论则颠倒了传播的方向——认为民俗是从高级的根源而来，如'学问知识'自上而下传入普通人民中而成为其传统的东西。最后，个人创造与集体再创造理论认为，各种民俗起先都是由社会任何阶层的某个个人创造的，但在口头流传的过程中它又被修改变动了"。③ 对"民"的内涵作出积极推动的要算美国著名民俗学家阿伦·邓迪斯，他关于"民"的叙述被较早译介，其主要观点为：19 世纪时，"民"这个术语是个依附性的而不是独立性的实体。它被理解成构成社会的下层，即所谓"贱民"的那群人，与该社会的上层或名流相区别而言。当时，一方面把"民"与"文明"相区别，认为"民"是文明社会中尚未开化的群体；另一方面又把"民"与所谓的蛮荒社会或初民社会，即社会阶层更低下的人群区别开来。这种内涵的界定就把初民或城市居民排除出民俗学研究范围，这样的民俗学研究只能是一种拯救工作，民俗学这一学科届时也会随着民的消失而不复存在。马克思主义民俗学家们提出了工业化创造民俗或鼓励民俗产生的观点，这对民俗研究是个突出的贡献。他们看到了，"民"这一概念应该包括农民和无产阶级，也就是说，既应包括乡村的民群，也应包括

---

① 陈勤建：《中国民俗》，20 页，北京，中国民间文艺出版社，1989。

② 高丙中：《关于民俗主体的定义——英美学者不断发展的认识》，载《湖北大学学报》，1993（4）。

③ ［美］布鲁范德：《美国民俗学》，李扬译，21 页，汕头，汕头大学出版社，1993。

城市的民群。然而，这种理论只把"民"局限于下层阶级，即受压迫阶级，就跟上述民的理论局限性出现了内在的一致，即世界上不再有受压迫的阶级，也就不再有"民"和民俗了。这样我们就要从一个新的角度来理解"民指什么人"，邓迪斯的理解为"民是指至少具有一个共同因素的任何人类群体"，这个群体可以大到一个民族，小到一个家庭，即所谓的"临时民群"。只有这种界定才使得"民"会永远存在，民俗学既拥有了现代意义，同时也能持续发展。① 根据西方学人的理论，国内学者对其进一步内化，"民"演化为"人"，民俗即"人俗"。②

对于"民间文学"的理解，其主旨主要有：（1）它是流传于人民大众（或社会下层）中间的文学。（2）它是口头创作、口耳相传的艺术。（3）反应民众的思想观念和审美情趣。（4）与作家文学相对而言。（5）纳入民俗学领域，是一种生活文化。③

---

① 参见［美］阿伦·邓迪斯：《"民"是什么人?》，王克友、侯萍萍译，载《民俗研究》，1994（1）。

② 参见黄意明：《化民成俗：民俗学的重大课题》，载《戏剧艺术》，1998（4）。

③ 参见刘守华、巫瑞书主编：《民间文学导论》，3～5 页，武汉，长江文艺出版社，1997。段宝林主编：《中国民间文学概要》，17～18 页，北京，人民出版社，1998。钟敬文、马名超、王彩云主编：《民间文学大辞典》，22 页，哈尔滨，黑龙江人民出版社，1996。谭达先主编：《中国民间文学概论》，4～5 页，台北，贯雅文化事业有限公司，1992。张紫晨主编：《民间文学基本知识》，1～2 页，上海，上海文艺出版社，1979。姜彬主编：《中国民间文学大辞典》，1 页，上海，上海文艺出版社，1992。乌丙安：《中国民俗学》，5 页，沈阳，辽宁教育出版社，1999。郑志明：《文学民俗与民俗文学》，34 页，嘉义，南华管理学院，1999。江宝钗：《从民间文学到古小说》，127 页，高雄，复文图书出版社，1999。吴同瑞、王文宝、段宝林编：《中国俗文学概论》，2 页，北京，北京大学出版社，1997。陈启新：《中国民俗学通论》，420～422 页，广州，中山大学出版社，1996。叶春生编：《岭南俗文学简史》，6～7 页，广州，广东高等教育出版社，1996。祁连休、程蔷编：《中华民间文学史》，2～3、12、20 页，石家庄，河北教育出版社，1999。刘魁立：《刘魁立民俗学论集》，72～73、85～91 页，上海，上海文艺出版社，1998。高国藩主编：《中国民间文学》，2～6 页，台北，学生书局，1995。李惠芳主编：《中国民间文学》，13～15 页，武汉，武汉大学出版社，1999。胡万川主编：《文化的源头活水——民间文学之重要性》，2 页，彰化县立文化中心，1993。胡万川主编：《民间文学工作手册》，1～3 页，台中县立文化中心，1996。曾永义主编：《说俗文学》，11 页，台北，联经出版事业公司，1980。陈益源主编：《民俗文化与民间文学》，2 页，台北，里仁书局，1997。钟敬文主编：《民间文学概论》，1 页，上海，上海文艺出版社，1980。钟敬文：《中国民间文学讲演集》，86 页，北京，北京师范大学出版社，1999。娄子匡、朱介凡主编：《五十年来的中国俗文学》，1 页，台北，正中书局，1970。陈泳超：《中国民间文学研究的现代轨辙》，3～8 页，北京，北京大学出版社，2005。

民间文学与民间文艺学是不同的，正如韦勒克所言，我们必须首先区别文学和文学研究。这是截然不同的两种事情：文学是创造性的，是一种艺术；而文学研究，如果称为科学不太确切的话，也应该说是一门知识或学问。① 对于民间文学，学界一直有不同的指称与内涵，在学术史历程中，它既可指研究对象，也可以是学科名称。民间文学可以作为文学、民俗学、文化人类学、历史学等多学科的研究对象。如果我们将民间文学作为学科名称，它就包含从各个视野与方法的研究，这虽然扩大了它的研究范围，但是在很大程度上消解了它的边界，造成了学术研究的混乱，以及自身学科的迷失，这不能不说是民间文学从 20 世纪 90 年代开始陷入前所未有的危机与困境的因素之一。在本书的论述中，民间文学只是作为研究对象，民间文艺学作为学科的名称。民间文艺学是指从文学的视野对民间文学所进行的研究，这就便于规范与厘清它的学术边界，这不是反对交叉学科，而是强调民间文艺学的学科独立性。

面对"民间文学成为一种科学的必然"，② 需要对其进行独立研究。尽管"神话、故事或歌谣等，不论形式或内容，和文学作品中的叙事作品或诗歌，一经口语、文字的转换，便有颇为相近的东西"，③ 但是它们之间差异也是显而易见的。正如钟敬文所提出的："我们当然不反对把民间文艺和文人文艺并作一个研究对象，而成立一种系统的科学——文艺学（一般文艺学）。但为了使关于它（民间文艺）的研究精密化、系统化，我们毫不客气地要为这种研究另创立一种独立的科学。"④ 也就是民间文艺学。苏联文艺理论家莫·卡冈在《艺术形态学》中也专门思考过这一问题，他认为民间文学与作家文学有重大的差别，应作为文学的另一形态加以研究。⑤

民间文学在新中国成立后，正式作为一个独立研究领域。对它的研究承继了 20 世纪上半叶，尤其是 40 年代延安时期的学术倾向，"着重从文艺上来学习利用民间文艺，这种情况一直延续到新中国成立之后，成为中国民间

---

① 参见［美］勒内·韦勒克、奥斯汀·沃伦：《文学理论》，刘象愚等译，1 页，南京，江苏教育出版社，2005。

② 钟敬文：《民间文艺学及其历史》，4 页，济南，山东教育出版社，1998。

③ 胡万川：《民间文学的理论与实际》，1～2 页，新竹，"国立清华大学出版社"，2004。

④ 钟敬文：《民间文艺学及其历史》，7 页，济南，山东教育出版社，1998。

⑤ 参见［苏联］莫·卡冈：《艺术形态学》，凌继尧、金亚娜译，208～214 页，北京，生活·读书·新知三联书店，1986。

文艺学的一个显著特征"。① 尽管 20 世纪 80 年代之后，民间文学与民俗学之间的关系逐步密切，研究交合重叠，直到 1997 年学科合并，但是很多研究者还是注意和强调它们之间的区别。他们认为，民间文学侧重于民间文艺学方面的研究，属文学艺术范畴；而民俗学研究民间文学则侧重其民俗性较强之风俗歌谣、节日传说、赛歌习俗、民间说唱和民间戏曲等有关方面。民间文学属于民俗学的一部分，是事物的一个方面，民间文学同时也是文艺学的一个部分，则是事物的另一个方面；前者必须服从民俗学的研究要求，后者则必须服从文学的研究要求。② 韦勒克认为："口头文学（按：此处所指相当于民间文学）的研究是整个文学学科的组成部分，因为它不可能和书面作品的研究分割开来；不仅如此，它们之间，过去和现在都在继续不断地互相发生影响。""对于每一个想了解文学发展过程及其文学类型和手法的起源和兴起的文学家来说，口头文学研究无疑是一个重要的领域。"③ 从这些论述中可知，口头文学与书面文学一样分享着文学的本质，这样民间文艺学就是要发现和阐释民间文学的文学本质，现在一些学者开始借用 folk－literature 一词以强调其文学性。

在文学领域，民间文学与俗文学的边界一直难以厘清。这不是本书讨论的重点，但为了进一步清晰本书的研究对象，在此进行简述。关于俗文学，郑振铎在《中国俗文学史》第一章第一节所下的定义是："'俗文学'就是通俗的文学，就是民间的文学，也就是大众的文学。换一句话所谓俗文学就是不登大雅之堂，不为学士大夫所重视，而流行于民间，成为大众所嗜好，所喜悦的东西。"④ 杨荫深、吴晓铃也发表了类似的看法。1946 年出版的杨荫深所著《中国俗文学概论》中认为，"俗文学就是通俗的文学"、"平民的文学"、"白话的文学"。⑤《华北日报》上发表的吴晓铃《俗文学者的供状》中指出，俗文学

---

① 刘守华、白庚胜主编：《中国民间文艺学年鉴：2001 年卷》，4 页，武汉，华中师范大学出版社，2003。

② 参见吴同瑞、王文宝、段宝林编：《中国俗文学概论》，6～10 页，北京，北京大学出版社，1997。赵世瑜：《眼光向下的革命——中国现代民俗学思想史论（1918－1937）》，16 页，北京，北京师范大学出版社，1999。

③ ［美］勒内·韦勒克、奥斯汀·沃伦：《文学理论》，刘象愚等译，41 页，南京，江苏教育出版社，2005。

④ 郑振铎：《中国俗文学史》（上册），1 页，上海，商务印书馆，1938。

⑤ 杨荫深：《中国俗文学概论》，1 页，上海，世界书局，1992。

"是通俗的文学，是语体的文学，是民间的文学，是大众的文学"。① 新中国成立后，俗文学的名称基本消失，代之以民间文学。"文革"结束后学人又开始提倡俗文学，新时期开始它有了长足的发展。学界对"俗文学"、"通俗文学"、"民间文学"关系之表述有："俗文学并不等于通俗文学，俗文学由其根植于广大民众，具有民族气派、民族风格，便于广大劳动人民接受、掌握和流传，它可以是通俗的；但通俗的文学作品，只表明向俗行的努力，不一定就成为俗文学，这里划分的范围是有差异的。"② "俗文学包括群众自己创作的民间文学和专业艺人、作家用传统民间形式所进行的文学创作。"③

　　这种区分在俗文学领域已达成共识，但是这种以学科为基点的划分，在学术研究中并不像界定那样泾渭分明。钟敬文在编纂《民间文学概论》一书时，前言中就提到，"'民间文学'（照我们的定义，它主要是广大劳动人民的文学）跟俗文学的'说唱'的关系，究竟应该怎样看待。这在学术界还是有争议的问题，我们参加编写的同志，意见也并不完全一致"。④ 这个问题一直延续到现在。台湾学者曾永义认为："在中国语言命义的前提之下，所谓'民间文学'、'俗文学'、'通俗文学'，事实上是'三位一体'，不过在不同的角度说同一件事情而已，它们之间根本没有什么不同。"⑤ 新世纪大陆学人在进一步界定民间文学时提到，俗文学在概念产生之初就存在定义上的模糊不清和自乱阵脚，以及学科的逐渐失落。从1949年至80年代以来，民间文学和俗文学分别经历了不同的命运，但自学科产生之初就产生的问题并未解决。陈泳超提出用"民间文学"作为统摄性概念，将"非作家文学"作为集体性下属的次级特性。⑥郑土有在中国民俗学第六届代表大会上也提出打通"俗文学"、"民间文学"，"以是否在口头传唱、是否具有文学性作为标准来划分研究对象，构建'口传文学'平台"。⑦ 他们的理论阐述虽然不是非常充分，但从中可以看到，民间文学的文学性成为学界研究和关注的基点，同时它也是民间文学的基本特质。

---

① 吴晓铃：《俗文学的供状》，载《华北日报》，1948-06-04。

② 王文宝编：《中国俗文学学会概况》，10页，北京，中国俗文学学会，1993。

③ 中国俗文学学会编：《俗文学论》，59页，哈尔滨，黑龙江人民出版社，1987。

④ 钟敬文：《民间文学概论·前言》，6页，上海，上海文艺出版社，1980。

⑤ 曾永义：《俗文学概论》，23页，台北，三民书局，2003。

⑥ 参见陈泳超：《中国民间文学研究的现代轨辙》，3～8页，北京，北京大学出版社，2005。

⑦ 郑土有：《打通"民间文学""俗文学"，构建"口传文学"平台——关于新时期民间文学学科建设的思考》（征求意见稿），见《中国民俗学学会第六届代表大会论文集》（2006年）。

第二节　民间文学与作家文学

文学有两种形态，民间文学和作家文学。它们共同处在民族文化的统一体中，是各民族文学现象的两种表现形态，存在着千丝万缕的联系。民间文学先于作家文学产生，是文人、作家创作出现以前唯一的创作形式。对作家而言，民间文学是他们艺术生命的源泉，作家借鉴吸收民间文学的营养进行创作，同时作家文学反作用于民间文学。

一、民间文学对作家文学的影响

作家的智慧和灵感蕴藏在广大民众的生活和广大民众的创作之中。广大民众把千百年来创造的语言和真挚、优美的诗句给予了作家；广大民众所创造的各种口头文学给作家提供了多样的创作形式、丰富的题材、生动的人物形象与深刻的思想内容等。

（一）民间文学的题材、思想与内容对作家文学的影响

民间文学滋养和哺育着所有人的成长，当然包括成长中的文学家。这种影响是潜移默化的，其表达和流露也是自然的。在中国文学发展史上，凡是取得伟大成就的作家，大都在不同方面、不同程度上吸取了民间文学中的重大题材。

中国有文字记载的第一位伟大诗人屈原的《九歌》《天问》《离骚》《九章》等作品深受楚地民歌、神话的影响。特别是《九歌》《天问》与民间文学的关系更为密切。王逸在《楚辞章句》中说：

> 《九歌》者，屈原之所作也。昔楚国南郢之邑、沅湘之间，其俗信鬼而好祠，其祠必作歌乐鼓舞以乐诸神。屈原放逐，窜伏其域，怀忧苦毒，愁思怫郁，出见俗人祭祀之礼，歌舞之乐，其词鄙陋，因为作《九歌》之曲。

可见，《九歌》是屈原为了楚地祭神习俗而写，深受民间祭歌影响而作。《天问》则可能是根据楚地祠堂壁画构思创作。《天问》全篇共 374 句，1553字，提出了一百多个问题，如从天地万物、历史神话各方面提出问题，是古老的盘歌形式，只是有问无答。如采用太阳神话"出自汤谷，次于蒙汜，自明及晦，所行几里？"月亮神话则有"夜光月德，死则有育？厥利维何，而顾菟在

腹？""鲧何所营，禹何所成？康回凭怒，坠何故以东南倾？"用了共工神话等。①

汉魏六朝乐府民歌对古代作家的影响，主要表现在建安时代和盛唐、中唐两个时期。"汉世街陌谣讴"和六朝民歌的内容异常丰富，有对统治阶层残忍暴虐及穷兵黩武的揭露与控诉，有对孤儿的同情悲悯，也有对坚贞爱情的歌颂。这些"感于哀乐、缘事而发"的民歌民谣，对于中国诗歌现实主义传统的兴起、形成起了重要作用。如曹操的《薤露行》《蒿里行》，曹丕的《上留田行》，曹植的《泰山梁甫行》，王粲的《七哀诗》，等等，皆用乐府民歌体反映民众的生活，内容展示了社会动荡、民生疾苦，抒写了汉末社会环境的混乱、残酷和凄凉。

运用神话传说作为题材进行创作的诗人还有陶潜、李白等，他们的《读山海经》《东海有勇妇》篇，从侧面肯定了民众坚忍不屈的反抗精神。

杜甫生活在唐朝由盛转衰时期，经历"安史之乱"，饱尝颠沛流离之苦。他的诗作熔铸了民歌的传统。《兵车行》《丽人行》《自京赴奉先县咏怀五百字》及"三吏"、"三别"等诗篇反映了"安史之乱"后民众的社会生活，被誉为"诗史"。白居易、元稹等人提倡新乐府运动，提出"文章合为时而著，歌诗合为事而作"，要求诗歌的创作实践应尽量吸取民歌的朴实、针砭时弊的风格。白居易追求自己所做诗篇通俗易懂，相传他做了新诗要去读给不识字的妇孺听。他的《秦中吟》《红线毯》等诗篇真实、流畅，颇得乐府诗之精髓。

唐传奇和明清大量的话本和小说在创作中采取了民间文学的素材。唐传奇中，陈鸿的《长恨传》、杜光庭的《虬髯客传》吸取当时民间流传的相关传说。冯梦龙、凌濛初的"三言二拍"、蒲松龄的《聊斋志异》、吴敬梓的《儒林外史》等都吸取了大量的民间神话、传说、故事与讽刺性笑话。

戏曲作品中，也采用了大量的民间文学题材。例如马致远的《汉宫秋》，采用了王昭君及有关"青冢"的传说；关汉卿的《窦娥冤》，吸取了《浮槎》神话和《摘星楼》《竹林寺》《孟姜女哭长城》《浣纱女子救活伍子胥》《望夫石》《苌弘化碧》《望帝啼鹃》《飞霜六月因邹衍》《汉代东海孝妇蒙冤喷血》等传说；高则诚的《琵琶记》，采用了自宋代以来流传民间的蔡二郎、赵贞女传说；李渔的《蜃中楼》则是在吸取了唐代民间传说而成的传奇《柳毅传》基础上加工而成。

大量作家作品的主人公都吸取了民间文学中的典型形象。高尔基曾说过：

①　（汉）王逸：《楚辞章句·天问序》。

"在塞万提斯之前，民间故事已经嘲笑过骑士制度，而且同他的嘲笑一样辛辣和忧郁。"可见很多世界性的典型文学形象也是来自民间文学，中国文学作品也不例外。《三国演义》《水浒传》《西游记》等中国古典长篇小说的典型人物都是在民间传说、民间艺人演唱基础上加工而成。如《水浒传》以宋元间讲史话本《大宋宣和逸事》为蓝本。《大宋宣和逸事》中已有杨志、李进义（即卢俊义）、林冲等人结义上山及晁盖智取生辰纲，宋江杀惜婆等故事，记录了宋江等36员猛将的姓名，反映了水浒英雄的团结互助精神。故事虽简略，但已有《水浒传》雏形。元杂剧中，有水浒剧目31种，其中以描写李逵和鲁智深的戏最多。在水浒戏中，水浒英雄已有36人发展成"三十六大伙，七十二小伙"的一百单八将。以《水浒传》百回本与《大宋宣和逸事》、水浒戏相对照，有四十回是来源于民间的素材。其中的梁山英雄大多保存了原传说中"誓有灾厄，各相救援"的信条，特别是李逵疾恶如仇，性如烈火，又带有某些粗鲁莽撞的英雄性格初步形成。大量的人物形象和故事情节，经过两百多年的流传，提炼出官逼民反的主题和梁山泊的理想境地，为《水浒传》的创作准备了良好条件。

（二）民间文学对作家文学艺术形式的影响

首先，在文学体裁上，常见的样式大都来自民间。正如鲁迅所说："歌、诗、词、曲，我以为是民间物，文人取为己有……"①

中国汉语诗歌从四言诗，五、七言诗及后来的词、曲皆起源于民间。一般认为文人五言诗以班固《咏诗》最早，但在《诗经》的《行露》篇里已有"谁谓雀无角，何以穿我屋？谁谓女无家，何以速我狱"。初唐时形成的五言律诗，其渊源来自齐梁以后产生于建业（今南京）为中心地带的民歌《子夜吴声歌曲》。唐代的七言绝句也起源于民间，晋代、北朝已有《行者歌》《捉搦歌》。中唐以后发展起来的词，最初形式是民间的"小调"。《渔夫》《浪淘沙》《渔歌子》等曲词，最初是农民、渔夫在生产劳动中创作出来的，《杨柳枝》《竹枝词》《山鹧鸪》等曲词的名称，便是里巷中最通行的民间歌谣体。郭茂倩在其所编《乐府诗集》里说："'竹枝'本出于田渝。唐贞之中，刘禹锡在沅湘，以俚歌鄙陋，乃以骚人《九歌》作《竹枝新词》九章，教里中儿歌之，由是盛于贞元、元和之间。"可见竹枝词体诗歌是本盛行于四川东部巴、渝一带的一种民歌。曲是流行于元代的新诗体，元曲中最先产生的是"小令"。"小令"原是在民众中盛行的民间小调，经过加工、提炼，逐步成为曲中的"小令"。王冀

---

① 《鲁迅书信集·致姚克》，北京，人民文学出版社，1976。

德在《曲律》中说："所谓小令，若市井所唱小曲也。"说唱文学和白话小说起自唐代的俗讲。唐传奇继承、发展了古代神话、传说和六朝志怪小说的传统，到宋人民间白话小说，更自觉地表现生活，发挥口语的作用，与民间故事传说更为接近。宋元以后的短篇或长篇白话小说，一般都来自民间艺人的说书，是文人对"话本"的仿作，可以说是民间故事体裁的沿袭与发展。

其次，在表现手法上，民间文学为作家文学提供了养料，对作家文学产生了很大的影响。

民歌里大量运用比兴手法，屈原的《离骚》对其广泛运用。如香草比喻贤者（"何所独无芳草兮"），也可比喻美德（"扈披江离与辟芷兮，纫秋兰以为佩"）等；屈原的"沅有芷兮澧有兰，思公子兮未敢言"与公元前5世纪《越人歌》里的"山有木兮木有枝，心悦君兮君不知"，从比喻手法、语言句式等方面都极为相似。李白的《静夜思》中的"床前明月光"诗句，有明显的南朝子夜歌《秋歌》影响的痕迹，等等。

古代作家文学作品中对于寓言手法的吸收、模仿也较为常见。从孔子、孟子、韩非子、庄子等开始，这种手法的运用绵延不绝。如柳宗元的《三戒》《罴说》，刘基《郁离子》《卖柑者说》，陆游的《寓言》则更是直接将寓言手法运用到诗歌。

其他民间文学中诸如谜语、双关语、排比法、赋赞法、连带叙述法等表现手法，也在作家作品中大量出现。荀子在《赋》中，采用问答方式，写下了"礼"、"知"、"云"、"蚕"、"箴"五篇，每篇描写一件事物，篇末点出它的名字，完全用了谜语的手法。作家作品中运用双关的例子非常多，以刘禹锡的《竹枝词》为例，"杨柳青青江水平，闻郎江上踏歌声。东边日出西边雨，道是无晴却有晴。"就是利用"晴"和"情"的谐音，一面写出江上阵雨、气候变化的自然美景，同时又十分含蓄地写出了女子测度爱人心意，写出心上晴雨（有情无情）的变化。

杜甫《草堂》一诗里的"旧犬喜我归，低徊入衣群；邻舍喜我归，沽酒携葫芦；大官喜我来，遣骑问所须；城郭喜我来，宾客隘村墟"等词句，很明显是学习与模仿《木兰辞》里的"爷娘闻女来，出郭相扶将；阿姊闻妹来，当户理红妆；小弟闻姊来，磨刀霍霍向猪羊"排比法而作。宋元明民间评书中常见的赋赞法也是古代作家乐于采用的一种手法。如《西游记》第二十七回中关于白骨精在唐僧面前耍诡计，变成老妇人和老公公时，书中用"雪、怯、叶、瘦、折"和"星、星、轻、经"等韵语把白骨精反面形象刻画得惟妙惟肖、绘声绘色。杜甫《石壕吏》《新安吏》《兵车行》等，运用民间作品中连叙带说的方法，使得诗歌中人物对话，既简练、质朴，又凸显了人物的个性特点。

再次，民间文学刚健清新、简练朴素的风格对作家文学形成深刻影响，如李白的《春思》《关山月》《秋浦歌》，白居易的《杨柳枝词》等。民间笑话的幽默、针砭时弊对书面文学也有极大影响，例如吴趼人的《俏皮话》里很多风格接近于民间笑话。

另外，民间的语言艺术对作家文学也影响极大。如同高尔基所说"语言艺术的开端是在民间文学中"，"你在这里可以看见惊人的丰富的想象，比拟的确切，有迷人力量的朴素和形容的动人的美"。优秀的作家，都从广大民众生活和民间文学里汲取了丰富营养。如《红楼梦》《金瓶梅》《儒林外史》以及现代作品《李有才板话》《王贵与李香香》等。

二、作家文学对民间文学的保存与再创作

自古至今，不少文人学士在自己的著作中大量引用和记录过民间文学作品。例如，《庄子》记下了鲲鹏故事、蜗角上的斗争、姑射仙人等；《列子》则记下了愚公移山、夸父逐日等；《韩非子·说林》《山海经》《书经》《左传》《淮南子》《述异记》《笑林》等则记载了上古神话、传说、寓言、笑话等；宋代李昉编纂的《太平御览》《太平广记》，明代冯梦龙编辑的《广笑府》、"三言"，凌濛初的"二拍"，搜集、记录了大量宝贵的民间故事。文人还搜集、编纂了较为完整的谣谚、谜语专书，如宋代的《古今谚》（周守中）、《乐府诗集》（郭茂倩），明代的《挂枝儿》（冯梦龙），清代的《粤风》（李调元集解）、《古谣谚》（杜文澜辑）、《越谚》（范寅编）等。这些保存了中国古代的民间歌谣、谚语和谜语，体现了文人对于民间文学保存所作的贡献。

汉武帝（公元前140—公元前87）成立了搜集歌谣的官署，称为乐府。乐府通过搜集各地民间歌谣来"察民情、观民风"，便于统治民众，但客观上却保存了珍贵的民间文学作品。后来一些思想开明的作家在自己的作品中也保存了一些古代或当时流行的民间歌谣，例如，黄遵宪在自己的作品中记载了客家山歌，对客家地区民歌的保留起了较大作用。

很多作家汲取民间文学的思想与艺术精华，经过再创作，形成个人的艺术特色。如前面列举的屈原、李白、杜甫、白居易、刘禹锡、关汉卿等，在现代作家中也不乏其人，鲁迅利用古代民间题材再创作了《故事新编》，结合现实环境，别具一格地再现了古代女娲、大禹的形象。1942年以后，毛泽东重视和提倡作家深入民众生活，学习民间文学，在延安时期产生了《白毛女》《王贵与李香香》等优秀作品。新中国成立后，出现了大量借助民间题材，经过作家再创作的优秀作品，如《百鸟衣》《阿诗玛》（电影）、《刘三

姐》（歌剧）等。

三、民间文学与作家文学：以《马五哥与尕豆妹》和《王贵与李香香》的对比分析为例

要了解作家文学与民间文学的关系，需要从具体作品入手。本部分以流传于西北地区的民歌《马五哥与尕豆妹》（以下简称《马》）和《王贵与李香香》（以下简称《王》）的对比分析为例，对二者的关系进行梳理。

花儿是流传在中国甘肃、青海、宁夏部分地区以爱情为主要内容的民歌形式。《马》是一首在西北地区广为流传的花儿，《王》是李季仿陕北信天游形式创作的一首民歌。从产生的地域范围看，两者非常接近，考察两者的关系无疑对我们理解民间文学与作家文学的关系有重要意义。下文从叙事模式、审美文化叙事、民俗事象三个角度对两者进行逐层深入的对比分析，以期从中梳理出民间文学与作家文学的内在关联。

（一）《马五哥与尕豆妹》和《王贵与李香香》的叙事模式

在叙事作品中，"叙事模式"是指故事中故事传达者运用什么方法叙述他要讲的故事，可以分为第一人称主观参与模式、第三人称客观叙述模式等。①第三人称叙事模式中，叙述者不是行动的人，仅是故事的传达者。他不表明自己的主观态度、价值判断，只起到呈现作用。同时叙事作品还具有自身独特的交流过程。1978 年，美国学者查特曼（S. Chatman）就以符号学的交际模式来说明叙述本文的交流过程，他列出图表：

叙述文本

真实作者……【隐含作者→（叙述者）→（受述者）→隐含读者】……真实读者

这个图表列出六个参与者，但是两个参与者是被放在叙述文本之外的，即真实作者与真实读者。② 在叙述文本内部的四个参与者中，隐含作者是布斯在1961 年《小说修辞学》中提出来的。③ 布斯称隐含作者为作者的第二自我，作者的一个"隐含的替身"，作者在写作时，不是在创造一个理想的、非个性的

---

① 参见谭君强：《叙事理论与审美文化》，54 页，北京，中国社会科学出版社，2002。

② 参见 Seymour Chatman，*Story and Discourse*：*Narrative Structure in Fiction and Film*，Ithaca：Cornell University press，1989，p. 151。

③ 参见［美］布斯：《小说修辞学》，华明、胡晓苏、周宪译，80～81 页，北京，北京大学出版社，1987。

"一般人"，而是一个"他自己"的隐含的替身。

按照这一理论，《马》是民众集体创作，它的作者是民众，因此作为第三人称客观叙述的声音所代表的是民众的"隐含叙述"，它所传达的思想是"隐含作者"，即作者的第二自我认同的价值观和道德观。而《王》是作家李季依照陕北信天游形式创作的民歌，它所传达的"隐含作者"的思想既有作家对民众思想的吸收借鉴，又有作家自身的思维烙印。

在叙述文本中，隐含作者受隐含读者制约。隐含读者的审美品位、价值倾向、道德观念等在很大程度上影响了隐含作者的叙述，即真实作者的创作是受到读者制约的，作者在创作时既有自己的个性表现，又要考虑到读者的接受度。隐含读者对隐含作者的制约主要表现在三个方面，即叙事话语、叙事情节、人物刻画。

下面我们就从话语风格出发对《马》和《王》作一对比分析。

> 河州城里九道街，
> 莫尼沟出了一对好人材。
> 阳洼山上羊吃草，
> 马五哥好像杨宗保。
> 天上的星宿星对星，
> 尕豆妹赛过穆桂英。
> 大夏河水儿四季青，
> 少年里马五哥是英雄。
>
> ——《马五哥与尕豆妹·初恋》

> 山丹丹开花红姣姣，
> 香香人材长得好。
> 一对大眼水汪汪，
> 就像那露水珠在草上淌。
> 二道糜子碾三遍，
> 香香自小就爱庄稼汉。
> 地头上沙柳绿蓁蓁，
> 王贵是个好后生。
> 身高五尺浑身都是劲，
> 庄稼地里顶两人。
>
> ——《王贵与李香香·掏苦菜》

通过比较不难看出，李季在语言风格上力求接近民间。两段的开头都以比兴开头，无论是"河州城里九道街"，还是"山丹丹开花"都是民众日常生活中常见的事物。《马》使用的"羊吃草"、"星对星"、"四季青"等都是民众口语化的语言。与之类似，《王》所使用的"红姣姣"、"长得好"、"水汪汪"等也都是民众在日常生活中的语言，没有文人作品用语所具有的"阻拒性"。

通过两者的对比，我们可以看出，在语言风格上李季的《王》虽然是作家个人创作，但是作品本身已经在很大程度上吸收了民间文学的营养，在语言风格上受到"隐含读者"即民众的制约，它的用语质朴、亲切，在语言风格上具有民间文学的痕迹。

所谓叙事结构是指讲述故事的叙事者先讲述什么，然后讲述什么。[①]

隐含读者对隐含作者的制约，主要体现在叙事情节和故事结局的处理和表现上。从叙事情节看，《马》与《王》有共同的叙事线索，都有相恋、逼婚、反抗的情节，如《马》中的"马五哥你站下，你的模样我看下"，"给尕西木婆亲是哄人的，马七五想霸占这一朵花"，"哪怕它钢刀拿来头割者去，要和马五哥成夫妻"。《王》中的"大路畔上灵芝草，谁也没有妹妹好"，"马里头挑马四银蹄，人里头挑人就数哥哥你"，"井绳断了桶掉到井里头，终久脱不过我的手"，"香香哭的像泪人，越想亲人越伤心"，"有朝一日遂了我心愿，小刀子扎你没深浅"。在故事结局的处理上，《马》采取了悲剧式的结局，即"尕豆妹和马五哥实可怜，一搭儿杀在了华林山。马五和尕豆杀下了，俩人的血水淌在一搭了"；而《王》则采取了大团圆的结局，即"两人见面手拉着手，难说难笑难开口；一肚子话儿说不出来，好比一条手巾把嘴塞。挣扎半天才说了一句话：'咱们闹革命，革命也是为了咱！'"这两种不同的结局方式，从隐含读者对隐含作者的制约上看，主要是因为《马》是民众集体创作，为自发产生的民间文学作品，它面对的读者群主要是民众，而民众面对这样的事件除了悲叹之外是找不到其他解决方法的。《王》是作家李季创作于毛泽东《在延安文艺座谈会上的讲话》之后，它的读者群显然是毛泽东所提出的工农兵，他们有自身朴素的一面，同时也有意识形态下特殊的一面，因此就决定了它的结局是要通过革命来使个人或者更确切地说工农兵的问题得到彻底解决，进而推向这样一个命题——整个社会问题都要通过革命来解决。

在人物刻画上，隐含读者对隐含作者的制约作用尤其大，从人物性格来看，《马》和《王》的主人翁都有勇敢、爱憎分明、热爱劳动、感情专一等特

---

① 参见王春林：《赵树理小说的叙述模式》，载《中国现代文学研究丛刊》，1991（3）。

点，如"川里的牡丹开不败，只有尕豆妹惹人爱"，"你把我疼来我把你爱，指甲连肉分不开"，"对着胡大把咒发：'活不分手，死一搭！'"（《马五哥与尕豆妹·序曲》）；"叫一声哥哥快来救救我，来的迟了命难活"，"我要死了你莫伤心，死活都是你的人"，"马高镫短扯首长，魂灵儿跟在你身旁"（《王贵与李香香·崔二爷回来了》）。这些都是民众所推崇的优良品质。同时人物限定在穷苦人的范畴，无论男主人翁马五哥、王贵还是女主人翁尕豆妹、李香香，他们都出身贫苦，也只有这样，他们才会符合隐含读者的要求，才会具有和隐含读者同样的美好品质。而《王》由于设定的隐含读者是一般民众出身，可是又具有了较高觉悟的工农兵，因此在人物出身的描写上就增加了一段崔二爷逼死王贵父亲的情节。这样也更能迎合工农兵这种特殊民众的要求。

（二）《马五哥与尕豆妹》和《王贵与李香香》的审美文化叙事

在叙事理论不断发展的过程中，人们逐渐认识到它所具有的某些理论已经成为它发展的桎梏。反思以前的理论，学人们开始强调叙事作品与外在于它的社会、人际关系等的不可分性，实际上是要破除叙事学画地为牢地将自己的研究仅仅限制在文本之内的这种局限，将它的批评视野加以扩充。在这种理论趋向下，文学研究出现了某些转变，从强调对作品内在文本的研究转变为不仅仅关注对文本内在的研究，同时也关注对文本与其外在关联的研究。这种研究转向，尤其是 20 世纪 90 年代以来的叙事学研究形成了所谓后经典叙事学。

与传统叙事学不同，这种研究力图使自己具有历史的观念和历史的意义，而不是仅仅限于形式。学人越来越关注叙事与文化、审美的密切关系。在女性主义叙事学、社会叙事学、电子网络叙事学等新理论之中，学人们在这个新的方向和范畴内提出一个叙事学分支的构想，即审美文化叙事学。从大范围说来，审美文化叙事学仍然属于叙事学框架之内，更确切地讲，它属于赫尔曼所说的在适应大量的方法之后，叙事理论所经历的"变形"。也就是说它不是叙事理论的重构，而是在此基础上的一种发展和适应性的变化。就研究范围而言，审美文化叙事学将超过传统纯粹意义上的叙事作品或叙述文本，而将其范围延伸至文化意义上的叙事作品，无论这种叙事作品的形式是什么。

在文学作品中往往涉及价值的、审美的、心理的文化因素，脱离这些因素，文学作品的魅力将会丧失，它也不再是文学作品。研究这两首民歌时要避免对作品片面、机械的分析，有意识地研究探索叙事文本中存在的这种审美价值意义，即透过形式表现出的诸如心理的、意识的、思想的、社会的多方面意义。《马》和《王》都产生在三边地区，安边、定边、靖边位于我国西北部，是多民族交汇、融合的地方。当时西北地区荒凉、贫苦，自然环境复杂多变，另外三边地区战争、民族融合、社会变迁等情况十分频繁，就在这片贫瘠的土地上，产生了花儿和信天游两种民歌形式。黄土文化属于地域性文化，它有自己独特的文化精神，黄土地的民间文学、民间艺术更是有自己的特点。

历史上，统治阶级对黄土地上的人民进行了异常残暴、野蛮的压迫，激起各族人民不断地反抗。沉痛的经历造就了三边人民对统治阶级的异常仇恨和极富反抗精神的性格。在爱情描写中，也体现了当地人民的这种性格。

> "马五哥割出了五尺身，
> 要救尕豆妹妹的身。"
> "大老爷把我头割下，
> 尕豆的身子你不要糟蹋。"
> "你把尕豆放给者回，
> 天大的死罪我一人背！"
> "我俩一搭来了一搭回，
> 死了是这辈子不后悔！"
> "我和尕豆一搭里走，
> 胡大的跟前诉冤走！"

——《马五哥与尕豆妹·错断》

> 唐僧取经过了七十二个洞，
> 他们俩受的折磨数不清。
> 千难万难心不变，
> 患难夫妻实在甜。
> 俊鸟投窝叫喳喳，
> 香香进洞房泪如麻。
> 清泉里淌水水不断，
> 滴湿了王贵的新布衫。
> "半夜里就等着公鸡叫，
> 为这个日子把人盼死了。"
> 香香想哭又想笑，
> 不知道怎么说着好。
> 王贵笑的说不出来话，
> 看着香香还想她！

——《王贵与李香香·自由结婚》

从引文中可以看到主人翁都勇于追求爱情，敢于蔑视封建礼教，敢于与为富不仁的财主作斗争，主人翁的思想是大胆而坚定不移的，在黄土地这种生态环境之下产生这种思想十分自然。李季就很好地抓住了民间文学审美叙事的特点，向民间文学的这种审美叙事特点学习，写出了黄土地人民的心声。但是作家在向民间文学汲取营养的同时也有自身的特点。

> 华林山上青青草，
> 可惜了一对干散人。
> 这事编成曲儿了，
> 各州府县里唱遍了。
> 唱曲的人们泪不干，
> 听下的人们心常酸。
> 人人讲来个个论，
> 恨只恨这世道太不平！
>
> ——《马五哥与尕豆妹·尾声》
>
> 两人见面手拉着手，
> 难说难笑难开口；
> 一肚子话儿说不出来，
> 好比一条手巾把嘴塞。
> 挣扎半天王贵才说了一句话：
> "咱们闹革命，革命也是为了咱！"
>
> ——《王贵与李香香·团圆》

再看作为民间文学的《马》和作为作家"创造"的书面文学《王》在审美叙事上的差异。首先，从创作内容反映的时间上来看，《马》反映的是清光绪七年的事情，而《王》则反映的是 20 世纪 30 年代的事情。其次，《马》反映了在清朝封建统治制度之下的社会政治状况，而《王》反映的则是中国共产党与反动统治者进行斗争时期的社会生活。基于以上两点，《马》整个是威武悲怆的基调，结尾是悲剧，展现一种面对现实既愤慨又无奈的悲剧美；而《王》由于反映的历史时期不同，再加上它是为响应《在延安文艺座谈会上的讲话》而作，它显示的是一种激昂的基调，最后的结尾也是在革命的指引下主人翁获得了幸福生活，它展示的是一种积极向上的光明的精神，是一种喜剧美。可见作家文学在借鉴民间文学创作经验的同时也会加入自己的独特审美叙事，而且它在作品中非常重要。

　　（三）《马五哥与尕豆妹》和《王贵与李香香》反映的民俗事象

　　从叙事学角度对《马》和《王》进行对比分析之后，有必要进一步从其本体，即民俗的角度对其进行对比分析。这两首民歌反映了丰富的民俗事象，既有日常生活中的民俗事象，也有民俗事件中的民俗事象，同时也反映了日常语言民俗和特殊用语民俗。对它们的这种分析在文化上来讲更进一层，因此也更有利于对作家文学与民间文学关系的理解和把握。

　　首先从日常生活民俗来讲，《马》和《王》都反映了日常生活民俗及其深层社会文化原因。对民俗事象的研究，实质上是在对《马》和《王》作深层次的文化研究，是探询作家文学和民间文学关系的一把金钥匙。

　　1. 生产劳动民俗。这两首民歌里都反映了主人翁生产劳动的场景和生产劳动的民俗事象，如黄土地上人们特有的劳动场面——放羊等，《马》中是"马五哥放羊者高山坡"，《王》中为"冬天王贵去放羊，身上没有好衣裳"；还有许多关于生产劳动民俗的描写，如挑水、收庄稼等。《王》中为了突出阶级压迫，在描写生产劳动民俗时注重突出了人物受压迫的形象，如"秋天收庄稼一张镰，破了手心还说慢"。

　　2. 物质生活民俗。在作品中有许多反映当地起居饮食等生活民俗的描写，如《王》中有"初一饺子下满锅，王贵还啃糠窝窝"，"穿了冬衣没夏衣，六月天翻穿老羊皮"。《马》中有"花花的枕头我两人枕，女婿娃枕给个木墩墩"，"花花的被儿我俩人盖，女婿娃盖给个破口袋"。这些都反映了生活民俗，但是二者的侧重点不同。作家在描写民俗事象的同时还要展示阶级和社会的不平等，唤起人们的斗争意识；而民间文学作品则是要表现两个主人翁的甜蜜爱情。

　　3. 自然风貌描写。自然风貌是民众日常生活中现实存在的事象，因此也可以归为日常生活民俗。《马》和《王》都反映了三边地区独特的自然生态环境，如《马》中"两个缘法就这么巧，清水的泉边里碰上了"。《王》中"掏完了苦菜上树梢，地上不见绿苗苗"，"三十里草地二十里沙，哪一群牛羊不属他家"。在原生态民间文学作品中自然生态的描写是无意识的，仅仅起到说明地点和烘托气氛的作用；而在作家作品中自然风貌的描写却成为有意识的，其通过突出人物的生存环境，表现人物生活的困苦，揭示阶级压迫的残酷。

　　除了日常生活民俗，民俗事件中的民俗事象同样值得关注。民俗事件是民俗活动综合展演的舞台，最能突出民间文化的特色和内涵，因此有必要对《马》和《王》反映的民俗事件进行分析。由于它们都是反映爱情的作品，婚俗在其中占有很大分量。《马》中"三岁的马驹儿点个头,我和马五哥换记首"。《王》中"碟子八碗摆酒席,下的日子腊月二十一"。《马》中为了突出表现男女主人翁的爱情,加入男女互送定情物的习俗。《王》中的婚俗描写主要是为了推动情节发展,顺延叙事。

文学作品中,语言是它的材料,因此分析作品的语言就显得非常重要,尤其是民间文学作品,它的语言来自民间,有自己独特之处。

《马》和《王》中使用的民众日常语言非常有特色。《马》中"阳洼山上羊吃草,马五哥好像杨宗保。天上的星宿星对星,尕豆妹赛过穆桂英。马五阿哥是麻子哥,麻是麻在皮外哩,心肠好着人爱哩。没换个记首没搭个话,个人心里照洋蜡"。这几句话中提到的杨宗保、穆桂英,还有麻子在皮外、心肠好等,不仅在用语上通俗易懂,源于生活,而且反映了民众不同于上层社会的审美观,强调健康的美,不注重外表,注重内心,这些都是民众在长期的生活斗争中总结的经验和形成的朴素审美观。这种语言的使用对表达作品的思想很重要。《王》中"一九二九年雨水少,庄稼就像炭火烤。瞎子摸黑路难上难,穷汉就怕闹荒年。荒年怕尾不怕头,第二年的春荒人人愁。掏完了苦菜上树梢,遍地不见绿苗苗。百草吃尽吃树杆,捣碎树杆磨面面"。作家学习民间语言,使用的都是民间惯用语,他用民间语言生动形象地表现出了民众的痛苦和生活的艰辛,从而彰显了民众需要革命。作家对于这种语言的使用不同于民众的无意识,他是有意识的模仿,希望通过模仿来使自己的作品能够顺利为民众接受,达到自己预期的效果。

在《马》和《王》中,除了使用民众日常口头用语之外,还有许多特殊的民间语言,可以看做是特殊用语民俗。对独特民俗事象展示的特殊用语如:"讨吃子住在关爷庙,心想拔柴放火烤,雪下的柴儿点不着。大年初一饺子下满锅,王贵还啃糠窝窝。"(《王》)"马五哥把尕豆妹看上了,打发的媒人来回跑。"(《马》)这些从衣食住行等各个方面用独特的民间语言进行故事叙事。"一朵花"、"麻子哥"、"水汪汪"、"糯米牙"等都是民众利用自己生活中常见的事物对人物特点进行的比喻,这些也是民众日常生活中经常出现的表达自己审美观的特殊语言。

通过对《马》原生态民歌和《王》作家创作的民歌进行的叙事学和民俗学对比,可明晰地看到民间文学和作家文学之间的关系,主要体现在作家文学对民间文学的借鉴、学习和吸收营养,同时这种借鉴和学习又不是完全照搬,在借鉴的同时也在对它进行改造,以达到自己创作的要求和实现自己创作的目的。

民间文学是作家文学的营养源泉。作家在创作作品时借鉴和利用民间文学，有时是显性的，有时则是隐性的。对于前者，这种借鉴主要体现在作家文学对民间文学语言风格，描写内容等的模仿上；后者则主要体现在作家文学对民间文学创作精神、对民间文学的文化内涵和文化品格上的继承。本书中所举的《马》和《王》总体说来是既有对民间形式如语言、民俗描写等的继承，也有对民间文学精神的继承，如勇于反抗等。后者是作家向民间学习创作的典范。

作家在学习民间文学进行创作时，其内核发生了极大变化。作家在吸收借鉴的同时加入自己的思想和观念，这种添加有时候会有助于对民间文学在思想和其他方面进行提升，但有时却会损害民间文学本身的价值，扭曲民间文化的本意。我国历史上借鉴民间文学创作出来的作家作品很多，这些作品中有相当一部分是对民间文化的弘扬和继承，但是也有一部分损害了民间文学的形象。通过《马》和《王》之间关系的探讨，可以看到，作家很好地吸收和提升了民间文学的文化价值，将民间文学刚健质朴的创作风格进行了完美吸收，同时又在民间文学基础上提升了自己作品的思想价值，即展示了革命对民众的必要性，奏出了时代的强音。

作家文学对民间文学的借鉴除了作家个人因素之外，还受到时代、历史背景、政治环境等许多社会因素的影响和制约。往往在社会剧变的特殊时期，民间文学对作家文学的影响显得尤为深刻，如中国近现代的几次民间文学思潮，"五四时期"、"延安时期"等就明显体现出这个特征。究其原因可归结到在社会变更的重大历史时期，作家更需要吸收民间文学的营养来表达自己对时代的看法，表述社会变革的需求，其本质上是对民间文学特殊社会功能的借鉴、利用。《王》就是在革命战争年代，响应中国共产党的文艺号召，为了唤起民众斗争，而结合时代进行的创作。它既吸收了民间文学作品勇于反抗、蔑视统治者的文化精神，又对它进行提升，也就是结合时代和政治的要求为这种反抗提供了出路——革命。可以说在这个作家"创作"的民歌里，时代的烙印非常清晰，同样时代对它的要求也是我们在研究作家文学与民间文学关系时需要特别关注的。

民间文学的传播和扩布有它自身的特点，它一般要靠民众在生活中口口相传，这一点是作家作品所不具备的，也是二者的一个重要区别。但是在这一点上现实情况有时候还是会发生变化，比如，有的民间文学作品被收集、整理之后也可以进入书面传播的领域，而有些作家作品，借鉴民间文学之后也会为民众逐渐接受，进而在民众中口口相传。《王》就是在作家创作之后由于内容贴近民众生活、风格接近民众语言，因此在民众中也有较为广泛的流传。

第三节　民间文学的性质与任务

　　民间文学是一种特殊的文学，其特殊性主要体现在它的载体是口头语言，而不是书面语言；作品的作者不是作家，而是"民"。

一、民间文学的文学性

　　民间文学这一概念不是中国固有的，但对于民间文化的重视，中国则有悠久的历史传统。先秦时期，正统的上层文化体系还没有形成，无所谓民间文化、上层文化，他们彼此交融，所以孔子提出了"礼失求诸野"；删定《诗》三百篇，将风雅颂置于同一层面；并且穿朝服观看傩戏。到汉代，整个社会"独尊儒术"，上层文化形成体系，"统治阶级的文化就是社会的统治文化"（马克思语），民间文化处于社会的边缘。自汉以后的中国历史上，民间文化发展出现了三个高峰期：两宋、晚明以及清朝中后期。两宋时期政治控制松弛，城市经济迅速发展，而且人身依附关系松动，这些都为民间文化的繁荣提供了必要的条件，宋代的讲史、说诨话、戏曲歌舞极为繁荣。明代则是政治上比较黑暗，但是思想控制相对松弛，而且教育水平提高，特别是在东南沿海一带出现了资本主义的萌芽，这些导致思想界的变革，学术界形成抨击"伪道学"、肯定"私欲"、张扬自由个性的局面。文学上则重新审视民间文艺，在其中发现了与自己主张相合的理念，这样就有大量的文人开始宣传、搜集和加工民间文化，其中最具代表性的就是冯梦龙。他搜集、整理了大量的民歌、民间故事、谜语和笑话，认为"只有假诗文，没有假山歌"，"借男女之真情，发名教之伪药"。① 在文人学者的宣传下，整个社会掀起了一股民间文化热潮。到了清朝中后期，中国处于社会的转型期，同样出现了一个民间文化的热潮，但是它与历史上其他时期有着显著的差别。清代在中国文化史上占有重要一页，因此谈论 20 世纪中国的思想和学术，很多人喜欢"从晚清说起"②，民间文学的研究也可以追溯到晚清时期。钟敬文说："其实，严格地讲，中国的科学的民俗学，应该从晚清算起。"③ 晚清时期是科学民俗学形成的酝酿时期。刘锡诚也明确提出："中国现代民俗学的滥觞，

---

① （明）冯梦龙：《山歌·叙》，南京，江苏古籍出版社，2000。

② 陈平原主编：《中国文学研究现代化进程二编·前言》，4 页，北京，北京大学出版社，2002。

③ 钟敬文：《建立中国民俗学学派刍议》，载《广西民族学院学报》，2000（1）。

实际上确比'五四'新文化运动更早，应在晚清末年。"①

中国民俗学从民间文学开始起步，正如钟敬文指出的中国引进民俗学是"从文学切入"②，日本民俗学家直江广治强调"中国民俗学的诞生是和文艺紧紧相连的"③。这一特征与世界民俗学学科的兴起和发展相吻合，德国和法国的民俗学研究也是从口承文艺开展起来的，民俗学和文艺建立了深刻的联系。这种倾向表现之一就是"民俗学范畴内逐渐出现以民间文学搜集和研究为主的趋向"。④

从学科体系归属上，民间文学在不同国家情形不同。在西方，民间文学归属于民俗学学科，不同的国家具体定位差异很大。德国民俗学"被视为广义上的民间诗学"，俄苏则指"民间文学或口头文学"，英国民俗学"关心的是民俗的社会功能，即使研究民间口头创作也只对其中的古代文学遗留物感兴趣"，法国介于两大传统之间。⑤ 晚清时期，西方新思想的输入主要是转道日本，中国"民俗学"一词译自日语。日本民俗学来自西方，但是它的一些理论，却是日本学者在自己实践中形成的，具有自己的特色，它从社会科学切入，包含口承文艺部分。这样民俗学作为新兴学科，它不像其他学科那样可以直接从西方引进，更无可以依托的学术传统。中国现代民俗学的形成和发展受英国人类学派民俗学影响最大，当时翻译的理论著作中英国班恩女士（Charlotte Burne）的《民俗学问题格》⑥、柯克思女士（Marian Cox）的《民俗学》⑦、瑞爱德原（Arthur Robertson Wright）的《现代英吉利谣俗及谣俗学》⑧ 最为有名，还有美国学者詹姆逊（R. D. Jameson）在清华大学任教时的演讲；⑨ 弗雷泽（James Frazer）、安德鲁·朗（Andrew Lang）等英国人类学派代表人物对周作人、江绍原、茅盾等的巨大影响更是学术史常识。从 20 世纪初至新中国成

---

① 刘锡诚：《民俗百年话题》，载《民俗研究》，2000（1）。

② 钟敬文：《从事民俗学研究的反思和体会》，载《北京师范大学学报》，1998（6）。

③ ［日］直江广治：《中国民俗学·序》，林怀卿译，台湾世一书局印行，1970。

④ 陈勤建：《20 世纪中日民俗学学术倾向及前瞻》，载《民俗研究》，2001（1）。

⑤ 参见钟敬文主编：《民俗学概论》，426、441、429 页，上海，上海文艺出版社，1998。

⑥ 参见杨成志译《民俗学问题格》，原为班恩女士《民俗学手册》中的两个附录的选译，1928 年 6 月作为中山大学民俗学会丛书出版。

⑦ 参见［英］柯克士：《民俗学浅说》，郑振铎译，上海，商务印书馆，1934。

⑧ "谣俗学"对译 folklore。江绍原在该书中说："谣俗学通称'民俗学'，从日译也。"参见［英］瑞爱德原：《现代英国民俗与民俗学》，江绍原编译，3 页，上海，上海文艺出版社，1988。

⑨ 参见《中国民俗学三讲》，北平，1932。

立，学界学科指称中运用"民俗学"术语非常普遍，它与 folklore 对译，与英国的民俗学思想一致，不等同于民间诗学；而民间文学的称谓混乱，学术空间也相对狭小。20 世纪 90 年代，学科规划中又将民间文学变为民俗学之下的三级学科，上述学人的论述也是将民间文学视为民俗学的一部分。所以在下文叙述中，现代民间文艺学形成和发展的初期，基本上直接使用民俗学指称。

民俗学特殊的研究对象，使得它与社会思潮密切联系在一起。正如丹·本—阿莫斯所说："他（按：指吉乌塞普·科奇亚拉，《欧洲民俗学史》的作者）把民俗学的观念和内容当做欧洲思想史的内在部分"①，可见民俗学与思想史、思潮的内在关系。赵世瑜强调："不仅把民俗学视为一门学科，而将其当做一种思想、一种社会思潮……"② 因此，民间文学与民俗学一样，与社会思潮紧密联系。

在中国内部文化思想演变的同时，西方的思想伴随着西方对中国的侵入以及中国学者的"放眼看世界"逐渐进入中国。19 世纪末 20 世纪初，西方各门学科通过翻译涌入中国，进化论、无政府主义、实证主义、经验自然主义等都被引进。思想文化界的内外交合的变革，其目的都与民族主义联系紧密，核心主题就是民族的生存和兴盛。在这个历史语境中，出现了一个共同的声音，那就是民间。

清朝后期，中国学者在引进西方近代文化时，表现出了对"民"与"民间"的关注，除了受到西方人文主义的影响外，还有内源性的因素。他们在引进和接纳过程中就受到中国传统的"民本"思想和"采诗"的影响和规范，在政治思想上表现出了平民意识，文学上则开始重视、推崇"白话文学"和"平民文学"。

清末政治思想的变革，关注民间成了一种思潮，在这种政治思潮的影响下，文学领域也发生了巨大的变革。其变革最显著地表现在对于文学语言的态度上，主张用俗语写作，提倡具有通俗性的文学种类，如小说、戏剧；公开提出了文学为政治和社会服务的主张（当时"政治小说"流行，并且产生了很多这类作品），特别是对于民间文学的注意，是当时学术界活动的一个重要方面，仿作民谣、俗歌，成为当时的一股巨流，并且将书本文学的起源追溯到口头文学（特别是口头诗歌）。这种观念是近代才有的，它是在进化论影响下形成的

---

① 赵世瑜：《眼光向下的革命——中国现代民俗学思想史论（1918－1937）》，4 页，北京，北京师范大学出版社，1999。

② 同上书，14 页。

文学进化观。清末很多学者处于这一旋涡之中，从改良派到革命派，都意识到了民间。

　　清代只是现代意义上民俗学的酝酿时期，但是由于中国对于民间文学关注的历史传统，以及当时特殊的历史境遇，知识分子卷入到中国近代的民族国家建设的洪流中，关注民间、民众成为当时的社会思潮，而这恰好符合民俗学的研究对象和主体，因此进步的知识分子都从非学术意义上关注着民间。他们是时代的先锋，处于民族革命倡导者的位置，关注民间，向民众讲述自己的思想，鼓动民众革命。为了达到这一目的，他们用民间文学的形式创作，将其作为一种工具，向民众宣扬革命，希望得到民众的响应。因此，当时的学者虽然没有从学术意义上创建民俗学，但是显而易见，他们都在非学科的意义上为民俗学的创建作出了自己的贡献，这符合当时的历史语境，同时埋下了民间文艺学的根基。

　　北京大学为庆祝建校 20 周年，在校长蔡元培的号召下，进行多种纪念活动。1917 年 12 月 17 日，发表了歌谣采集规约，拟刊行歌谣即民谣总集和选集两种，作为其中活动之一。1918 年 2 月 1 日，《北京大学日刊》在蔡元培先生特用《校长启事》公告的支持下，刊登了《北京大学征集近世歌谣简章》，这一历史事件是中国民俗学产生的标志。民俗学诞生以后，各个领域的知识分子都积极加入，但缺乏专业人士，出现"热闹有余而专业性则显不足"的状况。① 这就形成了作为运动的民间文艺学之兴盛，但学术的推进则显苍白。在西化大潮中，民俗学理论零碎、片断地被引进，学者根据自己的兴趣点进行着中国式的阐释和转化，这种局面一直持续到 30 年代。最初参与民俗学运动的学人，都有着深厚的国学传统，再加上民俗学伴随着新文学运动诞生，在他们接受和发展民俗学中，自然而然落足于民间文学。由于对"民间"理解的不同，这一时期出现了名词的混乱，有"民间文学"、"民俗文学"、"民众文学"、"平民文学"等。研究方法上则是在传统考据学的基础上吸纳了西方的实证主义，资料搜集成为基本问题。30 年代随着一批欧美留学的专业人士的回归，人类学、民俗学理论得以系统介绍，但他们的研究是以人类学为研究指归，民俗学只是作为他们的资料系统进行储备，所以这一时期民俗学学术上并没有大

---

　　① 赵卫邦在《Modern Chinese Folklore Investigation》中提到："主要缺点是，那些民俗学研究工作的创始者们没有一个人充分熟悉民俗学这门科学的性质、理论和方法。"原载辅仁大学《民俗学志》1942 年第 1 期，转自赵世瑜：《眼光向下的革命——中国现代民俗学思想史论（1918－1937）》，149 页，北京，北京师范大学出版社，1999。

的提高，当然不能否认局部研究方法的更新和理论的提升。胡愈之《论民间文学》与 1933 年编纂、出版于上海的《辞源》都是将民间文学与 folklore 对译，学科名称更多使用民俗学。1937 年，抗日战争爆发，中国分为国统区、解放区和沦陷区。解放区的民间文学是在毛泽东的《新民主主义论》和《在延安文艺座谈会上的讲话》思想的指导下发展的，逐步显现出与之前和其他两个区域民俗学研究的差异。解放区民间文学研究完全纳入文学轨道，在理论研究方面，注重探析它作为文艺的一部分，对中国共产党的领导与革命战争的作用和意义，为人民大众服务的思想；利用陕北丰富的民间文艺资料，进行改编和再创作，掀起了新秧歌运动、新说书运动与文人民间文艺（或称通俗文艺）创作的浪潮，这些为宣传中国共产党的政策、方针，唤起民众的民族情感起到了巨大作用。这一时期确立了中国民间文学学科特质的历史合法性基础。新中国成立后，解放区的民间文艺学思想推广到全国，作为学科的民间文艺学诞生，民间文艺学进行了重新建构，完成了从作为运动的民间文学向新民间文艺学的转向。50 年代中期至"文化大革命"，这段时期民间文学沿着文艺学模式推进，基本上跟随作家文艺学的轨迹，没有凸显自己的学科特质，这成为新时期以来，特别是 90 年代对民间文学进行反思的焦点。在纠偏的过程中，又走向了另一个极端，那就是对历史的忽视，完全忽略了从延安时期开始民间文学研究的学术历程。80 年代开始了新的一次西学引入高潮，文化学、民俗学理论再次大规模进入学人视野，而学术史的梳理则相对滞后，使得民间文学研究，特别是在实现中国化过程中出现了很多症结，最突出的就是民间文学的特性，这成为困扰中国民间文艺学的瓶颈问题。

20 世纪 90 年代，民间文艺学领域民俗学派迅速崛起，[①] 他们的核心思想是：民间文艺学等同于民俗学之民间文学，消解民间文艺学的独立性，同时将其从文学领域剥离。但并不意味着学界不存在民间文艺学本体的研究，它与民俗学之研究并行，只是逐步处于学术史的边缘，然而我们无法抹杀它在中国民间文艺学思想史中的意义。

贾芝坚持民间文艺学的独立性，强调其研究的文学本位。他认为：

> 民俗学在目的、范围和方法上，各国情况不同。在欧美国家，一般说来民间文学是作为民俗学的一个分支从属于社会学。民俗学从欧洲到亚非

---

① 笔者沿用刘锡诚《中国民间文艺学史上的民俗学派》一文中的术语，该文载《湖北民族学院学报》（哲学社会科学版），2004（1）。

国家，也都有情况不同的新发展。中国早在"五四"时期的新文化运动和反帝反封建的民主革命斗争就从创刊歌谣周刊开始，同时提出了民俗学。历史证明，各族人民只有政治上获得解放翻身，人民大众的口头文学研究才能迈进文艺的殿堂，中国是一个突出的例子。……民间文学，既记载了历史，又反映了现实斗争，艺术上也刚健清新。这样的采风与民俗研究，使民间文学成为对民族和社会作多方面探索的一门新的独立的学科。

汤姆斯提出的民俗学的范围和内容是："礼貌、风俗习惯、典礼仪式、迷信、歌谣、寓言等方面"，民间文学是其中的一部分。在民族习俗中，确是如此。著名民族学家杨堃先生说："民俗学是研究各民族劳动人民的生活和文化的科学。"民俗学研究，是民族学、社会学研究中的一个突出的部分，然而今天科学的发展，民间文学已分离为一门新学科。

民间文学作为新学科，大有作为。如果从文学发展史看，中外文学史无不是由民间口头文学与作家创作组合而成。民族有了文字，作家、诗人的杰出成就是民族的光荣，然而"根"却在民间口头文学。

各民族的口头文学，与社会学、人类学、历史学、宗教学、考古学、哲学、美学，等等，无不息息相关。

民间文学发展为一门独立的学科，与民俗学并存，这是科学的发展和进步。①

从贾芝的具体论述中，可以看出他承认口头文学经历过属于民俗学的历史，但是经过长期的发展，民间文艺学已经成为一门独立的学科，它属于文学，文学性的研究是其本体，但并不否认对其多维视野的研究，正如刘魁立对新时期民间文艺学发展的总结所述："民俗学的兴起给民间文学研究的发展带来了新的助力，各类相关学科理论和方法的借用和引入，丰富了民间文学研究的武库，使民间文学的理论研究比以往任何时候都更活跃。"② 但是需要强调的是，新的研究方法只是为民间文艺学提供更广阔的视域，而不是消解它的独立性。

民间文艺学的理论薄弱在 20 世纪 90 年代后期显得非常突出，学术界将其归因于没有扎实的田野调查和学者学术水平较低。近年来学人从民间文学出发，把坐标调整到民俗学、民族文化学的角度，短期内难以构建新的理论体系与构架。这种困境得以解决的办法是：用跨学科、跨文化研究的思路和方法，

① 贾芝：《读〈西北民族研究〉说到民俗学与民间文学》，载《西北民族研究》，1997（2）。
② 钟敬文主编：《中国民间文学的新时代》，134 页，兰州，敦煌文艺出版社，1991。

借助于已经取得的多学科研究成果，开拓空间和深度，对民间文学本体进行多维立体研究。①

在具体民间文学体裁研究中，学界倒是较为重视其文学特性的解读，探讨它作为文学的特殊之处。这时期倾向于这一思路，且成绩较为突出的是神话学领域，比如刘竹认为，神话是一种十分特殊的文学样式，结构的基本模式是特殊的，所创造的形象是特殊的，创造的意境是特殊的，反映社会生活形态的方式是特殊的。②

总之，民间文艺学属于文学领域，特殊并不意味着偏离，它的基本特性为文学性，只有以其为基点，才能构建起民间文艺学理论体系；民俗学的研究范围包含民间文学，但这只是研究对象的共享，并不意味着学科的混淆。

钟敬文先生认为民俗学是人文科学的一种。他专文论述了民俗学与民间文学的关系，具体观点如下：

> 首先，民间文学作品及民间文学理论，是民俗志和民俗学的重要构成部分。其次，民俗学可以作为人文科学乃至某些自然科学史的手段学——方法学，同样它也可以作为民间文学研究的方法学。最后，现在研究民间文学，必须具备一定的民俗志和民俗学知识。③

从他的论述中，我们可以看到学术名词的差异。作为学科的名称，他的提法是民间文艺学，在这个意义上，他认为民俗学与民间文艺学两者有密切的关系。他所述民间文学属于民俗学，只是在论述它作为民俗学的一种研究对象，民俗学作为民间文学研究的方法学，在这里要明确民间文学研究与民间文艺学具有不同的内涵。所以钟敬文所建构的民俗学体系，其中包含民间文学是明确的，也是无可厚非的。但他在关于民俗文化学的论述中，逐步将民间文艺学置于民俗学之后。他将民俗文化学阐释为：对于"作为一种文化现象的民俗"去进行研究的学问。民俗文化，简要地说，是世间广泛流传的各种风俗习尚的总称；民俗文化的范围，大体上包括存在于民间的物质文化、社会组织、意识形

---

① 参见本刊记者：《增强学科意识 提高民间文学基础理论研究水平》，载《思想战线》，1996（5）。

② 参见刘竹：《试论神话的文学特性》，载《云南师范大学学报》（哲学社会科学版），1993（2）。

③ 钟敬文：《民俗文化学发凡》，见《钟敬文民俗学论集》，265～291页，上海，上海文艺出版社，1998。

态和口头语言等各种社会习惯、风尚事物；口头语言是民俗人际关系的媒介，是许多文化的载体，是一种特殊的符号民俗传承。民俗文化学则是民俗学与文化学相交叉而产生的一门学科。在体系建构中，他论及民俗文化学与民俗学、文艺学等学科之间的关系，前者的论述明确民俗学有自己的丰富内涵，是民俗文化学的内涵，后者则与其他社会人文科学并列，民间文艺学是否归入文艺学则语焉不详。这样，在他阐述民俗文化学思想的过程中，民间文艺学逐步消失了。

民俗文化学可以说是一个时代性的学术名词，钟敬文以民俗学为本位，对其进行了建构与论述，随着时代情境的消失，它逐步处于消沉，但是处于其核心的民俗学思想则得以推进。20世纪90年代末，他提出了建立中国民俗学学派的口号。中国的民俗学脱离西方民俗学的影响，进入自主阶段，其特性是多民族的一国民俗学。[①] 他的这一思想从90年代中期开始酝酿，得到了民俗学学界的推动和认可，成为中国民俗学发展的一个标识。在民俗学发展的过程中，学界对口头文艺的研究越来越轻视，钟敬文反对这种思想。他在编纂《民俗学概论》时，将民间口头文学与物质民俗、社会民俗、精神民俗并举，由于此著作是民俗学教材，其影响极大。他认为：

> 民间口头文学是人民大众的语言艺术。它运用口头语言，充分发挥其丰富的表现功能和概括能力，创造各种艺术形象，展示瑰丽的想象，表现高尚的审美趣味和深刻的理性认识，这是民间口头文学区别于其他民俗事象的艺术特征。
>
> 民间口头文学一直是民俗学研究的对象。现在，民间口头文学的研究在我国虽然已经发展为独立的民间文艺学，但是，由于口头文学历来密切联系着各种民俗事象，渗透到各种民俗活动之中，成为各种民俗文化的载体，因而它仍然是民俗学不可缺少的重要组成部分。[②]

后来钟敬文又撰文专门论述了口头文艺在民俗学中的位置和作用：

> 从各国民俗学过去和现在对对象范畴的界定看，口头文艺都是不可或缺的部分，乃至比较主要的部分，这是值得我们认真思考的。

---

① 参见钟敬文：《建立中国民俗学学派论纲》，载《广西民族学院学报》，2000（1）。
② 钟敬文主编：《民俗学概论》，240页，上海，上海文艺出版社，1998。

目前国内人类学、社会学等一时的势头强劲，是造成那些学者对民俗学研究的某些方面失去信心、感到惶惑的外在因素。但我认为，如果那些学者对口头文艺各方面有了比较深入的了解，或者他们了解人类学、社会学学科与民俗学和口头文艺学的差别与关系，那么，他们的消极或困惑是可以消除的。从另一方面说，他们正应该利用这些兄弟学科的理论、方法和资料，去加强和深化他们对民俗学中的口头文艺研究的力量和成果。①

从上述关于口头文艺的阐释中，可以看出 20 世纪 90 年代钟敬文在竭力整合民间文艺学与民俗学两门学科，他提出民俗文化学的一个因素就是认为民间文艺学与民俗学内涵彼此都难以涵盖对方。他本人兼跨这两个领域，对民间文艺学、民俗学的研究都涉及较早，造诣极深。在他大段的论述中，一直在强调民间文艺是民俗学的主要研究对象，但是并未提出民间文艺学属于民俗学，这一点是必须明确的；另一点他认可民间文学的艺术特性。

钟敬文在民俗文化学思想论述和阐释过程中，民间文艺学（或称为口头文艺学）话语逐步消失与隐匿，民俗学话语全面张扬，但不能将他的思想误读为民间文艺学属于民俗学，他还是一直坚持民间文艺学的独立位置。具体表现在《谈谈民间文学在大学中文系课程中的位置》一文，他在文中表述了以下思想和见解：民间文学与作家文学尽管有许多关系，但是，我们必须看到，民间文学作为民族文学的一部分，它是一种特殊存在，它与一般被视为文学正统的作家文学（或精英文学）有着显然区别。民间文学有它相对的独立性，反对将其消解在"中国古代文学"及"中国现当代文学"等学科中，认为那是一种历史的倒退。同样，他在民俗学理论及思想的阐释中也没有涵盖民间文艺学，包含的只是民间文艺（或称为口头文艺）。②

关于民间文学的文学性，尽管它在 20 世纪 90 年代是以回归文学的形式出现，但它仍是当时的基本问题之一。民俗学领域重视民间文学的社会生活与文化史的研究，而对于民间文学的文学性与艺术性则很少探讨，也正因为如此，民间文学与民俗学其他三类之间差别很大，彼此难以相容并达成共识。不论民俗学如何重视民间文学的研究，他们之间理论难以协调与研究本体的不同不能

---

① 钟敬文：《钟敬文文集·民间文艺学卷》，188～189 页，合肥，安徽教育出版社，2002。

② 参见钟敬文：《谈谈民间文学在大学中文系课程中的位置》，载《北京师范大学学报》，1996（6）。

抹杀。两个学科合一的结果就是：中国民俗学研究难以脱离民间文艺学框架，民间文艺学既不能融入民俗学，也不能为文学所接纳，其处境极为尴尬。90年代民俗学视野下民间文学的研究，其艺术性与文学性被逐步忽略，因此新世纪学人呼吁回归民间文艺学的本体研究。1979年，钟敬文在《把我国民间文艺学提高到新的水平》①一文中就提到"大文学理论"，当然它与文学领域"大文学理论"之间有着差别，它主要指文学由民间文学、作家文学、通俗文学共同构成，民间文艺学作为文学有自己的特殊性，这种特殊的文学性可以补充和完善现存的作家文学研究。但是立足于文学领域的民间文艺学大多是将作家文学的文学性延伸至民间文艺学，或者直接用作家文学的框架来规范民间文艺学，致使它的研究范式并没有转换到"口头"。90年代关于回归文学的探讨，只是开始理清民俗学之民间文学与民间文艺学之间的差别，关于民间文艺学文学性的探讨还处于沉寂状态，这样新世纪学人的研究重点就要置于后者，逐步在这一关于民间文艺学内部研究问题上既不偏离原有轨道，同时又能取得实质性突破。民间文艺学特殊文学性的破解对于它的学科独立以及学术思想的自主发展都是至关重要的。

二、民间文学的基本任务

民间文学概论是个基础理论课，它的主要任务在于：

（1）通过教学，使学生正确认识中国各民族的民间文化，树立热爱传统文化，保护宝贵文化遗产的思想意识；

（2）使学生系统地学习、掌握民间文艺学的基本理论和基础知识，提高他们的理论水平，为今后的学习和研究打下坚实的基础；

（3）结合教学，组织学生参与田野调查，通过实践提高他们获取信息的能力，并积累一些第一手资料；

（4）提倡理论联系实际的学风，鼓励学生结合学习内容参加科学研究活动，学习撰写论文，锻炼他们思考问题、研究问题的实际能力。

学习、研究民间文学要注意以下几点：

首先，对一些重要的理论和观点要认真钻研，做到真正理解和掌握。所谓真正理解，是指不死记硬背概念，要通过自己的思考去获得。

其次，尽量调查和搜集一定的相关资料。资料，特别是第一手资料对理论学习极为重要，通过田野调查搜集资料是民间文学研究的重要方法。

---

① 钟敬文：《把我国民间文艺学提高到新的水平》，见《钟敬文民间文学论集》（上），上海，上海文艺出版社，1985。

再次，根据课程学习的需要，阅读其他相关学科的论著。民间文学不是纯文学，它同其他学科，特别是民俗学、宗教学、人类学、社会学等学科关系密切。因此，阅读这些相关学科的论著，对于民间文学的学习是有帮助的。

最后，民间文学具有突出的地域性特征，民间文学的学习者要结合自身所处地域，学习与了解民间文学现象，总结其规律，提炼出理论观点，使民间文艺学知识建立在中国多民族、多语言的肥田沃土之上。

思考题：

1. 简述民间文学与民俗学的关系。

2. 谈谈你对"民间"内涵的看法。

3. 谈谈你对民间文学文学性的看法。

4. 当今社会学习民间文学的意义与作用。

延伸阅读书目：

1. 钟敬文主编：《民间文学概论》，上海，上海文艺出版社，1980。

2. 乌丙安：《民间文学概论》，沈阳，春风文艺出版社，1980。

3. 刘守华主编：《民间文学概论十讲》，武汉，湖北教育出版社，1995。

4. 钟敬文：《中国民间文学讲演集》，北京，北京师范大学出版社，1999。

5. 辽宁大学文化传播学院民俗学教研室编著：《民间文学概论新编》，沈阳，辽宁大学出版社，2001。

6. 段宝林：《中国民间文学概要》，北京，北京大学出版社，2002。

7. 毕桪主编：《民间文学概论》，北京，民族出版社，2004。

8. 刘守华：《民间文学教程》，武汉，华中师范大学出版社，2006。

9. 陈勤建主编：《中国民俗学》，上海，华东师范大学出版社，2007。

第一部分
民间文学基本理论与方法

第一章　民间文艺学基本原理

民间文学具有文学的一般属性，如表达情感、塑造人物、构思故事、运用想象等，"处理的都是一个虚构的世界、想象的世界"（韦勒克语），但它又有自身的独特性，特别是跟通常意义上的作家文学（书面文学）相比较，无论是呈现的形态，还是创作原理、传播方式，都有较大的差异。

第一节　民间文学的属性与特征

一、民间文学的属性

与其他文学门类相比较，民间文学有其自身独特的属性。

（一）民间文学是一种生活型的文学

民间文学是民众生活的有机组成部分，是民众的生活方式之一，呈现出文学属性与生活属性合二为一的特性。它的表达同民众的生活交织在一起，难以分清是文学活动还是生活本身。这种情况在几乎所有的民间文学中均是如此。

从民间文学作品的产生来看，并非是民众有意为之的创作活动，而是出于生产、生活的客观需要。如打夯号子、船工号子等劳动号子，鲁迅称之为文学起源的"杭育"派，其实是人们在从事重体力活时从内心发出的呼喊，是一种减轻劳动强度、协调劳动节奏的不自觉行为，甚至在一定程度上是一种本能的行为。大量的仪式歌，如哭嫁歌、哭丧歌、上梁歌等，作为民俗仪式活动的重要组成部分，是为了情感表达的需要：姑娘出嫁，即将离开熟悉的家庭，离开朝夕相处的亲人，对父母的依依不舍，对未来生活的不安，不由自主地在哭喊声中尽情抒发；亲人离世，生离死别，悲从心生，在哭声中加入文字的表达，故有了哭丧歌；上梁歌则是为了求吉利、"讨口彩"。如上海郊区上梁仪式中有抛馒头和糕饼的习俗，将馒头、糕饼从梁上抛下，让人抢拾。两位木工师傅轮流抛向东西南北四方，边抛边唱，谁抛谁唱。如甲唱：

> 一把馒头抛到东，东方日出一点红，
> 红日照在高梁上，百花朝阳代代红。
> 一把馒头抛到西，一对凤凰成双飞，
> 凤凰围梁绕三绕，右殿金鸡叫来左殿凤凰啼。
> 一把馒头抛到南，南海观音送子来，

东送子，西送子，南送子，北送子，百子同室乐开怀。

一把馒头抛到北，东家造仔正屋又造厢房屋。

乙唱：

一把糕饼抛到东，福寿如意乐融融；

一把糕饼抛到西，龙凤呈祥成双飞；

一把糕饼抛到南，财福临门滚滚来；

年年来，月月来，天天来，时时来，吉庆有余喜开怀；

一把糕饼抛到北，凤串牡丹降五福。①

这种求吉的愿望固然也可以通过某种仪式或象征物得以表现，但在上梁的过程中，语言的表达最符合当时的情境，既活跃了喜庆气氛，又能将房主人自豪的心情和希望新房能够带来家庭幸福的愿望在众人面前得以充分展示。

从民间文学的传播来看，讲唱民间文学作品是民众生活的内容之一。神话、史诗是人们在祭祀祖先时讲唱的，是祭祖活动的有机组成部分。如生活在浙江等地的畲族，至今仍在正月里在宗祠挂祖图，唱歌颂祖先业绩的祖歌。

在庙会期间，除了祭祀仪式外，人们往往会讲述神灵的故事，歌唱神灵的事迹（有些地区称为"神歌"），还要表演各种民间文艺，如舞龙舞狮、扭秧歌、踩高跷、挑花篮、演戏等。通常会认为这是一种群众的文艺活动，但从参与者的心态和本意而言，所有这些都是表演给神看的，是敬神的形式之一，其功能首先并非是审美的。

在中国的西南、西北地区至今仍有歌会活动，如苗族的"三月三"、甘肃的"花儿会"等。一到会期，方圆几十里、上百里的民众会聚在一起，纵情欢歌，或男女对唱，或小组对唱。但即便是在这些传统活动中，参与者的首要目的是表情，唱歌只是一种手段而已。未婚男女可以通过歌声寻找自己的意中人；已婚男女，通过唱歌宣泄情感。例如，有些苗族已婚女性，虽然也参加三月三歌会，但要在腰带上挂一把小锁，表明自己的已婚身份，男性找她对歌可以，但不能有非分之想。对歌活动中，既唱传统歌谣，也有许多是即兴的编唱，虽然形式上与诗人的创作基本相同，但目的迥异。

---

① 宋新根：《奉贤地区造房习俗调查》，见《中国民间文化》，第六集，上海，学林出版社，1992。

从民间文学的功能来看，主要是为了减轻劳动强度、休闲娱乐。旧时在江南地区有在田间劳作时唱山歌的传统，甚至有专门的山歌班，田多的人家，农忙时节要请短工，宁可多花工钱（一般是多付50%）也要请山歌班歌手边劳动边唱歌，因为唱山歌可以"解厌气"，使人忘记疲劳，提高劳动效率。人们在休闲的时候，喜欢"摆龙门阵"，"谈山海经"，听讲故事、笑话，主要也是一种娱乐的方式，而不是审美活动。例如，在浙江嘉善的夏墓荡，每到夏天的夜晚，周边地区的民众便摇着自己的船会聚到这里，几百艘木船停靠在湖面上，颇为壮观，歌声此起彼伏，没有输赢，消暑娱乐。在江苏常熟的白茆塘，每到秋收之后，便在白茆塘上举行对歌会，以自然村为单位进行对歌，人们很在乎对歌的输赢，甚至聘请著名的老歌手担任编歌词的"军师"，但整个活动具有极强的娱乐性质，称之为："客客气气开场，热热闹闹歌场；最后相打相骂，就此吵散歌场。"（歌手万祖祥语）即赛歌到最后，相互指责、吵架，输者追着赢者打架，连"军师"也仓皇逃走。这样的活动，年复一年地举行，成了当地人的生活方式之一。

从民间文学的内容来看，主要是表达民间的技艺、经验和思想。汤姆斯所说的 folklore，就是民间的知识。民间文学是表现民间知识的文学。民间知识包括生产、生活的各个领域。神话史诗记录的是先民奋斗的历史，同大自然斗争的经验；谚语反映的是民众长期积累的丰富知识，如气象谚语；各种类型的民间故事，表现的是民众的道德观、审美观、世界观、人生观，如两兄弟故事、蛇郎故事中的善恶观、对弱者的同情，牛郎织女、白蛇传、梁山伯与祝英台故事中的爱情观等。

许多民间文学作品是通过具体而活生生的生活事项来展现这种知识的。如《莳秧歌》中唱到："莳秧要唱莳秧歌，两脚弯弯泥里拖，背朝日头面向土，手拿秧苗莳六棵。"就是传授插秧的技艺。在巧媳妇故事中，考验媳妇（巧姑）的都是生活中的琐事，如流传于湖北地区的一则故事（梗概）：

> 有一个叫张古老的老人，有四个儿子，三个已经娶了媳妇，四个儿子和三个媳妇都呆头呆脑，想找个巧媳妇来持家，但一直没有物色到合适的女孩。有一天，他想出了一个办法：让三位儿媳回娘家，告诉他们在娘家住的时间是大媳妇三五天、二媳妇七八天、三媳妇十五天，同去同回；需要带回的礼物是，大媳妇一只红心萝卜、二媳妇一只纸包火、三媳妇一只没有脚的团鱼。三个媳妇满口答应，一齐动身回娘家。走到三岔路口，三人要分手了，才想起三人在娘家住的时间不一样啊，怎样才能同时回来

呢？三样礼物也不知道是什么东西啊？于是三人只好坐在路边哭。哭声惊动了附近王屠夫的女儿巧姑。巧姑听了她们的事，笑着说三人都是住十五天，红心萝卜是鸡蛋，纸包火是灯笼，没有脚的团鱼是豆腐。三人谢过巧姑后就回娘家去。过了半个月一起回家，所带的礼物也是一点儿不错。张古老认定有高人指点，三人把那天的情况一五一十都说出来了。张古老决定去试试巧姑，来到王屠夫的肉铺，正巧王屠夫不在，于是张古老就跟巧姑说要买皮贴皮、皮打皮、瘦肉没有骨头、肥肉没有皮。巧姑过一会儿就拿来了四个荷叶包，正是猪耳朵、猪尾巴、猪肝、猪肚，一点儿不错。张古老知道巧姑正是自己要找的儿媳，立即请媒人前去提亲，不久就和小儿子成亲了。为了让巧姑顺利接管家业，张古老又想了一个法子：让儿媳妇用两种料子炒出十种料子的菜、用两种料子蒸出七种料子的饭。结果其他三个媳妇都做不出来，巧姑做了一个韭菜炒鸡蛋的菜，蒸了绿豆米饭，用谐音的方法巧妙解决了，三个媳妇心服口服。巧姑当家以后，把家里的事情安排的妥妥帖帖。一天张古老一时高兴，在大门上写了"万事不求人"几个字，结果得罪了知府，限张古老三天内找出三样东西：一条大牯牛生的犊子，灌得满大海的清油，一块遮天的黑布。这三样东西是没办法做到的，但巧姑用"以其人之道，还治其人之身"的办法巧妙地惩治了知府：男人不能生孩子，大牯牛怎会生犊子；请大人把海水车干后马上就灌清油；大人量出天有多宽后就去扯布。①

我们通常说文学是对生活的反映，但民间文学与民众生活的关系不是反映与被反映的关系，而是融为一体的，或者说是一种生活的文学化。

（二）民间文学是"一次过"的文学

民间文学作品是一种"动态"的存在，它存活于人们的口头，没有文字文本，口头讲唱表演一次，就算"发表"一次。但每一次"发表"都会发生或多或少的变异。因此，通过对某次讲唱活动进行记录，也能够制造出一个文本，一个可持久存在下去的"文本"。然而，次日，或在不同的观念面前，抑或同一故事家、歌手带着另一种心情的演出所进行的第二或第三次记录，将不可避免地出现某些与原先的记录不一致的地方，而此种不一致足以使任何一个文本的权威性遭到质疑。每一次的"搜集记录稿"都不可能是该作品"本身"，因

---

① 刘守华、黄永林选编：《中国民间故事精选》，257～263页，武汉，华中理工大学出版社，1993。

为它仅仅是该作品流传过程中的"瞬间定格"（如同人的照相），都只能是该作品的一个"侧面"，真正作品的"本身"是无数次"发表"的叠加。民间文学作品只存在于它的复数形式和多样性之中。它们具有奇妙的复杂性，即使同一故事听上一百遍，也只能说更加熟悉该故事而已。

这种属性决定了民间文学既不同于书面化的小说诗歌（有固定的文字文本，无数读者面对的是同一作品），也不同于电影戏曲（有固定的拷贝、剧本）。

这种属性也决定了它的叙述方式，要求便于讲述、便于记忆，"易记易传"，例如，结构方面是单线型结构，情节要曲折，语言要鲜活。

"一次过"的特点，要求搜集整理时尽可能对同一作品进行重复记录，以便探寻其变异的规律，也决定了对民间文学的研究要不同于书面文学的研究：文本分析仅仅是其中的一方面，更重要的是语境以及语境对文本影响的研究。

（三）民间文学是表演性的文学

与书面文学不同，几乎所有的民间文学都具有表演性。这与民间文学的口头表演性有密切的关系，作家在书斋中面对的是纸张、笔、电脑、键盘，故事家、歌手面对的是活生生的受众：

作家——书斋——作品——读者（静态）

讲唱者——公共场所——文本——受众（动态）

表演性主要表现为两个方面：

第一，民间文学作品的讲唱过程具备表演艺术的三大要素：表演者、舞台、听（观）众。故事家、歌手就是表演者，听唱者就是听众、观众，讲唱现场就是表演的舞台。

第二，民间文学作品的讲唱过程要求具有表演性，只有具有表演性才能吸引听众。如果平铺直叙、语言乏味，就没有人听。书面文学作品，读者的反馈信息是迟缓的，有一段或长或短的时间差；民间文学的讲唱，听众的反馈是"当场"的。

讲唱者的素养不同、天赋不同，表演的效果也不同。优秀的故事家、歌手，通常都具备优秀的表演天赋，如超常的语言表述能力，能把作品讲得绘声绘色，故事结构完整，情节跌宕起伏，善于结扣子、卖关子；具备多方面的文艺素养，能说能唱，能歌能舞，民歌、对联、谚语等随口而出；临场发挥能力，根据受众的不同和现场气氛，以及受众的要求，及时调整讲唱的内容；丰富的肢体语言，喜怒哀乐的面部表情，是讲唱的一个重要组成部分，不仅仅是可有可无的辅助。

当然与正规的戏剧、歌剧等表演艺术相比，故事家、歌手不是专业的表演者，舞台也不是正规的舞台；但民间文学的表演性也有自己的特点：一是演唱条件（舞台、人员、乐队等）的无限制性，三五一围坐即可表演；二是表演者与受众之间的互动性，甚至经常发生角色转换的情况；三是表演的不自觉性，是一种情不自禁的无意识行为。正如《毛诗序》中所说："诗者，志之所之也，在心为志，发言为诗。情动于中而形于言，言之不足故嗟叹之，嗟叹之不足故永歌之，永歌之不足，不知手之舞之，足之蹈之也。"

（四）民间文学是以方言为载体的文学

书面文学中也有用方言来创作的，如老舍的部分作品，在国内外都获得了很高的评价。因为语言不仅是文化的一种表达手段，一种载体，同时语言是文化的重要组成部分，语言中蕴涵着丰富的文化内涵。方言所包含的是一种独具特色的区域文化。

与文人书面创作以官话为主不同，民间文学作品几乎全部都是用方言来表现的。因为民间文学是口头"发表"的，而人们日常口头用语基本上是方言，就是像上海这样的大城市，市民们日常交流的通常也是吴语方言。讲唱民间文学作品当然也只能是用方言。

方言文学的特点一是内容上与区域文化（尤其区域民俗文化）的密切关联，如当地的历史事件、历史名人、风景名胜、文物古迹、风俗习惯等；二是语言与作品内容融为一体，不可分离。如果用普通话记录，就使作品逊色不少，甚至连作品设立的悬念都不复存在。例如，各地流传的机智人物故事，如阿凡提、徐文长、刘伯温等，其机智之一就是通过语言的谐音来巧妙处理难题或造成笑料的。如果改用普通话讲，完全就没有了味道。如流传于浙江丽水地区畲族的故事《不用"街"》：蓝聪妹有姐妹三个，她丈夫家最穷，被父母看不起。有一天夫妻俩到娘家去探亲，正巧遇到杀鸡，父亲不想让女儿女婿吃鸡，就把鸡藏在箩筐里。聪妹很气愤，悄悄告诉丈夫，让丈夫向丈人借箩筐，丈夫拎起箩筐就走，丈人急得结巴："……皆（畲语，指鸡）……皆……"上来夺筐，聪妹拖住父亲说："不用'街'（畲语，扛的意思），他拎得动，还是让他自个拎好了。"又对丈夫说："还不快拎回家，家里等用呢。"在普通话中，鸡、皆、街三字发音不同，不会混淆；而在畲族语言中是同音，所以才会有发笑的效果。

有些经典的民间文学作品，能够在较大的范围乃至全国流传，甚至传播到周边国家，如梁山伯与祝英台故事（爱情）、白蛇传（人与异类婚）、两兄弟故事（分家）等。但它们在流传的过程中仍然是以方言来讲述的，同时会根据方言和地域文化的需要在表达方面作适当的修改。

因为民间文学语言载体是方言，脱离了方言，其文学性就失落大半，因此搜集整理时要尽量用方言记录，要有录音录像，才能更具科学价值；研究时也要结合方言、区域民俗文化进行综合研究。

（五）民间文学是一种无意识编创的文学

作家书面文学在写作之初就有非常明确的目的，就是通过反映生活，以文学为实现人生价值和家国理想的方式，如曹丕在《典论·论文》中所说："文章经国之大业，不巧之盛事"，希望传名于后世，是一种有目的、有主观意图的创造活动。但民间文艺的编创往往是无意识的，是一种自然的抒发，完全是一种自然而然的行为。前者心中有"创作"的概念，而后者没有。如果问一个故事家或歌手，你这是从事文学创作活动，他肯定会不知所云。民间作者随口冒出几句顺口溜，是心之所至。就像两个小孩子打架，一个是装痛，一个是真痛；前者是有目的的，为了博得大人的同情支持，后者完全是无意识的、不能自控的。正如冯梦龙在《叙山歌》中所言："但有假诗文，无假山歌；则以山歌不与诗文争名，故不屑假。"因为无须"争名"，参与者无个人的功利目的，所以才能做到"真"。

民间文学作品的发生往往是"感于哀乐，缘事而发"。劳动累了，想抒心中的怨气，随口就唱了；看到美丽的姑娘，要想把自己心中的爱慕之情表达出来就有了情歌；看到吝啬鬼，可憎又可恶，大家你一句我一句，讲出来才解气；想念情郎，彻夜不眠，就唱出了《子夜歌》《五更歌》。

正是这种无意识的编创，民间文学往往更加无拘无束，形式和内容都更自由，在讲唱者和接受者欣赏参与的过程中，已经获得了双方情感上的满足，实现了其价值，不需要依附于其他意义，如政治上的理想、个人生命价值上的愿望等。当然民间文学的编创会受到个人生活经验、集体文化记忆的限制，因为它始终处于"流动"的编创过程之中，是群体智慧的结晶。

总之，民间文学是一种"活态"的生活型的存在，"表演"是其生命存在的形式，脱离"表演"状态进入"文字记载"即意味着其生命活力的丧失。民间文学的编创也是"活"的动态的过程，其突出特征是讲唱者与受众的"互动"关系，在"互动"中不断产生新的"作品"。

二、民间文学的基本特征

民间文学的基本特征包括外部特征和内部特征。外部特征侧重于其表现的形式，内部特征侧重于其内部规律，两者既有区别又相互联系，互为表里，构成其独特的个性，区别于其他文学样式。

（一）外部特征

1. 口头表演性

口头表演性主要是指民间文学的表达形式。民间文学以口头语言为载体、表述过程中具有表演性，两者相辅相成，构成口头表演性的特征。这是民间文学的核心特征，其他特征都建立在此基础之上。

民间文学又称口传文学、口承文学，是一种活跃在人们口耳间的特殊的语言艺术，人们用口头语言进行文学编创，并通过口头语言的形式将这种编创传承下去，即口头编创和口头流传。

从人的进化史来看，当人类有了言语交流的那个时候始，就有了民间文学的"文本"，传递采集狩猎的信息，就是简单的传说。民间文学是所有文学样式中产生最早的，在文字产生前的很长一段历史阶段，民间文学是唯一的文学样式。

进入文字社会以后，逐渐出现了以文字为载体的书面文学，但以口头语言形式为载体的民间文学仍然是大部分人所拥有、钟情的文学样式。因为能够识字书写的只有少数人，一般民众不识字，但作为一个"人"，都有精神生活的需要，传唱民间文学作品，成了他们表达情感的主要途径，以及主要的休闲娱乐活动。

到了现代社会，绝大多数人都能识字看书了，电视网络也基本普及，但民间文学作品仍然存在于我们的生活中。尽管由于现代化和城镇化的影响，一些传统的口头文学传承环境正在消失或者已经消失，田野中再也听不到山歌的歌声了；农村中年轻人进城务工，剩下一些老年人，还要照顾孙子孙女，没有人再聚集在一起"谈山海经"；城市里，平房、棚户区拆光了，人们搬进了"鸽子笼"似的楼房，聚集在一起闲聊的机会也少了。因此，随着传承环境的改变、传承人的死亡，有些传统口头文学的品种确实已经消亡或正在消亡，如吴语地区的长篇叙事山歌，原来主要是山歌班在劳动时所唱的，现在山歌班没有了，会唱的歌手相继离世，能够演唱长篇叙事山歌的歌手已所剩无几，消亡已不可避免。但另一方面，传统的传承环境消失了，新的传承环境会不断生成。例如，今天进城务工者的集体宿舍已成了口头文学新的传承场所，他们白天干活辛苦，晚上又舍不得花钱出去消费，远离家人，情感寂寞，生活单调，口头文学成了他们最大的消遣娱乐；而且，务工者来自各地，这里也就成了各地口头文学相互传播的场所。甚至在打工的现场，也常常以讲述口头文学作品来消磨时间。又如旅游的时候，特别是旅行社组织的旅行团，旅游车也是新出现的口头文学传播场所，出色的导游常常会以故事、笑话来活跃气氛，有些游客也以故事、笑话、奇闻趣事来显示才能。大学生的集体宿舍、老年活动室等都是新的口头文学传承地。由此可见，民间文学具有永久的生命力，并不会消亡。

以口头语言形式为载体的文学活动，具有其自身独特的优势。

首先是便捷。书面文学的创作需要笔和纸，书面文学的欣赏需要购买作品、携带作品；影视文学的拍摄需要一整套昂贵的设备，欣赏需要买票或者买电视、影碟；网络文学的创作和欣赏必须要有电脑；而民间文学不需要任何设备，人的嘴巴、耳朵都是与生俱来的，只要有说话能力的人就能讲述，只要有正常听觉的人就能欣赏。在任何时间、任何地点，只要具备"两人在场"的条件，就可以进行民间文学的讲唱活动，车站码头、田头地角、公交车轮船上都可以；人数可多可少，少则两人，多则几百人，甚至上千人都可以。

其次是"安全"。任何一个国家、任何一个时期的书面文学创作都是要受到种种限制的，最起码不能明目张胆地反对当权者。就算号称最民主的美国，也禁放纪录片《华氏911》。更不用说一些特殊时期，如中国清朝的"文字狱"。就是在比较开明的时期，有些东西也是不能写入书面文学作品中的。但是，在民间文学中就没有了这些限制，因为"口说无凭"，讲过就算，没有把柄可抓。例如，荤故事在口头文学中比比皆是，因为它是人类生理欲望的一种正常宣泄，它对于性教育以及人的生理健康均是有益的。它在书面文学中出现就有可能被视为宣传色情，而在口传文学中就没有这种禁忌，至多是在讲述的时候尽量回避女性和小孩。每个历史时期都流传大量的时政歌谣，针砭时弊，是人们对现实不满的真情实感的流露。如果出现在书面文学作品中就有可能招来麻烦。书面文学不能写的内容，民间口头文学可以，因为它是"口述"的文学，是"安全"的。

最后是符合人的表现欲。每个人遇到奇异的事、有趣的事都有向他人转述的欲望；在公共空间，大多数人都有展现自己才能的欲望。因此，在人群集聚的地点，就逐渐成了民间文学传承的场域。

2. 群体参与性

群体参与性主要是指民间文学编创和传承的主体。民间文学是一个开放的体系，社会所有成员都可以参与，具有群体参与性的特征。

与文人文学的个人创作不同，民间文学则由集体编创而成；文人文学追求的是创作的个性化，而民间文学则寻求大众的共鸣。民间文学的生产者是集体，虽然集体也是由个体组成的，但个体的作用在集体中被过滤并融化成了同一种东西，为这个集体所共同认可。"民间故事的生产过程是在集体原则下的一种自律行为，它按集体的精神来思索、感觉和创造，因此，它是集体智慧的结晶。民间故事也并非是纯集体的，因为它生产的每个环节，是由许多人的感受和才智凝成的。因为它的生产者是无数个人的集合体，因而具体个人对它的影响极其微小，其独特的个人风格也就消失在共性之中。"①

民间文学不仅群体参与编创，反映群体的愿望，集中群体的智慧，融会着群体的艺术才能，而且在群体中流传，在传承过程中不断进行编创，也就是高尔基所说的"只有在全体人民一齐思考下才能创造出来"的文学作品。"一人传三三传九，河水淘沙渐渐深"，反映了民间文学生存的真实情况。

民间文学作品的群体编创基本可以分为以下三种情况：

一是"共创式"。伴随着劳动或民俗活动而展开，特点是多人同时参与编创、表演。典型的如集体劳动时的劳动号子，歌会歌圩中的山歌对唱，民俗活动中的仪式歌等。江苏无锡地区流传的《秀才造山歌》的故事，讲述的是长篇叙事山歌《薛六郎》由八位赴京赶考的秀才和两个船公集体编创之事。

二是个人首创、群体流传中的编创。由个别人编出作品的雏形后，再由许多人添枝加叶，逐渐完善。湖北崇阳的民间叙事诗《双合莲》，就是作品中女主人公的一位长辈郑三爹根据发生在自己身边的真实故事编唱出来的。流传于上海郊区奉贤的长篇叙事山歌《白杨村山歌》相传也是先由个人编出来，然后在民间传唱的。吴语叙事山歌《五姑娘》是清朝道光、咸丰年间著名歌手杨其昌首先编创的，然后由陆阿妹的父亲、哥哥、陆阿妹不断加工传唱后才成为今天的长歌。通常的情况是某位著名的故事家或歌手根据当地发生的真人真事编创为作品，然后由众人不断丰富发展成为成熟的作品。某些文人创作的通俗作品流入民间，成为民间文学作品，也属于这种情况，如冯梦龙的"三言"、《封神演义》等。

三是个人与群体的循环编创。这是民间文学作品编创最常见的情况，许多民间文学作品都经过了"民间流传→个人写定→民间流传→……"的过程，而且这个过程至今仍在延续之中。如流传于浙江省的富阳、余杭、湖州、长兴和上海市松江等地的叙事歌《朱三刘二姐》，据富阳歌手张坤生说，他十五六岁时向当地歌手学唱，有位私塾先生认为作品不"雅"，改成一个本子，他以后

---

① 黄永林：《大众视野与民间立场》，58～59 页，北京，新华出版社，2005。

就根据本子演唱了。①《梁山伯与祝英台》故事在流传的过程中，自唐代以后就不断有文人记录或写定，然后又反馈到民间。现在人们能复述的梁祝故事情节，大多来自越剧、电影版的《梁祝》。

3. 传承变异性

传承变异性主要是指民间文学作品的生存状态。民间文学作品世代相传，并在传承的过程中不断发生变化、发展成熟，构成了传承变异性的特征。传承与变异是一个不可分割的整体，传承是变异的前提，传承中必然发生变异，变异赋予作品新的生命力，从而促进传承。

传承变异性是由口头表演性、群体参与性所决定的。口头讲唱，无拘无束，人人可以参与，传承就不可避免；因为口传心授，"一样话，十样说"，靠记忆保存，永远没有定稿，在群体流传过程中发生变异也就在所难免，作品内容、情节、主题、形象、结构等都在传承的过程中发生或大或小的变化。

变异的发生有多方面的原因：

一是历史文化发展的必然性。随着历史的发展，语言习惯、思想观念、审美意识、风俗习惯等都会发生变化，一些原本合理的表述在新时期就显得不可理解了，于是就会"修正"。如《蛇郎》故事，最初蛇是以动物的本来面目与人成婚的，人兽通婚的图腾观念在人类社会的早期是不足为奇的；但随着社会发展，文明程度提高了，人与蛇成婚便变得难以接受，于是聪明的人们便在作品中对"蛇郎"进行了合理的改造，进入洞房后"蛇郎"便变为一个帅小伙。至于原因，有的作品中解释说"蛇郎"本来就是人，被巫师施魔法后变成了蛇，入洞房魔法就被破除了；有的作品中则没有任何解释，留给人们丰富的想象空间。

二是由记忆法则所决定。英国的心理学家巴特莱特曾经作过一个有趣的实验，把一篇北美印第安人的民间故事，给他的被试者——英国大学生读了两遍，15分钟以后，按间隔不同的时间，记下他们回忆复述的结果，根据故事复述情况研究它在记忆中变化的规律，通过实验发现：

（1）故事逐渐被缩短，被省略。也就是说，内容的细节部分被丢失。但是，故事的重大线索并未失去。

（2）故事中的说话语气和表述方式，换成了被试者惯用的说法。

（3）故事变得更有连贯性，并被合理化，变成适合于英国人的语言习惯和价值观念的故事。

---

① 参见王仿：《山歌班对发展长篇叙事民歌的作用——有关〈朱三刘二姐〉的调查报告》，载《民间文艺季刊》，1988（4）。

最后被记住的故事常常和原来听到的故事很不相同。与其说是遗忘，不如说是把材料进行明确的、连贯性的重新加工，成为一篇新的故事。①

三是讲唱完整性的要求与遗忘不可避免性的矛盾结果。

作为受众，希望听到的作品是有头有尾、结构完整的；作为讲唱者，也希望自己讲唱的作品情节生动、结构严密，能获得受众好评。但人的记忆是有局限的，除了极少数记忆超强的人之外，一般人不可能记住全部获取的信息，完全重现记忆对象是不可能的，尤其是那些篇幅较长的故事、民歌，因此为了增加记忆的有效性，人类在长期的进化过程中，逐渐形成了选择性记忆的原则：记住内容的主干而不同程度地遗忘细节；有选择地记住同自己生活有关或熟悉的内容，淡忘与己无关或不熟悉的内容。这种记忆原则，在民间文学传承中就表现为记住作品的大致梗概，而忽略一些细节。同时，一些原来记忆的内容，也会随着时间、环境等因素的变化而遗忘。由此就会造成作品的前后不连贯、逻辑混乱等。为此，故事的讲述者、歌手就要设法进行"缝补"，使讲唱的作品重新完整。例如民歌《十二月花名》，必须唱全十二个月，如果忘记了其中的一个月，歌手就要设法补全。被"遗忘"的部分，正是故事家、歌手能够发挥才能，进行"创造性重构"的地方。②

"创造性重构"是衡量一个故事家、歌手能力的试金石。一个优秀的故事家、歌手往往具有即兴编创的能力。当然，这种编创的资源通常来自于传统的"套式"（或称"程式"）。这些"套式"是民间文学作品在长期的流传过程中逐渐形成的，涉及作品的结构、情节、人物塑造、景物描写等各方面。例如民歌中的《四季歌》《五更调》《十二月花名》《十杯酒》《十送郎》《十张桌子》《十样点心》等，都是长篇叙事歌中经常运用的"套式"。

变异具有两面性，一方面变异使民间文学作品具有灵活性、适应性，与时代同步，不断出新，不断吸收新的养分，从而获得永久的生命力；另一方面，变异也可能失去某些精彩的内容，丢失许多有价值的历史记忆。

（二）内部特征

1. 文化层积性

文化层积性是指民间文学作品在传承的过程中，或显或隐地不断沉淀不同历史时期、不同区域文化的现象，像考古发现中的文化层一样，在一些经典民

---

① 参见刘守华：《故事学纲要》，171页，武汉，华中师范大学出版社，1988。
② 参见刘守华、陈建宪主编：《民间文学教程》，27页，武汉，华中师范大学出版社，2009。

间文学作品的内容中能够发现丰富的文化积淀。

　　作家书面文学本身构成了一个自足的、封闭的体系，借助纸质载体，实现"悠悠百世后，英名擅八区"（左思《咏史》赞扬雄之语）的个体永恒。作品一旦发表，就基本定格了。而民间文学"并非源于某一特定作者的虚构，而是全体人民的创造，并一代又一代相传下去，欣然地传给那些乐意讲述它们的人"。① 民间文学是一个开放的、流动的系统，没有固定的文本，谁都可以改动，谁都可以随意增添内容或删改内容。民间文学的传承者是由一个个个体组成的群体，任何一个人都是当时、当地文化的承载者，他的审美观、世界观、人生观也即他所处文化的反映。作为一个传承者或讲唱者，必然要根据他的理解、审美倾向来讲唱作品：他认为不合理的就删除或改变，认为没有交代清楚的就根据他的理解添油加醋。

　　民间文学作品在每个时代、每个区域的流传过程中，会出现如下的情况：

　　（1）删除或改变不符合时代、区域文化的内容；

　　（2）留下符合时代、区域文化的内容；

　　（3）增添符合时代、区域文化的内容。

　　这样"处理"的结果是：同一则民间文学作品，唐代跟汉代的不一样，宋代的跟唐代的也不一样，每一个朝代都会增添新的内容；同一则民间文学作品，上海的跟浙江的不一样，江苏的跟浙江的也不一样，每一个区域流传的作品也会增添新的内容。

　　虽然民间文学也有文人的记录本，但有了记录文本的作品在民间照样流传，并不会因为有了记录文本民间就不再流传了。文人记录文本的好处在于为我们今天的研究提供了一份资料；同时它会对民间流传的作品产生或多或少的影响，增加新的内涵。

　　文化层积性的表现大致可以分为三种形式：

　　一是历史文化的层积。民间文学作品往往会保留流传时代的文化记忆，尤其是那些产生时代早、传承时间长的作品。如著名的孟姜女故事，据顾颉刚先生研究，最早的雏形是《左传·襄公二十三年》记载的杞梁妻拒绝齐侯（庄公）郊吊的故事，主人公杞梁妻是一个谨守礼法的女性；到了战国和西汉前期，又加上了杞梁妻"善哭"的内容，《孟子》中有杞梁妻"善哭其夫而变国俗"；西汉后期至东汉，故事的中心由"善哭"发展为哭崩城墙，刘向《说苑》

---

　　① ［美］约翰·迈尔斯·弗里：《口头诗学：帕里·洛德理论》，朝戈金译，48 页，北京，社会科学文献出版社，2000。

中记载杞梁妻"哭后投水而死"的情节；西晋、后魏时期，城墙具体化为"杞都城"、"莒城"；唐朝以后，演变为杞梁被迫服苦役修长城而死，孟姜女千里寻夫哭倒长城的故事；明代以后，加上孟姜女与秦始皇展开面对面斗争，投海而死的情节。这不仅展现了一个经典故事是如何演变发展的历程，而且显现了其变化与时代文化的关系。如唐代是孟姜女故事发展的重要转折点，贯休《杞梁妻》中吟道：

> 秦之无道兮四海枯，筑长城兮遮北胡。
> 筑人筑土一万里，杞梁贞妇啼呜呜——
> 上无父兮中无夫，下无子兮孤复孤。
> 一号城崩塞色苦，再号杞梁骨出土。
> 疲魂饥魄相逐归，陌上少年莫相非！

顾颉刚认为这首诗中有三个惊人之处：一是杞梁由齐人变为秦朝人；二是秦筑长城，连人筑在里头，杞梁也是被筑的一个；三是杞梁之妻一号而城崩，再号而其夫的骸骨出土。他认为："这件故事所以会得如此转变，当然有很复杂的原因在内。就我所推测得到的而言，它的原因至少有两种：一是乐府中《饮马长城窟行》与《杞梁妻歌》的合流；一是唐代的时势的反映。"也就是说跟唐代的徭役、征战有密切的关系。兵士们终年守候边关，家中妻儿备受离别思念之苦，长城便成了人们怨恨的对象，"谁人是逞了自己的野心而造长城的？大家知道是秦始皇。谁人是为了丈夫惨死的悲哀而哭倒长城的？大家知道是杞梁之妻。这两件事情由联想而并合，就成为'杞梁妻哭倒秦始皇的长城'，于是杞梁遂非做了秦朝人而去造长城不可了！她们再想，杞梁妻何以要在长城下哭呢？长城何以为她倒掉呢？这一定是杞梁被秦始皇筑在长城之下，必须由她哭倒了城，白骨才能出土，于是遂有'筑人筑土一万里'，'再号杞梁骨出土'的话流传出来了！她们大家有一口哭倒长城的怨气，大家想借着杞梁之妻的故事来消自己的块垒，所以杞梁之妻就成为一个'丈夫远征不归的悲哀'的结晶体"。① 这中间虽然有许多"推测"，应该说这种推测还是合情合理的。唐代的形势不仅促发孟姜女故事的转变，同时这种文化也在作品中得到了沉淀。

---

① 参见顾颉刚编著：《孟姜女故事研究集》，1～23 页，上海，上海古籍出版社，1984。

又如中国人熟知的《东方红》，最初是流行于陕北的一首情歌《白马调》，描写一位少女等待情郎的场景：

> 麻油灯，不着风，芝麻油烩了个白菜心。
> 红豆角角抽了筋（呼儿嗨哟），亲哥哥他没音信。

到了 20 世纪 30 年代，红军经过两万五千里长征到达陕北，建立了陕甘宁根据地，成为抗日的重要力量，《白马调》演变成了在民间演唱的抗日爱情歌曲《骑白马》：

> 骑白马，挎洋枪，三哥哥吃了八路军的粮。
> 有心回家看姑娘（呼儿嘿呦），打日本就顾不上。

1943 年冬，佳县农民歌手李有源出于对共产党、毛主席的热爱和感情，重新填词，其侄子、农民歌手李增正在佳县移民队中传唱被称为《移民歌》：

> 东方红，太阳升，中国出了个毛泽东。
> 他为人民谋幸福（呼儿咳呀），他是人民的大救星。

此首民歌的歌词虽然经历了三次变化，但曲调始终未改。这应该属于民歌中文化层积的一个典型例子。

二是区域文化的层积。民间文学作品一旦产生，就像空气一样始终处于"流动"的过程之中，不断向四周"弥散"。当它流传到不同的文化区域时，区域文化也就自然而然地沉淀在作品之中。如著名的《梁山伯与祝英台》，产生于东晋时期的江南地区，不仅在汉族地区流传，在壮族、白族、布依族、傣族、彝族等少数民族地区也广为流传。由于各少数民族的文化传统、生活习惯等的差异，梁祝故事流传到这些地区以后，都在不同程度上发生了变异，体现了与汉族地区不同的风采。如白族打歌《读书歌》中，梁山伯与祝英台去求学，没有学堂自己动手盖，没有桌凳自己做，自己挑水做饭。二人结拜在松树下，还同游苍山。故事完全按照白族人民的生活环境、风俗习惯、心理情趣来描写。流传在布依族的又有另一番情趣，开头就说："从前在某处山头，住着一位又聪明又美丽的姑娘，名叫祝英台。有一天，她下山去挑水……"汉族梁祝故事中员外家的小姐成了山里姑娘，结尾时出现的兰竹、小河、彩石、四弦琴都是布依族地方风貌、民族特色的呈现。彝族的梁祝故事更为奇异,他们是一对劳动者,祝英台在田头忙插秧,梁山伯在田间忙挑秧,性格也彝族化了。傣族梁山伯和祝英台在芭蕉树下自由谈恋爱。梁祝故事的"民族化",从根本上来说,就是按照各民族人的生活习惯和审美观念、宗教信仰而加以改造的。在壮族的梁祝故事中,祝英台已没有汉族故事中闺阁小姐文弱淑静的仪态,而是一位刚强中透露温柔、勇敢中显出聪慧的壮族山里姑娘,是一个富于即兴创作的歌才,善于以歌表情表意的歌手,是一个对爱情毫不羞怯,大胆追求,爽朗、健壮、坦率、纯真的农家女儿。她和梁山伯相遇不是在柳荫亭,而是在河边。她与梁山伯读书时没有书童、丫鬟相随,而是自己肩挑行李。壮族的梁祝故事中的祝英台和梁山伯对待爱情的态度和汉族传说中的梁祝截然不同。祝英台没有羞怯的柔情,更不像汉族姑娘那样羞羞答答,犹抱琵琶半遮面的姿态,她坦率得令人吃惊,这正是壮族民间故事中妇女形象的普遍特征。而山伯是一个憨厚诚实、笃于感情的青年,他看到英台信后,才知英台是个姑娘,连夜赶路去撵英台,当听到阵阵撕心的喇叭声时,悲郁殉情。这里梁山伯没有汉族故事中因"自以家贫,羞涩畏行,遂至愆期"的心情和情节,已具有壮族人民的形象特征。

据现在掌握的资料看,梁祝故事很早就流传到了国外,其中尤以印尼、马来西亚、朝鲜和韩国最为突出。在印尼出版的梁祝故事书籍最多,梁祝的故事不仅有马来文本,还有爪哇文、巴厘文、马都拉文和乌戊潘当(即望加锡)文等版本。澳大利亚学者乔治·奎恩指出,19世纪70年代后,《山伯英台》的爪哇文和巴厘文校订本看来是从当地原有的译本转译的。在后来的改写本里,梁祝故事中汉文化的成分减少,出现了明显的"爪哇化"和"巴厘化"的倾向。例如19世纪70年代的两个爪哇文校订本中,英台多次到山伯坟前祭奠,还写了祭文,并在坟前酹酒。这些都不是爪哇葬礼的习俗,而是中国葬俗。在1920年的爪哇文本和1915年的巴厘文本里,中国特有的祭坟仪式虽未全部取消,但已加以改造,以符合爪哇和巴厘的风俗。值得注意的是,有的印尼语或印尼部族语言的版本增添了原著中没有的内容,以吸引读者;有的将故事本地化,便于读者理解。例如有一次写英台用墨汁洒脏了私塾的墙(另一文本说是脏水),然而她报告私塾老师说是同学站着小便弄脏了墙。在英台的建议下,老师命男孩们蹲着小便。这样,女装男扮的英台小便的姿势就和男孩一模一样,看不出破绽了。在现代巴厘文的版本里,英台骑着摩托车赴杭州,半路上捎了似乎要搭车的山伯,于是英台加大油门,风驰电掣般地驰往杭州。在另一改写本里,山伯、英台还一起唱"卡拉OK"。从以上的描述中可以看出梁祝故事在印尼流传的广泛以及印尼人民对它喜爱的程度；同时，也可以清楚地发现为了符合当地人的欣赏习惯和审美趣味，印尼版的梁祝传说已经发生了很大的变异。从另一角度而言，恰恰说明梁祝故事中已沉淀着丰富的印尼文化。

三是历史文化与区域文化的综合层积。大多数民间文学作品中均表现为此种情况。因为在民间文学传承过程中时间、空间因素是同时并存的，不可须臾分离。一个作品从 A 传给 B，从甲地传到乙地，既需要时间，同时必然发生空间的变化；同理，反之亦然。

2. 程式性

与其他文学样式相比，民间文学表现出更强的程式性特征。程式也可称为程序，一个程序就像一个用汉语（程序设计语言）写下的红烧肉菜谱（程序），用于指导懂汉语和烹饪手法的人（体系结构）来做这个菜，也即事先设计的模式。在民间文学中，通常指在长期的传唱过程中逐渐形成的固定的叙事模式，在中国民间也称为"套式"、"套路"。主要表现在叙事方式和叙事结构两方面。

（1）叙事方式的程式性

民间文学作品一般分为散文体（神话、传说、故事、寓言、笑话等）、韵文体（史诗、童谣、民歌、叙事歌等）和散韵结合体（说书、宝卷、评弹、道情等）三大类。由于是长期口头讲唱的缘由，逐渐形成了一些不成文的规矩，每种文体都有基本固定的叙述方式，最突出地表现在两方面：

一是叙事的开头，往往有固定的表述话语，从这种表述话语中就大致能判断是属于哪种文体，如：

神话——"很早很早以前"，"老早老早以前，没天，没地，没日，也没夜……"（表示时间的古老久远）

传说——"听说"，"据说"，"据传"，"相传"……（表示事件的确定性、真实性）

故事——"从前"，"古时候"，"有一年春天"，"在很早以前"，"古代"……（以时间、地点、人物的不确定性显示作品的虚构性质）

说书——"话说……"，"上回说到……"（引起话题）

叙事歌——"自从盘古开天地，三皇五帝到如今……"（套头词，引起话题）

又如民歌往往以比兴起头：

"天上星多月不明，地上山多路不平，堂屋只有灯盏亮，世间只有妹知情。"（无锡）

"阳山顶上一根藤，拉来就做橹绷绳，郎妹摇格一把橹，呼啦呼啦快煞

人。"（吴县）

"新打龙船塘河里行，小奴奴楼上绣鸳鸯，姐窥郎来针戳手，郎窥姐来船打横。船打横，芦扉飘，小奴奴楼上脚脚耽，娘问女儿跳啥格脚？绣花针落地寻勿到。"（苏州）

二是叙事的顺序，一般都采用单线条、顺叙的叙述顺序，绝少倒叙、插叙。即使内容比较复杂的作品也是如此，先叙述完一件事、交代完一个人物，再展开其他，如长篇史诗、叙事诗、评书，按顺序由一个个的故事组成，如史诗《格萨尔王传》、评书《武松传》等。

（2）叙事结构的程式性

民间文学作品的叙事结构也有基本固定的程式。

韵文体的歌谣，以"四句式"为核心单元，以"起、承、转、合"为基本结构：在音乐方面，首句高亢，次句舒缓，第三句升到中间偏上的音阶，第四句逐渐下降到带有咏叹的低调作为结尾。这种旋律，不仅易于表达歌中的感情，而且便于随意抒情、咏唱。当然，不同的区域、不同的内容，所用的曲调也会有所不同，但每支歌的基本声调都遵循"起、缓、升、降"的音乐特点；在歌词方面，第一句比兴起句，第二句平淡，第三句跌宕起伏，第四句收尾。在此基础上形成许多惯用的程式，如：

时间式结构：《四季歌》《五更调》《十二月花名》《廿四节气歌》；

数字式结构：《敬酒歌》（1—10 杯）《十杯茶》《十张台子》《十样点心》《十古人》《十房媳妇》《猜拳令》等；

方位式结构：《撒帐歌》（天、地，东、南、西、北，高、低，前、后，左、右）、《送郎歌》（房里头、锅灶前、锅灶后、天井边、墙角头、大路、荷叶塘、十里坡、十里亭）等。

即使长达数千行的叙事歌，也基本遵循此结构程式，以故事情节作为纵轴，以"四句式"作为基本单元而展开。如吴语地区流传的长篇叙事山歌，以"套"为单位，"套"相当于"章"。每一"套"由数目不等的"只"（俗称"四句头"）组成，一般情况下四句构成一"只"，也有六句甚至更长的。一首完整的吴语叙事山歌呈现了清晰的"套"与"只"两个层次的叙事结构。如《如何山歌》（刻本，时间不详，马汉民收藏）分为十八套，分别是：

第一套　开篇起头　　　　　第二套　唱按四方
第三套　小姐孤单　　　　　第四套　姑嫂交谈
第五套　小姐游春　　　　　第六套　小姐撩郎

第七套　有意无情　　　　第八套　强奸未成
第九套　小姐想郎　　　　第十套　小姐求郎
第十一套　小姐熬郎　　　第十二套　约期等郎
第十三套　两相作戏　　　第十四套　送郎十里亭
第十五套　喜乐谈心　　　第十六套　娘女盘问
第十七套　买药打胎　　　第十八套　小姐嫁人

在吴语地区已发现的 30 多首长篇作品中基本遵循这种结构程式。

在传说、故事等散文体作品中，叙事结构程式通常可分为"单纯式"和"复合式"两种。"单纯式"叙事结构见于一般的寓言、笑话等短小的作品，但即使这类作品往往也有"一个从容推进"的过程，遵循"起因、高潮、结尾"的顺序，如《自相矛盾》《守株待兔》等。"复合式"叙事结构较为复杂一些，但也有一些表现较为突出的程式，例如：

"三段式"结构。在叙事的安排上通过"三次行为"、"三个条件（难题）"等，使情节层层推进。如著名的"西天问佛"型故事：

A. 有人遇到了一个棘手问题（如娶妻需要三件聘礼——一块金砖，两棵金草，三根金头发），想到西天去问活佛（或是智慧老人，神仙）找到解决的办法；

B. 路上遇见了人和动物，他们托他帮助问自己的问题（如一个大嫂老是死丈夫，问如何才能夫妻白头到老；一只麻雀老是孵不出小雀，问如何才能孵出小雀；一个老汉的房子老是失火，问失火的原因）。他历经千辛万苦终于找到了活佛，问了托问的三个问题，活佛解答了三个问题（老汉的房子墙角有块金砖；雀窝里有两棵金草；大嫂头上有三根金头发），正当想要问自己的难题时，活佛不见了。

C. 返回的路上，他帮三个对象解决了问题，三个对象感激他的帮助，分别送给他礼物，正好解决了他的难题。[①]

这个故事大的结构就是"三段式"：遇到难题、寻求解决难题的过程、解决难题。而中间主体部分，又是通过遇到"三个对象"的三段故事来叙事的，最后的结局则带有戏剧性，体现了民间的智慧。

在大部分的巧女故事、呆女婿故事中往往采取三次猜谜、三个难题、三次

① 参考《穷娃寻宝》，见刘守华、黄永林选编：《中国民间故事精选》，206～208 页，武汉，华中理工大学出版社，1993。

出丑等来展开。如纳西族的《巧媳妇》、羌族的《聪明的幺媳妇》等。

"连缀式"结构。即一个故事的结尾正好是另一故事的开头，故事套故事，如著名的《一千零一夜》。

"比较对立"结构。主要表现在人物设计和观念的表达方面。民间文学作品中的人物形象具有单一性的特征（"好"到极致，或"坏"到极致，是民间审美的典型表现），遵循"对立"的原则来安排、塑造。有的是平行的人物"对立"，如两兄弟、两个朋友、三姐妹、七姐妹等（即使超出两人以上，通常也呈现对立关系，如三姐妹中主要是大姐和三妹的对立，七姐妹中主要是大姐和七妹的对立）；有的是非平行的人物"对立"，如《狼外婆》中假冒外婆的狼精和小孩、《长工斗地主》中的地主和长工、《白蛇传》中的白娘子与法海等。通过人物性格、品行的"对立"中自然达到比较的效果，在"对立"中表达善与恶、美与丑、勤劳与懒惰、机智与愚蠢、善良与阴险、勇敢与懦弱、谦虚与骄傲等观念，从而达到教育目的。

3. 类型性

民间文学的类型性是指作品的情节、人物形象存在雷同化、格式化的倾向。它与程式性特征密切相关，在一定程度上说，叙事方式、叙事结构的程式化，必然会导致类型性的结果。正如口头程式理论学派的代表学者艾伯特·洛德（Albert Lord）所说："程式的丰富积累会导致更高水准的创造和再创造的变异；主题和故事的积累会导致限度之内产生大量同类变体。"[①]

（1）情节的类型性

在民间文学中存在大量情节基本相似的作品，在故事中表现尤为突出，一般称之为类型故事，如天鹅处女型故事、狗耕田型故事、灰姑娘型故事、蛇郎型故事、拇指孩儿型故事、狼外婆型故事、画中人型故事等。针对这种情况，出现了民间文学的类型研究法。

1910年，芬兰学者安蒂·阿马图斯·阿尔奈发表了《故事类型索引》一书，分析比较了芬兰和北欧其他国家以及除此之外的欧洲其他国家的民间故事，将这些故事的同一情节的不同异文归为一个类型，并写出简洁的提要，然后分类编排，统一编号。后来故事学中常用的术语"类型"一词即源于该书中所提出的"type"，指贯穿于多种异文中的基本要素相同而又定型的故事框架。民间故事学家将许多故事异文进行比较研究分析，可以归纳出数量有限的故事

---

① 转引自朝戈金：《"口头程式理论"与史诗"创编"问题》，见《中国民俗学刊》，185页，上海，上海文艺出版社，1999。

类型。1928 年，曾师从芬兰学派的美国印第安纳州立大学教授斯蒂·汤普森，出版了《民间故事类型索引》（*the types of the folktale*）一书。他根据更大范围的民间故事资料对阿尔奈的索引作了重要的补充和修订，将作品分为：Ⅰ.动物故事（1—299）；Ⅱ. 普通民间故事（300—1199）；Ⅲ. 笑话（1200—1999）；Ⅳ. 程式故事（2000—2399）；Ⅴ. 未分类的故事（2400—2499）。国际学术界通常将他们的分类编排方法称为"阿尔奈—汤普森体系"，简称"AT分类法"。AT 分别取阿尔奈（Antti Aarne，1867－1925）和汤普森（Stith Thompson，1885－1976）两位学者名中的开头字母。

为什么会出现如此多情节基本相似的作品，学术界曾经有两种观点：一是"同源说"，认为这些作品最初源自同一地区，是传播的结果，如兴起于 19 世纪中期的流传学派，创始人奥多尔·本菲的代表作《五卷书》中就认为大量民间文学作品（特别是民间故事）的故乡是印度，从印度起源，然后传播到世界各地。二是"同境说"，认为之所以在不同的区域出现情节相似的作品，主要是因为处于基本相同的文化情境，相同的历史发展阶段，基本相似的自然条件和社会现象，会引起大体相似的联想，产生相同的民间文学作品。从作品的实际情况看，这两种情况都客观存在。

这种情节类型化的情况也同样存在于韵文作品中，如吴语地区的长篇叙事山歌中，情节大同小异，只是变换了主人公和故事发生的场所而已。

（2）人物的类型性

民间文学作品中的人物形象也往往是类型化的，如机智人物、呆女婿、巧媳妇、怕老婆的男人等。虽然他（她）们出现在不同的作品中，但呈现了基本相同的品行、性格、处世方式，如阿凡提、徐文长分属不同的民族，生活的区域相隔遥远，但解决问题的"手段"几乎相同，都归属于机智人物系列。

第二节　民间文学编创的特征与技巧

民间文学的"编创"是对应于作家书面文学"创作"而言的一种文学创造活动。作家创作强调"原创性"，即表现作家对现实生活的独特理解，独特的心灵感悟，强调从内容到形式的创新；是作家的劳动成果，具有版权。在民间文学领域，"作者"并没有要创作一篇独一无二作品的主观愿望，是一种无意识的行为；作品也没有版权，谁都可以使用，谁都可以修改，所以用"编创"一词更加符合实际情况。

"编创"是指运用编排的手段进行的创造活动。所谓编排就是对现有的材料进行重新组合而形成一篇新的作品，民间文学作品的形成基本上属于这种情况。当然这其中也不能否认优秀故事家、歌手的个人独创能力，但故事家、歌手仅仅是编创过程中的一个环境，呈现为溪流与水塘的关系，一个"文本"存在的生命流程似溪流，而优秀的故事家、歌手所讲唱的"文本"只是溪流流经的一个个水塘。

一、民间文学编创的特征

（一）表演中的动态编创

从民间文学作品的编创情况来看，讲唱者都是在表演的过程中完成编创的。其中每一次表演，讲唱者都会以原有"作品"为底本，根据当时特定的语境进行适当的即兴编创，体现为"传统常规"与"当下编创"的和谐统一。

"传统常规"体现为对传统的继承，包括讲唱的基本内容、讲唱的形式技巧，等等；"当下编创"则是一种即兴的发挥，一种对原有"文本"的删改或增添（当然这种即兴发挥，从决定到选择、到组合的过程，都需要以内化的、经过漫长岁月积累沉淀而成的传统为基础），呈现了与文学家在书斋中静态创作截然不同的情况。检视民间文学作品的编创过程，无论是讲述类、演唱类，还是讲唱混合类作品，几乎都存在同样的情况，表演中的动态编创无疑是民间文学作品编创最主要的特征之一，形成这种特征的原因是多方面的。

首先是取决于民间文学的表演空间。与作家书面文学不同，民间文学的编创是在公共空间进行的，受外界干扰的因素比在"私密空间"要大。这种因素势必要影响到讲唱者所讲唱的内容。同时，讲唱者要吸引受众，不能"照本宣科"，必须要有所创新，要具备一定的表演性，配合一定的肢体语言。在这种绘声绘色的表演过程中，讲唱者才完成作品的编创。

其次是由于民间文学没有固定的印刷文本，赋予讲唱者很高的"自由度"，在作品的基本框架内可以充分发挥自己的聪明才智；每一次讲唱都可以有不同的发挥，每一次讲唱过程就是一次再编创活动。事实上，完全相同的两次讲唱"文本"是不存在的，区别只在于编创程度的大小和质量方面的差异，优秀讲唱者的编创可以使编创的内容与原来的作品"缝补"得天衣无缝，增强作品的艺术感染力，水平差的转述者则有可能把"原作"中精彩的部分删改了，削弱作品的艺术魅力。

最后是受众的在场性。民间文学的讲唱直接面对活生生的受众，讲唱者每次讲唱的语境不同，面对的受众不同，讲唱者从受众的反馈信息中可以知道他们想听什么、什么东西才能吸引在场的受众，这不仅决定他对讲唱内容的遴选，也促使他对所讲唱内容的局部调整和编创。所以，民间文学作品的每一次

"编创"都是在讲唱者与受众的互动中完成的。

（二）群体化编创

与作家书面文学是个人的创作不同，民间文学作品的编创是由群体参与的活动。呈现了"一人传三三传九，河水掏沙渐渐深"，"瞎话瞎话，无根无把；一个传俩，两个传仨；我嘴生叶，他嘴开花；传到末尾，忘了老家"的情况。① 一件民间文学作品的出现到发育成熟或者夭折消亡，往往经历无数人的口耳相传，就像放入大江大河的一尾鱼苗，谁也无法预测其"未来"，更无法掌控其走向。

（三）套式化编创

民间文学作品的编创，其主要手段是借助于传统的套路、套式，而不是完全的创新。口头诗学理论称之为对"程式"的运用。我国民间作者也有类似的说法，如吴语山歌歌手所说的"调山歌"，广东民间艺人所说的"煮菜"。

据演唱长篇吴语叙事山歌《五姑娘》的歌手陆阿妹介绍，其父曾教她唱长山歌的口诀："先记头，再记尾，正中吃一口，人名记牢，花名、月份拿手，歌不够，自家凑。"其中包含三层意思："先记头，再记尾，正中吃一口，人名记牢"是指学习山歌的技巧，只需记住大概即可；"花名、月份拿手"是指要掌握大量的传统套式；"歌不够，自家凑"是指歌手的即兴编创。被称为"山歌老虎"的江苏吴江县歌手蒋连生说，山歌五千零四十八支，唱长山歌就看你会不会"调山歌"，把它们"叼"（缝）上去。

广东有一种民间说唱艺术叫"男音"，演唱者全都是盲人，大都能说唱一百则以上的曲词，他们自己不能读曲词，均由师父口传心授。当被问及如何能够记忆如此多的词句时，一位著名的艺人杜焕说："我并非背诵这些作品。它们中大部分十分相似，大都由相似的片段组成——我只需要记得这些片段而在适当的时候运用出来。我的演唱就像煮菜一样，一个厨子只有有限的材料与调味品，但可以用不同的方法及次序调烹，煮出很多不同的'菜色'。"②

为什么会出现这种编创特点，主要有三方面的原因：

一是悠久的讲唱传统。民间长期的讲唱实践，积累了丰富的、各个层面的、各种类型的套式，为讲唱者的编创提供了丰富的"常备片语"（stock phrases）和"习用场景"。这是套式化编创得以实现的基础。

二是由现场表演的特性所决定。现场表演是一种即兴编创，没有多少时间可供讲唱者思考，套式就像建筑用的砖块、水泥预制板，讲唱者在表演的过程

---

① 苏方桂：《苹果姑娘·后记》，48 页，上海，上海文艺出版社，1959。

② 容世成：《戏曲人类学》，271 页，台北，麦田出版社，1997。

中，需要的就是这些整块的砖头、水泥预制板，信手拿来就用，他们不可能在表演现场临时加工材料。套式就是讲唱者"工具箱"里的"半成品"，它可以解决即兴编创时的燃眉之急。

三是讲唱者的自身条件与讲唱需要之间发生冲突时所作出的现实选择。故事家、歌手绝大多数都是乡村农民或普通市民，他（她）们虽然天资聪明，有较好的讲唱才能，痴迷于民间文学，但文化水平和文字水平并不比一般人高。大多数人一辈子未离开居住的乡村或社区，见识不广，阅历较浅。因此，他们虽能即兴编创一些作品，但毕竟还没有能力像今日作家、诗人那样凭想象创作出文学作品，更不用说创作出长达数千行的鸿篇巨制来。但他们的长处是脑子里有讲唱不完的各种故事、笑话、长短山歌，这些已经为他们准备了各种各样的"套路"和"套式"，就像营造高楼大厦的砖瓦一样，堆放在那里，只要需要随时都可以派上用场。同时，讲唱者编创、演唱故事、歌谣，纯粹是出于爱好和兴趣，出于自娱自乐；他们虽然有强烈的表现欲，但并没有成名成家的欲望；因此他们可以带着游戏的心态去编创、演唱故事歌谣，他们也没有"抄袭"的概念，甚至没有"创新"的概念，编唱好坏的唯一标准是受众是否喜欢。当现实需要歌手编创长篇的时候，聪明的歌手就发挥自己的优势，将自己所熟悉的套式"吊拢来"进行编创。他们或者选择一首可以扩展的短山歌，把一些与此有关的山歌套式"调"入，经过日积月累、众人润饰，逐渐形成一首叙事山歌；或者以当地广泛流传的一则新闻或传说为线索，改编成山歌，中间"调"入许多熟悉的山歌套式，编创出一首新的长篇叙事山歌。

套式化编创在民间文学中普遍存在，小至语词大至情节结构，尤其是在篇幅较长的作品中表现得尤为明显。在以往的研究中，我们会经常认为民间文学存在类型化、雷同化的倾向，甚至成为人们批评民间文学粗糙、不登大雅之堂的借口。究其原因主要是源于套式化编创的特征所致。

二、民间文学编创规律与技巧

（一）原点编创

在探讨文学起源时，实际上研究的就是民间文学的起源问题，因为人类最早的文学就是口头的民间文学。有关这方面的诸种观点在文艺理论中已成常识，兹不赘述。这里主要探讨具体的民间文学作品是如何产生的。

一件民间文学作品的产生尽管原因很复杂，有许多偶发性的因素，但从实际情况看，主要是两方面：叙事性作品一般源于事实或传闻，抒情性作品一般源于人的情感发泄。

　　叙事性民间文学作品的产生主要是由事实或传闻为原点逐渐丰满而形成的。如鲁班传说是中国影响最大的能工巧匠型传说，它的原点就是《墨子·鲁问》中记载的"公输子削竹木为鹊，成而飞之，三日不下"。著名的孟姜女故事的原点，则是《左传·襄公二十三年》的记载：齐庄公攻打莒国，杞梁、华周作先锋，杞梁战死，"齐侯归，遇杞梁之妻于郊，使吊之。辞曰：'殖之有罪，何辱命焉？若免于罪，犹有先人之敝庐在，下妾不得与郊吊。'齐侯吊诸其室"。这应该是当时发生的一件真实事件，以赞扬谨守礼节的女性。梁山伯与祝英台故事也应是发生在东晋时的一件奇事，梁元帝萧绎《金楼子》有记载；初唐梁载言《十道四蕃志》："义妇祝英台与梁山伯同冢。"

　　一些幻想性很强的作品，最初往往也是从传闻开始的。如"天鹅处女型故事"，最早记载见于西晋干宝的《搜神记》："豫章新喻县男子，见田中有六七女，皆衣毛衣。不知是鸟。匍匐往，得其一女所解毛衣，取藏之。即往就诸鸟。诸鸟各飞去，一鸟独不得去，男子取以为妇，生三女。其母后使女问父，知衣在积稻下，得之，衣而飞去。后复以迎三女，女亦得飞去。"又如"田螺姑娘型故事"，首见于东晋陶潜的《搜神后记·白水素女》："谢端，晋安侯官人也。少丧父母，无有亲属，为邻人所养，至年十七八，恭谨自守，不履非法，始出作居，未有妻，乡人共愍念之，规为娶妇，未得。端夜卧早起，躬耕力作，不舍昼夜。后于邑下得一大螺，如三升壶，以为异物，取以归，贮瓮中奇之。十数日，端每早至野，还，见其户中有饭饮汤火，如有人为者。……"在当时都是真实的奇闻趣事。

　　叙事性韵文体的作品如《木兰辞》《孔雀东南飞》也都是由事实依据的。长篇叙事山歌《五姑娘》是歌手根据发生在浙江省嘉善县的一件真实事件编创的。据调查，女主人公五姑娘（姓杨）是嘉善县洪溪乡小河村方家浜人，家庭富足，排行第五；男主人公徐阿天是嘉善县下甸乡窑岸村东浜人，两村相隔三四里地。故事讲五姑娘和自己家里的长工徐阿天相爱。哥哥得知，拿了一根绳子、一把刀子，逼五姑娘选一种自杀办法。五姑娘死后，徐阿天泅水过河偷灵牌，没有偷到，只得在自己家里设灵台祭奠。20世纪80年代民间文学工作者到实地调查的时候，当地人还能指出杨家故居的遗址，当年的船房、牛舍、花园石凳等遗迹尚存。① 流传于上海市奉贤县的《白杨村山歌》，内容叙述卖瓜郎薛景春卖瓜时与方姑娘相遇，以后暗中来往。白杨村的青年杨敬文也看上

---

　　① 参见金天麟：《关于田歌〈五姑娘〉的调查报告》，见高福民、金煦主编：《吴歌遗产集萃》，187～188页，上海，上海文艺出版社，2003。

方，托媒说亲。方迫于父母之命，嫁给杨敬文。方出嫁时，薛在岸上跟着迎亲船与方互诉衷肠。以后两次假称娘舅到白杨村看望方。第二次碰见杨，杨用石灰撒瞎薛双眼。薛认不得路，寻不到白杨村，与方断了私情。《白杨村山歌》的产生，许多歌手说是一个监牢里的犯人编出来的，他得罪了白杨村姓杨的地主，被诬坐牢，就把杨家"阴私"揭出来，发泄自己的怨恨。白杨村在什么地方？有的歌手说它就在奉贤南桥北首蒋家河头自家沟，从前这首山歌在南桥一带不能唱。《庄大姐》是根据上海松江县枫泾镇的传闻编创而成的。故事讲枫泾镇商人家的姑娘庄大姐已与浙江嘉兴陈家三官人定亲，庄与南货店伙计张小二相爱，两人私奔到洞庭山张的娘舅家。陈家来娶亲，庄家只好拿13岁的妹妹代替。陈三官发现是以桃代李，一气之下，离家出走，三年后中了状元，回家见妹妹已成长为一个漂亮的姑娘，认她为妻。大姐在洞庭山生下孩子，想念家人，回到老家。陈三官夫妇也来探望岳父母，姐妹相见。姐妹虽然贵贱悬殊，但姐姐认为世上有贵有贱，有富有贫，乃是常情，乐于过以劳动谋生的贫贱日子。根据枫围乡一个老年歌手介绍，他的祖父在世时，就讲这首山歌唱的是枫泾庄家真实的事情，大约发生在清代中期以前，还讲到以前枫泾庄家听到农民唱这首山歌，认为有损庄家的门风，便出来禁止，还发生过派人殴打唱山歌农民的事。湖北崇阳的民间叙事诗《双合莲》，就是作品中女主人公的一位长辈郑三爹根据发生在自己身边的真实故事编唱出来的。

叙事性民间文学作品的发生，最初绝大多数都是生活中曾经发生的事件，当然这些事实或是传闻，必须具备"传奇性"，符合人们的好奇心，方能引起人们传讲的兴趣，经过不断的口耳相传而成熟丰满起来的，才能最终成为一件流传的作品。

抒情型民间文学作品的产生则主要源于人的情感的宣泄。通常都是即兴的"有感而发"，由心而发；"感于哀乐，缘事而发"，如情歌、时政歌谣等。值得注意的是抒情型民间文学作品的发生通常都是在一定的"民俗场"中进行的，如歌墟、歌会中的情歌对唱；民俗仪式中的哭丧歌、哭嫁歌等。

（二）二度编创

通常意义上说的民间文学作品编创是指在讲唱过程中的编创。在长期的编创实践过程中，逐渐形成了一些编创的规律与技巧。著名歌手陆阿妹说："山歌只能唱七分，勿可以唱得有头有尾，唱一半，听一半，听听想想有味道；全唱完，打碎砂锅纹（问）到底，要弄僵；唱三分，别人勿相信格。"讲的就是故事家、歌手在民间文学讲唱过程中始终是留有"余地"的，给编创留下空间。

1. 接头续尾。即在原作品的基础上，在开头和结尾部分增加新的内容，大多数情况是故事类型的叠加。如三国魏时邯郸淳的《笑林》中有一篇《执竿入城》："鲁有执长竿入城门者，初竖执之，不可入；横执之，亦不可入，计无所出。俄有老父至，曰：'吾非圣人，但见事多矣。何不以锯中截而入？'遂依而截之。"这篇作品在今天的民间仍然流传着：

　　有一个山里人靠打柴卖毛竹度日。这个人力气很好，脑子很笨，有一天他准备拿毛竹到城里去卖。到了县城，进城要过城门，他把毛竹竖起来拿，城门不高，毛竹怎么都拿不进去。他正在发愁的时候，来了一个城里人。这个人看到他这个窘样，就说："你这样拿不进去的。"他马上来帮他，搬来一个梯子，然后爬到城墙上把毛竹竖着拿上去，又竖着放下来，放在城门里面。山里人很感激他，就问："你家里几个人？你孩子几岁了？小孩子是男还是女？"城里人说："我儿子已两岁了。"城里人也问山里人："你家多少人呢？你家孩子几岁了？"山里人说："我家呢，女儿呢，才一岁。"这样子他们就准备做亲家了。因为山外人帮了他的忙，他就把女儿许给他儿子。山里人回到家里，跟老婆说："今天我到城里去卖毛竹，一个城里人帮了我一个大忙，如果没有他的话，毛竹还拿不到城里去卖。所以我就把女儿许配给这个城里人的儿子了。"老婆听后，说："我们的女儿才一岁，他的儿子两岁了，岁数大我们女儿一倍。到时候女儿嫁给这么大一个老公，不行！"两个人在那里争吵的时候，隔壁的一个老太太听到了，说："你们都搞错了吧。你家女儿一岁，他家的儿子两岁，到明年你家女儿也不是两岁了。不是一样大了？"①

在原故事的结尾处续接了一个"聪明人"故事，不仅天衣无缝，而且增强了故事的趣味性。

在邯郸淳的《笑林》中有一个《不识镜》的故事："有民妻不识镜。夫市之而归，妻取照之，惊告其母曰：'某郎又索一妇归也。'其母亦照曰：'又领亲家母来也。'"

诸葛明成的《山里人的故事——镜子》是这样讲述的：

　　山里人没有见识。有户山里人，兄妹父母四个人，从来没有到过城

---

　　① 《山里人的故事——卖毛竹》，诸葛明成讲述，流传于浙江省金华市曹宅镇，笔者于2002年调查记录。

里。有一次，哥哥要到城里去一趟，妹妹要哥哥买一把梳头的梳子。但梳子的形状讲不清楚。她看了看天上的月亮，刚好是初八九，月亮像梳子的形状，她说："就是买这一个东西。"哥哥说："好的，好的。"哥哥在城里玩了几天后要回家了。在回家的路上忽然想到忘记了妹妹要买的像天上月亮一样的东西。他抬头看看月亮，这时的月亮已经变圆了。于是返回城到集市去找圆的东西。他看到一面镜子是圆圆的，像月亮，就买了一面镜子回去了。妹妹看到哥哥回来，很高兴，连忙说："你给我带的东西，带回来没有？"哥哥说："带回来了！带回来了！你来看看。"妹妹把镜子拿来一看，看到里面有一个女孩子，惊叫起来："妈妈，快过来看哪，哥哥把老婆买回来了。"母亲听了，马上跑出来看，她一看说："噫，丈母娘都带来了。"在这个时候，父亲听她们说儿子连丈母娘、老婆都带回来了，他也去看了看，说："连丈人也带来了，丈人也带回来了。"①

虽然这两个故事中的买镜者，前者是丈夫，后者是哥哥，但情节基本一致，两者之间应该有渊源关系，或者说是属于同一故事类型，只不过后者在开头部分增加了为什么买镜子的内容，使情节更加曲折、完整。

2. 节点生花。任何一件民间文学作品，都是由一个个情节单元组成的。各情节单元的连接处往往是优秀的故事家、歌手可以"发挥"的地方，就像毛竹的竹节处可以长出枝叶一样。如《狗耕田》（又称《两兄弟》）故事中，通常是说两兄弟分家，哥嫂狠心，只分给弟弟一条狗，弟弟善待狗，狗神奇地能够耕田，以此展开故事。但也有的故事中说，哥嫂只分给弟弟一只牛虱子，弟弟牵着牛虱子，被邻居家的老母鸡吃了，邻居将老母鸡赔给了弟弟，结果老母鸡又被另一邻居家的狗咬死了，于是弟弟得到了一条狗……这就是典型的节点生花。

在《梁山伯与祝英台》的故事中，这种编创的情况随处可见。如"化装求学"到"草桥结拜"的中间可以加入"发誓"情节，而发誓的信物可以多种多样：绣花鞋、鲜花、手帕，等等；"三年同窗"到"十八相送"的中间，针对祝英台如何掩饰自己的女儿身，又可以"生"出许多的情节，如水杯为界、先生立规等。可以说整个故事中有许多的"节点"可以"生花"，现已收集到的众多异文可以充分证明这一点。见图：

---

① 流传于浙江省金华市曹宅镇，笔者于 2002 年调查记录。

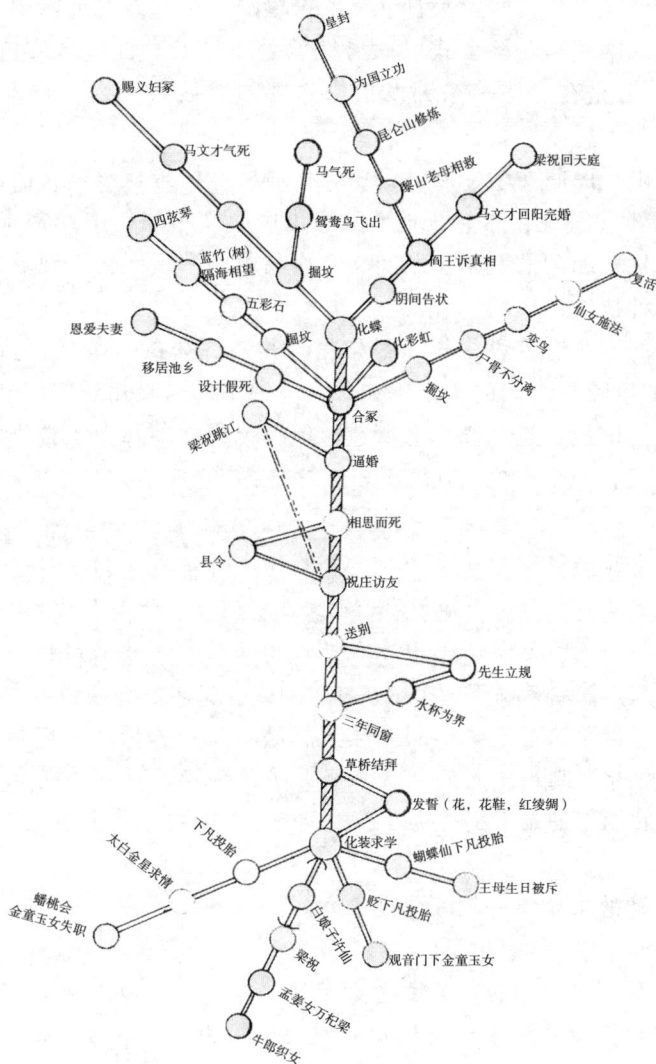

《梁山伯与祝英台》异文结构图

　　韵文体作品同样存在这种情况。如江苏吴江歌手蒋连生演唱的《鲍六姐》第六套《姆妈娘问囡囵》最后四句是："外私情来外私情，格位外私情哥哥黄昏头走进六姐内房门，两家头青纱末罗帐里眠一夜，待等东天发白来送郎君。"接下来马上就进入第七套《三少爷逼婚》。在这四句歌词中就存在三个生长节点：一是"格位外私情哥哥黄昏头走进六姐内房门"后面，可以调入"十杯酒"、"十样点心"、"十杯香茶"等套式，详细描写两位有情人的恩爱，这在吴语叙事歌中很常见；二是"两家头青纱末罗帐里眠一夜"处，可以调入两人在床上欢爱的套式（据调查，该套式以往男性歌手在没有女性听众的情况下会唱，一般很少唱）；三是在"待等东天发白来送郎君"后可调入"送郎"的套式，如"十送郎"、"十里亭"等。

有学者指出，民间文学作品就像一棵生命树，树干上可以长出许多树枝。

3. 移花接木。移花接木、张冠李戴也是民间文学编创中经常采用的技巧，这也是"程式化"编创的结果。民间文学作品中的"雷同化"现象产生的原因之一就是由这种技法造成的。

移花接木的形式有多种多样。最常见的是主人公的"替换"、情节的"借用"：张三做的事戴在李四的头上。如鲁班传说中的《赵州桥传说》，赵州桥在史书中有明确的记载，是工匠李春所造，但在传说中却归功于鲁班。隋朝侯白的《启颜录》中有一个《吃䭔》故事，大意是：

> 有一个和尚得到了十多个䭔——蒸饼，吃饱后还剩了几个，放到钵盂中。正好有事要外出，告知弟子一定要看好䭔，一个都不能少；床底下瓶中装的是毒药（实际是蜂蜜），不能偷吃。弟子待师父走后，马上就以蜂蜜配䭔吃了起来，最后只剩下两个䭔，蜂蜜则全部吃完。和尚回来后大怒，责问弟子为什么偷吃，弟子说闻到香味实在忍不住，又怕师父回来责备，所以想吃毒药一死了之，没想到到现在还平安。和尚又问：你是怎么吃的？弟子马上取出剩下的两个䭔大吃起来，和尚见状大叫，弟子逃走了。

阿凡提系列故事中有一篇《毒药》：

> 阿凡提小时候到老师家去学古兰经。有人给老师送来了一碗蜂蜜，老师看到阿凡提偷看蜂蜜，就把碗放到碗架上去，并且告诉他："碗里装的是有毒的东西，人一吃就死，千万可别碰啊！"老师出去办事去了。阿凡提站起来把老师的墨水瓶打碎，然后就把那碗蜂蜜和别的同学送来的肉饼、油条、馍都吃了，还用舌头把碗舔干净，再把碗放在架上，老师回来一看碗空了，就问："谁吃的？"阿凡提指着打碎的墨水瓶说："你看我闯了多大的祸啊！我本来想在您回家之前死去，就把那碗毒药喝了。可是我纳闷，为什么到这会儿也没有死。"[①]

---

① 祁连休选编：《中国机智人物故事大观》，685页，石家庄，河北教育出版社，1991。

　　这两篇作品的情节基本相同，只是主人公发生了变化。这种情况在人物传说、类型故事中较为普遍，如机智人物传说、清官传说等。祝寿故事中经常出现的四句诗："××大人不是人，本是南山老寿星；养个儿子要做贼，偷来蟠桃献父亲。"在徐文长、吕洞宾、纪晓岚的传说中都出现过，其目的有的是讽刺，有的是制造悬念。

　　以上我们对民间文学编创的特征以及技巧作了初步的探讨，事实上在民间文学作品的传播过程中，编创的情况是极为复杂的，每位讲唱者自身的素养不同会有不同的编创技法，不同的文类由于自身的特点不同也会有不同的编创技法。当然"万变不离其宗"，在这繁复的现象背后是一种千百年来形成的民间文学传统，在这个传统中存在着许多规律性的东西，只是我们以前没有注意罢了。

三、民间文学编创中群体性与个人独创性的关系

　　民间文学作品毫无疑问是群体编创的结果，但也不能否认个人在其中发挥的作用，在以往的研究中这方面是被忽视的。

　　鲁迅在谈到故事讲手时说："我久不到乡下去了，先前是，农民们还有一点余暇，譬如乘凉，就有人讲故事。不过这讲手，大抵是特定的人，他比较的见识多，说话巧，能够使人听下去，懂明白，并且觉得有趣。这就是作家，抄出他的话来，也就是作品。倘若语言无味，偏爱多嘴的人，大家是不要听的，还要送给他许多冷话——讥刺。"① 这段话很好地说明了故事讲述者的特点和作用。

　　民间文学作品的讲唱者是分层次的，大部分人是一般的讲唱人、传承者，只有极少数人才能称得上是故事家、歌手。这些人往往具备一般人所不具备的特点：

　　首先是对民间文学的喜爱、甚至痴迷。如湖北著名故事家刘德培，"一辈子喜欢讲经"，家里穷得没米下锅，他的"经"还是要讲；背长脚背得流黑汗水，一停下来，他就"干笑话"，以"日白佬"出名（当地称讲故事为"日白"、"讲经"）。他讲述的民间文学作品，自 1976 年开始被系统地记录整理，故事笑话 500 多篇，民歌 800 余首，谜语 600 多则，谚语、歇后语 1000 多条，皮影戏文 5 部。上海文艺出版社 1988 年出版《新笑府——民间故事家刘德培讲述故事集》，收录 224 篇。上海市奉贤著名歌手朱炳良，有一次家里来了客人，妻子要他到南桥镇去买些荤菜，半路上听到一个叫唐祥

---

① 《门外文谈》，见《鲁迅全集》卷六，81 页，北京，人民文学出版社，1981。

的歌手在唱《严家私情》，他就站着静听，忘记了一切，等听完后再去买菜，回到家里，早已过了吃饭的时间。他演唱的叙事山歌《林氏女望郎》，是向南桥"山歌大王"唐银山学的。朱炳良从家里到南桥有二十多里路，他每天来回，经常到深夜才回家。有一次，他边走边温习诗句，一脚踏空，竟跌到了河里。无锡著名歌手钱阿福自小爱听爱唱山歌，五六岁时，已从父母嘴里学了二十多支短歌、三支中篇山歌，七八岁时，父母肚里歌谣被他挖得差不多了，可是，小阿福还是缠住父母亲天天要唱、要讲，父母不唱、不讲，他就不吃不喝。

其次是勤学苦练、善于学习。如刘德培所说："我三天不讲经，是个大稀奇。只分讲的多少。没得伙计的时候，跟堂客都要讲两个笑话的。""人家讲得好些的，是哪点点窍不同，我也悄悄地'熘'一遍，学个乖。同样一个经，各有各的讲法，各是各的变路，嘿，多一个变路就多一个窍，越多越不会'失格'。"一旦发现他人讲唱的作品自己不会，会不惜代价想办法学到手。有一次，无锡歌手钱阿福在梅村东里塘田间行走时，听见田里几个农民在对唱"十二个时辰情歌"，唱的人在远处田中间，又是顶头风（逆风），有些听不清，他就赤脚下田，一边帮他们耘稻，一边专心听、虚心请教，约两个小时，田里草除掉了，阿福也学到了一首很有地方特色、又很风趣的新情歌。有个叫唐阿全的老歌手，有两首看家山歌（《说白花名十二月》《千家诗山歌》）不肯外传，钱阿福曾三次登门求学均未果。有一年，唐阿全新屋上梁，请钱阿福去做糕团（手艺高超、名传百里）。阿福花一天一夜工夫，做好了糕团，唐阿全工钱加赏金包了两大红包塞给阿福，可是，阿福坚决不收，笑着说只要学他的山歌，唐阿全不好再推辞，当即摆出一桌酒，两人边吃边唱边交流，终于从老歌手处学到了这两首山歌。

再次是超常的记忆力和良好的嗓音条件。优秀的故事家、歌手给人的印象是具有超强的记忆力，能讲几百个故事，能唱几万行甚至几十万行的长歌。事实上，好的记忆力除了先天的因素外，更主要的是他们平时的练习，"肚皮里操练"，时时温习，经常讲唱，自然也就记住了；当然，故事家、歌手在长期的实践中也会逐渐摸索出记忆的方法。

先天的好嗓子是成为好的故事家和歌手的先决条件。尤其是歌手，嗓音的好坏直接关系到演唱的质量。作为民歌手来说，他们不可能经过今天大学声乐系学生那样严格的训练，凭的完全是先天的嗓音。从吴语地区歌手的情况来看，能够脱颖而出的好歌手，往往都有天生的好嗓子。如钱阿福的"歌声"自始至终一直像个青年。村里人称他"铁口、铁喉"，周围群众称他

"金咙"、"铁喉"，意思是说阿福的喉咙、歌声像铁、金一样不会变形（音）、不会衰退。陆阿妹也是一样，喉咙"刮辣松脆"，"隔开三五爿田，山青水绿也听得见"。①

最后是性格开朗、好胜心强。能成为故事家、歌手的人，往往性格外向，敢说敢唱，不怕出丑，而且争强好胜、不服输。刘德培说："我从四十多岁起，没会到过一个讲得比我还多些的。""讲别的我说不起狠话。要说讲经呢，我多年没打过下风。""讲经的名虽说不算个名，远处近处都还是晓得你这个人沙。人家说你会讲，卯起熬更守夜听你讲，你就越是不能失格。"因为唯恐"失格"，所以更加努力。

故事家、歌手在民间文学编创中的作用主要体现在以下几个方面：

一是自身造血功能强，不但转述时加进自己的创作，还可以独自编创作品，具有即兴编创的能力。如能演唱《赵圣关》等多篇长篇吴语叙事歌的苏州女歌手陆巧英，从小就喜欢吴语山歌。有一次赛歌，有位歌手唱赢了，很得意地坐在船上抽烟。陆巧英根据当时的情景，随口编了四句山歌讥讽他，对方一时接不上口，她的名气就传开了。刘德培的情况也是如此。据学者研究，他讲述的作品，百分之九十来源于前辈和同辈人的口耳相传，百分之十来源于他大半生的亲身经历和耳闻目睹，是以他自己和同辈人生涯中可气可笑的往事为素材，加工编创的，如《民间文学》1986 年第 3 期《你是自讨的》就是刘德培即兴创作的故事。松江歌手张玉舟在唱《姚小二官》时，得知某些句子在《林氏女望郎》中已经有了，就坚决要求记录者把原先的句子拿掉，换上临时编创的新词。

二是具有集腋成裘、以线穿珠的本领。往往能对分散零碎的种种"半成品"，加以筛选、提炼，巧妙结构，总其大成，即碎片作品成型化为一个完整的作品。

三是能使成型作品更加丰满、生动。故事家、歌手由于具备深厚的民间文学功底，往往不满足于简单的重复，照本宣科，有意无意地会在讲唱的作品中注入新的元素，或是增添新的情节内容，或是使语言更加生动，人物形象更加可爱，增加作品的可听性、生动性和艺术感染力。

由此可见，个人的编创在某一作品形成过程中的作用是不可忽视的，但是这种"编创"不过是整个编创流程中的一个环节，虽然起到了整合、积聚的作用，但最终还是要"融入"群体编创之中。

---

① 钱舜娟：《江南民间叙事诗及故事》，149 页，上海，上海文艺出版社，1997。

第三节　民间文学传播原理与特点

民间文学作品的传播基于口头传承的基本特征。作家书面文学一经出版就有了固定文本，尽管阅读者自身生活阅历、知识水平的不同会产生审美的差异，"一千个读者会有一千个哈姆雷特"，但莎士比亚笔下的哈姆雷特形象是固定的。而民间文学作品没有固定的"文本"，口述中的白娘子永远是处于变化之中的。正因为民间文学作品只存在于人们的口述中，所以只要人类有语言的能力，就必然会传讲、传播；同时人类始终是处于不断的活动之中，民间文学作品的流动传播就不可避免。

一、民间文学传播的主要途径

民间文学作品存在于人们的口述之中，传播的载体是人。总体而言，人的"活动"就会导致"作品"的传播。因此，民间文学传播的途径是伴随人的"活动"而形成的。

首先是人的日常"活动"。这也是最普遍、最重要的传播途径。人们在生产劳作、休闲娱乐的过程中，不经意地传播着民间文学作品。尤其是在祭祀、节日、婚丧喜庆等民俗活动中，或是仪式的需要，或是亲朋好友的聚谈，奇闻逸事很快就能传播开来，而且大多数的民俗活动都伴随着民间文艺的展示，如结婚时的哭嫁歌、洞房经，丧葬时的哭丧等。但这种传播主要是在人们居住的村落或者生活的社区内进行的，范围较为有限，传播的速度相对来说也比较缓慢。

其次是超生活区域的人口流动。在传统社会中，一般人的活动范围较小，但也有些特殊的人群，他们的活动范围比较大，例如吃百家饭的各类工匠（木匠、泥水匠、篾匠、裁缝）等；各种商人，尤其是行商、小摊小贩；乞丐、算命测字先生、耍杂技的、说唱艺人等三教九流人物以及从事渔业、养蜂、烧炭等流动性生产的人员。这些人长年远离家乡，奔波在外，往往见多识广，能言善辩，成为民间文学传播的活跃分子，产生了很多优秀的故事家、歌手，如湖北的故事家刘德培、无锡的歌手钱阿福等都属于这种情况。

再次是大规模的人口迁徙。有的是因战乱的原因，如吴越地区原居民是越人，但经过数次的大迁徙后，原居民已几乎没有了。秦朝时，秦始皇惧于越人的剽悍，采取了定地迁徙的政策，原居民迁到浙西和皖南，北方有罪的吏民迁入；东晋"五胡乱华"，大量北方人逃难到江南，据史书记载，避乱人数达 90 万人；南宋时建都临安（今杭州），北宋时临安只有 10 多万户，到南宋时达 29 万户，124 万人，成了当时全国最大的城市。上海在近代的畸形繁荣，也是因太平天国运动、抗日战争爆发，导致江浙一带富人因避难而大量涌入。有的是因生存或地域开发的需要，如历史上的山东人"闯关东"、山西人"走西口"。

战争不仅是一种征服，导致人口的大量迁徙，而且也是一种文化的扩张。战争的最终结果，不仅仅是建立一种统治的权威，一种霸权，更是推销一种强权文化——一种属于战胜方的具有统治权的文化，因为真正的占领不仅仅是领土的占领，更是精神的占领、文化的占领。对于失败方来说，可能是一种文化的灭顶之灾；对于战胜方来说，是一种文化传播的最好机会。

人口大规模迁徙导致迁入地人口结构的变化和文化的融合，同时民间文学作品也就伴随着人群传播到了迁入地。

最后是文化及经济的交流。区域与区域之间、国家与国家之间的文化及经济交流，必然伴随大量的人员往来，在这个过程中，民间文学也会随着人流而传播。典型的如唐代的识宝故事，就是通过丝绸之路从西域传入中国的；日本的许多民间故事则是由遣唐使从中国带回去的。

二、民间文学作品传播的流程、模式及特点

（一）传播流程

民间文学作品的传播是一个极为复杂的系统。即便是一次讲唱活动，讲唱者、受众、讲唱场地与环境三者之间也构成一个互动的关系，各种因素或显或隐地相互制约、相互牵制、相互影响。从理论上说，传播流程大致可以分为传播过程、受众接受过程、反馈过程三个层面。

1. 传播过程（示意图）

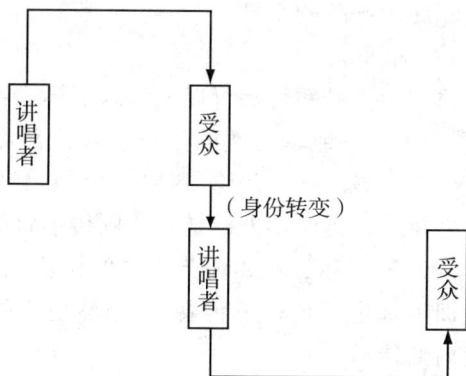

（身份转变）

值得注意的是在民间文学作品的传播过程中，受（听）众、讲唱者的身份并非一成不变，而是经常发生"身份"转换，此时是受众，彼时就有可能是讲唱者；此地是讲唱者，到了彼地就可能是受众；而且这种转变一直处于"进行"时。这一点有别于作家书面文学。

2. 受众接受过程（示意图）

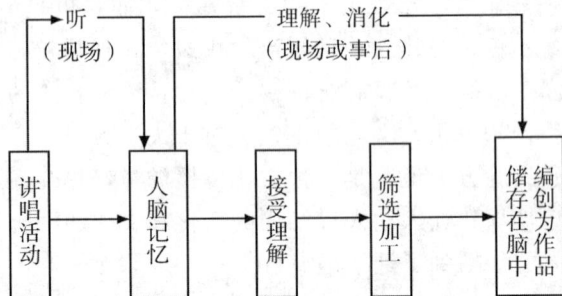

听
（现场）
理解、消化
（现场或事后）

讲唱活动 → 人脑记忆 → 接受理解 → 筛选加工 → 储存在脑中编创为作品

受众接受的过程，既是一种审美活动，也成为"讲唱者"的训练，几乎每个受众都有可能成为该作品的下一个讲唱者。

3. 反馈过程（示意图）

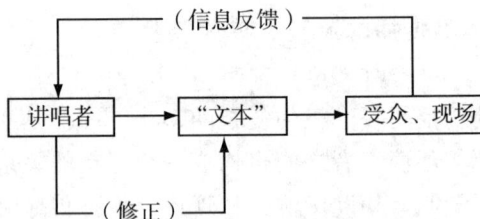

（信息反馈）

讲唱者 → "文本" → 受众、现场

（修正）

反馈过程显示，民间文学作品的传播活动始终处于讲唱者和受众的双向交流过程之中，使得讲唱现场成为一个活跃的信息交流场，形成一个良性互动的氛围，从而也就不断地促发作品的变异。

（二）传播模式

从理论上说，民间文学作品的传播可以分为以下模式：

1. 链式传播模式。这是一种单向性的传播模式，又可分为两种形态：一是 A 传给 B 或 B 传给 A；二是 A 传给 B，B 传给 C，C 传给 D，或反过来由 D 一直传到 A。这种传播模式，当中不能缺链，否则传播将被中止。通常表现在家庭传承中，由父传子、子传孙。例如江苏无锡的长篇叙事歌《华抱山》，据歌手华祖荣介绍，祖训中规定"传子不传女"，当然更不能传给外人，所以这首歌长期以来在家族内部传承。

2. 相互传播模式。这是一种多头并进、相互传播的模式。如 A 可能传给 B、C、D，B 也可能传给 C、D、A。也就是说，A、B、C、D 之间可以错开、不受限制地传播。社会传承的民间文学作品一般均属此种传播模式。

3. 根式（树形）传播模式。这是一种自上而下或自下而上的传播模式。

如中央文件，由中央传给各个省市，各省市传达给各县市，各县市再传达给各乡镇，各乡镇再传达到有关基层或个人，有层次地传递和扩散。例如家族传承中，某个作品由老祖母首先给众子女讲，然后众子女又传给他（她）们的子女，代代相传。

4. 波式传播模式。这是一种由一个信息源向四周不断扩散的传播模式。如新闻发布会、现代社会某个重大事件由广播、电视、网络等传媒的直播等，便都是由一个中心向四周扩散传播的。这种传播模式在时间上具有同步性的特点，在传统民间文学作品传播中较为少见。进入现代社会以后，新的媒介刊登发表民间文学作品（如笑话、时政歌谣等），然后进入人们的口述领域，属于此传播模式。

但从实际情况看，上述传播模式单独进行的案例非常少见，通常都是呈现复合的传播模式，即同时融合多种传播模式，或者是最初的时候采用单一的模式，但在传播的过程中又糅合其他模式。

（三）传播的特点

第一，传播方式的直接性。讲唱者和听众是在同一场所进行面对面的交流。讲唱者和听众之间的身份位置具有可变性，讲唱者可能成为听众，而听众也可能成为讲唱者。这种传播方式的优点在于相互之间有互动性，有助于建立双方的感情。听众可以及时对讲唱的作品作出反应，讲唱者也可直接根据听众的反应，及时调整讲唱的内容和方式。

第二，交流载体的多样性。在民间故事的讲唱活动中，所用的信息载体除口头语言之外，还辅助以形体语言，如表情、姿势和动作等，来表达人的思想、情感、体验和情绪等，这种多样性的信息载体同时围绕着一个信息中心——讲唱活动而运转，使信息内容更丰富，尤其是感情的信息量比书本、影像载体要丰富生动得多。

第三，交流内容选择的主观性。一般的通讯传播的信息应力求与信息源中获得的信息一致，即讲究准确性，不可主观随意地加以改变。然而，在民间文学讲唱活动中，讲唱者对文本可以主观随意地进行选择，确定讲什么，而不讲什么，即便是已选择讲唱什么文本之后，在讲唱过程中，也可以对这个文本的内容（包括主题、情节、语言等）进行一定程度的加工。这种由讲唱者主观因素所引起的文本的变异，对民间文学讲唱来说是允许的，而且也是必定要发生的。[1]

---

[1]　参见黄永林、余惠先：《从信息论看民间故事的讲述活动》，见《中国民间文化》，第四集，132～133页，上海，学林出版社，1991。

三、影响民间文学作品传播的诸因素

民间文学作品，有的传承了一段时间后就消失了，有的则能传承数千年；有的传播范围仅限于较小的区域，有的却能在全国各地传播，甚至流传到国外。其中的缘由很复杂，主要取决于以下几方面的因素。

（一）作品本身的因素

首先是取决于作品所表现的文化内涵。作品所表现的文化内涵越具有普适性，作品越容易传播；作品表现的文化内容越具有地方性、特殊性，作品的传播就受到一定的限制。前者如幻想故事（童话）、爱情题材作品，任何地方、任何民族的群体都能接受。如两兄弟故事，主要反映民众善有善报、恶有恶报、勤劳致富的朴素观念，所以流传很广，其流传范围包括：河北、浙江、甘肃、内蒙古、宁夏、新疆、西藏、贵州、广东、湖南、广西、四川、云南、吉林、黑龙江、辽宁、海南、福建、台湾、青海、辽宁等20多个省，分布于汉族、蒙古族、回族、畲族、藏族、维吾尔族、苗族、彝族、壮族、布依族、朝鲜族、蒙古族、瑶族、白族、哈尼族、哈萨克族、傣族、黎族、傈僳族、佤族、高山族、拉祜族、水族、东乡族、纳西族、景颇族、土族、达斡尔族、仫佬族、羌族、布朗族、撒拉族、毛南族、仡佬族、锡伯族、阿昌族、普米族、怒族、鄂温克族、德昂族、裕固族、京族、塔塔尔族、独龙族、鄂伦春族、赫哲族、门巴族、珞巴族、基诺族、侗族50个民族。后者如地方风物传说、机智人物故事等，相对来说传播的范围就要小得多。因为风物传说要有依附物，反映的是当地特有的文化，如西湖三塔、庐山五老峰、上海南翔小笼包子传说等，脱离了依附物就难以被人接受；机智人物故事则主要受方言的限制，不用方言讲述，"机智"难以实现。

其次是取决于作品的难易程度。作品越难，传播的速度越慢，传播的范围越小；作品越简单容易，传播速度越快，传播范围越广。讲的（故事）比唱的（歌谣）容易传，唱的（歌谣）比跳的（民间舞蹈等）容易传。短歌比长歌容易传播，短篇故事比长篇故事容易传播。

最后是取决于作品内容的时效性与敏锐性。与现实生活结合越紧密，反映大多数人想法的作品，往往容易传播。如笑话、时政歌谣。

（二）传承者（讲唱者、受众）的因素

首先，无论是讲唱者还是听众，其生活经历、知识水平和艺术修养等因素，都无形之中对民间文学的传播产生影响。

不同生活经历的讲唱者在社会生活中接受的作品不同，因而他所传播的作品内容也不同。如我国著名的民间故事讲述家、湖北的刘德培走南闯北，生活

经历丰富，其故事传承属于社会传承体系，以讲生活故事、笑话、机智人物故事为主；朝鲜族的金德顺作为旧时代的女性，生活的范围有限，其故事主要来源于她的母亲、姑母和外祖母，部分来源于左邻右舍，其故事传承属于家庭传承体系，内容以孝顺父母、家庭和睦、恶人遭灾、好人得济为主，体裁多为童话。

不同的知识水平和艺术修养的讲唱者对民间文学作品的选择、加工及其讲述也不一样。对于那些关于生产和生活知识水平较高，民间文学的艺术修养较好的讲唱者来说，他们所讲唱的民间文学作品不仅社会价值高，而且艺术价值也相当高，如刘德培、金德顺的故事就是如此，反之则不然。这里所讲的知识和艺术修养并非指一般意义上的，而是特指关于劳动人民的生活知识和艺术修养。一般的文化水平高和文学艺术修养好的人，并不一定懂得民间文学。让大文豪们讲述民间故事，也不一定能有刘德培讲的效果好。我们不能说刘德培的知识水平和艺术修养比大文豪高，这主要是因为知识水平和艺术修养的着眼点不同。

对于听众来说，社会经历、知识水平和艺术修养不同，对同一作品的接受和理解的侧重点和深度不一样，所产生的最后结果也不尽相同。如同是听孟姜女的传说有人认为她是恪守妇道的典型，有人认为她是忠于爱情的典型，而有的人则认为她是反抗封建暴政的典型。

其次，情绪、态度和兴趣等心理因素对讲唱者和受众都会产生或积极或消极的影响。王作栋对刘德培讲述时的情绪和兴趣对其讲述的影响作了如下描述："他讲述时的兴致高低，则因时因地、因人因事各不相同。若自己心中有某事牵挂，或是知道听众有亟待要办的事情，估计只能讲一则数则，他的兴味则淡；在能够从容地成串成堆讲述的场合，他便愈讲愈有精神，并模拟声腔（如戏子曲词、道士唱腔、算命子行话、新寡哭夫的悲声和塌鼻子、尖舌子的发音不清、礼生开祭时的半唱半喊等），必要时还随兴所至地配以手势，甚至起身离座，加配几个幅度没有定规的动作（如讲述《皮匠驸马》后半部分的跺脚、跳脚、摸腹、拍臀之类）……他解释说……经文是跟嘴巴跑的哩！一下讲上劲，越讲就经越多哩！往日不常讲的经，这种时候兴一家伙蹦了出来，一蹦就不止一个。讲起这个又想起那个，一个跟一个地连边搭界，人家听得有滋有味，自己也快活。"①

---

① 王作栋：《素质与氛围：刘德培的故事讲演活动及其他》，载《民间文艺季刊》，1988（1）。

从另一方面来说，听众（接收者）的情绪、兴趣和态度，既对民间文学作品的接受、理解产生影响，同时还对讲唱者的讲唱产生一定的反馈作用。如果民间文学的讲唱者和听者的心理都处于最佳状态，这就会构成一个良好的"传播氛围"，必然获得较好的效果。

再次，语言因素的影响。在民间文学的讲唱活动中，讲唱者与听众之间的交流主要是借助于口头语言的媒介来进行的。要求语言的无障碍，能被听众理解，听明白。如果讲唱者是在本方言区讲述，那么就不会发生语言障碍，也就易于被听众所接受和理解，如果超出这一方言区进行讲述，尽管按他自己的方言要求来看，他表达的既清楚又准确；然而对于另一个方言区的听众来说，由于听不懂表达者的方言就会严重影响了接受的效果。如刘德培在他所生活的鄂西山区讲民间故事，深受当地人的欢迎，然而他几次被邀请到武汉给大专院校的师生讲民间故事，其效果就远不及他在鄂西山区讲得好。究其原因主要是因为大专院校里的很多师生听不懂他的方言。即使在同一方言区，由于不同的讲述者语言的修养和表达能力不一样，也会产生不同的效果：语言表达能力差的讲唱者可能会把一个完整的作品讲得颠三倒四、支离破碎，使听者摸不着头脑；而一个优秀的民间故事家，不仅讲得有头有尾，而且风趣生动，引人入胜。

最后，作为人类文化交流形式之一的民间文学讲唱活动，也不可避免地受社会环境（政治因素和经济因素）和自然环境、民俗生活环境的影响。如"文化大革命"期间，民间文学讲唱活动当做"四旧"被破除，故事家、歌手被冠以宣传"封资修"的罪名受到批评，民间文学传播的社会环境遭到破坏，没有人再敢讲、敢唱。"改革开放"以后，随着经济的发展，电视、电脑网络迅速普及，人们的生活方式发生了很大的变化，传统的民俗活动逐渐消失，民间文学的讲唱活动也迅速地萎缩了。近些年来随着国家对非物质文化遗产保护的重视，民间文学的讲唱活动又开始在一些地区重新恢复。①

四、反馈机制在民间文学作品传播过程中的重要作用

民间文学的讲唱活动本质上是讲唱者与受众的一种双向交流活动，在这过程中受众也是主角，他们的反应对讲唱者来说是非常重要的，主要体现在以下三方面：

一是讲唱开始前的"对路"原则。对于民间文学的讲唱者来说，在讲唱即

---

① 以上部分内容参考黄永林、余惠先：《从信息论看民间故事的讲述活动》，见《中国民间文化》，第四集，134～139页，上海，学林出版社，1991。

将开始之前，听众的结构和场合的状况等信息的反馈，对其讲唱的内容和体裁的取向在总体上具有决定性的意义。如湖北学者曾对刘德培的民间故事讲述活动进行过专门的追踪采访，观察过他在不同场合、不同对象以及听众各种不同反应的情况下所作出的种种反应。发现他面对不同的反馈信息，采取了具体情况具体对待的灵活多变的原则，用他自己的话来说就是"对路"的原则。他针对不同场合和听众，讲述不同的内容和体裁：给大学里的师生讲述时以吟诗联对、富有"文气"的故事为主；在一般场合下给老百姓讲述时，多以生活故事、笑话和机智人物故事为主；对于妇女儿童，多讲巧媳妇的故事和富于幻想性的神话和童话；对于中青年人，多讲笑话、寓言和地方风物传说；而对于老年人则多讲历史故事和趣闻轶事。当地百姓评价他讲故事是"见什么人讲什么话，见什么菩萨打什么卦"。刘德培在讲述民间故事时的"对路"原则，对不同场合和对象的适应能力，正是他在无数次讲述民间故事的实践中对不同场合和不同对象对民间故事内容和形式不同需求的心理定势进行认真观察和思考的结果。

二是讲唱过程中的"修正"原则。"修正"包括两方面的内容：一是讲述者根据受众的反馈信息进行的"修正"，即调整讲述内容、讲述方式；二是受众对讲述者所讲内容的"修正"。讲述者的"修正"可以包含多方面的内容：调整讲述内容，调整讲述方式，在故事中添油加醋，加入适当的变异内容，活跃现场气氛等。

在讲述的过程中，听众的"反响"构成一种氛围，对讲述的内容和采取的形式的趋向具有重要意义，如果积极的氛围（如笑声、掌声和喝彩声等）浓，则说明讲述的内容和形式符合听众需求并受欢迎，从而保持和发扬；如果出现消极的氛围（如听者打瞌睡、反感起哄和离开），则说明讲述的内容和形式不受欢迎，应积极修正自己的讲述，努力转化这种反响氛围，以保证讲述活动获得成功。

一些优秀的故事家、歌手往往都具有很强的"修正"能力。刘德培在讲述民间故事的过程中，十分注意讲故事的氛围，十分留意听众对他的讲述直接和间接的议论、笑声、掌声以及哄闹声等，他与听众的情绪和要求始终处于交换式的双向流动之中，互相刺激、互相感染，创造出一种良好的讲故事的氛围，他还善于以故事激起听众的情绪，撩逗别人也参与讲述，使自己变成既听又讲的双重身份的人。

受众的"修正"主要表现为"插话"。任何一则民间文学作品都有异文，但不管异文如何多，总是包括两部分内容：一是主干内容，基本的故事情节，这是基本不变的内容，具有稳定性，如两兄弟故事；二是次要内容，或成为可变的部分或自由的部分，柳田国男先生认为，这部分内容多半是受听讲者的心理状态所左右的，受来自听讲人的意向所影响支配的。受众既可以对"自由"的部分"七嘴八舌"，也可以对"稳定"部分进行纠正：如果粗心的讲述者讲错了（不按常规），聪明的听众常常会纠正他的说法，使故事更接近于经常的讲法。

三是讲唱结束后的"反刍"原则。优秀的民间文学讲唱者往往会在讲唱活动结束后进行总结，对讲唱过程中发现（既有自己发现的，也有听众指出的）的不合理之处，加以纠正；听到了不同版本的作品，结合自己原来熟悉的作品，综合出一种"标准型"的文本，使得下次的讲唱更加精彩。这一过程是在讲唱者的"脑海"中完成的，也称为"腹稿"，属于编创活动。

五、民间文学传播线路与传播圈

民间文学作品的传播线路很难用统一的标准来规划，因为每一个作品的传播线路可能都不一样，其中包含着很多偶然的因素，但也不是毫无规律可言。长期以来，学者们也总结出了一些规律性的东西，如芬兰学派代表人物之一瓦尔特·安德森（W. Anderson）在1916年发表《皇帝和神甫》一书中列举了几百个有关这一题材的故事版本，进行了详细的分类，并且推断出这些版本流传的地理途径。他通过实践，总结出了一些民间故事的传播线路规律：（1）认为故事通常是由文化较高者向文化较低者传播的。他举例在美国印第安人中大约有50个欧洲故事流行，但没有一个故事作为交流进入欧洲。（2）认为水路传播胜于陆路传播。越过遥远的水路常比进入不同文化的邻国更容易；沿着直接的水路传播常胜于陆地上曲折的道路，许多故事直接从德国传到了瑞士，却没有到达丹麦。（3）认为文化的交界处是口传故事传播的最大障碍，涉及文化的差异、文化的排他性等。芬兰学派的另一代表人物阿尔奈提出亚洲故事传入欧洲的两条路线：一是从西南亚经过巴尔干半岛或非洲北部进入南欧；二是通过东亚与俄国之间西伯利亚和高加索的道路。可惜的是，当欧洲流传学派和地理历史学派盛行的时候，亚洲地区的民间故事作品搜集得太少，限制了学者们的研究深入。

有关这方面的研究，中国学者中最典型的是顾颉刚的孟姜女研究。其研究结论中有一部分涉及该故事的传播线路问题，孟姜女故事是伴随着文化中心的变迁而传播的：春秋战国间，齐、鲁的文化最高，所以这个故事起在齐都；西汉以后，历代定都以长安为最久，因此这个故事流传到了西部时，又会发生崩梁山和崩长城的异说。从此沿了长城而发展：西到临洮，故敦煌小曲有孟姜女寻夫之说；东至辽左，故《同贤记》有杞梁为燕人之说。北宋建都河南，西部的传说移到了中部，故有杞县的范郎庙。湖南受陕西的影响，合了本地的舜妃信仰，故有澧州的孟姜山。广西、广东一方面承受北面传来的故事，一方面又往东推到福建、浙江，更由浙江传至江苏。江浙是南宋以来文化最盛的地方，所以那些地方的传说虽最晚起，但在三百年中竟有支配全国的力量。北京自辽以来建都近一千年，成为北方的文化中心，使得它附近的山海关成为孟姜女故事最有势力的根据地。江浙与山海关的传说联结了起来，遂形成这个故事的坚确不拔的基础，以前的根据地完全失掉了势力。除非文化中心移动时，这个故事的方式是不会改变的了。"从以上诸条看来，我们可以知道一个故事虽是微小，但一样地随顺了文化中心而迁流。"①

　　文化研究中有文化圈理论，民间文学也同样存在传播圈。某一个或某一类民间文学作品必然存在于一定区域。如盘瓠神话传播圈主要在南方地区，山魈故事圈主要在长江以南的山区，狐仙故事圈主要在北方地区。当然，民间文学传播圈是一个动态的概念，它随着民间文学作品的传播或传承，会不断地发生扩张变化。

思考题：

1. 如何理解民间文学是一种生活型的文学？
2. 简述民间文学的基本特征。
3. 为什么说口头表演性是民间文学的核心特征？
4. 如何理解民间文学的"编创"与作家文学的"创作"？
5. 导致民间文学作品传播的因素有哪些？

延伸阅读书目：

1. ［美］阿兰·邓迪斯：《世界民俗学》，陈建宪、彭海斌译，上海，上海文艺出版社，1990。

2. ［美］斯蒂·汤普森：《世界民间故事分类学》，郑凡等译，上海，上海文艺出版社，1991。

3. ［美］约翰·迈尔斯·弗里：《口头诗学：帕里—洛德理论》，朝戈金译，北京，社会科学文献出版社，2000。

---

① 顾颉刚编著：《孟姜女故事研究》，66页，上海，上海古籍出版社，1984。

4. ［美］阿尔伯特·贝茨·洛德：《故事的歌手》，尹虎彬译，北京，中华书局，2004。

5. ［俄］弗·雅·普罗普：《故事形态学》，贾放译，北京，中华书局，2006。

6. ［美］理查德·鲍曼：《作为表演的口头艺术》，杨利慧、安德明译，桂林，广西师范大学出版社，2008。

7. ［匈］格雷戈里·纳吉：《荷马诸问题》，巴莫曲布嫫译，桂林，广西师范大学出版社，2008。

第二章　20世纪中国民间文学学术史

民间文学这一概念不是中国固有的，但对于民间文化的重视，中国则是有悠久历史传统的。中国历史上曾有几次民间文化发展的高峰（绪论第三节已作详述），到了晚清，民间文化又呈现出一个热潮，严格地说，中国科学的民俗学"应该从晚清算起"。① 刘锡诚也明确提出："中国现代民俗学的滥觞，实际上确比'五四'新文化运动更早，应在晚清末年。"② 他在《20世纪中国民间文学学术史》一书中提出了"20世纪中国民间文艺学"的概念。

第一节　20世纪初至30年代中国民间文艺学史

中国现代民间文艺学的建立可追溯至晚清末年。当时的中国内忧外患，政治、经济、文化等社会各领域交相激荡。帝国主义的坚船利炮，打开了中国的大门，西方学术思想也随之涌入中华大地，传统学术已不适应民族与时俱进的需求，国内有识之士决心探求新知以推动中国传统知识体系的现代转型。在这样的背景下，"民间文学"作为一种颠覆传统的文学样式，开始登上了中国的学术舞台。

一、晚清及"五四"时期的民间文艺学

晚清时期的中国社会，鸦片战争显示出西方坚船利炮的物质文明的优越性，甲午战争暴露了中国既有制度的缺陷，③ 中国民族危机空前加强，变革社会、救亡图存成为时代主题。而社会改革需从思想入手，思想改革需从文化入手，文学改良以此为契机展开。

此时，古已有之的"重民"思想得到重视，并被赋予新的时代内涵。④ 严复提倡民权，他提出"民智开通之日可还政于民"⑤。梁启超呼吁要让民众掌

---

① 钟敬文：《建立中国民俗学学派刍议》，载《广西民族学院学报》，2000（1）。

② 刘锡诚：《民俗百年话题》，载《民俗研究》，2000（1）。

③ 参见梁启超：《饮冰室合集》，第5册，43～45页，北京，中华书局，1989。梁启超关于近代中国学习西方三个过程的归纳：第一期（鸦片战争后至甲午海战前）"从器物上感觉不足"；第二期（甲午海战至五四以前）"从制度上感觉不足"；第三期（五四以后）"从文化根本上感觉不足"。

④ 参见（清）王韬：《弢园文录外编》，20页，上海，上海书店出版社，2002。

⑤ （清）严复：《天演论》，冯君豪注，8页，郑州，中州古籍出版社，1998。

握知识以"开民智",做新民。① "重民"思想在当时还体现在学界对民众语言的重视,黄遵宪提出语言与文字合一之必要。② 刘师培在《论文杂记》中也说:"上古之时,先有语言,后有文字,有声音,然后有点画,有谣谚,然后有诗歌。谣谚二体,皆为韵语。谣训徒歌。……歌者,永言之谓也。谚训传言。……言者,直言之谓也。盖古人做诗,循天籁之自然,有音无字,故起源亦甚古。"③ 最早提出了文学史始于民间文学的观点。

20世纪初期,周氏兄弟(周树人、周作人)开始关注民间文学。1913年2月,鲁迅在北京教育部的《编纂处月刊》上发表了《拟播布美术意见书》一文,提出国民文术当立"国民文术研究会","以理各地歌谣、俚谚、传说、童话等,详其意谊,辩其特性,又发挥而光大之,并以辅翼教育"。④ 同年,周作人在他的《童谣研究》稿本中,开始了中西民间文学比较研究。⑤ 他在文中寻求中国"斗虫虫、咬手手"游戏及日本、英国的同类游戏和歌谣,并称此为"母戏",是"歌谣中最初也"。他又考证我国古代文献中关于各种童谣的记述,同时列举日本学者的《歌谣字数考》、美国学者编译的《孺子歌图》等材料作比较。1914年1月周作人又在《绍兴县教育会月刊》第4号上公开征集本地儿歌、童谣,启事云:"作人今欲采集儿歌童话,录为一编,以存越国土风之特色,为民俗研究儿童教育之资料。"⑥ 并在《绍兴县教育会月刊》同一期上发表了《儿歌之研究》的论文,指出儿歌在民俗学上"以童歌与民歌比量,而得探知诗之起源,与艺术之在人生相维若何,犹从童话而知小说原始,为文史家所不废"的价值,⑦ 第一次引入"民俗学"这一概念。

差不多在同一时期,一批中国留学生正在酝酿文学革命的思想。1915年夏天,美国东部的中国学生会成立了"中国科学社",成员有胡适、任鸿隽、杨铨(杏佛)、梅光迪(觐庄)、唐钺(擘黄)等,他们时常聚在一起,讨论中国的文字问题,进而又发展到文学问题。胡适提出反对旧文言、提倡白话文的观点。梅光迪起初反对胡适的观点,后来从多次讨论中看到了白话文学的巨大价值,转而赞赏胡适的文学革命思想。1916年3月19日,梅光迪在给胡适的

① 参见梁启超:《饮冰室文集诗话》,北京,中华书局,1989。
② 参见(清)黄遵宪:《日本国志·学术志二》,1894年初刻本。
③ 洪治纲编:《刘师培经典文存》,249页,上海,上海大学出版社,2004。
④ 《鲁迅集外集拾遗补编》,44页,北京,人民文学出版社,1995。
⑤ 参见鲍耀明整理:《周作人〈童谣研究〉稿本》,载《鲁迅研究月刊》,2000(9)。
⑥ 周作人:《谈龙集·潮州畲歌集》,64页,石家庄,河北教育出版社,2002。
⑦ 钟叔河编:《周作人文类编》,第六册,510页,长沙,湖南文艺出版社,1998。

一封信中说："文学革命自当从'民间文学'（Folklore，Popularpoetry，Spoken language）入手，此无待言。"① 第一次使用了"民间文学"一词。

文学革命要"推倒雕琢的阿谀的贵族文学，建设平易的抒情的国民文学"；"推倒迂晦的艰涩的山林文学，建设明了的通俗的社会文学"。② 为达此目的，胡适举起了"白话文学"的大旗，并对中国的文学史进行了"大胆的假设"：中国文学是"由民间兴起的生动的活文学，和一个僵化了的死文学，双线平行发展"起来的，③"这两千年的文人所做的文学都是死的，都是用已经死了的语言文字做的。死文字决不能产出活文学"④。

胡适在此继承了晚清志士对民间俗语文学的提倡，只是晚清志士对白话和古文都不偏袒而兼爱二者，胡适却敢指责文言，并借"白话文学史"与"古文传统史"的对抗来把握两千年中国文学发展的大趋势。这确系胡适的独创。他的这一创见，后来被总结为"双线文学观"。⑤ 胡适的新文学史观，给人们戴上了一副新眼镜，使他们忽然发现民间犹如"琼楼玉宇，奇葩瑶草"，令他们"慨叹天地之大，历史之全"。⑥ 文学家、史学家、语言学家、民族学家纷纷加入到新文学阵营，勘察开发新的学术资源。民间文学运动逐渐成为新文学运动的重要一支。

周作人步胡适之后提出："文学革命上，文字革命是第一步，思想改革是第二步，却比第一步更重要。"⑦ 周作人挥起了文学思想革命的大旗，1918 年12 月，他在《新青年》上陆续发表《人的文学》《平民文学》和《儿童文学》三篇文章，阐述了他的新文学主张，将一切原来处于边缘地位的人，如农工妇孺，以及原来处于边缘地位的文学，如民间文学，一应推向舞台的中央，呼唤"人的时代"的到来。

只是，这一阶段对民间文学的认识是笼统含糊的，学界对"民间文学"一词的使用比较随意，对它还没有进行学科意义上的严格界定。胡适提到的"白话文学"、周作人采用的"平民文学"，并非全是语言工具、主体归属、文体特

---

① 罗岗、陈春燕编：《梅光迪文录》，162 页，沈阳，辽宁教育出版社，2001。

② 陈独秀：《文学革命论》，载《新青年》，1917 年第 2 卷第 6 号。

③ 胡适：《胡适口述自传》，289～290 页，南京，江苏文艺出版社，1995。

④ 参见《中国新文学大系·建设理论集》，129 页，上海，良友图书印刷公司，1935。

⑤ 参见陈平原：《中国现代学术之建立》，198 页，北京，北京大学出版社，1998。

⑥ 胡适：《中国新文学大系·建设理论集·导言》，21 页，上海，良友图书印刷公司，1935。

⑦ 《每周评论》（第十一号），载《新青年》，六卷四号。

色上的"文学",而是一套反抗旧有传统文化的意识形态。胡适在《白话文学史》中,常把"民间文学"与"白话文学"、"平民文学"并列;周作人也使用"民间文学",所有这些指称在当时背景下内涵都是一致的,就是"正统文学"的对立面,其功能在于推翻旧体制,重建新秩序。从这个意义上说,这些名称都不仅仅是"文学"意义上的名词表述,而是一种意识形态。这样的文化革命石破天惊,同时也引领了当时最先进的时代潮流。他们提出的话语,具有意识形态更新的崇高意义。把"俚俗的"、"平民的"、"民间的"摆到前台,并赋予它高尚的地位,使那些曾被轻视的文化和观念得到重视,这体现出文学思想革命对民主、平等的张扬和对人的解放的深切追求。

二、民间文学运动的三个中心

1918 年 2 月 1 日,刘半农在《北京大学日刊》上发表《北京大学征集全国近世歌谣简章》,号召学人搜集歌谣,歌谣学运动拉开了序幕。1918 年 5 月,《北京大学日刊》开辟《歌谣选》专栏,刊登征集上来的歌谣。这时,一大批学者走向民间,从普通百姓那里采录歌谣。如刘半农从江阴船夫口中搜集到 20 首船歌,顾颉刚利用回乡养病的时机从身边妇孺处采集到数百首"吴歌"。与此同时,《北京大学日刊》还陆续刊登了周作人、关延龄、常惠、罗家伦、沈兼士等关于歌谣异文、注释、方言等的讨论文章,以北京大学为中心的歌谣搜集和研究运动轰轰烈烈展开了,北京大学也一时成为民间文学运动的中心。学人一方面大力开办出版民间文学方面的报刊丛书,创建相关的专业机构和制度;另一方面对民间文学开展多角度的研究。涉及的领域进一步扩展到其他民间文学体裁,如对谜语、谚语等的搜集研究。

歌谣学运动初期,成效最大的是资料的收集、整理与注释。随着研究的深入,对歌谣的学术价值也日益重视起来。1922 年,周作人在《歌谣》中说:"民歌是原始社会的诗,但我们的研究却有两个方面,一是文艺的;一是历史的。"首次提出民间文学具有"文艺的"和"学术的"两方面的价值。在民歌的文艺价值上,周作人认为民歌有助于考察"诗的变迁",对新诗的发展也有意义:

> 民歌与新诗的关系,或者有人怀疑,其实是自然的,因为民歌的最强烈最有价值的特色是他的真挚与诚信,这是艺术品的共通的精魂,于文艺趣味的养成极是有益的。
>
> 根于这些歌谣和人民的真的感情,新的一种国民的诗或者可以发生出来。

周作人的上述看法,对北京大学歌谣学运动的宗旨颇有影响。1922 年 10

月，《歌谣》周刊创立，在《发刊词》中，如是说明了搜集歌谣的用途：

> 本会搜集歌谣的目的共有两种，一是学术的，一是文艺的。我们相信民俗学的研究在现今的中国确是很重要的一件事业，虽然还没有学者注意及此，只靠几个有志未逮的人是做不出什么来的，但是也不能不各尽一份的力，至少去供给多少材料或引起一点兴味。歌谣是民俗学上的一种重要的资料，我们把它辑录起来，以备专门的研究：这是第一个目的。因此我们希望投稿者不必自己先加甄别，尽量的录寄，因为在学术上是无所谓卑猥或粗鄙的。从这学术的资料之中，再由文艺批评的眼光加以选择，编成一部国民心声的选集。意大利的卫太尔曾说："根据在这些歌谣之上，根据在人民的真感情之上，一种新的'民族的诗'也许能产生出来。"所以这种工作不仅是在表彰现在隐藏着的光辉，还在引起未来的民族的诗的发展：这是第二个目的。

从以上文字中可见北京大学歌谣学运动的学术性和科学性。据钟敬文回忆说：

> 在这篇文章发表之前几个月，大概也是同一执笔者所写的文艺短论《歌谣》，对于歌谣的研究，指出了两个方面，一是文艺的，一是历史的。文艺方面，是"可以供诗的变迁的研究，或作新诗创作的参考"。历史方面，"大概是民俗学的，便是从民歌里去考见国民的思想、风俗与迷信等，语言学上也可以得到多少参考的资料"。这些话尽管仍然说得很简单，但是很可以跟《发刊词》上所说的互相印证，并且还可以作它的补充。因为这里有些话是那里所没有提到的，例如歌谣可以供诗的变迁的研究及民俗学研究的内容等。总之，在当时那些主持者看来，歌谣学的目的，既是文艺学的（包括文艺欣赏、文艺创作在内），又是民俗学的，或社会学的（包括语言学、方言学等在内）。这正是当时这种新兴的人文科学的特点，它跟过去人们对于歌谣的搜集和看法，是有很大不同的（因为后者大都缺乏现代科学的自觉性）。①

钟敬文认为《歌谣》周刊的《发刊词》是周作人写的，他的这一看法得到

---

① 钟敬文：《钟敬文文集·民间文艺学卷》，358～359页，合肥，安徽教育出版社，2002。

后来大多数学者的认可。不过，钟敬文并没有说得那么肯定，而用"大概"一词表示推测，后来也有学者持不同的看法。① 细查一下《歌谣》周刊办刊经过及周作人的行止，可以看到这样的事实：1918 年 9 月 21 日的《北京大学日刊》之通讯《征集歌谣之进行》说，"由刘复、周作人两教授担任撰译关于歌谣之论文及记载"，可知此时周作人已参加了"征集处"的工作。1920 年 2 月 3 日《北京大学日刊》之《歌谣征集处启事》又提到，"顷因刘教授留学欧洲，所有本处事务已移交周作人教授接管"。1920 年 12 月 19 日，北京大学的"歌谣征集处"改名为"歌谣研究会"，由沈兼士、周作人二先生管理其事。1922 年"北京大学研究所国学门"成立后，蔡元培校长任研究所所长，沈兼士任主任，"歌谣研究会"隶属于国学之下，已由周作人一人管理其事了。1922 年 12 月 6 日《北京大学日刊》发表的"章程"，很大程度上反映了周作人的意见。周作人说，歌谣征集处的简章"其第三条云：'征夫野老、游女、怨妇之辞，不涉淫亵而自然成趣者'，便是一个很大的障碍。我主张要撤废，到了周刊发行，改定章程，第四条注意事项之四云：'歌谣性质并无限制，即语涉迷信或猥亵者亦有研究之价值，当一并录寄。不必先由寄稿者加以甄择'。"② 1922 年 12 月 17 日，《歌谣》周刊创办，《发刊词》的内容基本与此一致。王文宝指出，《发刊词》是由周作人撰写的，这是该刊创办者和编者常惠亲自告知他的。③

常惠受周作人影响，在主编《歌谣》周刊时，提出要设立"民俗学会"的倡议。但当时大多数学人仍然遵照传统模式，更多从文艺的方面认识民间文学的价值。1924 年 5 月 14 日北京大学成立"风俗调查会"，1925 年 1 月 26 日又成立"方言调查会"，1936 年 5 月 16 日又成立"风谣学会"，北京大学在民间文学运动中扮演着开创者和领头军的角色。

自北大之后，广州中山大学、杭州中国民俗学会等也声息相继，展开了轰轰烈烈的民间文学运动，成为继北大之后的两个中心。

1928 年，广州中山大学历史语言研究所创建"民俗学会"。这是我国民俗学史上第一个民俗学会。民俗学会创办了《民俗》周刊。根据杨成志先生的统计，《民俗》周刊共发表民间故事 180 多篇、传说 112 篇、歌谣 160 首、谜语 38 则、谚语 9 条、民间趣事 27 则、风俗 130 则、信仰 37 则、研究 300 多篇、通讯 26 则，还刊行过"民间文艺"、"岁时节日"等专号。

---

① 参见施爱东：《〈歌谣〉周刊发刊词作者辨》，载《民间文化论坛》，2005 (2)。
② 周启明：《一点回忆》，载《民间文学》，1962 (6)。
③ 参见王文宝：《中国民俗研究史》，53 页，哈尔滨，黑龙江人民出版社，2003。

中山大学历史语言研究所《民俗学会一年来的经过》云：

　　本会的由来，始于十六年八月语言历史研究所之成立，其时傅斯年教授兼任本所主任，适旧日国立北京大学之歌谣研究会，及风俗调查会的会员联翩至粤，如顾颉刚先生，董作宾先生，陈锡襄先生，容肇祖先生，钟敬文先生等，皆旧日热心于风俗调查，而卓有成绩者；此外则教育系教授而同情于民俗调查者，有庄泽宣先生及崔载阳先生。当时本着研究民俗的精神及志愿，虽未成立为学会，而《民间文艺》周刊创刊号，乃于是年十一月一日出现。当日主持这刊的编辑事务，为董作宾，钟敬文两先生。不及一月，董作宾先生以母病乡旋，遂由钟敬文先生独任编辑之责。到十七年三月，《民间文艺》已出满十二期，以《民间文艺》名称狭小，因扩充范围，改名为《民俗》，当时同情于《民俗》的编辑的，有法科主任何思敬先生，亦愿负责帮忙。以后，因民俗的调查及研究的关系，不能不需要训练一些人材，于是年四月民俗学传习班开始设立。语言历史研究所亦以民俗事务日渐发展，即开始设立"民俗学会"，由顾颉刚先生主持之。①

　　作为中山大学民俗学会主持人的顾颉刚在古史、神话、民间故事以及歌谣研究方面厥功至伟，他的研究方法奠定了民间文艺学的基本方法论范式。

　　1923 年 5 月 6 日，顾颉刚在《努力》增刊《读书杂志》上发表了《与钱玄同先生论古史书》一文，在学界引发了一场"古史辨"的大讨论。讨论从大禹的身份引起，并由此提出"层累地造成的古史观"。其中心思想是：（1）时代愈后，传说的古史期愈长；（2）时代愈后，传说中的中心人物愈放愈大；（3）我们在这上，不能知道某一件事的真确的状况，但可以知道某件事在传说中的最早的状况，"譬如积薪，后来居上"。

　　为进一步印证和充实"层累地造成的古史观"理论，顾颉刚将研究对象也由古史转入故事领域。顾颉刚名动一时的《孟姜女故事研究》便是在这样的初衷下展开的。他对孟姜女故事的注意始于 1921 年冬天在《通志·乐论》中读到郑樵论《琴操》的一段话："虞舜之父，杞梁之妻，于经传所言者不过数十言耳，彼则演成万千言。"1923 年春，姚际恒的《诗经通论》中一则有关"孟姜"的注释，使他对这个故事年代的久远感到惊讶，"从此以后，关于她的故事的许多材料，都无意的或有意的给我发见。我对于她的故事的演化的程序，

---

　　① 　载《国立中山大学语言历史研究所年报》，1929-01-16。

不期的得到一个线索"。同年冬，上海文学周报社向他约稿，顾氏因预备北行而无暇动笔，只好把收集的材料交给表弟吴秋白（立模）写成《孟姜女故事的转变》一文，发表于《星海》上。顾颉刚认为："经了这一回文字上的联串，更把我的若明若昧的孟姜女故事的观念变成了清楚明白的孟姜女故事的观念。"1924 年夏，偶然发现的明代关于孟姜女庙的记载和现代孟姜女传说的河南唱本不仅使他大为吃惊，更使他明白"上一年中所发见的材料，纯是纵的方面的材料，是一个从春秋到现代的孟姜女故事的历史系统。我的眼光给这些材料围住了，以为只要搜出一个完全的历史系统就足以完成这个研究。这时看到了徐水县的古迹和河南的唱本，才觉悟这件故事还有地方性的不同，还有许多横的方面的材料可以搜集。于是我又在这个研究上开出了一个新境界了！数月之中，左采右集，居然得到这件故事的根据地七八处"。1924 年 11 月，顾颉刚用两天时间写成《孟姜女故事的转变》一文，从历史系统上把这个故事追溯到南宋初叶。这篇论文在《歌谣周刊》第 69 号发表后，立刻引起学术界的震动。该故事一时成为数十位学者的共同课题。此后《歌谣周刊》先后出了九期孟姜女故事专号。1926 年春，顾颉刚在写《古史辨》一册自序时，"将二年来搜集到的孟姜女的故事分时分地开一篇总账，为研究古史方法举一旁证的例"，用三万多字把两千多年来的文献记录和遍布全国各地的各种民间传说、文学、艺术材料，整理出历史和地理两个系统，后来独立成文，仍然以《孟姜女故事研究》为题，发表于 1927 年的《现代评论》创刊两周年的增刊上。该文在分别梳理了孟姜女故事的时间和空间系统之后，总结说："从以上诸条看来，我们可知道一件故事虽是微小，但一样地随顺了文化中心而迁流，承受了各地的时势和风俗而改变，凭藉了民众的情感和想象而发展。我们又可以知道，它变成的各种不同的面目，有的是单纯地随着说者的意念的，有的是随着说者的解释的要求的。我们更就这件故事的意义上回看过去，又可以明了它的各种背景和替它立出主张的各种社会。"[①]

顾颉刚对孟姜女故事的分析令人耳目一新，使人们从中看到了民间故事本质的特点在于它"没有固定的体"，"故事的体便在前后左右的种种变化上"。胡适曾总结顾颉刚研究神话传说的方法为"历史演进法"，它不仅被古史与神话传说研究所采用，还成为中国民间文艺学的基本方法论范式之一。

从 1928~1943 年，广州中山大学民俗学会在组织建设、人才培养、创办

---

① 国立中山大学语言历史学研究所编印：《孟姜女故事研究集》，第一册，123~124 页，1928。

刊物、发行图书等多个方面，作出了很大贡献，成为继北大之后形成的第二个全国民俗学研究中心。

1930 年夏，钟敬文与钱南扬、娄子匡、江绍原诸先生在杭州发起成立"中国民俗学会"，宗旨是要从民族学、文化史、社会学等多角度考察、搜集、研究民俗和民间艺术。杭州逐渐成为中国民间文学研究的第三个中心。

钟敬文一系列重要的民间文艺学论文都是在杭州时期完成的。如《中国的天鹅处女（型）故事》《中国地方传说》《种族起源神话》《蛇郎故事试探》《中国的植物起源神话、传说》《中国的水灾传说》《狗耕田型故事的试探》《中国民间故事试探——田螺精》《中国民间故事试探——蛤蟆儿子》《老虎与外婆故事考察》《万物起源神话》等。

1931 年，钟敬文参照《印欧民间故事型式表》，把中国故事型式整理为 52 式，发表了《中国民间故事型》一文。这是我国最早的故事学分类研究论文。1935 年底，钟敬文写成《民间文艺学的建设》，刊登在 1936 年 1 月国内出版的《艺风》第 4 卷第 1 期。在这篇文章里，钟敬文率先创用"民间文艺学"这一学科术语，第一次提出把民间文艺学作为文化科学中一门独立的、系统的学科的构想。

1935 年冬，民俗学家杨成志（1901—1991）从国外归来，任中山大学研究院秘书长、文科研究所所长、人类学部主任等职，恢复民俗学会工作并任主席，于 1936 年 9 月 15 日创办《民俗》季刊。他所编辑的《民俗》季刊从内容到质量都超越了前代。改变了此前的民间文学研究材料丰富而理论缺乏的局面。杨成志带来的西方学术新视野，再次激动了杭州，促使钟敬文"一方面吸取人类学派的合理部分，一方面又辅之以社会学派的某些唯物因素"，认识到"国际某些学派注重形式的研究法的缺点"。他还通过俄国普列汉诺夫等人的科学著作，初步接受了马克思主义的唯物主义观点，认为"民间文艺往往和民众最要紧的物质生活的手段（狩猎、渔捞、耕种等）密切地连结着"。钟敬文还注意到民间文学和其他邻近人文科学诸如民族学、人类学、历史学、宗教学的关系，研究视野进一步开阔。在此思想的导引下，他对神话、传说、故事、儿歌、叙事诗、史诗、笑话乃至外国民间文学等，皆有所涉猎。他说："民间文化不仅应该包括故事歌谣、岁时习俗、人生仪礼等内容，而且应该注意到所有产生、流传并作用于人民群众物质生活和精神生活的东西，以更开阔的角度对其进行搜集和研究。"钟敬文杭州时期的著述和种种研究活动，以及他在民间文学的理论研究方面的建树，使得他跃居这一学科的领头人的地位，奠定了其在民间文艺学界的地位。他糅合文学与民俗的思路，也成为中国现代民间文艺学的基本思路之一。

三、20 世纪三四十年代国统区的民间文艺学

1937 年 7 月 7 日，抗日战争全面爆发。对于学术研究来说，其直接结果是迫使北方和东部的大部分高等院校，不得不向相对安全的大西南转移。东部院校多内迁于武汉、长沙、重庆、昆明、成都、桂林等地，国内的 108 所正规高校，以及大批高级知识分子和文化名人大都云集其中，重庆、昆明、成都、桂林等地成为举国闻名的文化城。① 这里是国统区，也是我国少数民族聚居极为密集的地域。抗战危亡之际，民族意识和民族感情再次上升到学者们心中的高位。大西南特有的民族风情激发了学人关于民族、方言、各民族文化特色的兴趣和思考。在外来学者和当地学者的共同努力下，20 世纪三四十年代国统区的民间文学研究获得了很大的发展，具有较高的学术品格。

外来学者，如清华大学的闻一多教授，在随校南迁的过程中作为学生的带队人，步行跋涉至目的地。途中深入少数民族地区，访谈当地民众，支持和指导南开大学学生刘兆吉进行沿途采风，最后将所录集为《西南采风录》一书。在位于昆明的西南联合大学，闻一多先后完成了南北传诵的名篇《姜嫄履大人迹考》（1940）、《伏羲考》（1942—1946），与前几年写作的《高唐神女传说之分析》（1935）一起，成为他神话研究的标志性作品，同时也是中国神话学的丰碑。中山大学文科研究所的岑家梧（1912—1966）从社会学的角度，对民间文学和艺术有新的发现，著有《史前艺术史》《图腾艺术史》和《中国艺术论集》（1949 年辑成），还有论民间传说的《槃瓠传说与瑶畬的图腾制度》一文等。

当地学者，如楚图南对西南民族的民间文学传统十分熟悉，曾在《西南边疆》上发表长篇论文《中国西南民族神话的研究》。他对自己的神话观和方法论作了这样的表述："在所能得到的资料中，有属于神话，或是近于神话的，也只能把它作为神话或传说来加以研究和处理，不能即直截了当的作为史实或信史来应用。过去已被误认，或误用了的史实，现在也得先将它们还原为神话，然后以对于神话的态度，以神话学的一般的方法，来将它们清疏、整理、研究、判断，得出正确的结论。又从这些结论中，来推论，来研究出西南民族的比较可靠的信史来。"② 可见，楚图南借鉴了顾颉刚研究古史的方法，即"历史演进法"，同时与闻一多研究神话的方法也颇为一致。贵州学者吴泽霖（1898—1990），曾留学美国，受美国民族学家、人类学家博厄斯（Franz Boas, 1858 —

---

① 详见戴知贤主编：《高等院校的内迁》，146 页，北京，北京出版社，1995。

② 楚图南：《中国西南民族神话的研究》，载《西南边疆》（1、2、7、9）。

1942）理论的影响，特别重视神话传说的社会文化功能的考察。

总之，从 20 世纪 30 年代中后期到 40 年代，国统区的民间文学研究具有很高的理论水平。"社会学"、"民俗学"、"人类学"、"民族学"作为新兴学科此时被广泛地应用到民间文学的解读上。由于这些学科原本有着许多交叉的地带，难以划分得泾渭分明，学人们常将这些词汇并用，正如有学者指出的那样："他们……在研究中，对西方人类学民族学不同学派表现出一种强烈的'综合'意识。"① 正是通过上述诸多学科先进理论的启发，民间文艺学的学术品格获得了很大的提升，成为学术史上一个颇具价值的高峰时期。

第二节　延安时期解放区"民间文学"

"当时，我们根据情况不同，将全国分成了几类地区。一种是解放区，主要是指延安陕甘宁边区和晋绥边区。一种是国民党统治的地区，这是一个很大的区域，也称为大后方。一种是八路军、新四军深入敌后建立的根据地。还有一种，就是日本侵略军占领的地方，主要是一些大中城市，我们称为敌占区。"② 本书所述的地域就是解放区和根据地，其中以陕甘宁边区为主体。

一、解放区"民间文学"简介

在整个抗日战争时期，延安和陕甘宁边区一直是中国共产党中央所在地，是八路军、新四军及其他人民抗日武装的总后方，全国抗日战争的领导中心。早在 1931 年，陕北就创建了革命根据地。1935 年中央红军和毛泽东到达陕北后，陕北革命根据地有了新的发展，1936 年 12 月边区政府进驻延安，1937 年 9 月成立了陕甘宁边区政府，从此至 1949 年全国解放，中国共产党领导的核心地区就是以延安为中心的陕甘宁边区。

"七七事变"之后，中国开始了全民族抵抗日本侵略的民族战争。在抗日民主根据地，人们日益深刻地感受到占全国人口绝大多数的工农兵群众特别是农民，是进行这场反侵略战争的中坚力量。毛泽东对此作过精辟的概括："农民——这是中国军队的来源。士兵就是穿起军服的农民，他们是日本侵略者的死敌。农民——这是现阶段中国民主政治的主要力量。中国的民主主义者如不

---

① 刘锡诚：《中国民间文艺学史上的民俗学派》，载《湖北民族学院学报》（哲学社会科学版），2004（1）。

② 朱鸿昭编选：《众说纷纭话延安》，83 页，广州，广东人民出版社，2001。

依靠三亿六千万农民群众的援助，他们就将一事无成。"① 同时任何抵御外族侵略的民族都会无意识或自觉地从本民族的历史文化中汲取重振民族精神的活力。为了救亡图存，中华民族悠久的传统文化成了强大的精神支柱。在这种历史境域中，陕甘宁边区出现了一个民间文化的浪潮，延安到处洋溢着"民间"的气息，"无论文艺评论家还是文学史家，都不应该忽视这段历史，也不能离开民间文艺而谈革命文艺的发展和产生"②。从有关延安时期的文献中可以窥见一斑，无论是延安的还是到过此地的中外人士都留下了记载。

1937 年丁玲任西北战地服务团的主任，她到毛主席处请示工作，毛主席说："宣传要大众化，新瓶新酒也好，旧瓶新酒也好，都应该短小精悍，适合战争环境，为老百姓所喜欢。要向群众、向友军宣传我党的抗日主张，宣传抗日救国十大纲领，扩大我们党和军队的政治影响。"丁玲在团里传达了这些讲话。西战团出发前赶排了一些话剧、歌剧、大鼓、相声，还把秧歌改成《打倒日本生平舞》，搬上舞台。"文协"下面有民众剧团、西北文工团、边区群众报等单位。③ 那时柯仲平、马健翎领导的民众剧团，一直在农村演出，几乎走遍了陕北的山山坳坳，用秦腔，用陕北的民歌小调，用眉户（迷胡）曲调创造了不少好节目，如最早的《查路条》《十二把镰刀》等，都表现了共产党领导下的陕北人民的新生活。这些节目在舞台上演，没有舞台的地方就在广场演，深为陕北人民喜爱。至今只要碰见陕北来的老同志，谈到民众剧团时，都非常怀念柯仲平、马健翎和这个剧团的好演员李卜等：

……在周末晚会上演出的节目什么都有，当然不好的节目除外，而且谁有天才谁有兴趣，都可自由上台表演，不受约束，不遭干扰。武将军边章武登台唱过苏三起解，文小姐丁玲唱过昆曲，上海青年们唱过"卖梨膏糖"和"莲花落"。④

这种氛围给来自国统区以及国外的参观者、拜访者都留下了深刻的印象。国统区前往延安的参观者留下的记载有："使我（按指：黄炎培）最欣

---

① 《论联合政府》，见《毛泽东选集》，64 页，山东渤海新华书店，1948。

② 贾芝主编：《延安文艺丛书·民间文艺卷》，"前言"1 页，长沙，湖南文艺出版社，1988。

③ 参见朱鸿昭编选：《众说纷纭话延安》，248、253 页，广州，广东人民出版社，2001。

④ 同上书，219 页。

赏赞美的是一出《兄妹开荒》的秧歌剧，表演得特别绵密而生动。据说表演的不是北方人，而方言、音调和姿态，十足道地地反映北方农村，这真是'向老百姓学习'了，我是读过王大化关于演出《兄妹开荒》经过的报告的。他说，要表现出边区人民活跃而愉快的民主自由生活，要表现出他们对生产的热情。事后，我怀疑这位主角就是王大化，可惜当时没有问。"① 由于边区和大后方的隔膜，思想文化的交换陷于中断，就延安看来，简直是在闭关状态中，许多延安人申诉书籍杂志进口困难，这使得他们的认识不得不局限于边区以内所能供给的资料之中，延安缺乏"学院气"。延安的作家总算不少，"据我（按指：赵超构）所知，其中有几位作家的文艺修养是可以在任何讲坛上立足的，可是在我们和他们的文艺性的交谈中，他们都深自掩藏，决不提到外国某作家或某一派的文艺理论。他们所谈的，只是毛泽东先生在文艺座谈会上所谈的一番话"。有一位作家说："我们觉得，动不动就捐出外国名字来吓人，是可耻的。"② "鲁迅艺术学院校长对我们（按指：江文汉、梁小初和费无生（George Fitch）三人组成的团体）说，他们的努力基于以下三个原则：第一，把艺术和当前的抗战联系起来；第二，他们的目的在于普及，即尽可能使老百姓明白；第三，他们正在学习用老的形式赋予全新内容和技巧。"③

外国的拜访者和支援者则如是描述：布劳恩记述了边区在文化方面也做了许多事情。"部分依照红军的传统、部分依照当地居民的传统，人们成立并增加了许多宣传队、歌舞队、业余戏剧队，等等，他们多半还保持着古典的演出形式，也有一部分戏剧、歌曲和诗歌充实了新的内容。深深地留在我的记忆中的是一次新年联欢会，人们舞着龙灯列队游行，各个村子竞相表演。"④彼得·弗拉基米洛夫认为："人民观看旧戏演出，很可能感到锣鼓声震耳欲聋。但是慢慢地你就会从中听出来一种旋律，同柔软的身体动作与面部表情紧密联系着的旋律。演出时，人们在场子里走来走去，说说笑笑，我怎么也习惯不

---

① 黄炎培：《延安归来》，见《民国丛书》，第五编（79），386页，上海，上海书店，1996。

② 赵超构：《延安一月》，见《民国丛书》，第五编（79），402页，上海，上海书店，1996。

③ 江文汉：《参拜延安圣地》，转引自朱鸿昭编选：《众说纷纭话延安》，336页，广州，广东人民出版社，2001。

④ ［德］奥托·布劳恩：《延安纪事》，李逵六等译，423页，北京，东方出版社，2004。

了。……他们（按指：中国共产党）开始慢慢地把文化理解为少量的必读的历史小说和业余创作的带政治内容的剧本，以及同样是粗糙地重复政治口号的简单诗歌。"①尼姆·威尔斯则看到：中国人喜欢戏剧，现在仍然如此。从一开始起，戏剧就成为共产党革命不可缺少的一个组成部分。戏剧不仅是宣传的工具，而且是一种通过娱乐争取民众的有效办法。共产党人到了一个新的村庄，先演戏，后演讲，再做组织群众的工作。甚至连年纪轻轻的中国儿童，都是天生的演员，没有一点儿羞涩或怯场的表情。所有的中国人，似乎也都喜欢在公共场合讲话，一点儿也不感到难为情。演讲、开会、唱歌、看戏——这些仍然是当今中国的主要娱乐活动。②

当时的民间文学非常繁荣，但由于历史情境的消失以及资料的缺失，难以对这一时期的民间文学进行全面描述，为了叙述方便以及具有条理性，就按照贾芝先生所述："从民间文艺的发掘和继承人民文化遗产来说，当年在革命文艺运动中最受注意的首先是民歌；二是新秧歌的产生和演出；三是改造说书。"③ 从这三个领域着手，兼及其他领域，对这一时期的民间文学进行一个概述式简介。

（一）民歌

民歌，出自劳动人民的心灵，在长期的流传发展中，经万人之口，通万人之心，每个人都将自己的精神甘露呈献给了它，因而，它成了劳动人民的思想、感情、愿望和理想的海洋。陕北是民歌丰富的地方，民歌是人民生活的伴侣，是当地劳动人民的精神、思想、感情的一种表现方式。文人学者到达陕北后，很快就被它的独特魅力所吸引，音乐工作者的采风，走在了前列。音乐家吕骥始终是搜集民歌的热心提倡者，1938 年夏天，在他的主持下，延安成立了中国民歌研究会，他动员鲁艺音乐系的同学参加搜集民歌。1945 年日本投降，中国民间音乐研究会和鲁艺音乐系的同志们在离开延安前往东北的前夕，把几年来搜集的材料一一清理、核实、分类，编辑成十几本民间歌曲，以油印的形式出版，计有：陕北民歌、戏曲两本，河北民歌一本，山西民歌一本，郿

---

① ［苏联］彼得·弗拉基米洛夫：《延安日记》，吕文镜等译，223～236 页，北京，东方出版社，2004。

② 参见 ［美］尼姆·威尔斯：《延安四个月》，见朱鸿昭编选：《众说纷纭话延安》，482～483 页，广州，广东人民出版社，2001。

③ 参见贾芝主编：《延安文艺丛书·民间文艺卷》，"前言"12 页，长沙，湖南文艺出版社，1988。

乐一本，道情一本，韵锣鼓一本，审录一本，器乐曲一本等。①

戏剧工作者的光荣职责是演出受群众欢迎的节目，为使他们演出的节目能受到群众的欢迎，他们曾与音乐工作者共同下乡采风，进行创作和演出。随后跟上来的是文学工作者。"1945年2月，延安鲁迅文艺学院成立了一个文艺运动资料室……这个资料室的具体工作之一就是把鲁艺的同志们在陕北搜集到的民间文学材料加以整理，编为选集，由于民歌材料最多，我们就先从民歌着手。"② 从一千多首民歌中选出了一本《陕北民歌选》。诗人李季在三边搜集了陕北的《信天游》三千首，运用信天游的形式创作了《王贵与李香香》。

（二）新秧歌运动

秧歌是遍及中国南北的一种民间文艺。1830年版陕西《清涧县志》载："十五上元，城乡各演优伶杂唱，名曰秧歌。"③ 关于秧歌的起源说法不一，主要有两个观点：一是认为秧歌是在插秧季节，由农民边工作边哼唱的"田歌"逐渐发展为有舞有歌的"秧歌"。清人李调元《南越笔记》记载："农者每春时，妇子以数十计，径田插秧。一者挝大鼓。鼓声一通，群歌竞作，弥日不绝，是曰秧歌。"二是根据对出土文物的考证，北方秧歌已有千年左右的历史，而且发现了现在陕北地区古代秧歌是为祭祀二十四星宿而舞的记载，所以认为秧歌的源头之一是祭祀舞蹈。也就是说秧歌的意义大概可归纳为现实生活的表现与宗教意义两类。本书所要论述的新秧歌运动出现之前秧歌的原型——陕北秧歌就属于一种宗教意义。据《中国民族民间舞蹈集成·陕西卷》载："陕北秧歌自古以来就是一项祀神的民俗活动，传统秧歌队多属神会组织。边远山区至今还保留着'神会秧歌'之称，过去每年闹秧歌之前，先要在神会会长（主持或会首）率领下进行'谒庙'，祈求神灵保佑，消灾免难，岁岁太平，风调雨顺，五谷丰登。据此可见，陕北秧歌活动是具有功利目的的一种风俗祭礼。过去有不少人自幼就参加秧歌活动。目的就为报答神恩，进行还愿，表示对神的虔诚，这也是形成秧歌活动广泛群众性的一个重要方面。"④

---

① 参见贾芝主编：《延安文艺丛书·民间文艺卷》，"前言"9页，长沙，湖南文艺出版社，1988。

② 何其芳、张松如选辑：《陕北民歌选·重印琐记》，337页，上海，新文艺出版社，1951。

③ 《西北稀有地方志续集》（四），108页，北京，中华全国图书馆文献缩微复制中心，1997。

④ 李开方主编：《中国民族民间舞蹈集成·陕西卷》，49页，北京，中国舞蹈出版社，1995。

陕北民间传统的秧歌队在开始活动之前要谒庙，也就是举行敬神祭祀的仪式，第二天开始"沿门子"，也就是秧歌队按村中情况依次走串各家表演，以表祝贺，这一行为含有祈福保平安之意。拜年后各家也要给秧歌队赏钱或食品。因此"老百姓又称它为'溜沟子秧歌'"，接下来是"搭彩门"，是与邻村互访互拜的一种秧歌比艺活动。与宗教信仰极为密切的那就是最后的"转九曲"，人们穿行于复杂的阵图，目的是为了消灾灭难，求得来年吉祥如意、风调雨顺。同时对于农民而言，这又是一项娱乐活动，他们要跳得高兴，玩得痛快。因此在小场子里有二人或多人的表演，爱情成为这些表演的主题。其特点有的风趣幽默；有的夸张滑稽；有的突出表演者的武艺；有的则是直白地表现打情骂俏，"老百姓称之为'骚情秧歌'"。①

新秧歌运动是延安文艺座谈会以后文艺工作中值得注意的新生事物之一，正如周扬所说："秧歌已经成为新文艺运动的一支生力军。"② 边区文艺工作者根据秧歌这种群众的文艺形式编排了秧歌剧，并且迅速在边区扩展开来，边区出现了许多秧歌队。据统计，当时全边区有各类秧歌队 949 个，平均每 1500 人左右就有一个。大型秧歌队主要有：边区"文协"秧歌队、联政秧歌队、保安处秧歌队、抗战剧团秧歌队、延安县秧歌队等，③ 其中"'鲁艺'家"的秧歌以大、新、红、火，为观众所称道、所爱戴，受到延安军民的热情欢迎，他们既看到了他们熟悉和热爱的东西，又为一种富有活力和新鲜感的东西所吸引。有的老乡甚至背上干粮、带上水壶，秧歌队走到哪里，他们跟到哪里，一连看上几天、几场，每次演出人山人海、掌声不断、盛况空前，各种秧歌队派人来学习或请他们（按指："'鲁艺'家"的秧歌队）去教、去排，络绎不绝，从此，声名大振、家喻户晓，都说："'鲁艺'家"的秧歌又新又美又迷人……④因而在延安、安塞、绥德、米脂、葭县、吴堡等地，"'鲁艺'家"的秧歌比较驰名。在秧歌剧刚出现的时候，尽管它在形式上是相当粗糙的，不完整的，"但广大群众却毫不迟疑地称它为新秧歌，而且热烈地欢迎它。这是什么缘故呢？这主要是因为它的内容是新的。秧歌剧中出现了新的人物、新的世界"。⑤

---

①　王克芬主编：《中国近现代、当代舞蹈发展史》，109 页，北京，人民音乐出版社，1990。

②　周扬：《表现新的群众时代》，载《解放日报》，1944—03—21。

③　参见朱鸿昭编选：《众说纷纭话延安》，310 页，广州，广东人民出版社，2001。

④　同上书，312 页。

⑤　张庚：《秧歌剧选》，511 页，北京，人民文学出版社，1977。

新秧歌在陕甘宁边区等 14 个解放区形成蓬蓬勃勃的运动，从延安文艺座谈会以后到新中国成立这短短六年中，秧歌剧曾在全国风行一时。1944 年 10 月，在延安召开了秧歌座谈会，交流、总结了秧歌运动的经验，推动了新秧歌的创作，毛泽东对秧歌运动热情关怀和积极支持，指示：在艺术工作方面，不但要有话剧，而且要有秦腔和秧歌。延安的新华书店、华北书店、韬奋书店等相继出版发行了《秧歌集》《新秧歌集》《秧歌剧初级》《秧歌小丛书》《秧歌曲选》《秧歌论文选》等系列图书，同时秧歌艺术评论和秧歌艺术研究工作日趋活跃，延安和陕甘宁边区的报纸杂志，发表有关新秧歌运动的文章百篇之多，当时著名的评论家艾思奇、周扬、冯牧、安波、艾青、贾芝等都参与了这一评论潮流，甚至远在重庆的郭沫若也加入了这一行列。1946 年，曾经把陕甘宁边区的秧歌剧选了一部分，印成《秧歌剧选集》三本，在张家口出版，这些秧歌绝大部分都是出自专业文艺工作者之手。民众的秧歌则被当时的秧歌剧选编者摒弃出了所选范围。

（三）陕北新说书

1942 年延安文艺座谈会以后，陕甘宁边区的各种民间文艺活动随之出现了异常繁荣的局面，陕北说书亦是其中之一。说书是陕北民间非常流行的口头文学之一种，农民把说书艺人请到家里去，男女老少围坐在炕上，听那些古今故事的叙述。陕北农村几乎没有一家老百姓没有把说书人请到家里说过书，因为在陕北，说书既是一种消遣，又作为一种"敬神""还愿"的方式，因此它实际上是民众信仰生活的一部分，也正是这个原因，它能在陕北民间长期存在，而且说书人数量很多。延安时期，说书人的足迹遍布西北民间，特别是在陕甘宁边区，"几乎是每县都有说书人，农村里每个人都听过说书的。绥德一县有九十个说书人，延长和延川每县也有十多个，这些统计当然不精确，也不完全……"①

从陕北土地革命开始，特别是中央红军到达陕北以后，由于社会生活内容的变化，有一些说书匠试着编一些反映人民革命和穷人翻身的新说书，书匠们编过《刘志丹打延长》《狼牙山上五神兵》《皖南事变》《赶走何绍南》《劳动英雄李兰英》《打日本》《自由结婚》等新书。1945 年 4 月，边区成立了"陕甘宁边区文协说书组"，说书组由林山、陈明、安波、韩起祥等组成，后来，高敏夫、王宗元、程士荣等也参加了这一工作。说书组的林山、安波、陈明、柯蓝等和韩起祥一起修改书词；有的还直接编写，如陈明写了

---

① 韩起祥：《刘巧团圆》，140 页，香港，海洋书局，1947。

《平妖传》；有的帮他改进曲调，研究演唱方法；后来举办说书训练班，使他的经验在其他民间艺人中间得到推广。此后，直接、间接受韩起祥指导和影响，说新书的民间艺人遍及整个边区。能够独立创作和改编的就有 20 多人。例如，绥德的石维俊，编过《乌鸦告状》《地板》《平鹰坟》《新女婿》等；三边的冯明山，编过《抗日英雄洋铁桶》《血泪仇》《反内战》等。还有一些文艺工作者，如王宗元、钟纪明、王汶石以及田益荣等，都为说书艺人写过书词唱本。这些对陕北的说书产生了很大的影响，使得说书发生了很大的变化。

此外，报刊上还注意发表各种形式的民间创作，如民间故事传说、笑话、谜语、民谣、谚语，出自战士或农民反映现实斗争随时新编的快板，特别是文人作家所创作的民歌、故事等。柯蓝通过对陕北民歌、说书等的研究和学习，在边区群众报工作几年中，"除了在报上发表了两个中篇，还写了二三百首短小的民歌，在陕北称为'小曲子'，由延安新华书店编印出版了三本（六十四开大小）"。① 这一时期这类作品很多，主要登载于《解放日报》副刊、《华北文艺》以及《三边报》等地方报纸，在此就不一一列举，只对具有代表性的进行表述。

为农民写小说，由《讲话》精神培养起来的作家赵树理具有代表性，他的《小二黑结婚》《李有才板话》，从内容到形式无疑都是真正通俗的和大众化的。《小二黑结婚》发表时，仅在太行山区（山西省东部八路军根据地）一下子就售出三四万册，② 国统区的一些出版机构也纷纷翻印。《小二黑结婚》震动了文坛，郭沫若在上海专门撰文，盛赞这部小说的成就："我很羡慕作者，他是处在自由的环境里，得到了自由的开展。由《小二黑结婚》到《李有才板话》，再到《李家庄的变迁》，作者本身就像一株树子一样，在欣欣向荣地，不断地成长。赵树理，毫无疑问，已经是一株大树子。这样的大树子在自由的天地里面，一定会更加长大，更加添多，再隔些年辰会成为参天拔地的大树林子的。作者是这样，作品也会是这样。"③ 周扬撰写了《论赵树理的创作》，全面系统地论述了赵树理的创作成就，认为他是"一位具有新颖独创的大众风格的人民艺术家"；他的作品"是文学创作上的一个重要收获，是毛泽东文艺思想在创

---

① 柯蓝：《不尽的宝藏——祝贺〈曲艺〉月刊创刊三十周年》，载《曲艺》，1987 (2)。

② 参见陈荒煤、黄修己等：《赵树理研究文集》，上卷，7 页，北京，中国文联出版公司，1998。

③ 郭沫若：《板话及其他》，载《文汇报》副刊《笔会》，1946-08-16。

作上实践的一个胜利"。① 彭德怀题词"真正来自民间通俗故事"。② 赵树理本人也希望自己的文学作品能占领民众市场，他很早就意识到"农民群众喜欢听的是这些通俗易懂的读物，新文学看来还很难在农民中传播，中国是个农业大国，农民占绝大多数，看来，我以后写东西应该想想农民的兴趣了"。可以说，后来赵树理一直坚持为农民写作以及创作通俗易懂作品的思想，是在这时期萌芽的。1942年1月16日至19日，在河北省涉县曲园村召开了文化人座谈会。一二九师和晋冀鲁豫边区所属单位的文化人，从事宣传文化领导工作的干部，总共四百多人参加了座谈会，是抗战以来这个地区规模最大的一次专门讨论文化问题的会议，人们称为"文化战士大聚会"。赵树理参加了会议，并发表了自己的见解，"我（按指：赵树理）先给大家介绍一本'真正的华北文化'《太阳经》"，他先朝大家晃了晃，接着翻开书本，高声念起来："观音老母坐莲台，一朵祥云降下来，杨柳枝儿撒甘露，搭救世人免祸灾……"并且提到了《老母家书》《麻衣神相》《洞房归山》等。他意识到了这些民间文艺作品的影响，"这种小册子数量很多，像敌人的'挺身队'一样沿着太行山爬上来，毒害着我们的人民，我们应当起而应战，打垮它，消灭它，夺取它的阵地！""我（按指：赵树理）的意思是，我们今后的文艺创作，形式上应当向这些书学习，因为老百姓对它们是熟悉的。关键是我们要有新鲜的进步的内容，这种形式最适合工农的要求。我建议，我们应当成立一个'通俗文艺社'更多地写一些给老百姓看的东西。""我搞通俗文艺，还没想过伟大不伟大，我只是想用群众语言，写出群众生活，让老百姓看得懂，喜欢看，受到教育。因为，群众再落后，总是大多数。离了大多数就没有伟大的抗战，也就没有伟大的文艺！"他最后说："我的体会是，要和农民成为一家人，当客人是不行的。"③ 这些观点可以看出他的目的是要创作民众所能接受的"萌芽状态"的文艺，因此他发表于1943年的《小二黑结婚》可以看做是他创作新的"民间故事"的尝试，这篇小说发表时，他并没有看到《讲话》，更不要说接受《讲话》精神，是一种自发行为，这种情形暗合了当时文学界的潮流。"文艺大众化是贯穿在新文学发展史中的一个重要问题……抗战以后，由于宣传上的必要和文章必须争取广大的读者，利用旧形式的通俗文艺作品便大量产生了。"④ 当时老舍、赵景深、

① 杨品：《赵树理传——颠沛人生》，110页，太原，北岳文艺出版社，2000。

② 同上书，插图。

③ 同上书，77～79页。

④ 王瑶：《中国新文学史稿》，369页，上海，上海文艺出版社，1982。

穆木天等许多作家都努力创作通俗文艺作品，他们的《三四一》《平型关》《卢沟桥演义》等脍炙人口，同时"大众化"的问题成为热门话题，只是《讲话》论述了"大众化"的核心问题"作家的立场"，之后关于"民族形式"的论争也涉及了"民间形式"的利用，因此可以说当时作家的民间文学创作的出现是一种历史必然，只是《讲话》使得这一方向更加明确，并且蔚然成风。赵树理后来创作的《李有才板话》也同样取得了巨大的成就，民众将其作为民间文学来对待，它发表后，《解放日报》上出现了评论："赵树理的名著《李有才板话》在延安市邓家村读报组诵读了。农民很喜欢听，每读完'板人'编的歌，满窑就哈哈大笑。吕二有说：'都有事实根据，满编的咱们的事情，'……称赞刻画的'满像样'。"因分得土地在新社会翻身由雇农上升为中农的杨开德说："农救会就像当年农贫会，领导农民翻身，叫大家都发展，都过好光景。"吕二有说："当干部耍私情没好结果，年时咱乡王四当会长和书里的阎喜福一样，批评他压迫人，还说什么'众人举手选我压迫你！'今年改选时没人投他一粒豆，灰溜溜下台了。"白生明谈到革命后农村关系说："眼前赵家光景发展了即因分得他 28 垧土地。近村的瓜土地没有分配，这刻他调剂租给大家分种，吃菜都近便，今春赵家老大短了吃粮，村上义仓的粮借给他了，村中这刻没啦霸道人，谁小论理大家就都答应他。大家务育生产都很景气，都有吃穿。"原为地主今为中农的赵永亮接上说："爷爷时代比父亲还酷悍（强），就像书中的阎恒元，幸我自幼跟长工上山，锻炼有劳动习惯。革命后留给我十数垧地，用心务育打的粮足吃足穿，炕上还有毡盖被，《李有才板话》这书是教育人开脑筋，隔上一月二十天读本这样的书听听很好。"① 可见这篇小说像民间故事一样在民众中流传，受到群众欢迎。

诗歌领域发生了巨大变化，即民歌化倾向，代表作品主要有李季的《王贵与李香香》、阮章竞的《漳河水》、张志民的《王九诉苦》等。

总之，延安时期解放区的民间文学极为兴盛，同时也发生了一定的变化。对于这段特殊时期的"民间文学"，只有从整个学术史的视角进行反观和透视，才能对它有一个全面了解，揭示它的特性。

二、中国民间文学学术史中的延安时期

中国民间文学有着悠久的历史传统，不仅有足以贯穿古今的民间文学史，而且在对它的辑录、载述、考释、应用、探索和研究方面，也有悠久的发展脉络。自有史以来，民间文学就不断地反映在中国历代丰富的文献之中，而且形

---

① 王志：《〈李有才板话〉和〈时事传〉在邓家沟》，载《解放日报》，1946-09-24。

成中国古代传统民间文艺观。但中国现代意义上的民间文学来自西方，开始于清末民初。它伴随着中国社会的发展，到当前有近百年的历史。在这一个世纪的进程中，民间文学研究取得了较大的成就，它的发展大概经历了：北京大学时期、中山大学时期、杭州时期、延安时期、新中国成立后五六十年代的研究、新时期的恢复与发展以及 20 世纪末的兴盛几个阶段，每个阶段都不是一个孤立的存在，彼此之间联系和制约，形成了一部完整的中国民间文学学术史。延安时期只是这个学术史链条上的一个环节，由于这一时期民间文学从内容到形式发生了一定的变化，很长时期研究者忽略了它的存在，将其摒弃出民间文学研究的范围。这样就将 20 世纪 40 年代之前的民间文学研究与新中国成立后民间文学的研究进行了人为的割裂，新中国民间文学的研究成为无源之水，同样对当前民间文学研究中出现的民间文学的学科归属问题以及民间文学在世纪末的尴尬境遇难以理解，使得整个民间文学研究处于一个瓶颈状态。面对这种境况，有必要对中国民间文学学术史链条上的重要环节——延安时期进行一次全面彻底的梳理和研究，以便推动当前民间文学研究发展。

延安时期"民间文学"在民间文学学术史上起着承上启下的作用，它与之前的民间文学学术传统一脉相承，承继了它的民间文学理念，同时也开启了新中国成立后民间文学的道路，对 20 世纪后半叶民间文学的研究有着重要的影响。

第三节　20 世纪下半叶中国民间文艺学史

新中国成立后，政治文化对文学的要求使得民间文学作为文学的特殊性与优越性得以彰显。民间文艺学逐步纳入政治体系，学人的思想逐步走向统一，20 世纪 20 年代就介入民间文学研究的钟敬文、赵景深等开始学术转向，构建"新"的民间文艺学理论。周扬、郭沫若作为文艺界领导人更是高屋建瓴，在中国民间文艺研究会成立之时就对它的未来发展做了政策性的指引。就民间文艺学思想发展而言，人民性的提出是对其文学性阐释的一个推进。民间文学虽然在新的政治体制中于文学领域获得了一席之地，但是追随和模仿作家文艺学的痕迹非常明显。周扬关于人民的文艺之思想、何其芳关于民间文学文艺的研究以及贾芝的民间文学观，更多的是关注民间文学与作家文学作为文学的共性，遵循延安时期民间文艺是文学之基本思想。学术领域对于民间文学的范围、民间文学是否文学之主流、民间文学的搜集与整理以及民间文学的人民性等基本问题的讨论与解决方式基本上处于移植作家文艺学的状态，这就造成研究理论与问题之间的偏差，从而使得民间文艺学在这一时期的发展中更多地呈现出意识形态色彩，以至于很多学人在新世纪民间文艺学的反思中轻易地对其持否定态度。

新时期开始，钟敬文的学术理论逐步处于民间文艺学的主导地位，也就是出现所谓的"钟敬文时代"，学界其他思想渐渐边缘化，特别是 20 世纪 90 年代学界基本上是一枝独秀。钟敬文从 30 年代就提出"特殊文艺学思想"，80 年代开始进一步对自己的思想进行阐释，在当时特定的情境中，他与逐步兴起的文化热潮相结合，演化出民俗文化学时代性新名词。他对民间文艺学的特殊文学之解释转向其与下层文化、日常生活的不可剥离性。从 90 年代开始，民间文艺学基本上消失在了民俗学中，附着于民俗学思想。直到新世纪，民俗学、民间文学领域开始"后钟敬文时代"，学人才开始反思民间文学文学性研究的失落。

一、1949—1957 年：民间文艺学在体制内的独立

"解放区的文艺是真正新的人民的文艺"①，新中国成立以后，就沿着这一道路发展，承继了延安时期解放区重视民间文学的思想和政策。1950 年 3 月 29 日，中国民间文艺研究会成立，它是"文代会"后成立的第一个协会。最初它只是一个独立的学术团体，于 1954 年起加入中国文联，成为文联所属众多文艺家协会之一。中国民间文艺研究会的成立，标志着民间文艺的研究进入了一个新的历史阶段，全国的民间文艺研究逐步走向统一，被纳入政府的管理之内。从这一时期开始，民间文艺研究走向了独立，完全转向了文艺学，实现了在新的政治体制内的学科蜕变。在 1950 年至 1957 年之间，它主要通过三个问题的探讨来实现和深化，那就是民间文学的思想性与社会价值，民间文学体系的重新建构和规范，以及民间文学的口头性。在对这些问题的阐释和回应中，凸显了不同学人和学术团体的思想，成了这一时期民间文艺学网络的关节点，同时也推动了民间文艺学在体制内独立的进程。从文艺学角度将民间文学作为一个独立的领域进行研究，从而形成的基本问题以及不同学人和学术团体的见解与思想，都是在特定的历史情境中发生和发展的。

新中国成立后，延安时期关于民间文艺学的研究思想进一步推广和深化，正如《民间文艺集刊·编后记》② 所言："新的民间文艺学研究，今天正在开始。"民间文学一改 20 世纪初至 30 年代研究中的民俗学取向，被完全纳入到

---

① 《周扬文集》，第 1 卷，513 页，北京，人民文学出版社，1984。
② 本文载《民间文艺集刊》，1950（1）。

文学领域，并逐步取得独立的学科位置。这样，在新中国成立最初几年的民间文艺学领域，主要是通过突出和彰显民间文学的文学特性来逐步构建和实现其学科的独立。

首先，集中在对民间文学的思想性和社会历史价值的探讨。

钟敬文在"中华全国文学艺术工作者代表大会"（简称"第一次文代会"）上发出了"请多多地注意民间文艺"的呼声，他谈到"在整个难得的机会中，我要向诸位代表提出一个热诚的请求，请求大家多多地注意民间文艺（用毛泽东先生的话说，就是'萌芽状态的文艺'）!"他认为民众的"生活和心理也没有像压迫阶级所常有的那种空虚、荒唐和颓废。大体上它倒是比较正常，比较合理的。就因为这样，在文艺上反映出来的生活现象和思想感情趣味等，也往往显得真实，显得充沛和健康，不是一般文人创作能够相比"。① 《光明日报》从1950年3月1日开办了《民间文艺》专栏，到同年9月20日停止，共27期，其中涉及这一问题的文章主要有：陈漾的《劳动人民的智慧》、方望的《领袖到我们村里来了——民间故事新型》、陈毓罴的《歌谣与政治》、夏秋冬的《民间文艺的思想性——拿〈李闯王的故事〉做例子》。他们认为真正的民间文艺，除有着优美的艺术形式外，更主要的是有着高度的思想性。这样，学习民间文艺除了学习那种使群众喜闻乐见的艺术形式外，更重要的是学习它那鲜明的思想性，以及其朴素健康的感情。他们全面而清晰地阐述了民间文学作为一种文艺形式在思想上的特殊意义和价值。此外，游国恩的《论〈孔雀东南飞〉的思想性及其他》②、李岳南《论〈白蛇传〉神话及其反抗性》《民歌的战斗性》《控诉封建婚姻的民歌》《从〈诗三百篇〉中看农奴和妇女生活之一斑》③ 等文章也都从不同侧面和角度论述了民间文学作为文学作品的高度的思想性和重要的社会历史价值。《〈民间文学〉发刊词》指出："过去人民所创造和传承的许多口头创作，是我们今天了解以往的社会历史，特别是人民自己的历史的最真实、最丰饶的文件。……在这种作品中，记录了民族的历史性的重大事件，记录了广大人民的日常生活和斗争，记录了统治阶级的专横残酷和生活上的荒淫无耻……作为古代社会的信史，人民自己创作和保留的无数文学作品，正是最珍贵的文献。我们都读过或知道恩格斯的《家庭、私有制和国家的

---

①　钟敬之：《请多多地注意民间文艺》，载《文艺报》第13期，1949-07-28。

②　载中国民间文艺研究会编辑：《民间文艺集刊》，1950（1）。

③　参见李岳南：《民间戏曲歌谣散论》，上海，上海出版公司，1954。

起源》，它是列宁所称赞的'现代社会主义的基本著作之一'。在这部原始及古代史的经典著作里，恩格斯就引用了希腊等民族的神话、史诗、歌谣去论证原始社会的生活、制度。人民的语言艺术，在这里发挥着远古历史证人的作用。我们今天要比较确切地知道我国远古时代的制度、文化和人民生活，就不能不重视那些被保存在古代记录上或残留在现在口头上的神话、传说和谣谚等。"①这个《发刊词》以学术团体和官方的语气全面而充分地论述了民间文学的文学意义，即它的思想性和社会历史价值，而其"学术"研究也就是民俗学的研究虽有所提及，但已经置于无足轻重的位置，或许只是为了兼顾国统区不同的意见和思想而已。

新中国成立初期，学习苏联既是对外战略，也是建设新的社会主义制度的需要。民间文学领域也不例外。当时翻译的主要有 M. 高尔基的《原始文学的意义》、维诺格拉多夫的《口头文学底基本形式》、E. 玛卡洛娃的《斯大林论民俗学》、M. 阿沙多夫斯基的《普希金与民间文学》、皮克萨诺夫的《高尔基与民间文学》《俄罗斯人民的口头文学》、开也夫的《苏联民间文学的一般理论问题》、克拉耶夫斯基的《苏联口头文学概论》、A. M. 阿丝塔霍娃等合编的《俄罗斯人民创作引论》等。这些论著包括了民间文学的类型、艺术价值、民间文学与作家文学的关系等重要的理论问题，当然主要是斯大林时期的民间文学研究观点。② 它们成为中国民间文学领域论述艺术问题参照的理论经典，其中高尔基的观点被引用最多，最具有影响力。高尔基认为："人民不仅是创造一切物质财富的力量，也是精神财富的唯一的无穷无尽的源泉；按时间按优美和创作天才来说，他是第一个哲学家和诗人；他创造了一切伟大的诗篇，大地上一切的悲剧和它们中间最伟大的——全世界的文化史……在神话、史诗以及在作为一个时代的主要原动力的语言里，确实表现出了全体人民集体创作的精神，而不是某人的个人思维……如果不知道人民的口头创作，那就不可能懂得劳动人民的真正的历史，这种人民的口头创作是不断地和决定地影响到这些最伟大的书本文学作品和创造的……从远古时起，口头文学就是不断地和与众不同地伴随着历史的……在古代，有一个时期，劳动人民的口头艺术创作乃是他们的经验的唯一组织者、他们的思想的形象化的体现者，以及集体劳动力量的

---

① 《〈民间文学〉发刊词》，载《民间文学》，1955（1）。

② 参见黎敏：《新中国头十年苏联民间文学理论的引入》，载《西北民族研究》，2006（2）。

鼓舞者……最伟大的智慧是在语言的朴素中；谚语和歌曲总是简短的，然而在它们里面却包含着可以写出整部书的思想和情感。"① 高尔基充分论述了作为文艺的民间文学的思想意义和价值。这一思想影响着中国的文学领域，特别是民间文艺学领域。

总之，在新中国成立后的最初几年里，民间文艺学领域通过对民间文学思想性和社会历史价值的讨论和探析，论述了民间文学作为文学所具有的特殊优越性和意义。

其次，民间文学体系的重建和规范——概论的重新书写。

新中国成立后，由于对民间文学的理解与研究发生了变化，并且要在新的政治体制中形成独立、系统的民间文艺学，要实现这一目的，必须对民间文学体系进行重建和规范，主要途径就是民间文学概论的重新书写，因此它也成为新中国成立后至 1957 年民间文艺学领域的一个主要问题。

1949—1957 年，民间文艺学领域总共出现了 5 部民间文学概论著作：钟敬文的《民间文艺新论集》（中外出版社，1950）、赵景深的《民间文艺概论》（上海北新书局，1950）、（苏联）克拉耶夫斯基的《苏联口头文学概论》（连树声译，上海东方书店，1954）、（苏）A. M. 阿丝塔霍娃等合编的《苏联人民创作引论》（连树声译，上海东方书店，1954）、匡扶的《民间文学概论》（甘肃人民出版社，1957）。下面将它们的具体内容列表陈述。

书　名	内　容
《民间文艺新论集》（论文集）	全书分为六个部分。第一部分泛论一般民间文艺的性质、意义或价值；第二部分专论民歌、民间故事等口头文学的具体种类；第三部分前三篇是研究伟大的革命家、诗人、作家等和民间文艺的关系的，末篇是现在一位新诗人学习民间文艺（民歌）的自白；第四部分主要是介绍某种民间文艺（号子、道情）的，附了一篇关于老解放区的著名民间艺人的记述；第五部分述说关于民间文艺采集、整理、研究的意见、方法和经验；第六部分是一些民间文艺集的序文。

---

① ［苏联］克拉耶夫斯基：《苏联口头文学概论》，连树声译，63～68 页，上海，东方书店，1954。

书　名	内　容
《民间文艺概论》	全书分为八章，分别为民间文艺的意义与性质、民间文艺的遗产、民间文艺的语言、民间文艺的内容、民间文艺的技巧、民间文艺的音韵、民间文艺的分类、民间文艺的搜集与整理。
《苏联口头文学概论》	全书共由两章和两个附录组成，分别为：口头文学和苏联人民创作的繁荣以及列宁论口头文学和高尔基论口头文学。
《苏联人民创作引论》	该书对从伟大的十月革命起到战后（反法西斯战争以后）的和平建设时期止的俄罗斯人民的创作作了详尽的论述。共分为六章和两个附录，分别为：苏维埃时代人民创作是解放了的人民的创作、党的组织和指导作用、高尔基和苏联人民创作的发展、苏联人民创作是人民创作史中的新阶段、苏联人民创作发展中的几个主要时期、苏维埃时代的口头文学遗产以及序言与结论。
《民间文学概论》	全书分为十讲：第一讲是绪论，介绍了什么是民间文学和民间文学的功利作用；第二讲论述了建立对民间文学的正确观点；第三讲阐述民间文学的特质和分类；第四讲论述民间文学的人民性；第五讲阐述民间文学的艺术性；第六讲叙述民间文学和历史的关系；第七讲阐述民间文学中的爱国主义；第八讲叙述民间文学和文人文学的关系；第九讲阐述民间文学的发展提高；第十讲叙述民间文学的收集整理。

从以上所列五本民间文学概论的内容可以看出：

（1）民间文学作为一个学科的名称逐渐固定了下来。对于一个外来学科，它产生的第一步就是学术名词的引进。新中国成立后，关于民间文学名称上也存在分歧，这从五本概论的名称上可以看出，但最后到《民间文学概论》，名称基本上稳固下来。学术名词的统一，是研究者思维的过程，也是达成共识的过程，同时也是它成为独立学科的一个表现。

（2）五本概论共同包含的内容有：民间文艺的性质与意义、民间文艺与文人、民间文艺的语言、民间文艺的搜集与整理。这几方面是按照同一时期文艺学研究而列出，其目的是要阐述民间文学作为一种文学的研究，实现了民间文学研究的文艺学转向，建立了民间文艺学研究的基本框架，完全摒弃了民俗学的研究视野。

（3）五本概论的框架之间有着推进，而不是重复，它表现了新中国成立后企图建立新的民间文艺学体系的过程，即尝试——借鉴——基本确立。从这三点的解析中，可以看出经过这五本概论性的论著，民间文学研究领域在新体制下基本完成了体系的重建与规范，正式确立了文艺学的研究框架和范式。

最后，口头性内涵的阐释。

民间文学最显著的特征就是口头性。从最早的研究开始，研究者就意识到它的这一特性，在学术史上有不同的表述："口头文学"、"口语文学"、"口述的"，等等。新中国成立后，对民间文学这一特性在研究中仍是时有触及，但在这个问题的探讨中，关注点出现了变化。

新中国成立后，最早对民间文学口头性内涵进行的探讨来自文学史家。1950 年 4 月上海北新书局率先出版了蒋祖怡的《中国人民文学史》一书，该书认为：中国社会有两种对立着的文学——"人民的文学"与正统的"廊庙文学"；其中"人民文学"的特质为：口语的、集体创作的、勇于接受新东西、新鲜活泼而又粗俗浑朴。在他的理解中，口头性相当于"口语的"，具体阐释为口头歌诵、口头流传；口语的语言特色是虽则较为粗俗，但刚健清新、丰富、深刻、生动。[①] 也就是说，他侧重于将口头性理解为民间文学语言的特色。在他对人民文学特征的理解中，口头性是第一义的，置于"四性"的首位，这是对 20 世纪 20 年代开始的民间文学研究的承继，但他对口头性的内涵进行了置换，用口语的语言特色来涵盖了口头性，这样只会重视民间文学流传、歌诵的口语特点，正如他自己所说："人民文学是一切文学的根，是比一切文学更巨大的河流，它是在口语的河床上奔流着的。"[②] 这样只会重视民间文学对于文学创作的意义和作用，即"当前文学工作者的任务，便是通过了解群众生活语言来了解人民文学，来创造人民的文学，来从人民当中来发现他们一切进步的东西。新的社会现实已呈现在我们的眼前，文艺的方向已经有了肯定的指针。除此以外，文艺工作者没有第二条路。"[③] 从创作的角度而言，强调口语的特色是可以理解的，但他也只是笼统概述其特色，并没有涉及口语语言性的本质，这样只能使口头性淡出解析民间文学文学性的视野，变为一个外围的特质而已。另外他将人民文学完全等同于民间文学，这一观点很快受到批

---

① 参见蒋祖怡：《中国人民文学史》，4、14 页，北京，北新书局，1950。

② 同上书，20 页。

③ 同上书，224 页。

评和指责。

赵景深对于民间文学作了自己的阐述,在理论上他主张广义的民间文艺,但在论述民间文艺性质的时候,其对象主要倾向于狭义的即口传的民间文学方面,他提到:"从作品的流传来考察——一般人用纸笔来流传,可称为'笔述文学',民间文艺则是'口述文学'。但现在记录下来,也变成笔述的了。"① 可见他对口头性的界定主要是"口述",也就是非书面,但他并没有进行充分和全面的论述,也没有将其作为民间文学和作家文学的一个分野,而是认为随着记录的出现,民间文学也会转成笔述文学。他的主要目的是"为了人们大众对于民间文学是喜闻乐见的,我希望能有一个'新的民间文学运动'。我指的是民间故事、民歌、谚语这一类的文学。"这样他的重要倾向就是"指导青年们写作民间文艺,所以特别注重民间文艺的内容和技巧(包括音韵)之谈论"。② 因此他虽然对口头性的探讨从语言的技巧和音韵上作了深入论述,在客观上对民间文学口头性的学术研究有一定的推进,但由于出发点的不同,这方面的价值并没有被发现和发展。

在这一问题上,周扬、郭沫若、老舍等都发表了自己的看法。周扬认为,解放区文艺作品的主要特色之一是它的语言做到了相当大众化的程度。语言是文艺作品的第一个要素,也是民族形式的第一个标志。③ 他只是强调民间文艺语言的大众化特性,也就是从民众接受的角度来谈民间文学语言的口头性。郭沫若认为:"民歌就是一阵风,不知道它的作者是谁,忽然就像一阵风地刮了起来,又忽然像一阵风地静止了,消失了。我们现在就要组织一批捕风的人,把正在刮着的风捕来保存,加以研究和传播。"④ 可见他对民间文学口头性的理解就是它的语言的流动性、不固定性。老舍则认为:"搜集民间文艺中的戏曲与歌谣,应注重录音。街头上卖的小唱本有很多不是真本,而且错字很多。我们应当花些钱去录音,把艺人或老百姓口中的活东西记录下来。"⑤ 他特别强调老百姓的口头语言中蕴含着"活的东西"。他们都将口头性作为民间文学语言的特色,这样他们研究的重点自然会置于民间文学的搜集、整理。

1954 年出版的《苏联口头文学概论》是当时唯一以口头文学命名的一本

---

① 赵景深:《民间文艺概论》,4 页,北京,北新书局,1950。

② 同上书,3 页。

③ 参见《周扬文集》,第 1 卷,518 页,北京,人民文学出版社,1984。

④ 郭沫若:《我们研究民间文学的目的》,载《民间文艺集刊》,1950 (1)。

⑤ 老舍:《老百姓的创造力是惊人的》,载《民间文艺集刊》,1950 (1)。

专著，也是当时一本专业学习的重要参考书。由于这本书只是"苏联中学八年级用的俄罗斯文学教科书中'口头文学概论'部分的翻译"，所以它对于口头文学的界定，主要从意义和所包含的内容来阐述，它认为口头文学，"意义就是：人民创作，人民智慧"，内容包含"各种各样的故事、传说、勇士歌、童话、歌曲、谚语、俚语、谜语、歌谣"。① 但大家普遍认为"苏联学术界是今天世界学术界的一座灯塔。它用炫目的强光照射着前进的学者们的航路"。② 中国的学术界开始将民间文学等同于口头文学，但也只是学术名词的一个转换而已，并没有具体阐释"口头"的概念、本质、学术机理等。

朱自清的《中国歌谣》，尽管其雏形是 1929 年至 1931 年他在大学上课用的讲稿，1957 年由作家出版社整理出版，但不能不说代表了当时的观点。书中关于口头性的论述，旁征博引，从中国古代说起，一直到当时西方流行的理论。在他的理念中，口头性是民间文学的一个判断标准，认为它不仅是民间文学的一种流传方式，还是科学研究民间文学的出发点。他将口头性当做民间文学文学性的一个特质来对待，尽管他没有进行深入的探究。由于特殊的历史境遇，他的观点不可能被承继和发展。

匡扶认为："民间文学既是文学中别具特色的一种口头创作，因此，民间文学理论，成为文学理论的一部分。更由于民间文学是一切文学的源泉，在文学领域中占极重要的一部分。"③ 他特别强调民间文学的口头创作特色。由于这本书是作者从事教学过程的成果，所以更多的只是一个对学术界主要理论的重复与强调，但也说明到 1957 年，整个民间文艺研究领域，对民间文学的口头性的理解和阐述，基本定位在人民的口头创作上，并未进行深入的研究和推进。

总之，新中国成立到 1957 年之间，民间文艺学领域通过对民间文学思想性与社会历史价值、民间文学体系的重建和规范、口头性的探讨完成了文艺学研究的转向以及新的学制内的独立。在研究中，通过对民间文学思想性与社会历史价值的探讨，分析其作为文学的特殊性和优越性；通过民间文学概论的重新书写来重建和规范新的民间文艺学体系，确立文艺学的研究框架和范式；通过口头性问题的探讨凸显民间文学的语言和创作特

---

① ［苏联］克拉耶夫斯基：《苏联口头文学概论》，连树声译，13～14 页，上海，东方书店，1954。

② 同上书，"序"。

③ 匡扶：《民间文学概论》，2 页，兰州，甘肃人民出版社，1957。

色，但具体研究中不涉及文学的本质等，这样它只是推进了民间文艺学领域搜集整理研究方法的发展。

二、1958—1966 年：民间文艺学的高扬

"解放了的人民在为多、快、好、省地建设社会主义的伟大斗争中所能显示出来的革命干劲，必然要在意识形态上，在他们口头的或文字的创作上表现出来。"[①] 从 1958 年开始，民间文学出现了很多新现象，针对这种现象，研究领域必然会产生相应的回应，主要表现在围绕民间文学的范围、民间文学的主流之争、搜集整理以及民间文学的人民性四个基本问题展开的讨论。

（一）民间文学的范围

第一次提出民间文学新的范围界限问题的是克冰（连树声）在《民间文学》上发表的《关于"人民口头创作"》一文。他全面周详地介绍和阐释了苏联口头文艺学中关于"人民口头创作"的确切含义与它所包容的范围。他指出，苏联"人民创作是劳动人民的集体的语言艺术"，劳动人民具体化就是指农民和工人。在苏维埃时代，因为消灭了阶级，人民口头创作就又获得了全民的性质。在这个时期，由于思想内容的一致，它与书面文学之间的对立性完全消失了。但是由于自己的特征和艺术传统而仍然——并且将永远——保持着自己的独立性，它没有与书面文学合流——将来也永远不会合流——而是平行地存在发展。新时代人民性成为判别人民口头创作的标准。创作的集体性是人民创作的基本的、有决定意义的特征，是使它跟书面文学相区别的主要特征；人民口头创作的其他重要特征还有口头性、群众性、传统性、匿名性。文中还提出"业余文学"，它是介于书面文学与人民口头创作之间并且同样地与两者结合着的一种文学现象。[②] 克冰介绍苏联的相关概念，其目的是要清晰人民口头创作（民间文学）的领域范围，并不是模糊和扩大民间文学的概念和范围，他明确指出民间文学不同于"业余文学"（中国称为"人民创作"或"工农兵创作"），这与学界后来的讨论完全不同，学人对"人民口头创作"出现了误读和曲解。20 世纪 80 年代之后中国文学领域区分俗文学、通俗文学、民间文学，与上述理念在一定意义上有着承继关系。

1958 年新民歌运动开始后，人人做诗，人人画画，人人唱歌，农民知识分子化，新民歌与新诗的界限模糊了，新故事创作兴盛。周扬在《新民歌开拓了诗歌的新道路》里说："诗歌和劳动在社会主义、共产主义思想的基础上重

---

① 《周扬文集》，第三卷，1 页，北京，人民文学出版社，1990。

② 参见克冰（连树声）：《关于"人民口头创作"》，载《民间文学》，1957（5）。

新结合起来，正是在这个意义上，新民歌可以说是群众共产主义文艺的萌芽。"① 在这一理念的引导下，研究者们开始思考社会主义社会的民间文学的范围及其特征。1961 年 4 月和 11 月，中国民间文艺研究会研究部与《民间文学》杂志联合召开了两次"社会主义时期民间文学范围界限问题讨论会"，并在刊物上陆续发表文章。来自一些大学的民间文学教师，许钰、段宝林、朱泽吉、义龙、吴开晋和李文焕等，在会上发言。贾芝、天鹰、巫瑞书、陈子艾、王仿等发表了文章，都对"新事物"（按指新故事、新民歌）持肯定态度。关于社会主义民间文学的范围界限问题的讨论主要包括：第一，社会主义时期民间文学的特征；第二，社会主义时期民间文学的范围界限与合流问题；第三，新民间新故事问题。② 这三个方面内容不同，第一与第三个内容代表着民间文艺学研究对象的扩大，它不再局限于传统的内容，新故事等进入研究者视野。第二方面则属于民间文学与作家文学合流论，其实质是：阶级基本消灭，"民间"与"官方"也基本消灭，民间文学与作家文学基本"合流"了，应当取消民间文学的范围界限。"民间文学"这个概念是阶级社会的产物，对今天的工农兵创作，已不适用。今天可直接称为"工农兵创作"，中国民间文艺研究会，也可改成"工农兵创作研究会"。可见它实际是消解了民间文学，严重影响了民间文学的发展，无限扩大边界最后只能自我消解，这一问题在 20 世纪 90 年代民间文学、民俗学研究领域又一次出现过。1960 年 8 月，关于"合流论"讨论中出现了尖锐的意见分歧，遭到当时以贾芝为首的学人的反对。问题再次摆到了周扬面前，他说："总的趋势是要合流的，但合流的时间有多长？当然是要随着整个社会的发展。民间文学、民间文艺是一个历史的范畴。它同人民和历史的范畴一样，同历史上发生的任何事情一样，有它的发生，也有它的消灭。民间文艺将来是会没有的。要搜集新民歌，也要搜集旧民歌。毛主席说，民歌新的要搜集，旧的也要搜集。毛主席非常重视旧民歌。因为旧民歌里面有很多宝藏。（民研会）既然是研究会，还是要强调搜集工作，强调研究工作，新旧都要，新的要搜集，旧的要搜集，新的有个范围，旧的也有个范围。……正是因为发展中的民间文艺就在群众创作里头，包含了许多新的不定性的民间文艺，因此民间文艺研究会应当去重视它，推动它，但不能把推动群众创作作

---

①　周扬：《大规模收集全国民歌》，载《人民日报》，1958-04-14。

②　参见钟秀《社会主义时期民间文学范围、特征的意见综述》，及在中国民间文艺研究会研究部和《民间文学》杂志社召开的讨论会上的发言，均见中国民间文艺研究会研究部编：《民间文学参考资料》，第 2 辑，1962。

为全部任务，因为它还要去搜集、研究过去的……它是从研究新旧时代的民间文艺，用研究的成果去推动。"① 经过两年多时间，周扬显然冷静下来了，他的话讲得科学多了。

（二）民间文学主流之争

贬低民间文学作为文化史现象的价值以及贬低民间文学作为口头文学的思想和艺术价值，中国文学史没有包括民间文学以及少数民族的文学作品等观点，在中国现代文化史上屡见不鲜。例如，胡风在新中国成立初期向中共中央就文艺问题提出的意见书里说民间文艺是封建文艺，对其持贬低甚至否定态度。在文艺界和学术界持这种观点的当然不止胡风一人，这种轻视民间文学的见解与观点是不对的，但在 20 世纪 50 年代中期开始，矫枉过正，出现民间文学主流论。最早关于这个问题的文章是陆侃如发表在《文史哲》1954 年第 1 期上的《什么是中国文学史的主流》一文。到"大跃进"中，出版了以民间文学作为中国文学史的"主流"和"正宗"的两部著作：北京大学中文系 55 级集体编写的《中国文学史》和北京师范大学中文系 55 级集体编写的《中国民间文学史》。作者们提出了民间文学是中国文学史的"主流"和"正宗"的口号。对这两部书的出现，报刊上充满了一片赞美之词，同时（1959 年）也围绕着"主流"问题展开了争论。《光明日报·文学遗产》《解放日报》《文汇报》《文学评论》《文史哲》《北京师范大学学报》《复旦学报》《读书》等报刊都发表了许多文章。他们的观点主要有：（1）民间文学在文学艺术中是正统、是主流。（2）民间文学是正统文学，应该高升元帅帐，应该以民间文学为中心，改写中国文学史。（3）民间文学是我国文学的主流——人民文学的核心和基础。（4）历史是人民的，文化是人民的。民间文学是全部文学的正宗。（5）文人是没有权利开文学之新路的。……他们以自己的文学作品加入了人民战斗的行列，成为民间文学的同盟军。但它成不了主力军。

中国科学院文学研究所、中国民间文艺研究会召开过讨论会。被称为"红色文学史"的学生著作是新生事物，但"主流"论和"正统"论的提出，显然是政治上和意识形态上"左"倾幼稚病的产物。尽管在这种"左"的思潮面前，许多知名学者不愿意去硬碰批评，也还是有许多学者发出了不同的声音。《解放日报》（1959 年 3 月 19 日）发表程俊英和郭豫适的《应该把作家文学视为"庶出"吗——"民间文学正宗说"质疑》，《光明日报·文学遗产》1959 年 4 月

---

① 周扬：《在中国民间文艺研究会扩大理事会上的讲话》（1960 年 8 月 4 日），中国民间文艺研究会打印稿。

5日发表乔象钟的《民间文学是我国文学史的主流吗?》,《光明日报·文学遗产》1959年4月19日发表刘大杰的《文学的主流及其他》,《光明日报·文学遗产》1959年7月26日起连续三期发表了何其芳的《文学史讨论中的几个问题》。到此,"主流"论就告结束了。

忽略民间文学是不对的,但纠正一种倾向而走向极端,把民间文学作为中国文学史的正宗和主流也是不符合中国实际的,是反科学的。可见,客观地、正确地对待和研究民间文学,在民间文学学术史和思想史上是至关重要的。

（三）民间文学的搜集和整理

搜集资料,从现代民间文学出现就成为它研究的一个主要步骤,但尚未正式成为民间文学的学术名词,也没有进入民间文学的研究领域。新中国成立后,"搜集整理"才正式进入民间文学的研究领域和学术范围,它最早出现在《中国民间文艺研究会章程》（以下简称《章程》）中。《章程》规定:"本会宗旨,在搜集、整理和研究中国民间的文学、艺术,增进对人民的文学艺术遗产的尊重和了解,并吸取和发扬它的优秀部分,批判和抛弃它的落后部分,使有助于新民主主义文化的建设。"具体搜集的科学理论是:"应记明资料来源、地点、流传时期及流传情况等;如系口头传授的唱词或故事等,应记明唱者的姓名、籍贯、经历、讲唱的环境等;某一作品应尽量搜集完整,仅有片断者,应加以声明;切勿删改,要保持原样;资料中的方言土语及地方性的风俗习惯等,须加以注释。"① 这些理论性规定,是在继承五四以来中国现代搜集工作科学传统基础上提出的。1950年中国民间文艺研究会成立后,开始采集全国一切新的和旧的民间文学作品,1956年8月,文学研究所和中国民间文艺研究会共同组成联合调查采风组,由毛星带队,文学研究所有孙剑冰、青林,民间文艺研究会有李星华、陶阳和刘超参加,到云南少数民族地区进行调查,他们调查的宗旨是"摸索总结调查采录口头文学的经验,方法是要到从来没有人去过调查采录的地方去,既不与人重复,又可调查采录些独特的作品和摸索些新经验"。② 1959年出版了《白族民间传说故事集》（李星华记录整理,人民文学出版社1959年出版）、《白族民歌集》（杨亮才、陶阳记录整理,人民文学出版社1959年出版）和《纳西族的歌》（刘超记录整理,人民文学出版社1959年出版）。1956年全国人民代表大会民族事务委员会制定了"关于少数民族地区调查研究各民族社会历史情况的初步规划",同年8月相继组成了内蒙古、

---

① 《征集民间文艺资料办法》,载《民间文艺集刊》,1950 (1)。

② 王平凡、白鸿编:《毛星纪念文集》,92页,北京,学苑出版社,2004。

新疆、西藏、四川、云南、贵州、广东、广西 8 个少数民族调查小组，于是各地的调查工作开始走上了正轨。1958 年 5 月，为了进一步加强调查工作，决定出版各少数民族的简史、简志、民族自治区概况等三种民族丛书，又增设了宁夏、甘肃、青海、湖南、福建、辽宁、吉林、黑龙江 8 个调查组。各地调查组写成了调查报告。1961 年 4 月，成立了整理和研究调查报告的中央机关——中国科学院民族研究所，召开了全国各少数民族社会历史调查组工作会议。调查研究的结果刊印出的资料有数十种之多，这些有助于"调查产生民间故事的环境"。①

1958 年，第一次全国民间文学工作者代表大会上提出了进行"全面搜集、重点整理、大力推广、加强研究"的任务和"古今并重"的原则，针对采录具体提出"全面搜集、忠实记录、慎重整理，适当加工"的方针（简称"十六字方针"），出版了《中国民间故事选》（第一、二集），第一集中收编 30 个民族121 篇作品，第二集中收入 31 个民族的故事 125 篇。十六字方针没有直接运用西方民俗学调查的术语"田野作业"，80 年代中期学人对其开始质疑，认为它的研究有诸多不科学之处，田野作业才是科学术语，这是一种不尊重历史事实的批判，最初的调查有很多不成熟之处，但它的科学意义则难以抹杀。（第三章详述）正如日本学人所述，他们"采集整理的方法和技术虽然还有不足之处，但是中国各民族的民间故事如此大量而广泛地加以采录，这在中国历史上还是第一次。尽管这一工作进行得还有些杂乱，但是这标志着把各民族所创造的神话、传说、民间故事这一个有机的民间口传文学世界，作为一个活生生的整体，而不是零敲碎打地加以把握的一个开端"。②

1958 年，因生产大跃进的激发、党中央的号召而掀起新民歌运动，蓬勃发展的群众创作促进了民间文学工作的迅速发展。1958 年 4 月 14 日，《人民日报》发表社论《大规模收集全国民歌》。同日，中国民间文艺研究会主席郭沫若发表了《关于大规模收集民歌问题答本刊编辑部问》。他认为，对民间文学，"研究文学的人可以着眼其文学价值方面；研究科学的人可以着眼其科学价值方面。可以各有所主，没有一个秦始皇可以使它定于一尊"；"从科学研究来看，必须有忠实的原始材料"；"忠实的原始记录是工作的基础"；"但是从文学观点上来说，加工也很重要"；"两者可以并行不悖"，等等。③ 第一次中国

---

① 中国民间文艺研究会研究部编：《民间文学参考资料》，第 8 辑，7 页，1963 年 11 月。
② 同上书，6 页。
③ 郭沫若：《关于大规模收集民歌问题答本刊编辑部问》，载《民间文学》，1958（5）。

民间文学工作者代表大会上强调了要将整理工作和属于个人创作的改编与再创作区别开来，并提出科学资料本与文学读物本，以适应不同读者的不同需要。

关于搜集理论的探讨，新中国成立初期主要有：钟敬文的《谈口头文学的搜集》（收于《民间文艺新论集》）、何其芳的《从搜集到写定》（收于《何其芳文集》第4卷，人民文学出版社1983年版）、马可的《谈谈采录少数民族音乐》（收于《中国民间音乐讲话》，工人出版社1957年版）、李束为的《民间故事和整理》、柯蓝的《杂谈搜集研究民间文学》、许直的《我采集蒙人民歌的经过和收获》（后三篇均见于陕西省文学艺术工作者联合会1954年编的内部参考资料《关于民间文艺》）等。关于搜集整理最早出现的争论是围绕着当时中学课本中选用的《牛郎织女》一文展开的，李岳南肯定和赞赏整理编写的成功，刘守华则批评故事中对人物心理的细致入微的刻画，以及对幻想色彩的去除，不符合民间作品的艺术风格。① 1957年刘魁立于《民间文学》6月号发表《谈民间文学的搜集工作》，对董均伦、江源的做法有所非议，董、江二人进行了答辩，他们的共同点是：肯定人民大众的创造力，要有为人民的正确搜集态度，记录要尽可能忠实、要多收异文以利于整理时比较参照，要附必要的说明与注释等。"他们之间的不同也是显著的，其主要原因是研究的角度不同，当时研究主要有两个角度：科学研究和群众读物。"② 这两者之间的不同，成为民间文学领域引起讨论的缘起。朱宜初、陈玮君、巫瑞书、陶阳、张士杰、李星华等从事搜集和研究工作的人员，以及1959年云南省、广西壮族自治区参加搜集整理叙事长诗、民间故事、传说的一些同志也都参加了讨论，主要讨论搜集过程中记录的问题与搜集成果的整理问题。关于搜集问题的主要观点有：（1）凡是民间文学作品一律要记录，应当忠实记录，一字不移；（2）有重点、有选择的记录；（3）有限度的忠实。关于整理问题的主要观点有：（1）只有"编辑"工作，而无"整理"工作，即使"整理"也只限于技术性范围；（2）认为民间故事的整理应当加工，在方法上可以多种多样；（3）慎重整理；（4）从内容到形式、风格，都要创造些新的来，即推陈出新。③ 其中第四点后来发展成了"改旧编新"，主要人物是张弘，他认为改旧编新是民间文学的发展规

---

① 参见李岳南：《由〈牛郎织女〉来看民间故事的思想性和艺术性》，载《北京文艺》，1956（8）；刘守华：《慎重地对待民间故事的整理编写工作——从人民教育出版社整理的〈牛郎织女〉和李岳南同志的评论谈起》，载《民间文学》，1956（11）。

② 钟敬文主编：《中国民间文艺的新时代》，139页，兰州，敦煌文艺出版社，1991。

③ 参见《民间文学》编辑部：《关于搜集整理工作的各种不同意见》，载《民间文学》，1959（7）。

律，搜集——整理——推广是为民间文学服务的方法。整理、改编、创作是广义的整理，都属于民间文学的工作范围，是民间文学工作者的本职工作。整理基本上是改造民间文学传统作品的手段，是对传统作品"推陈出新"的手段，是改旧的手段；创作是形成新民间文学作品的手段；改编是不同体裁之间人为的相互转化的手段，基本上是用非民间文学作品来丰富民间文学的手段。①

20 世纪五六十年代关于搜集整理的研究中，有一个不可绕过的人物那就是毛星（有关他民间文艺学思想的完整论述在第 3 章第 2 节），正如王平凡所述："毛星在这期间（按指 20 世纪五六十年代），花了很多时间和精力，他和贾芝共同为中国民间文学事业做出了奠基性的贡献。"②他关于少数民族文学的思想影响着中国民间文学史的编纂。1961 年，毛星在《民间文学》第 4 期上发表《从调查研究说起》，主要观点为：（1）忠实记录；（2）搜集整理工作是一种复杂艰苦的思想、艺术工作，搜集整理工作者记录的技能不是唯一修养，更为重要的修养，应该是思想作风上的党性锻炼，马克思列宁主义的思想理论、民间文学的专门知识和对文艺作品欣赏与写作能力的修养，等等；（3）记录必须一字不动，而写成为书面的文学，则必须进行或大或小的整理加工，而整理加工应该有一个原则，即必须力求保持这个故事的民间原貌，其目的是要呈现"民间的这一个故事"。毛星关于调查研究的思想和观念影响了当时年轻的民间文学工作者，孙剑冰、刘超、陶阳、杨亮才等都进行了论述（见《毛星纪念文集》）。对于毛星调查研究思想的阐述，具有代表性的是陶阳，他认为"跟随毛星同志三个月的调查采录，使我学到很多东西。我从毛星同志的教诲与实践中，学到调查采录经验有如下几点：（1）要到无人曾经调查采录过的地方去，要到边远地区去，那样，总会有新的发现。（2）调查采录要三勤，即腿勤（多走路）、嘴勤（多问）、手勤（多记），而且要真正做到'有闻必录'。（3）要注意看当地的县志、风俗志，将书面的历史与风俗跟田野作业结合起来，那样，就可避免盲目性，掌握主动。（4）记录民歌、故事及其他作品时，要做到忠实记录，要存真，要保持讲唱者的语言特色、叙述方式及其艺术风格。"③

贾芝在《文学评论》第 4 期上发表《谈各民族民间文学搜集整理问题》，

---

① 参见张宏：《民间文学改旧编新论》，7、16、140～141 页，长春，时代文艺出版社，1991。

② 王平凡、白鸿编：《毛星纪念文集》，16～17 页，北京，学苑出版社，2004。

③ 同上书，113 页。

系统地发表了对"忠实记录，慎重整理"的看法和观点（具体见第二节贾芝的民间文学思想）。这一时期关于讨论的文章结集而成《民间文学搜集整理问题》第一集（上海文艺出版社 1961 年出版）和《民间文学参考资料》第 3 辑（广西壮族自治区民间文学研究会 1963 年 2 月编），后来讨论持续发展，延伸到了近现代革命题材传说故事的搜集整理问题领域。1963 年，《民间文学》和《奔流》上发表了许多文章，其中有张士杰谈义和团故事搜集整理和创作的经验（《民间文学》1963 年第 1、2 期），陈玮君的《必须跃进一步》（《民间文学》1963 年第 3 期），李缵绪和谢德风关于《游悲》整理的讨论（前者见《民间文学》1963 年第 2 期；后者见第 6 期），其中最有代表性、影响最大的是张士杰关于义和团故事的整理与创作之谈论。张士杰谈论了他对民间故事范围的新的认识，摒弃了过去狭隘的传统观，以及他搜集和整理、创作义和团革命故事的开端、过程与方法，"若是故事内容好，讲得也生动，那就按着原讲述的去写；若是故事内容好，讲得差，那就要进行加工；若是故事内容好，听到的却不全，那就再深入搜集，并不急于写它，直到我认为'可以了'，再去写它；若是故事内容还好，只是其中有糟粕，或者精华不突出，那就要进行删除或削弱与突出描写；若是故事内容不好，讲得却很生动，这我也听一听，却不去写它，只留做参考研究"。[①] 可见他对民间文学作了民众读本与科学研究的区分。

中国民间文艺研究会研究部于 1963 年邀请河南、四川、广西、江苏、安徽、吉林 6 个省的搜集研究者，就此举行了一次座谈讨论，各省参加者不仅有经验总结发言，还各自都提供了若干传说故事的记录稿和整理稿，以供研究讨论。这次座谈会上提供的文章和记录或整理稿，汇编为《民间文学参考资料》的第 6 辑（1963 年 8 月）和第 7 辑（1963 年 9 月）两辑。这一时期关于搜集整理的广泛和深入地探讨，是民间文艺学学科意识提高的一个表现。

（四）民间文学新的特性——"人民性"

1940 年，毛泽东发表《新民主主义论》，他指出"五四"知识分子的文学革命是资产阶级的文学革命，无产阶级占人口百分之九十以上，现在要建设以共产党为领导的、以马克思主义为精神宗旨的无产阶级的文学，即"新民主主义文学"。[②] 1942 年，在《讲话》中，毛泽东进一步规定了文艺为广大人民服务、文艺服从于政治、文艺批评中政治标准放在第一位。周扬对《讲话》进一步阐释，指出："毛泽东同志《在延安文艺座谈会上的讲话》最正确、最深刻、

① 张士杰：《漫谈义和团故事的搜集整理与创作》，载《民间文学》，1963（2）。
② 参见毛泽东：《毛泽东选集》（一卷本），659～669 页，北京，人民出版社，1964。

最完全地从根本上解决了文艺为群众与如何为群众的问题。"① 1949 年 7 月新中国成立前夕，国统区和解放区的文艺工作者在北平（今北京）大会师，召开了中华全国文学艺术工作者第一次代表大会。周扬代表解放区作了《新的人民的文艺》的发言，指出"解放区的文艺是真正新的人民的文艺"，在今后的文艺工作中必须坚持文艺为人民服务、首先是为工农兵服务的精神以及新文艺的方向，就是《讲话》所规定的"人民的"方向。延安的文学精神扩展到全国文艺界，"人民性"成为文学艺术批评的基础概念。民间文艺本身是劳动人民的创作，钟敬文在"第一次文代会"作了《请多多地注意民间文艺》的发言，他谈到，民众的"生活和心理也没有像压迫阶级所常有的那种空虚、荒唐和颓废。大体上它倒是比较正常，比较合理的。就因为这样，在文艺上反映出来的生活现象和思想感情趣味等，也往往显得真实，显得充沛和健康，不是一般文人创作能够相比。……真正劳动人民（大多数是农民）的创作跟小资产阶级的或流氓的知识分子的创作（都市间流行的某些小调、说书、曲本和通俗小说等），在性质和意义上的差别，曾经有多少人注意到呢？"② 可见民间文艺由于创作者、流传者与作家文艺的不同，非常契合"人民的文艺"之要求，在"文代会"召开之后，1950 年 4 月出版了蒋祖怡的《中国人民文学史》一书。该书认为：中国社会有两种对立着的文学——"人民的文学"与正统的"廊庙文学"；其中"人民文学"的特质为：口语的、集体创作的、勇于接受新东西、新鲜活泼而又粗俗浑朴，他这四性很显然来自郑振铎的《中国俗文学史》中关于俗文学六个特征的概括。郑振铎在《中国俗文学史》中指出俗文学的特征为：第一是"大众的"；第二是"无名的集体的创作"；第三是"口传的"；第四是"新鲜的，但是粗鄙的"；第五是"其想象力往往是很奔放的……但也有种种的坏处"；第六是"勇于引进新的东西"。③ 这样劳动人民的口语文学也就是民间文艺成为中国文学的正宗。赵景深在该书序言中称赞它"是以辩证唯物的观点，来叙述中国人民文学源流的尝试"，"是以马列主义为观点，以经济制度和社会生活来解释若干文学史上的问题的"，肯定了它"引用了马克思、恩格斯、高尔基、鲁迅、毛泽东、闻一多、郭沫若等人的说法，正是要打通古今文学的道路，鉴往知来，让我们知道今后应该走人民文学的方向，……比较切

---

① 《周扬文集》第 1 卷，455 页，北京，人民文学出版社，1984。
② 钟敬文：《请多多地注意民间文艺》，载《文艺报》，1949-07-28。
③ 郑振铎：《中国俗文学史》，4～6 页，长沙，商务印书馆，1938。

合于人民性的"。① 赵景深认为应该"有一个'新的民间文学运动'",他更重视"指导青年们写作民间文艺,所以特别注重民间文艺的内容和技巧(包括音韵)之谈论"。② 可见他为了努力契合文学为人民服务,不惜改变民间文学的基本宗旨。但是他们的言论迅速遭到了文学界的批评和声讨。1951年6月的《文艺报》上,发表了于彤评论赵景深《民间文学概论》的文章,批评他对"由民间文学加工而成的作品的意义估计不足"。③ 8月,《学习》杂志发表了蔡仪的《评〈中国人民文学史〉》一文,他认为《中国人民文学史》一书的著者和作序者虽在书里引用了马克思、恩格斯、列宁的话,却不真正懂得马克思主义,因此,作者也不懂得什么才真正叫做"人民文学"。蔡仪指出,蒋祖怡在书中总结的所谓人民文学的那四个特点,"既没有说到文学的思想内容,也没有表现出中国文学的优良传统的特色",只是表现了"一种极端庸俗的形式主义观点",是把一般所谓的"民间文学"当成了"人民文学"。由于这种形式主义的观点,所以连"杜甫这样的大诗人,在这本书中仅仅是偶然地提到了他的名字",这是"胡适的《白话文学史》一流的变种",强调人民文学并不等于民间文学。要理清人民文学的边界,首先就涉及关于"人民性"的探讨和阐释,此后,在文学艺术界展开对人民性认识的讨论,发表文章者众多,其中著名的民间文艺理论家黄药眠著文指出,"是不是所有有人民性的东西都一定出自劳动人民大众之手呢?或者是说有人民性的作品,只是限于人民自己的创作呢?当然也不是这样,至少还不完全一样……文学中的人民性应该包含以下四个特点:第一,作品所描写的对象(人物与故事)是为人民大众所关心,或对人民大众的生活有重要意义的;第二,在某一特定的历史时代,作者以当时的进步立场来处理题材,真实地反映了生活的;第三,在所描写的现象范围底广泛,揭露底深刻,刻画底有力,在形式的大众化上表现出了当时它的艺术性的;第四,作者在作品中以具体的形象表现出了当时人民大众的要求、愿望和情绪。"④ 但是民间文学与人民的特殊密切关系,使得"民间文学源头论"成为20世纪50年代至60年代中期文学史的基本理论,在一定时期内出现了"民间文学主流论""民间文学正宗论"(前面已有论述)的偏执。

民间文学研究者也努力探析作为文学艺术共性的"人民性"。民间文学研

①　蒋祖怡:《中国人民文学史·序》,1~3页,北京,北新书局,1950。
②　赵景深:《民间文艺概论》,3~4页,北京,北新书局,1950。
③　于彤:《评〈民间文学概论〉》,载《文艺报》,1951(4)。
④　黄药眠:《论文学中的人民性》,348~354页,北京,北京师范大学出版社,1985。

究者特别强调民间文学是人民的口头创作，突出它与人民性的连接，企图用"人民口头创作"代替民间文学。钟敬文在 1950 年纪念开国周年所作的《口头文学：一宗重大的民族文化遗产》中已经开始用这一名词。1953 年北京师范大学民间文学课程改名为"人民口头创作"。1957 年克冰（连树声）撰文专述《关于"人民口头创作"》。匡扶在《民间文学概论》（甘肃人民出版社 1957 年版）中将人民性作为专章进行阐释，思路是：从文学的人民性延伸出民间文学的人民性，指出民间文学的研究如何认识和发掘作品中的人民性，同时由于口头文学是反映人民生活的最直接的材料，它在人民性上表现出新的内容。对于人民性的阐释，最清晰和具体的要算克冰在人民口头创作介绍中的阐释，具体表述为："人民口头创作跟广大劳动群众的生活和斗争是紧密而直接地结合着的，是它们的直接反映，是劳动人民的魅力的生活伴侣，是他们的有益的教科书和消除疲劳、增强健康精神的高尚娱乐品，是他们的锋利的斗争武器。所以人民口头创作表现着劳动人民的世界观，表现着他们的道德面貌、劳动和斗争，他们的'憧憬和期望'（列宁语），他们的美学趣味和观点。总之，它以独特的艺术方式反映着劳动人民的外在和内在的生活。这就是人民口头创作的人民性。"[①] 他们的思想一方面受到苏联的影响，另一方面也与国内文学艺术领域人民性探讨直接相关。民间文学基本理论研究中，强调与"人民性"联系密切的"集体性"与"口头性"，研究围绕这两性展开，而对于民间文学的另外两个基本特质——"传承性"与"变异性"则忽略了。

人民性在 20 世纪 50 年代至 60 年代是人文社会科学中的一个基础性概念。"我们说某某作品是富有人民性的，这应当是一个很高的评价。"[②] 人民性成为文学作品艺术性的标准。尽管这一时期民间文学的研究者都特别强调它的直接人民性，及其作为文学作品在人民性上的特殊优势，在具体的民间文学作品审美与批评中也经常使用"人民性"一词。但是研究者并没能像一般文艺理论家那样对人民性进行具体和适合本学科与专业的论述与阐释，解释最清楚的匡扶也只是以作家文学的人民性作为前提。民间文学理论的研究成了与一般文学理论的对接和对其移植，这似乎成了民间文艺学研究的惯例，到目前为止，学人仍沿袭着这一弊病。这种名词、概念、理论术语的简单移植，造成了民间文学研究理论的简单化与作家文学化。同时也造成民间文艺学基本问题、基本理论与基本话语与研究对象之间的偏差与错位。

---

① 克冰（连树声）：《关于"人民口头创作"》，载《民间文学》，1957（5）。

② 记哲：《略谈文学的人民性问题》，载《山东师范学院学报》，1959（3）。

总之，1958 至 1966 年，民间文学的范围、民间文学的主流之争、搜集整理以及民间文学的人民性成为"新的民间文艺学"的四个基本问题。它们在特定的情境中产生，完全符合中国的学术要求与发展，但是具体的研究思路则出现了误区和偏差，造成了这一时期民间文艺学的迟缓与滞后。

三、新时期：民间文艺学的恢复及文化学走向

1958—1966 年是民间文艺学高扬时期，它的基本问题与特殊的情境都有利于具有自主性民间文艺学思想的出现与推进，但是由于学人在作家文艺学模式下的思考造成了它的某种程度停滞与偏差，之后是十年沉寂期。当然不是说这十年作为研究对象的民间文学消失，而是民间文艺学不复存在（学人自己的研究还是有零星成果的，比如钟敬文对民间文艺学学术史的探索）。新时期首要的任务就是恢复民间文学的学术研究，同时重新审视新中国成立后的民间文艺学。学术界主要围绕民间文学的基本特征、民间文学的范围、资料搜集的方法三个基本问题展开。

（一）民间文学基本特征的重新讨论

新时期民间文艺学恢复过程中首先展开了对民间文学基本特征的重新探讨。长期的停滞，造成高校相关专业老师、教材的短缺，对于民间文学基本特征的探讨较早就出现在北京师范大学举办的暑期讲习班，在钟敬文主编《民间文学概论》中论述了民间文学的基本特征：集体性、口头性、传承性与变异性，这四个特征从 80 年代初期开始一直处于高校民间文艺学系统教育的基础位置。其他关于这个问题的讨论主要有：姜彬认为民间文学的基本特征为：集体性、口头性、变异性与匿名性。[①] 从这"四性"特征而言，就概括上来说，基本上承袭了 20 年代以来的传统说法，只是在具体论述中加入了关于阶级与时代的背景。另一条途径则是从民间文学与作家文学（亦称为纯文学）的区别角度着手，强调它的复合性。主要有"民间文学作为一种特殊的文学，它与一般书面文学的不同之处，除体现在作者队伍的组成、作品主要靠口头创作与流传、作品艺术方面的独有特点，作品与社会生活有着最为紧密的联系从而具有多方面的功能等外，它那相当部分作品所具有的文学与非纯文学的双重组合性质，应是最为重要的本质特征"。[②] 从这段论述中，可以看到民间文学超越作家文学的文学性体现得到学人的重视，当然这也是钟敬文思想的延续，但是由

① 参见姜彬：《论民间文学的特征》，见中国民间文艺研究会研究部编：《民间文学论丛》，22～23 页，北京，中国民间文艺出版社，1981。

② 陈子艾：《民间文学本质特征新议》，载《民间文学》，1986（12）。

于当时具体学术环境的影响，他们的研究指向没将其置于民间文学的文学特性，而是逐步滑向民俗学，注重对民间文学的文化学意义的探讨。

这一问题探讨中还需要提到的就是关于民间文学立体性特征的提出。段宝林在 1982 年初所写的《加强民族民间文学的描写研究》一文中提出"立体性"问题，① 在《中国民间文学概要》增订版中予以全面阐释。他指出："立体性是民间文学区别于作家文学的主要特点。"它主要表现在五个方面：民间文学作品有异文；民间文学与表演性相联系；民间文学与人民生活关系密切；民间文学的多功能性、实用性；民间文学的多种科学价值。② 老彭在《论民间文学的特征》中再次提到，具体论述为："全程的口语性、创作的沿袭性、讲唱的立体性、情意的真挚性、艺术的淳美性、学科的多元性。"③ 后来学界很少对其继续追述以及深入探讨。民间文学的立体性特征注意到了民间文学的存在场域，这一点中国学人从 20 世纪 20 年代就已经意识到了。顾颉刚从孟姜女故事的异文演化中整理出了历史传统与地理传统两个体系；董作宾则通过不同异文的比较来探析民间歌谣的演化，这两种研究仍是当今民间文艺学领域的主要范式。40 年代吕骥、冼星海、张雷等从音乐的视角出发提出了他们的民间文学观点。"要了解民间音乐，必须首先了解劳动人民的生活、思想、感情。……只有从民间音乐的内容（即人民的生活、思想、感情以及表达这些内容的音乐语言）出发，才能真正了解民间音乐的形式与技术方面的特点在他们生活中具有什么意义（包括心理、美学等方面的因素在内）。"④ 他们反对将其记录或纯化为歌词，"我们不应停留于书本上的（或出版的资料上）研究，特别应该注意民间音乐在人民生活中的演出情形。……无论是从创作或演出的角度来研究民间音乐，都不应与我们自己的音乐实践分离开来，否则我们的研究将成为脱离实际的书斋式的研究……只有一方面进行研究，一面将研究所得应用于我们的音乐的实践，才能使研究工作更具有实际意义……"⑤ 80 年代在民间文学基本问题的论述中，学界又注意到这一点，但是并没有继续推进。90 年代学界开始大量引进西方的民俗学、人类学理论，理查德·鲍曼（Richard Bauman）的表演理论迅速引入，并得到学人的青睐，他强调口头艺术所具有的表演特

---

① 参见段宝林：《加强民族民间文学的描写研究》，载《南风》，1982（2）。

② 参见段宝林：《中国民间文学概要》，18～20 页，北京，北京大学出版社，1981。

③ 老彭：《论民间文学的特征》，载《山茶》，1988（4）。

④ 贾芝：《延安文艺丛书·民间文艺卷》，402 页，长沙，湖南文艺出版社，1988。

⑤ 同上书，403 页。

性，他的学说与理论从20世纪70年代以来对当代民俗学、语言人类学领域有着强大影响。学人在引进时将其作为一个对于中国而言的全新理论，完全没有反思中国曾经具有的研究基础，更没有思考中西理论的对接。民间文学立体性特征逐步消失在四性特征的背后，在科学民间文艺学恢复与发展的历程中，民间文学本体的探讨和推进发生偏离，民间文艺学自相关问题的探析逐步被有关相关的问题掩盖。

（二）民间文学范围的界定

对于民间文学范围的讨论则是为了厘清它的边界，从民间文艺学出现，这个问题就一直伴随着它。

最早关于民间文学的理论文章中就涉及这个问题，胡愈之主要参照英国民俗学的范围进行了罗列，这个问题的含糊与争执造成了民间文艺学与作家文学、民俗学、俗文学等之间的交叉，新时期这一问题同样困扰着学界。具体论述中主要有：（1）民间文学与文学领域其他文学的区别。魏同贤认为"民间文学与文人文学、群众创作、通俗文学、流行创作、民间语言、民间文艺、原始素材不同"。[①] 他的论述较为简单，概述式地介绍了民间文学的周边，轮廓上突出了文学领域中的民间文学，但是具体的阐释则没有，只是将能否在劳动人民中流传作为一个条件，但是这只是民间文学的必要条件，而非充分条件，这样就难以从质点上将民间文学在文学领域厘清和凸出。（2）民间文学不能完全排斥书写。对民间文学口头性的狭隘理解，有将其简单化的趋向，特别是将它与书面完全对立。有的学人看到如此情形对中国的民间文学并不适合，认为"把书面因素从民间文学中排除出去，是不符合中国民间文学的实际情况的。尽管民间文学从创作到流传，口头形式是主要存在形式，但它不是全部存在方式"。[②] 高国藩则通过对中国民间文学概念的探讨，强调中国民间文学中特殊的口头与书面之间的转换。"它们普遍深入地在人民中间流传，经过世代的加工修改：第一，口头的加工修改；第二，书面的加工修改；第三，口头到书面再回到口头的加工修改；第四，书面到口头再回到书面的加工修改。"[③] 可见口头性简化为口头语言后对民间文学范围的影响，很长时间民间文学与作家文学之间存在一个灰色地带，过于强调非书面造成了民间小戏、曲艺等被摒弃出民间文学范围。（3）集体性与口头性是民间文学范围厘定的基本。"与专业作家文学和通俗

---

① 魏同贤：《社会主义时期民间文学的范围界限刍议》，载《民间文学》，1981（11）。
② 蜀客：《关于"民间文学是什么"的思考》，载《民间文学》，1986（8）。
③ 高国藩：《略谈"中国民间文学"的概念》，载《民间文学论坛》，1985（1）。

文学相比，民间口头文学有一个明显的特点，即它是人民大众自己直接创作和传播的文学，它是一种世代相传集体性的创作，因此，在任何情况下，它的选择和方向都掌握在广大群众自己的手里，它是他们的生活、心理、意志、理想、趣味的直接反映，并经常同他们的物质生产和日常生活的需要、习俗、礼仪、信仰等密切结合，又是他们的舆论工具和自我娱乐的手段，口头方式是民间文学创作与传播的基本方式，在长期历史发展中它也形成自己一套体裁，大致可以区分为三个层次。"① 从上述这段话可以看出，集体性与口头性成为划定作家文学、通俗文学与民间文学边界的标准，从长期的学术史发展来看，这并不是行之有效的，两者只是民间文学的外在表现，并没有涉及它的核心与内在研究。

总之，新时期对民间文学范围的探讨并没有将其从文学领域予以析分。民间文学与作家文学、通俗文学之间的交叉、混乱较为严重，最后只能是民间文艺学在文学领域的研究对象逐步缩小，放弃了与其他文学交叉、相容的地带，使得很多具有中国特色的民间文艺淡出了民间文艺学的视野，这一问题在当今民间文艺学领域依然存在。

（三）资料搜集的方法

民间文艺学一词，这里主要指关于民间文学的科学研究，在较广义的使用上，也兼及对它的搜集、记录与编纂等科学的初步作业。② 从钟敬文的论述中可知民间文艺学发展初期并不将资料搜集视为学术研究，民间文学资料搜集纳入学术轨道主要从延安时期开始，新中国成立后取得重要的成绩。当然在20世纪五六十年代，由于特殊情境以及调查者对民间文学缺乏系统、科学的知识，出现了众多记录资料时的修改与润色，他们将创作民众读本作为研究旨归。80年代开始，资料搜集中重点探讨的就是"忠实记录"的问题。吉星提到民间文学中存在失真的现象，其主要表现在：任意改变人物、情节、拔高主题思想；用写小说、散文的方法，着意描绘编写自己认为艺术性强的情节。新时期为了推进资料搜集的发展，学界意识到忠实记录为第一步，特别强调原始稿，这在现在看来也是科学的。新时期"三套集成"开始启动，在大规模工程启动之时，学人首先阐述了搜集的主导思想。

贾芝认为三套集成要具有"科学性、全国性、代表性"，既要求汇编优秀的作品，同时又要求具有较高的科学性。具体调查中则要贯彻"全面搜集"和

---

① 许钰：《关于民间文学范围的思考》，载《民间文学论坛》，1987（5）。

② 参见钟敬文：《钟敬文民间文学论集》（上），404页，上海，上海文艺出版社，1982。

"忠实记录、慎重整理"的原则，关键是忠实记录；建议采用现代化的科学技术进行调查、采录，同时要建立档案。① 马学良则提出作品的真实性和为"集成"作品加注释。他认为"口头文学既是靠语言流传下来的，那么搜集口头文学就要通过语言作忠实的记录。搜集是为整理和翻译准备素材，因而在搜集时能否做到忠实记录直接关系到整理翻译的好坏与可靠性的程度"。②

关于忠实性记录问题中，还需要提到"立体描写"的方法。在当时翻译的苏联关于民间文学搜集方法中强调"表演的同时记录"，力求提供作品的演出背景。③ 段宝林认为民间文学的立体性特点决定了立体描写与立体研究的方法。它不只是一种调查研究方法，而且也是一种搜集整理民间文学的重要方法，是二者很好的结合。④

从上述学人关于搜集资料思想的具体阐述中，展现了中国民间文艺学资料搜集的历史积淀以及科学性。在民间文艺学思想的推进中，关于资料搜集是发展较为成熟的，承继了中国古典"采风"传统，其存在有需要改进之处，但它却是相对于西方学术，中国民间文艺学的一种自主发展。

关于资料搜集，另一个讨论点就是"慎重整理"。60年代针对民间文学整理，张弘就提到"改旧编新"，引起了学界的讨论，同时遭到了批评；80年代初期，他继续这一思想，认为"无论从单篇民间文学作品的形成来看，从每个时代民间文学的组成来看，还是从整个民间文学史来看，都证明群众在流传中在口头上改旧编新是民间文学发展的客观规律"。具体而言，"要善于把改旧编新从自发性提高到自觉性"。⑤ 学人对其持质疑的态度，认为这一思想不尊重民间文学本身，同时也混淆了民间文学与人民创作。他这一思想明显受到50年代中期民间文学与人民创作合流论影响，其危害性是显而易见的，其实质就是要模糊作家文学与民间文学，最后将是民间文学消失在作家文学中。这种思想严重影响了学人对于整理的信任程度，实际上任何一种资料搜集方式都存在"整理"的问题，也就是书写的过程。新时期对整理比较清晰地阐述为"慎重

---

① 参见贾芝：《民间文学的普查与记录》，载《民间文学论坛》，1986（3）。

② 参见马学良：《关于忠实记录的问题》，载《民间文学论坛》，1986（3）；马学良：《素园集》，131页，北京，中国民间文艺出版社，1989。

③ 参见［苏联］科鲁格洛夫：《民间文学实习手册》，夏宇继译，32页，北京，中国民间文艺出版社，1985。

④ 参见段宝林：《民间文学的立体描写与研究方法》，载《民间文学》，1988（1）。

⑤ 张弘：《民间文学发展的必由之路——"改旧编新论"之二》，载《民间文学》，1980（8）。

整理"。它的含义包括两个方面：其一，是对所有搜集来的作品进行鉴别；其二，是指对民间作品进行去粗取精的筛选。①

1983年5月，中国民俗学会成立，民俗学开始复兴，最初它归属于民间文学领域。民俗学的恢复与发展为民间文艺学领域注入了新鲜血液，让长期坚持单一研究方法的学人看到了一片广阔的天地。1985年5月，《民间文学论坛》编辑部在江苏南通召开了一次题为"田野作业与研究方法"的座谈会，首先在学科内使用"田野作业"一词，并相应的开设了"田野作业"的栏目，明确地"把田野作业升华为研究方法来讨论"，② 极力提倡一种"立体的、多面的"调查方式，"会上，专家们对我国民间文学搜集的反思是深刻的，人们一致认为那种仅仅以搜集作品为全部调查内容的方法是不科学的，它的狭隘性限制了研究者的视野"。③ 与会的大部分同志都对过去的搜集整理工作提出了质疑，并提出一系列对策和方法。学界越来越倾心于这一新名词，它成了搜集资料的科学方法，变成了一种深入研究，而不像从前的搜集整理仅仅是研究的初步，甚至被排除在研究范围之外。在90年代，它进一步张扬，成为民俗学、民间文艺学领域唯一搜集资料的方法。田野作业直接借鉴西方的学术名词，但是它并没有完全引进其内容和思想，更不要说对其在具体中国情境中的反思。学人在这个学术名词之下，仍然进行搜集整理工作，外在的表现则是对其批评，这种两难的境地使得搜集整理难以继续向前推进，到新世纪它成了民间文艺学的一个困境。

四、20世纪90年代：民间文艺学的本位缺失

20世纪80年代中期开始，民间文艺学发生了文化学转向，它被逐步纳入到民俗学之民间文学研究之中。在"文化热"的浪潮中，民俗学得到迅速发展，90年代开始，民间文艺学归属于民俗学的趋势非常明显，从学界关于民的演化、科学田野作业的全面张扬的探讨，可以看到民间文艺学与民俗学之民间文学处于合一的状态，也就是民间文艺学开始归属于民俗学，成为它的资料体系。这一思想是欧美文化人类学的传统，他们将民间文学称为口头民俗，至今它在美国仍是民俗学最被普遍研究的类型。④ 但是由于长期的历史积淀，民

---

① 参见李惠芳：《民间文学的艺术美》，173～174页，武汉，武汉大学出版社，1986。

② 《田野作业与研究方法座谈会纪要》，载《民间文学论坛》，1985（5）。

③ 姚居顺、孟慧英：《新时期民间文学搜集出版史略》，94页，沈阳，辽宁大学出版社，1989。

④ 参见［美］布鲁范德：《美国民俗学》，李扬译，6页，汕头，汕头大学出版社，1993。

间文艺学自身的独立体系已经确定，它的学科地位也毋庸置疑，学界越来越清楚地意识到学科的交叉研究并不意味着学科独立性的丧失，这样民间文艺学的本位回归成为90年代末期学界的基本问题，经过对它的探讨，民俗学之民间文学与民间文艺学的界限逐步开始清晰。

（一）"民"之演化

"民"作为民俗文化的承载者与主体，一直是民俗学的核心概念，对于民俗学而言具有本体论意义。这样，90年代民间文艺学领域跟随民俗学进行了关于"民"之演化的讨论。①

文学领域对"民间"一词也有涉及。陈思和认为，民间是一个多维度、多层次的概念。② 他从描述文学史的角度出发，阐述了民间所具备的特点。徐友渔在《学术范式的转换》一文中指出："在80年代，人们的学术旨趣、立场观点是不大分官方民间的，上下各方的分野都是改革或保守、新与旧。现在（90年代之后）两套学术范式分野清晰而又并行不悖，两种话语体系的对应性、相互通约性大大降低，而几乎所有有意义的学术争论都以民间学术话语的方式进行。民间性的特点是，问题的提出和争论的结局具有自发性，依自身的生命力而自生自灭……而最令人欣慰的，是没有学术之外、凌驾于学术之上的裁决者。"③ 他们都是从文学本体研究出发，寻找新的思考路径。

倒是民间文艺学领域没有独立对"民"的内涵进行讨论，它基本上依附于民俗学，这样90年代民间文艺学之民也跟随民俗学演化为"人"，但是民俗学之"民"是由俗界定的，这对于民间文艺学没有直接意义，所以这个问题的讨论，并不能阐释它的研究本体，只是扩大了作为资料体系的民间文学之范围，其积极意义就是现代意义上的民间文学被逐步纳入研究视野，比如80年代出现的新故事、90年代流行的都市民间文学等。

（二）科学的田野作业之全面张扬

20世纪80年代，资料搜集方法就已经是民间文艺学的基本问题。到了90

---

① 参见陈勤建：《中国民俗》，20页，北京，中国民间文艺出版社，1989。高丙中：《关于民俗主体的定义——英美学者不断发展的认识》，载《湖北大学学报》，1993（4）。［美］布鲁范德：《美国民俗学》，李扬译，21页，汕头，汕头大学出版社，1993。［美］阿伦·邓迪斯：《"民"是什么人？》，王克友、侯萍萍译，载《民俗研究》，1994（1）。

② 参见陈思和：《民间的沉浮——从抗战到"文革"文学史的一个解释》《民间的还原——"文革"后文学史某种走向的解释》，见《陈思和自选集》，桂林，广西师范大学出版社，1997。

③ 赵汀阳、贺照田主编：《学术思想评论》，8～21页，沈阳，辽宁大学出版社，1997。

年代这一问题继续深化，它逐步由多元走向了统一，那就是作为民俗学研究方法的田野作业成为学界提倡之主流。

调查方法在民俗学中的位置非常重要，不同时期学术名称不同，中国曾经出现的名称有"民俗调查"、"搜集整理"、"采风"、"田野作业"等。"田野作业"被认为是专业术语，相比其他名词，它的学术含量较高，被视为一种研究方法，同时也是一种方法论，其他的名称则被视为不属于学术研究范畴，或者是它的低级阶段。

90 年代后期，民俗学田野作业理论得到进一步的推进。民俗学领域主要借用人类学田野作业的理论与方法，将它直接套用到民俗学，认为田野作业对文化理解具有重大作用，主要的学人有刘铁梁、杨利慧等。他们充分发挥田野作业中主位研究法，特别重视心理观察，充分发挥被调查者与调查者的文化自觉。① 他们的研究思想与文化人类学达成了共识，被文化人类学领域认可。董晓萍则从民族志的视角提倡民俗学的田野作业，她认为这种田野作业"其基本特征，是强调在田野工作中，学者客体的观念叙述能够服从民众主体的观念叙述，让民众集团的文化观念占主导地位"。她将民族志式的田野作业与文本式的田野作业相区别，指出"民族志式的田野作业，是田野作业中的一个比较成熟的阶段"。② 她对于民俗学田野作业理论论述较为成熟，后来《田野民俗志》一书则是她的思想以及中国民俗学田野作业理论的集大成。另外很多学人就田野作业的具体技巧、方法与要求做了很多有价值的论述，推动了学界关于田野作业的研究以及民俗学理论的进展。

新世纪学人展开了关于田野作业的探讨，对于民间文艺学而言，田野作业非常重要，但是文本的意义不可忽视。最重要的是田野作业理论的推进与发展，应该结合中国传统的资料搜集方法，而不能一味地关注西方人类学田野作业方法的学术性与科学性，否则中国的民俗学、民间文艺学的研究只会变成西方理论的一个注脚或论证。

---

① 参见刘铁梁：《民俗调查中的心理观察问题》，载《民间文学论坛》，1996（3）。刘铁梁以《中国民间文化的田野调查》为题参与周星、王铭铭主持的"发扬文化自觉，坚持田野研究"的研讨会，载《广西民族学院学报》，1997（2）。杨利慧以《女娲信仰：华北地区的田野考察》为题参与周星、王铭铭主持的"发扬文化自觉，坚持田野研究"的研讨会，载《广西民族学院学报》，1997（2）。杨利慧：《中原女娲神话及其信仰习俗的考察报告》，《中国民俗学研究》，第 2 辑，1996 年 1 月。

② 董晓萍：《民族志式田野作业中的学者观念——对我国现代田野作业中的 8 种学者著述的分析》，载《北京师范大学学报》，1998（6）。

（三）回归文学

20世纪90年代，民间文艺学领域民俗学派迅速崛起①，他们的核心思想是，民间文艺学等同于民俗学之民间文学，消解民间文艺学的独立性，同时将其从文学领域剥离。但并不意味着学界不存在民间文艺学本体的研究，它与民俗学之研究并行，只是逐步处于学术史的边缘，然而我们无法抹杀它在中国民间文艺学思想史中的意义。贾芝坚持民间文艺学的独立性，强调其研究的文学本位。② 他承认口头文学经历过属于民俗学的历史，但是经过长期的发展民间文艺学已经成为一门独立的学科，它属于文学，文学性的研究是其本体，但并不否认对其多维视野的研究。正如刘魁立对新时期民间文艺学发展的总结所述："民俗学的兴起给民间文学研究的发展带来了新的助力，各类相关学科理论和方法的借用和引入，丰富了民间文学研究的武库，使民间文学的理论研究比以往任何时候都更活跃。"③ 但是，需要强调的是，新的研究方法只是为民间文艺学提供更广阔的视域，而不是消解它的独立性。

贾芝的这种思想在90年代中后期完全被边缘化了，直到新世纪，学界才重新回到讨论民间文艺学的本体，追溯它的文学性，努力使其回归文学。

民间文艺学的理论薄弱在90年代后期非常明显。学术界将其归于没有扎实的田野调查和学者学术水平较低，后者则提到近年来学人从民间文学出发，把坐标调整到民俗学、民族文化学的角度，短期内难以构建新的理论体系与构架。这种困境得以解决的办法是，用跨学科、跨文化研究的思路和方法，借助于已经取得的多学科研究成果，开拓空间和深度，对民间文学本体进行多维立体研究。④

在具体民间文学体裁研究中，学界倒是较为重视其文学特性的解读，探讨它作为文学的特殊之处。这时期倾向于这一思路，成绩较为突出的是神话学领域，比如刘竹认为，神话是一种十分特殊的文学样式：结构的基本模式是特殊的，所创造的形象是特殊的，创造的意境是特殊的，反映社会生活形态的方式是特殊的。⑤

① 笔者沿用刘锡诚《中国民间文艺学史上的民俗学派》一文中的术语，该文载《湖北民族学院学报》（哲学社会科学版），2004（1）。

② 参见贾芝：《读〈西北民族研究〉说到民俗学与民间文学》，载《西北民族研究》，1997（2）。

③ 钟敬文主编：《中国民间文学的新时代》，134页，兰州，敦煌文艺出版社，1991。

④ 参见《增强学科意识　提高民间文学基础理论研究水平》，载《思想战线》，1996（5）。

⑤ 参见刘竹：《试论神话的文学特性》，载《云南师范大学学报》（哲学社会科学版），1993（2）。

总观 20 世纪民间文艺学的发展，会看到它的单薄，我们不能仅仅将其归因于学科问题，它自身学术发展中对作家文艺学和民俗学的依附是更重要的因素。新世纪民间文艺学的发展中，民间文艺学思想必须摆脱这种依附，走向自身的独立，纠正作家文艺学之偏颇，构建完整的文学理论。

思考题：

1. 北京大学《歌谣周刊》的历史地位如何？

2. 简述延安时期的文学成就及其与民间文学的关系。

3. 谈谈"十七年"时期民间文学的主要成就。

4. 简述新时期民间文艺学的发展趋势及其意义。

延伸阅读书目：

1. 王文宝：《中国民俗学史》，成都，巴蜀书社，1995。

2. 陈思和主编：《中国当代文学史教程》，上海，复旦大学出版社，1999。

3. 高有鹏：《中国民间文学史》，开封，河南大学出版社，2001。

4. 王文宝：《中国民俗研究史》，哈尔滨，黑龙江人民出版社，2003。

5. 陈泳超：《中国民间文学研究的现代轨辙》，北京，北京大学出版社，2005。

6. 毛巧晖：《涵化与归化——论延安时期解放区"民间文学"》，上海，上海辞书出版社，2006。

7. 刘锡诚：《20 世纪中国民间文学学术史》，开封，河南大学出版社，2006。

8. 毛巧晖：《20 世纪下半叶中国民间文艺学思想史》，上海，上海文化出版社，2010。

第三章 民俗学田野作业法

第一节 民俗学田野作业的性质、功能

民俗学，包括民间文学的田野作业，也称作"田野工作（field work）"、"田野调查"，是民俗学、社会学、人类学习惯采用的研究方法。民俗学田野作业，就是民俗研究者通过实地考察进行科学研究的方法，它包括现场观察，实地发现、搜集与分析资料的过程，也包括调查过程本身所建立的研究原则，它鼓励倡导学者走出书斋，深入社会，记录民俗事象、民间文学，采集民俗实物，对研究对象进行深入细致的观察和调查。民俗学（包括民间文学）是一门实践性很强的学科，一般来讲民俗学田野作业主要是实地搜集资料，现代社会环境发生很大的变化，对调查工作也提出新的要求，资料采集和分析都要求置放在民俗原环境中并予以解释，特别是在神话、民间故事等民间文学文本分析中，要求与民间传承变迁的民俗事象联系起来，综合观察分析。从实际研究看，文本分析和田野作业是民俗学研究的双翼，也是相辅相成，整体对接探究的方法，这些研究工作都在田野过程中体现出来。

从实际研究看，民俗学田野作业有三层意义，第一是在田野调研过程中，以资料为中心，发现、搜集第一手民间文献，记录民俗事象。传统"采风"式田野工作方法，主要目的就是搜集民间文学资料，如民歌、神话、传说、故事等。第二是田野技术训练，它主要指在调查过程中，研究者需要掌握的访谈、观察、分析技术，以及在搜集、解释材料过程中，需要注意的田野工作的相关知识。第三是方法论意义，它把田野实践活动本身，作为一种研究对象，体现科学研究的"反思性"原则，如怎样进入田野、建立田野关系，如何描述现场环境、怎样开始访谈，如何撰写田野报告，等等。

对于民俗学而言，"田野"实际上指的是一种实地考察和访问的工作方法，并不一定仅限于农村社会，也包括城市社会，如社区、工厂、单位等。传统意义上，民俗学田野工作一般在农村进行，所谓到民间采风，就是这种资料搜集活动的形象比喻。和人类学、社会学、民族学等学科一样，现代民俗学田野作业，研究范围和深度也在扩大，日本民俗学者甚至把企业也作为研究对象，当然，在这种环境下，民俗学所面临和解释的社会结构也更加复杂。田野作业不仅包括在实地搜集民俗事象、民间神话、故事、民歌等第一手资料，也包括学

者在田野作业中的反思和资料解释原则。

21世纪，民族民俗与非物质文化遗产成为热点，中国民俗学田野研究也成为人文学科中重要的学术生长点，学科发展机遇与挑战共存。现代社会环境下，民俗学田野研究要求在传统研究方法上，不断注入新的学科活力，提升民俗学解释社会的能力。钟敬文曾经指出中国民俗学田野作业的欠缺，认为无论在数量和质量上，民俗学田野作业都存在许多问题，这也是民俗学田野作业需要努力解决的问题：

> 中国典籍丰富，又有考据传统，因此，考据便成了中国民俗学的一大特色。但中国民俗学也存在许多问题，其中最大的问题之一，就是田野作业的欠缺。首先，从数量上看，与文本研究相比，我们的田野作业明显偏少，其结果，自然影响到研究范围的拓展和人们对民俗事项的整体把握。其次，由于搜集者多半是热心民俗但又缺少学术训练的民间人士，他们所关注的是文本本身，而对相关语境则缺少起码关注，所以在搜集质量上便不能不打上许多折扣。①

从近些年研究看，民俗学田野作业成果较多，大多采用个案深描的方法实现民俗田野研究的目标。这种研究方法虽然得到学术界的肯定，但是研究报告，多数存在理论解释力弱，应用性差，在面对现代民俗变迁时，缺乏针对性，对实际社会中的民俗变迁，难以提出具有可操作性的文化评估。因此现代民俗学田野作业，在研究方法上应该将田野过程、情境体验、反思性分析和理论建构四方面结合起来。田野作业的功能和意义，也主要体现在以下三个方面。

第一，在田野调查过程中，研究者能够发现新材料，获得当地人对资料的文化解释，可以与文献材料互读、对读，探究地方不同角色文化表述的异同，丰富对民俗社会的认识。在资料搜集方面，尤其是村镇一级的民间文献，如碑刻、家谱、契约、礼簿账单、村史资料、村镇档案等，这些资料往往没有正式出版，属于内部资料，有的是个人手抄的回忆录，像老人笔记，也有的是重修庙宇的捐资单，或者是村落庙宇内还愿的锦旗，等等。它们在图书馆中难以找到，但又是民俗研究者非常看重的资料，它们大都散存在民间，不被重视，因

---

① 苑利主编：《二十世纪中国民俗学经典》，"序言"（钟敬文作），北京，社会科学文献出版社，2002。

此非常珍贵。在实地调研过程中，我们不仅可以发现新材料，而且可以通过访谈，了解民俗社会对这些资料的解释，如碑刻存放地点，它在寺庙中的空间意义，家谱所记姓名和立碑人是否有重合等。特别是一些当地俗语，一定要知道当地是如何使用的，它的意义指什么。这种工作方法，避免研究者仅从文字上主观理解民俗意义，从而使资料在实际生活中变得生动鲜活起来，对于民俗学而言，这种对社会活态文化的整体把握，特别有价值。

第二，在田野调查过程中，研究者可以丰富民俗现场体验，了解实际民俗知识，熟悉民间文学流传的生活空间，进一步充实已有材料。事实上，研究者通过实地走访，可以绘制村落文化景观示意图，实际测量建筑物之间距离，等等，也可以亲自感受民俗实物的造型、色彩、质地、神韵等，这对于民俗观察非常有益，比单纯查证文献更能保持立体直观特点。有的民俗调研虽然时间短，但实地走一遍不仅可以获得丰富的体验，也可以增加对当地民俗的理解。此外田野作业可以核实已有材料介绍。有的文献材料不注明记录民俗活动的时间、地点，究竟是现在的，还是已经消失的民俗，并不清楚，会误导我们对材料的分析判断。经过实地访谈发现，文献中记载的有些民俗生活形态依然还在，

太谷县阳邑村端午节俗门贴画，2010 年 8 月 17 日，卫才华摄

有些只剩下记忆了。田野研究可以观察和讨论这种变化，究竟哪些民俗还存在，哪些转换为其他形态，哪些已经消失，这样我们可以通过田野民俗调查的视角，发现很多有价值的学术问题。

第三，在田野调查过程中，研究者可以掌握民俗背后的大量故事，拓宽资料的背景信息，建立资料使用原则。调研中，搜集到民歌，我们会详细了解民歌手的个人生平、所唱民歌特点。看到家谱，研究者会详细记录保存人情况，以及如何保存家谱的故事，了解围绕家谱产生的其他故事，分析其中蕴含的社会关系，这样不仅把家谱作为一种文本进行研究，也关注由它而生的相关社会故事。实地考察民居，研究者可以注意了解现在院里住的什么人，住了多长时间，和原院落主人是什么关系，以此来了解一个院落的兴衰史、生活史变迁。这些背景信息使得民俗资料的使用，保持一定程度的有效性、科学性。这些工作突出了民俗学既是历史的，又是当代的学科特点。在田野过程中，研究者不仅观察别人，同时也被别人观察，整个田野过程是互动的。如何与被访人确立田野关系是非常重

要的，所以在调查中，政府介绍、熟人关系、老乡关系都是经常采用的沟通方式。研究者面对的采访对象，大多是一些热爱家乡文化、留心乡村历史的"文化人"，其中也有政府工作人员，他们非常热爱当地的风土人情，在一起调查中会互相启发，共同思考。在某些方面，研究者必须向他们请教学习，尊重当地文化表述，这种合作会使调查研究更加有益，也能显示出现实意义。一定程度上讲，田野研究不仅只关注一定地区的某种民俗和历史，而且还要了解这片土地上生活的人们如何理解、表述、认同自己的民俗知识。

第二节　民俗学田野调查类型

　　民俗学田野调查类型根据学术目标，可以分成不同的民俗学调查类型。如问卷法、访谈法、参与观察法。从时间上看，有定点跟踪调查和周期调查。从地点选择上看，有普访调查和个案调查。根据调查任务也分为普访调查、初步调查、回访调查、问题调查和资料调查。从实际研究看，在调查中主要有以下两种工作方法。

　　第一，资料搜集与民俗普查。

　　这种方法适合于项目和团队民俗调查，侧重民俗资料的普查、搜集和整理，并在此基础上，形成应用性区域民俗评估报告，或者专题民俗评估报告。① 这种民俗调查主要关注研究与应用的关系。区域民俗评估是对特定区域民俗现状的整体调查，如对某村镇的民俗调查报告，可以摸清已有民俗，并在此基础上作出社会评价。专题民俗评估，是对所属区域的代表性民俗、地方特色民俗进行专项调查，如以下一些题目：《永济市韩阳镇长旺村春节"背冰"习俗调查报告》《五台县台怀镇杨林街五爷庙春节上香习俗调查报告》《大同郊区云冈镇春节旺火习俗调查》《平定县娘子关镇下董寨村元宵节跑马牌习俗调查》，等等。所以现代民俗调查不仅关注历史民俗，正在消失的民俗，也要关注民俗的现代变迁，所谓"文化复兴"中的民俗。比如说在村镇民俗访谈中，是不是民俗与非物质文化遗产普查的 14 类项目在这个村镇都存在？有什么？没有什么？在哪些时间内，民俗文化消失了多少种？哪些没有消失？它的生命力在于什么？现代民俗恢复状况如何？为什么？过程怎么样？与历史上比较有

---

① 参见董晓萍：《非物质文化遗产与民俗评估》，载《北京师范大学学报》（社会科学版），2005（5）。

哪些变化？等等。①

　　在现实社会效应上，这种类型民俗调查努力表达出民俗评估的声音，而不只是就民俗谈民俗，忽视了社会结构和现代传承。现代民俗调查应具有对策性、操作性、应用性特征，而不是仅停留在学术论争中。在村镇民俗调查中，应重视人口、土地、资源、性别比、收入来源、耕地状况等数据信息的搜集，必要时也需采用绘图、统计等常用调查方法，分析调查数据。在具体研究中，可以将这些资料和民俗观察结合进行，探索宏观社会结构和民俗文化的深层机制，提升民俗学的解释力。

　　这种调研可以为村镇社会状况提供信息与文化评估，可以为减贫与发展提供政策咨询，也能针对一些民俗现实问题，引起特别关注。如民俗文化产业与市场机制的问题，是地方政府和社会普遍关心的问题，事实上也是民俗调查不可回避，必须面对的问题。像村镇民俗旅游、民俗博物馆展览、老字号企业经营中的民俗文化含量、民俗个体的手艺民俗与文化创收。这些现代民俗现象，既有政府层面的民俗开发与保护，也有为增加农民收入的个人民俗制品，还有节庆时民俗表演收入和博物馆民俗旅游等，与市场关系较为紧密。市场化路径可能是现代民俗传承的主要类型，但是又与传统民俗有距离，新时期民俗文化传承与市场互动的复杂关系，恰恰是社会转型过程中文化的深层次结构性转换，这对于民俗传承调查而言，既是机遇也是挑战，需要认真研究。如以下一些题目：《太原东湖"美和居"老陈醋传统制作技艺调查》《平阳木版年画及其博物馆运行机制调查研究》《临汾市蒲剧团演剧现状调查》《临汾市民间威风锣鼓表演团调查》，等等。这些民俗调查，比较关注现代民俗现状和传承变化，时效性、应用性比较强，是现代民俗调查的重要类型。

　　第二，个案式调查方法。

　　个案研究法，是社会学、人类学、历史学、民俗学等学科常采用的研究方式，也是质性研究的主要工作方法。个案的范围可大可小，根据不同的研究目标而定，可以是一个人的口述史、一起事件、一个单位、一个社区、一个村庄，甚至是一场表演。它通过细致入微的描述、实际观察，达到对小区域内社会意义的分析。这种调查方法注重微观社会关系，以及人与人之间的互动过程、生活经历

---

　　① 民俗普查中14种民俗事象分类分别是：民间文学、民间音乐、民间舞蹈、民间戏曲、民间曲艺、民间杂技、民间美术、民间手工技艺、生产商贸习俗、消费习俗、人生礼仪、岁时节令、传统体育与竞技、传统医药。参见钟敬文主编：《民俗学概论》，上海，上海文艺出版社，1998。

和现场情景，在现实生活中追求整体理解的研究方式。民俗学田野作业中个案调查的运用，一种是采用"民俗志"方法，① 它指针对特定研究对象，通过理论思维去安排和叙述资料，达到恢复、再现民俗文化的目标。钟敬文认为：

> 民俗志的编纂，可以分不同种类。我们现有的这方面著述，就有多种形式。有的是以国家为主体的，如中华全国风俗志；有的是按地区划分的，如苏州风俗志，甚至小到一个村，如耿村民俗；有的是单项的，如云南婚俗志；也有的是综合的，如河北戏曲志等；可大可小。总的说，它的性质是记录的，不是理论的。当然，就是记录资料，也要用理论的思维去安排和叙述，使民俗志的写作达到再现民众文化的目标。②

在此基础上，民俗学者提出"田野民俗志"，认为"民俗志的范畴十分明确，指搜集、记录民俗资料的科学活动和对民俗资料的具体描述"，③ 并且进一步指出，"田野民俗志的理论核心，正是把学者放到民众中间去，让学者在民间社会的原环境中，建立资料系统，考察民众也反观自己，然后在双方认同的条件下，进行理论提取，指认文化脉络，阐释民俗和保管民俗"。④

> 田野民俗志的主旨，是研究建立民俗资料系统的基本原则，也研究民俗学田野作业的理论体系，要求从总体上，把握民俗学的资料、理论与方法，解释民俗文化与民族共同体其他文化的分流与合作关系。它是一个揭示民俗资料的社会内涵、文化脉络和思维结构的理论系统。⑤

---

① "民俗志"概念最早由钟敬文在《建立中国民俗学派》中提出，民俗志在性质上是以理论为支撑的记录民俗学，是一种资料整理和研究并行的理论方法。撰写民俗志的过程中，不仅可以利用中国广大的农村地区的田野资料，还强调对中国民俗史料，尤其是地方志文献的自觉开发和使用。参见钟敬文：《建立中国民俗学派》，48页，哈尔滨，黑龙江教育出版社，1999。

② 钟敬文：《建立中国民俗学派》，48页，哈尔滨，黑龙江教育出版社，1999。引文中所指著作如：胡朴安：《中华全国风俗志》，郑州，中州古籍出版社，1990；周振鹤：《苏州风俗》，上海，上海文艺出版社，1989；袁学骏主编：《耿村民俗》，北京，中国民间文艺出版社，1990；杨知勇等：《云南少数民族婚俗志》，昆明，云南民族出版社，1983；中国戏曲志编辑委员会：《中国戏曲志·河北卷》，北京，中国ISBN中心，1993。

③ 董晓萍：《田野民俗志》，4页，北京，北京师范大学出版社，2003。

④ 同上书，11页。

⑤ 同上书，9页。

　　民俗学者所倡导的田野民俗志，实际上也非常重视文献民俗志，他们致力于将田野民俗志和文献民俗志结合研究，从而在整体上建立民俗资料的基本原则，以便在一个学术框架内阐释民俗关系变化。

　　初次进行民俗调查的研究者，常常感觉访谈资料是琐碎的、凌乱的，难以从总体上把握民俗事项之间的相关性。进入田野后，会使之陷入困惑，出现麻木状态，只见树木，不见森林。那么，如何解决资料繁杂问题呢？近些年，在非物质文化遗产普查工作环境下，民俗学者积极探索调查方法和田野民俗志报告写法。在借鉴民族志书写模式与解释人类学等相关理论的基础上，民俗学者提出"标志性文化统领式民俗志"写法，认为在地方民俗事象中，有些能够突出地方文化特征，体现地方文化自觉的民俗，围绕这些民俗，观察这些民俗，联系其他民俗，就能够正确认识地方社会的民俗结构。他们进一步指出：

　　　　传统体例的民俗志对民俗事象的分类写作，存在着将作为整体并具有互释性的生活文化割裂的倾向。……"标志性文化"这一核心概念，倡导"标志性文化统领式"的新式民俗志写作，以提升抢救与保护民俗文化的认识水平。……所谓标志性文化……它一般要具备以下三个条件：第一，能够反映这个地方特殊的历史进程和贡献；第二，体现地方民众的集体性格和气质，具有薪尽火传的生命力；第三，深刻地联系着地方民众的生活方式和诸多文化现象等三个主要特征。[①]

　　田野调查的最终成果是要呈现出一个系统的、科学反映社会文化真实的报告。这就要求我们的访谈不是为了访问而访问，调研成果要能真正解决田野研究的根本问题。因此这种民俗志写作方法，是民俗学田野作业重点思考的理论问题。研究者可以筛选出一种代表性的民俗，来连带其他民俗事象，透视整个区域社会的民俗关系。

　　另一种是研究性调查，是指对调查对象的具体时间、具体地点、具体个人、具体网络所发生的具体社会史的完整调查与分析。这种个案研究，与描述性民俗志个案法不同，主要围绕学术问题调查，通过对民俗学学术史中某一问题进行调查，探讨社会结构中的民俗网络，特别是区域地方传统文化中的民俗机制。其目的不是为了提供研究例证，而是通过民俗学视角，增加民俗解释的

---

　　① 参见刘铁梁：《"标志性文化统领式"民俗志的理论与实践》，载《北京师范大学学报》（社会科学版），2005（6）。

可能，通过特殊的个案研究提炼普遍理论。如民俗性别问题、土地民俗问题、商业民俗问题、用水民俗问题、献祭问题、供品流转问题、工匠与技术民俗问题、民俗宗教问题等，如《现代商业的社会史研究：北京成文厚（1942—1952）》。① 该文研究山东商人刘国樑与账簿业老字号"成文厚"的历史，主要使用材料是 1949 年至 1954 年的档案和口述史。论文探究了中小商人的行业知识传承在北京城市现代化进程中，如何发展新兴行业文化，给城市社会发展注入活力。这种研究，以小见大，富有生活气息，是民俗学与历史学交叉完成的研究性个案。

这类调查需要预先对研究事象进行理论假设。在分析已有资料的基础上，在实践工作中，围绕预设理论组织调研和访谈，通过调查实践，从资料案例中提升观点，最后完善理论思考，这种假设是一种有意义的观点陈述，也是在田野研究中理论的初步尝试。例如，对一个天主教村庄的理论预设。

山西省清徐县六合村天主教信仰调查研究

在山西省清徐县清源镇，有一个被称为山西省最大天主教村的村庄——六合村。村里 90% 以上的人信仰天主教，并且大多数世代奉教，历史可追溯到清朝康熙年间，每年的 12 月 25 日圣诞节，是六合村人们最为隆重的节日。调查计划在春节期间进行，主要探讨村庄民俗生活，特别是村民是如何安排传统春节和天主教的民俗活动，进而了解制度宗教对乡村社会结构的影响。

理论假设。村庄史和天主教传入过程是同步的，乡村精英人物的社会影响，强化了天主教信众基础。初期，民众排斥天主教，把他们称为"教鬼子"，很多教徒是为了接受教会物质等方面帮助而入教，当地有"入教鬼，吃饱饭"等说法。这和六合村移民特点有关，所以天主教在城外河滩建成，移民信仰可能是宗教传播的主要因素。就传统节俗和天主教节日互动来看，在村庄里，春节习俗和天主教习俗相互影响。民众可能会像过春节一样过圣诞，用民间信仰的思考方式，崇奉天主教，将圣诞节地方化，发挥节俗功能。②

---

① 参见董晓萍、蓝克利：《现代商业的社会史研究：北京成文厚（1942—1952）》，载《北京师范大学学报》（社会科学版），2010（2）。

② 陈锦慧：《一个村庄里的春节与圣诞节——山西省清徐县六合村天主教信仰的民俗调查》，山西大学 2009 级民俗学硕士论文，打印稿。

个案的研究性调查，如何能够以微观见宏观，揭示社会深层意义。在定量与定性研究的争论中，社会学者也试图努力摆脱个案的局限。布洛维（Michael Burawoy）提出的"拓展个案法"（Extend Case Method），就是一种通过参与观察，将日常生活置于其超越地方和历史情境中加以考察的研究方法，作为一种研究方法，它体现了"反思性科学"的原则。

拓展个案法将反思性科学应用到民族志当中，目的是从"特殊"中抽取出一般、从"微观"移动到"宏观"，并将"现在"和"过去"建立连接以预测"未来"——所有这一切都依赖于事先存在的理论。①

在个案解释力的提升过程中，民俗学调研需要注意"情境田野"调查，要求我们不要过分强调材料使用的客观性、主观性，而把田野设置为一种情境，在田野过程中，你我相互观察，你的眼神、身体、形象、职业、引介人等都会产生不同的田野效应。这样不能仅从主客观二分法来判别价值，而要从互动中分析建立你的材料使用原则。

第三节　田野访谈人、碑刻和口述史

田野实践刚开始会比较紧张，可能意想不到的各种场合都会出现，有时候在办公室和镇长、书记谈，有时候和老百姓在田间地头谈，有时候和地方文化人聊天，有时候和政府人员、普通老人一起聊天，可能一时真不知道问什么，何况调查地还比较陌生。面对同一问题，他们有时候各抒己见，把调查人搞得云里雾里，不知所措。这时应该冷静分析，发现差异之间的问题，是由于材料个性化，还是确实隐藏着更深的社会历史原因。其实，田野目标就是找一个陌生人谈自己喜欢的话题。那么面对不同的被访人，怎样沟通，获取有价值的信息就显得特别重要。调查过程中，主要有以下田野关系需要处理。

政府人员。在实施课题项目过程中，特别是横向课题中，研究者不可回避的是一定要和政府部门联系。"地方政府是联结国家指导部门、基层农民与外来学者的桥梁，是政府决策与民俗学调查的一个交叉点。"② 在我们的调查中，

---

① ［美］麦可·布洛维：《公共社会学》，沈原等译，79～80 页，北京，社会科学文献出版社，2007。

② 董晓萍：《田野民俗志》，253 页，北京，北京师范大学出版社，2003。

这种政府关系可以分为：第一种，业务单位关系，这类田野关系和调查非常紧密，它们既熟悉政府，又熟悉基层社会文化，和它们的访谈也是一种田野关系。如和文化局、文物局、博物馆、史志办、档案馆等单位的沟通。第二种，各级区政府、镇政府、村委会，它们是调查地的主管单位，熟悉地方往来事务，可能有基础数据资料，这些部门可以直接帮你联络合适的访谈人。第三种关系，主要就是村长、居委会主任、街道主任等人员，他们是最基层单位负责人，需要调查者充分重视和他们之间田野关系的建立。

调查时在与当地政府沟通介绍来意时，需要注意很多细节。比如调查时间是否是休息日，政府人员办不办公。有时他们对事务性工作比较反感，使调查研究发生障碍。不过也有的业务单位负责人，非常热情，对当地文化既热爱又熟悉，还能有自己的研究和见解。我们应该和对方合作研究，共同探讨。

政府关系中涉及的是乡镇村等调查地主管单位，这类田野关系，需要准备谈话方案，有时调查设计太过专业，并不适合沟通，需要准备工作语言，简明扼要地说明来意，提出最需要的帮助。同时也需要互动，研究者调查能帮助对方整理一些文化资料，在田野结束后应该及时沟通反馈，答应的报告一定要按时完成和交付。

文化人。当地的文化人，熟悉当地社会关系热爱家乡历史，是调查中特别理想的合作者，他们既是向导，又是调查对象，还是地方资料的保存人；他们熟悉地方，能帮助调查快速进入田野，获得有价值的信息，也能够发现他们如何理解自己的文化。这类关系中，有些人初次面对调查，言语谨慎，保护资料，需要耐心沟通；也有些人开朗健谈，交谈甚欢，可能还会按照他的想法，安排你的调查研究，调查人应有心理准备。有时候他们也希望调查人能和他共享一些资料，我们应该充分尊重。有的被访人资料很多，如果谈话特别投机，可能你会大有收获。也有的当地文化人，愿意宣传家乡文化，很乐意和别人分享手中的资料。

普通民众。普通民众可能对你的调查一问三不知，让你的田野期待大失所望。有可能是在回答问题时，言语支吾，说话谨慎，并且时断时续。在有些情况下，他们似乎没有话语权，不能够很好地表达自己的文化。不要忽视这类访谈对象，他们可能代表民俗的实际状态。面对这类被访者，要仔细倾听他们的讲述，有时需要考虑对方的谈话情绪，引导他们谈自己的民俗参与过程和感受，或者家庭生活细节，对问题性调查而言，需要根据调查者准备的关键问题，来进行沟通访谈。

总之，在田野调查的现场中，我们会遇到各种社会角色的访谈人，这就需要我们恰当的处理与他们之间的关系。在以往田野调查中，研究者一般都是固定的居住在某一地方长达几个月甚至几年，熟悉当地的民风民俗，做人类学式的深描，这对选点的要求很高。现代社会环境下，田野调查形式和任务多样化，调查者应该熟悉各种田野关系的建立，这样会使研究更加有益。

民俗学调查者的理论修养和素质培养特别重要，参与田野作业的人员必须经过严格的培训。在田野实践中，准备的调查设计似乎不能很好地利用起来，主要原因是经验不足。为了克服这种紧张情况，我们可以采用实物询问法。因为在寺庙现场，或者面对民俗实物，我们的访问往往能够有的放矢，对有些专题访谈效果要好一些。当然，也有的问题适合在私人空间访谈，如比较敏感忌讳的个人问题，身世、婚姻、收入、占卜、祭祀，等等。我们也可以采用过渡问题法。过渡问题其实就是一些聊天套话，这些问题看似"废话"，实际上是研究者在调整情绪，争取被访人主动发言，从而建立最有效的谈话，也能空出进一步思考时间，寻找新的研究点。比如说村里大约有多少户？这个碑是在这座庙里存放吗？还有别的碑吗？什么年代的？有些问题可能已经熟悉，但是为了引起其他问题，我们需要一些过渡性谈话。

在民俗学田野作业中，我们不仅要处理好各种田野关系，联系好访谈人，也要对材料搜集与解读方法，做必要的准备。例如：

调查民间文学应该注意的问题，我们应该忠实详细地记录。用讲述者的语言，不要用调查者自己的语言。有些方言用拼音标记，翻译整理后要保存原稿。

民间文学文本的形成主要是靠录音和文字书写。讲唱者的表情、语气、手势，讲唱现场的环境、气氛以及与听众的互动，特别是一些民间文学作品，如史诗、歌谣等，在劳动或仪式中的现场使用情境，如史诗在祭祀中的使用、号子在劳动中的使用、歌谣在叫魂、驱鬼中的使用等，都是民间文学的重要组成部分。

具体记录时，应该关注被采访人的基本情况（姓名、性别、出生年月、民族、受教育程度、职业等）；被采访人的经历及传承情况；本地有哪些民间文学形式？讲述人会讲哪些传说、故事、诗歌、谚语、格言、歇后语和谜语？有无手抄本资料？有无相关的仪式或风俗？是否有相关书籍出版？传承人的现状，传承情况如何？等等。①

民俗学田野作业中如何读碑、读家谱？

碑刻是田野调查中重要的文献资料。在田野调查之前我们应该了解相关石刻学知识，多读碑文，找到感觉，熟悉碑的形制，碑文信息等。碑有很多套语，

---

① 参见山西省非物质文化遗产保护中心：《山西省非物质文化遗产普查实用精要》，打印稿，2008。

如太平盛世，立碑纪念，等等。读碑、抄碑的时候，先看基本信息，然后再看我们感兴趣的，注意立碑的时间意义。什么时候重修的，为什么会重修，谁修的。读碑文时间，不仅仅记下年代，还要关注整个时代背景知识，哪个朝代，有哪些重要历史事件和基本政策，比如知道在当时谁是县官，有什么政绩，有什么灾荒或是大的历史事件，要清楚背景事件，然后就能概括叙述一个立碑的故事。一定要看碑阴，哪些人，哪些村，哪些会、社修的，有哪些姓，哪些宗族，有哪些组织。最重要的是分支的部分，就可以看为什么要建宗，可能是某个人发达了，或是做官，然后才立碑记事。找到同一时期的几块碑，就可以联系起来观察这个村子当时的概况。这个时期乡村社会结构面貌就有了轮廓。此外，要注意碑的空间意义，例如在什么庙内存放？立在什么位置？什么样的形制规模？为什么会这样？同时也要搞清楚时代背景，地方社会历史背景。

家谱阅读与分析，也要联系当地的历史，要倒着读过去。从现在往前追述，看什么时候家谱人数突然多起来。与其他材料结合起来，与碑刻、方志对照着读，也要了解当时社会的家族宗族特点，需要清楚这些背景知识。要注意家谱保存人及流传情况，也要记录家谱的形制特点。

民俗学田野作业中如何访谈和利用口述史？

首先是要如实地记录访谈资料，记录被访人详细的个人信息。访问是一个学习的过程，包括对当地民俗语汇都是一个学习的过程。如果对方听不明白你问的问题，调查人不要过多解释，避免引导对方按照你的想法来回答。或许在他的知识体系里，没有这个"概念"。最好的问题是最简单的问题，这是什么，发生了什么事，石碑是做什么的。让他来告诉你，会发现他所说的和你所理解的有时候不是一回事。要注意被访人的生平。不要按照你的设想来问，要像聊天一样，用他的生平来确定事件发生的年代。注意被访人用什么方式表达时间观念。哪些是他自己的经历，哪些是他听别人讲的，哪些是他自己猜的，这些要分清楚。一定要做好笔记，做了笔记就会有一个连续的过程，可以看自己提过什么问题，这样就可以把思考延续下去。不能全部依赖录音笔。最后就是尽量问他有没有文字的资料。有些人家就有宗谱、地契、账目、买卖的凭证之类的。研究时，要把各种材料都联系起来看。每个人身份背景不一样，他的记忆就不一样，讲述也不一样。有些口述史可能就是错的，如关于变革记忆错乱的现象很多，不要对这种调查紧张，应该知道如果能理清楚记忆的线索，研究也会有深度。[①]

---

① 参见《法国高等社会学学院博士候选人王华艳座谈纪要》，山西大学民俗所，2010年9月17日，打印稿。

第四节　现代民俗学田野作业特点与问题

第一，田野作业与文献资料的关系。如何处理田野与文献的关系，是我们在田野实践中经常遇到的问题。它们之间，有些是相互矛盾，有些是高度一致，有些情节不同，结构相同，有些模棱两可，不知其意。通常的方法是将田野资料和文献对读，也就是互相解释和印证的过程。在这一过程中，寻找一个区域内特别相关的主题，条分缕析地反复推敲论证，这往往能够发现重要的细节。有些民俗或传说现象，一时解决不了，可以先不考虑，留下疑问，或许积累成熟后，会得出满意的解释。我们的田野不是漫无边际的田野，而是一个相对有意义的空间，我们是带着思考和问题进入田野的，如神话传说、经典民间故事，我们可以在民俗田野中相互解释。研究者可以在田野中交流这类"故事"，是否还有遗存，或者广为流传，是否和史志文献记载一样。从现在使用的史志、方志来看，也是有局限的，它们可能也有主观性，针对同一个问题，我们要运用多种材料观察分析，寻求多种文化解释，呈现一个社会文化的多种样态。

第二，从细节观察入手，发现理论问题。把它作为寻找内在民俗的核心环节。民俗研究者应该独具慧眼，能从平常中读出新意，发现别人忽视的细节，这往往是问题的价值所在。比如说，在细节观察中，可以使用口述史资料。民俗学者可以通过口述史来补充碑刻史、文献史，丰富材料信息和种类。田野实践中，访谈个人的口述史、家庭史，细腻而生动，微观之处也可以管窥宏观社会的深层意义。还可以在调查研究中加入田野日记，梳理一天的工作，重点记录一些信息和线索，同时把自己的内心起伏，挫折经验，逆境局限都写出来，这是民俗学田野作业的一部分，对研究报告也是一种补充。再如，在细节研究中，对田野过程和现场情境也应该注意。我们把怎么样联系，前面作了多少准备，先后联络了多少人，最终怎样费尽周折到达目的地，找见访谈人，获得资料的过程要交代清楚，甚至包括对访谈的场景要作描述。在办公室，在田间地头，哪些人共同调查，对方的反应，对方看我们的眼神，我们的一举一动对他访谈的影响等，需要带理论的"深描"。民俗学在口述史访谈过程中，也需要借鉴社会学"谈话分析"方法。在谈话过程中，构建理论目标，把谈话本身作为一种田野访谈活动，作为研究对象。① 调查研究中，如果把调查和研究细节处理好，别人在阅读你的报告时，不仅理解你的分析内容，或许也能感受到你田野工作的气息，亲切真实，甚至活灵活现，研究也显得丰富而生动，充分体现出民俗学的研究特色。这些可以借鉴"双窗口"的方法，② 训练自己的观察细节的能力。如下面的早市观察。

北京隆福寺早市商业民俗调查计划③

理论假设：北京隆福寺早市商业，是隆福寺历史商业民俗传承延续的一部分。

调查背景：早市一般指在市镇中，早上6点至9点之间形成的临时性商业。它主要针对的消费群体是附近居民，商品以果蔬肉蛋、小饰物器件等日常生活用品为主，价格便宜，购买方便。隆福寺街商业历史悠久，曾是北京城商业繁华区的中心之一。隆福寺是明清皇家寺院，在此基础上的隆福寺庙会也是旧北京著名的庙市、庙会，被誉为"诸市之冠"。20世纪90年代以后，隆福寺街区商业逐渐衰落，东城区政府也多次组织市集活动和商业开发，试图恢复往日隆福寺的商业活力，都没有取得好效果。据调查，由于隆福寺社区附近没有早市，90年代之后逐渐在隆福寺街中恢复了早市，现在由景山街道办隆福寺市场管理处具体负责管理。④ 本次调查的重点是，从隆福寺早市调查切入，宏观了解隆福寺商业民俗传承的要素，包括隆福寺建筑、整体社区商业环境等，也通过商户个案观察，了解早市市场经营的民俗特点。主要方法是观察法、访谈法。调查时间是2009年10月11日、10月13日、10月19日。观察对象主要是隆福寺早市商贩。

---

① 谈话分析来自于西方社会学20世纪60年代民族方法学或俗民方法论，强调个人微观社会互动，缺乏对时间和历史的关注，是研究人们在日常生活互动中使用方法的理论，代表人物是美国社会学家芬克尔（Harold Garfinkel）。

② 参见董晓萍：《田野民俗志》，291～299页，北京，北京师范大学出版社，2003。

③ 卫才华：《北京隆福寺早市商业民俗调查计划》，2009。打印稿，该计划得到北京师范大学董晓萍教授"现代民俗学"课堂指导。

④ 王玉甫：《隆福春秋》，北京，中国社会出版社，1995。王玉甫编：《隆福漫笔》，北京，中国档案出版社，1998。

一、隆福寺早市、建筑、商店的整体观察

观察资料	现场反应	视角表达式
古色古香的隆福寺门楼	隆福寺是现在街区地名	历史与现代都认同的文化符号
隆福大厦①	曾经是现代商业大厦，现在已歇业	隆福寺街区的商业史辉煌
低矮隆福寺街巷胡同	老北京居民区	居住户和商户高档消费定位的不统一
隆福寺社区居委会	政府管理	隆福寺是社区管理的核心区域，但与市场却联系不起来
老字号白魁和、馄饨侯	一个生意兴隆，一个已倒闭	老字号是民众认可的饮食消费模式，但也要靠各自市场经营
娃哈哈大酒店隆福寺店	连锁高档酒店在隆福寺广场寻找商机	高消费群体定位和隆福寺传统低档消费模式的协调
早市商户和顾客挤满了隆福寺东西街	早市有经济活力	隆福寺商业民俗和市民消费传统还在
中老年顾客较多，早市过后也有三三两两的老年人逛街	附近遛弯晨练的居民	老北京对隆福寺商业消费有感情
外国游客	京城自助游客住在隆福寺宾馆，离皇城比较近，价格也合适，可以深入了解附近老北京的文化古迹	旅游消费和日常消费的不同，使隆福寺住宿业并没有带动餐饮业的整体发展
临时小摊贩价格便宜，蔬菜、水果等日用品摊占多数	提供时鲜果蔬，贴近市民生活，方便快捷，不浪费时间	市场选择和消费定位一致的话，经济就有活力

---

① 1993年8月，一场罕见大火使隆福大厦乃至隆福寺街元气大伤。2000年隆福寺商业街重新改造，定位在小吃与服装上，经营效果不理想。2001年8月隆福大厦闭门谢客，欲改造成类似秀水街的服装市场，后又曾致力于纺织产品，但一直难以重振人气，后经改造装修形成如今的隆福大厦数码广场，但营业生意一直不好。

续表

观察资料	现场反应	视角表达式
戴袖标的隆福寺市场管理员	政府管理	市场中的政府管理定位
固定商店和早市临时小摊也营业	固定服装商户和饮食商户适时抓住商机	商店和商贩是市场分层形式
隆福寺街固定商店	多是价格低廉的服装商店	适合路人，尤其是老年人在比较宽松的环境中购物，没有压迫感
长虹电影院	因为隆福寺商业不景气，有便宜的场地，可以免费停车；走高端路线，与周围商业布局格格不入	文化消费的理想场所，但是以中老年人居多，年轻人的文化娱乐消费是和时尚购物消费联系在一起的。可以发现隆福寺企业经营者数量多、性质复杂，有国有的、有民营的；有市属的、有区办的，经营范围涉及的也是十分广泛，有吃的、有穿的、有用的

二、小杂货摊的个案观察与访谈

观察资料	现场反应	访谈资料	视角表达式
时间：早6：00—6：30 地点：隆福大厦下面通道一侧，小杂货摊年轻夫妇两人开始摆摊，位置在最靠里，不是很好	平板车上都是一元左右的杂货，适合早市销售		早市的商品定位是物美价廉、贴近百姓生活，让顾客方便挑选，这正是早市商业能够存在的原因。年轻夫妇是河南人，在别处有自己固定摊位
时间：早6：30—7：00 旁边卖小吃的来来往往，生意很好，杂货摊前生意冷清	位置比较偏，同行商摊不在一起。摊主是新来的商户，居民还不太信赖	卖小吃的说："我们在这好多年了，这儿的人爱吃这卤煮"	一些商品，同行在一起销售，能够产生规模效应，消费群体比较集中。商户和老顾客之间有潜在的信誉和质量保证

续表

观察资料	现场反应	访谈资料	视角表达式
时间：早6：30—7：00 有两位中年妇女购买了20元的厨房用品，原本是25元，讨价还价后以20元成交	早市商品都可以讨价还价，最后以双方比较满意的方式成交		谈价钱是顾客和商户建立初级消费关系的第一步
时间：早7：30—8：00 逐渐有年轻人，可能是上班族，通过隆福寺街赶去坐地铁	交通方便		年轻的上班族没有时间和精力关注这种小摊。无法形成长期市场
时间：早8：30—9：00 戴红袖标的市场管理人员开始吹哨，小杂货摊赶紧收拾	早市时间到，管理人员让商贩收摊	"这摊位怎么租啊？""按占的地方大小和位置，我这是1米2，一月500"	政府有严格的市场管理，在9点以后，恢复隆福寺街道秩序
时间：早8：30—9：00 小杂货摊赶紧收拾摊位，准备离开	很着急收摊的样子	这早市还不定开到什么时候，广场地下商场弄好了就不开了。我在的这地方是长虹影院的停车场，他们还问我收钱，人家要赶我走，我还没地方去呢。卖水果的还行，过两年都换汽车了，卖这小物件的不行	商户市场选择也在不断调整，也有对市场管理的担忧

观察资料	现场反应	访谈资料	视角表达式
时间：早8：30—9：00 杂货摊主最后叫卖，"五元一堆啊"，其他蔬菜、水果商户也最后削价处理	小商品经营的灵活性。所以早市收摊时反而是最热闹的时候	摊主说："我有个铺在地坛公园超市那，有一间铺子，有点大，我想把隔开租出去，一个月两千，你卖什么，	商户经营采用多种方式，降低风险成本
时间：早9：30—10：00 隆福寺街早市商摊全部撤走，街道空阔，清洁人员开始打扫，固定商店大都开始正式营业	早市熙熙攘攘的市场活力，和九点之后冷冷清清的隆福寺大街，让人不敢相信这是同一个街道	有兴趣的话可以去看看。单靠这早市卖的这还不把人饿死"	经营特色和城市整体市场功能联系在一起，重振商业人气，需要重新考虑隆福寺在北京消费者中的地位和期待

总结：从隆福寺早市、建筑、商店的整体观察看，早市经营以瓜果肉蔬、日用品为主，消费群体多是附近居民，以中老年人居多，是晨练和购物一体的消费方式。这些特点和隆福寺庙会商业有很多相通之处。隆福寺市民商业生活形态可能还在，隆福寺传统商业民俗活力还有待进一步挖掘。从隆福寺早市杂货摊观察看，早市的形成契合老北京住户的购物习惯，早市对商户也有选择，投资成本较小，有的商户有固定商店，多种形式经营，避免风险。早市的这种商业传统沿袭了隆福寺历史商业民俗的核心要素，低档消费，购物习惯等。值得注意的是，国外大商业资本的运营方式给北京作为国际大都市的商业消费带来影响。对于老字号的商圈需要重新研究和规划，城市新居民消费习惯发生了变化，已有消费知识发生变化；城市物流供应链系统的普及成就了新的商圈，市场竞争发生变化。在这些新的市场形式下，隆福寺整体商圈特色不明显，而且由于历史原因，商业经营性质难以统一，没有形成很好的商业规划。应该在汲取传统隆福寺商业民俗优势，重新在文化内涵和民俗特色上打造城市商圈品牌。

第三，田野作业应从体验入手，民俗更多的是一种生活节奏和内在情感。这种过程包括以何种角色进入田野，会获得不同体验材料。我们的调查不仅要现场情境，也要研究者的亲身体验，将现场丰富的思考和观察，融入到你的研究中。可以说民俗学也是一种感受的民俗志书写。① 就调查中的体验来讲，乌丙安提出在民俗学研究中运用入乡随俗的体验法。

> 在运用民俗学方法的时候，需要考虑调查者自己的角色。……分为两种角色，一种是既有的原生性民俗文化归属的传承者角色，也就是说既是传承者角色……同时又具有专业工作者角色。这两者重合，产生更多的是对自己本民族原生民俗的偏爱，不是理性的，是感性的，情绪色彩是很浓的，非常喜欢自己民族的文化，所以她一旦回去，在那里充满了感情，参与到自己的民俗活动当中去，这是一种。第二就是，已经有原生性民俗文化归属的传承者角色，去观察、体验和研究异质民俗的，比如说我要到台湾考察泰雅、阿美，到西双版纳考察傣族，到红河谷考察彝族。这种情况下就会形成角色冲突，我不熟悉那里的歌，比如我去拜访海菜腔的两位老传人——那两个著名的原生态歌唱家李怀秀、李怀福姐弟的老师，他们谈怎样培养弟子。……这种情况下形成的角色冲突在一开始会产生过多的民俗偏见，也是感性的，也是情绪的，排斥的，就像我老觉得我那个蒙古族民族的文化好，你这个西南少数民族的不好，有点接受不了，看不惯。……这是两个角色的重合。在田野作业中要克服民俗偏爱或民俗偏见，这两种观念都是不科学的。②

民俗学者所谈的体验，一种是"家乡"体验，无论是角色如何变，反观熟识的民俗是一种独特的田野民俗的心理过程，可能会熟视无睹，也可能会敏感多虑。文艺研究者也发现这种现象，把它称为写作中的"童年经验"。一种是"异文化"体验，这有些类似于人类学的调查，环境陌生、语言障碍、举目无亲，民俗调查有时也会有这种感觉。处理这种不适应，应该秉持尊重和亲近原则。只有这样研究者才能理解当地的文化特征，增强对当地民俗的认识。

第四，民俗学田野作业，应该从"民俗—事件"入手。事件往往能够集中、放大民俗关系。就是通过一个民俗焦点来观察了解各类社会角色在民俗意义上的互动，在这个过程空间中民俗最容易被放大，便于我们观察清楚，利于分析。例如，一个庙会，在特定时间、特定地点，各种社会角色会同时登台，

---

① 参见刘铁梁：《作为感受之学的民俗志》，中央民族大学讲座，2010 年 9 月 26 日。

② 乌丙安：《入乡随俗的田野作业——民俗学方法论之一》，见王文章主编：《非物质文化遗产保护与田野工作方法》，北京，文化艺术出版社，2008。

集中表演，研究者可以有效组织访谈主题，集中精力分析。再如，一个家庭的婚丧嫁娶，宗族姻亲、亲朋好友都会到场，可以看出一个家庭的社会关系网，同时也有一些民俗仪式，能够现场观察。我们经常感叹，现代民俗调查非常困难，乡村建筑都相差无几，年轻人也不知道民俗，只能是进村找庙，进庙找碑。其实如果把调查设定在民俗节庆，或者有"民俗—事件"的调查点，可以事半功倍。

第五，民俗学田野作业，应该寻找理论对话点。邻近学科质疑、批评民俗学科就是做材料的。这是因为我们的研究是描述性分析，其实要做到理论的"深描"也非容易之事。我们的民俗学个案研究往往倾向于自言自语。民俗调查报告一般是某某村镇，某某信仰调查，这也是别的学科批评民俗学的主要问题所在，实际上，这些工作对于资料建设非常有价值，但是也可以在一定程度上，对所思考的问题进一步探索。所以我们的田野研究，可以适当的尝试一些理论讨论，修正、补充、完善已有民俗学理论与方法，或许在某些方面还能够创新或者颠覆原有认识，这也是民俗学田野作业的出发点和目标。

目前来看，对于初次进入田野的研究者，主要有以下一些问题。

（一）从初次进行田野作业的研究者来讲，最容易把田野理解成"想象的田野""浪漫的田野"，以为田野是在农村浪漫的生活，是一幅老大爷、老大娘在大槐树底下讲述牛郎织女的风情画面，把民间过于理想化。在这种情况下，研究者真正进入田野后，会发生文化震撼，文化震惊，你看到的不是你想象的田野，于是不知所措，甚至手足无措。当你看不到淳朴的老大娘，神秘有趣的民俗没有展现在你面前，你一定会问民俗在哪里？事实上大量民俗不是可视的，有些民俗是在特定时间段出现的。我们不能说这不是真实的民间，但它与实际民俗生活是有距离的，事实上民俗社会也是丰富多彩的，我们不要把民俗社会简单理解，简单化。

（二）民间与官方的二元对立思考方式。我们在田野调查中容易产生三种拒绝情绪：第一，拒绝官方的材料，官方的立场，认为只有民间的才是真实的。第二，拒绝把官方引导进入田野的过程叫做田野，甚至认为那是田野中的负面形象，对此，研究者不仅不谈论，反而唯恐避之不及。第三，拒绝客观评价社会状况，对政府工作者有先天仇恨。认为只有来自民间原生态的才叫民俗，只要官员参与的就不纯了。在这种思维习惯影响下，对待民俗时我们非要刨根问底，非A即B，从来没有想过在一个地方社会形态中，可能存在ABC，或者A1、B1、C1等多种多样的生活形态。其实这个时候我们要运用理论，类型概括，来阐释一种文化丛态，而不是在唯一性上刨根问底。从以田野调查为主的研究看，我们需要提供我们观察到的现实的状况。

其实国家社会是一个二元社会结构，民间与官方是互动的，并不是官方信息全部不能使用，关键看如何处理这部分材料。我们要学会在实际生活中，客观分析各种材料，避免非此即彼的观点。文化真实是多种样态的，政府部门所展示的或者建构的未必就不是地方文化的真实，它一定是众多文化形态中的一个方面。

（三）研究者参与的田野过程不清楚，导致材料背景不充分，流失了很多有效信息，资料建立的学术原则不明确。在材料使用上仅提供材料，而不详细交代田野研究过程和搜集资料的过程。尤其是某种民俗的存在时间不明确，到底是消失的民俗还是活跃的民俗。资料的不清晰，让我们难以有效使用。还有一个问题，学生到田野中去调查，出发前有一种预设，在调查地会有一种浪漫多姿的民俗展现在那里，一定会有一位健谈的老人给你讲述民俗的全部细节，只要把他的讲话整理一下，就可以成文，这就是幸运的田野调查结果。实际上，我们对很多田野访谈的分析不够充分，大家介绍材料时，只介绍搜集的材料，而不谈材料搜集的过程。大家都愿意把结果展现出来，把材料直接呈现出来，而不能把它的背景信息加厚，对搜集过程进行研究，所以很多信息流失了。

（四）民俗调查的层次不清晰。把民俗调查混成一团，不分层次，不分结构。在这种情况下，片面依赖田野调查，以为田野调查可以解决一切问题。事实上，田野调查资料在使用时是有局限的。我们总以为民俗是摆在那里的，要知道有些民俗是管理者愿意让你了解的，是被展示的民俗，有些民俗是看不见的，是需要你观察的。有些民俗是形式的，内容却更丰富了，有些内容是民俗的，形式却发生了变化。现代民俗学无法回避这些问题，也是我们需要重点解决的，但是现在似乎我们总想寻找一些理想的、乃至消失的民俗，而对这些闭口不谈，事实上这正是你提升民俗学解释力的最好时机。比如，哪些民俗保存下来了，哪些消失了，为什么？我们在调查时，总是担心别人说，一种民俗没有了，这个民俗不存在，等等，其实不要慌乱，要冷静地分析，被调查者回答有或者没有，都没有关系，都是理论思考的一部分，消失本身也是一种意义。

就农村民俗调查来看，我们发现，要把文化品牌和村镇民俗生活概念相区分。如今传统民俗已经进入被展示和宣传的阶段。如杏花村汾酒、寿阳平舒祁寯藻等地的文化宣传，掩盖甚至淹没了这个村落其他的特色民俗。调查者对这些村镇民俗进行访谈时，但凡介绍文化就是汾酒和祁氏文化，实际调查中，这种民俗标识和地方民俗生活是有距离的。所以调查不能想当然，要看调查情况和实际材料，不要回避问题，把社会真实和文化真实区分开来。

第五节　民俗学田野作业的程序和实际操作方法

民俗学的田野调查是一项很系统的工作，不同的人做同样的调查工作，有的人可能收效颇丰，有的人则收效甚微，这其中有很多问题需要注意，有的关乎知识积累、理论储备，有的则完全靠技巧和综合素质的培养。做完整的民俗学田野工作，从头至尾都要经过精心的准备和策划，尤其是初次田野工作者，经验不足，技巧不够熟练，身心都需要巨大考验，准备的程序和步骤是至关重要的，学习别人的调查报告也是非常必要的。严格地按照通常的田野调查程序一步步进行，可以使我们把整个的田野过程工作都较为完整的衔接起来，连续思考，思维会变得越来越清晰，更具逻辑性和整体性。具体工作流程举例如下。

一、田野调查前

1. 资料文献和调查设计的准备

（1）阅读民俗学、民间文艺学相关理论书籍，进行相关学术文献检索，拟定调查研究设计。

（2）熟读地方文献资料，尽可能在进入田野调查前，阅读诸如地方史志、县志、村志、地方文史资料等各种资料，也要阅读相关研究论文，做已查阅文献的目录梗概表和重要信息摘要，将研究点择录出来。在阅读上述文献后，应及时总结相关研究计划和建议。如可以以小组讨论的方式进一步细化调查提纲。

（3）研究问题设计，具体包括普泛问题（指对调查对象基本情况的了解）、专题问题（指具体针对研究内容而设计的问题），提问方式包括随机提问、预设提问。养成撰写工作日志和田野日记的习惯，记录田野工作的内容，各种田野信息，也记录自身田野历程的体会，包括资料收获、理论收获、调查过程收获。

（4）撰写研究设计，包括预设阶段性调查目标、田野调查需解决的主要问题。应该准备多个问题，确立多个研究对象和调查的任务。以便在一个调查无法进行时，整个田野工作不致完全中断。调查前，先把要调查的人、物做个计划，要有先后，分主次、轻重。每个对象的大致情况要写清楚，尽可能知道其坐落的详细位置，如果是人，则要记清电话，以方便提前预约联系。

2. 调查器材的准备

（1）基本器材，如照相机、采访机、摄像机、手电筒、绘图纸、笔记本、尺子以及馈赠的小礼品等。

（2）旅行必备用品，如水壶、随身药品等。

（3）调查点的住宿和饮食安排。

（4）身份证、学生证、介绍信、公函的准备。

3.联系安排调查分工、被访人员、调查路线和时间

（1）调查人数以二到三人为佳，最好有女性调查人员的参与，分工明确，互相帮助，合作共享。三人可具体分工，录音、照相、记录、主访谈等。

（2）提前预约调查访谈对象。

（3）行程安排、时间分配、调查地间的路线、车次等。

（4）服从团队纪律，保证调查者人身安全，外出活动应三人以上一起。

4.心理准备

（1）田野实践与预期研究设计不符，田野工作进入盲区。这时候需要及时调整心理。

（2）田野工作者缺乏训练和有效的田野调查技术表现出对异文化生活的不适应。准备不充分，研究思路紊乱，导致田野工作空白一片。

（3）田野资料本身的无序和零乱也可能导致田野工作者失去研究信心。

（4）田野工作使人身心疲惫，及时调节情绪，一般讲，阶段调查以 10 天时间最佳，时间再长，研究兴趣和状态都会低沉。

在平时的学习中，我们都有了一定的民俗学知识的累积，也看过关于田野调查的理论书籍和调查笔记。我们往往会抱有很乐观的心态，也对田野调查所提供的帮助抱有很大的期望值，这是应该具有的积极态度，但不能忽视调查的难度。实际上，实地调查会遇到很多的困难和问题，比如生理上的不适应、被调查对象的不配合、语言障碍、提纲设计出现较大漏洞等，这些情况都会使调查受挫，使调查工作延后甚至失败。这时候不要心灰意冷，要坚持和反思，是哪些调查环节出了问题，作为经验总结，如果是个人原因要有乐观心态，为了目标坚持到底。田野工作既让人痛苦又让人兴奋，但是只要准备好，勤于分析思考总会有所收获。

二、田野调查过程中

1.搜集资料

（1）书面资料。如从宣传部、文化局、旅游局、史志办、档案馆等政府部门搜集当地文史资料，也可以自己搜集如家谱、期刊论文、碑文等。

（2）口述资料。采访记录、民歌、故事、传说等。

（3）观察资料。采访现场情景、地理环境、人文环境等。

（4）需要搜集一些小的民俗实物，如泥泥狗、剪纸、花馍等。

2. 注意事项

（1）尊重原则，礼貌用语，采访要表现得虚心，倾听要有耐心，着装要简单朴素，方便进行田野工作。

（2）田野中要勤跑多问，才能获得更多信息，调查人如果懒懒散散，不够认真，被访人也肯定会应付了事，田野实践是互动的。

（3）肯定对方谈话内容和提供信息的价值，不要肆意批评和争论。

3. 访谈技术

（1）情景应变，见机行事。调查采访的内容、方式会因地因时因人而不同，把握调查时机，避免对方反感。如对方正忙，可以做力所能及的事情获得好感和信任，如果对方欲言又止，说明涉及隐私或在此情景不适合讲，可以换个角度或换个场景问。

（2）记录调查情景。要避免先入为主的学者观念，做到原生态记录、立体全面详细记录。

（3）捕捉细节。要多思考，找细节，出问题，进而解答问题。这是发现问题，调查研究的窗口。

（4）调节访谈情绪。有的问题，被访人也很感兴趣，切入主题就比较快。有的问题，被访人似乎不理解，而畅谈自己的想法，可以适当结束访谈，或者通过闲聊的方式，再发现线索，寻求突破。在调查中，可以借助其他关系，来激发话题。比如，在与小商贩买卖中闲聊发现，她女儿的大学学校是我的母校，于是以此切入，获得亲近感，她也愿意放下手头的生意多提供信息。再如，适当用比较法，说我家乡是哪里，有怎样的风俗，适当描述，然后询问这里有没有，怎么过啊，简单而自然，也能达到很好的访谈效果。

（5）要善于捕捉新信息，适当引导。有的被访人非常健谈，洋洋洒洒，要在倾听中注意有价值的信息，适当追问，把谈话领入预设中的问题。

（6）沟通对话。调查很多时候是人与人的人际处理，要学会"点与面"的互动采访，既要调动大家，突破一点；也要突破一点，激发大家积极参与调查的热情。点的选择一般是关键人物，口才好，知识多。

（7）调查敏感。要有敏感的调查意识。调查不仅仅在调查地才算是调查，在行程途中汽车火车上等都可以调查。要具备一定的学科基础知识，要善于捕捉细节，从细微之处看意义。

（8）调查受阻。调查受阻不可避免，可以换个角度，换个方式，或者换个较为私密的场景，采访敏感主题，迂回达到目的。同时也可以转移话题，避免尴尬。可以尝试让女性调查人询问突破。

　　和相关部门及人员的接触。这其中有个很重要的问题就是你的访谈对象能否乐意接受你，尽其所能的回答你的提问，关键在于找准他的兴趣点，让他知道这次访谈对双方都是有益的，而不仅仅是对调查者提供帮助。不同身份、性别、年龄以及不同的访谈场景都会对受访者的心态产生不同的影响，因此要区别对待。对于女性而言，政府部门的工作者，年龄较大的人，或者较隐蔽的场合，较公开的场合，无论同哪种对象接触，一定要注意对方的兴趣点，否则整个访谈很可能是索然无味的，最后导致调查对象不愿接受你的访谈。在同民众聊天接触时，尽可能注意语言的通俗性，少用学术的语言表述，要拉近距离，不要让人产生高高在上的感觉。在和有知识的人接触时，出言要谨慎，问题要斟酌，不要出现常识性错误，体现出你的研究素质，让对方感觉你也熟悉相关知识，发问不能太过随意，如果对方觉得你们没有共同语言，交谈便很难进行下去。

　　有的时候不知道该问什么，提前没有研究准备，如何引导，应该通过其他方式来迂回。在一次采访中，我们访问一位木雕老艺人，我们问他的师傅是谁，手艺是跟谁学的。老艺人说，他没有师傅，他自己从小爱好画画，自学成才。于是我们问他的父亲是做什么的，他特别有兴致地说，他父亲是个木匠，手艺好，曾经做过木制水车，自己家祖上的房子就是父亲亲手盖的。随后我们又采访了一个面塑艺人老大娘，问她手艺是跟谁学的呢？她也是说自己从小爱好，没有师傅。

　　接连遇到这种调查设计问题受挫，大家感觉并不像理论书籍中所描述的技术民俗中血缘、地缘、业缘传承，我们想这里面可能有问题。原因就在我们设计问题的时候，总是习惯想到固定的民间手艺的师承关系，可能有些技艺确实是个人特长，真没有师傅。在技艺传承时，有一部分艺人确实是自学成才，天赋过人，或者说有的技艺传承，没有明确的师承关系，这可能和他的个人经历、生活环境、兴趣爱好有关。这是我们对此类访谈感觉有疑问的第一种解释。

　　第二种推断是，这个师傅问题，可能是艺人回避敏感的问题，强调自己的独创性。也可能是在他们的知识体系中，与行业工匠"师傅"的知识体系不同，个人手艺，勤学苦练，追求艺术精致，技艺创新，不同于行业工匠。这些需要我们在手艺人调查中，细致分类，而不能笼统地把他们称为手工艺人，其实他们与工匠还是有区别的。

　　第三种推断是，我们的问题不合适，我们需要一些问题技巧，通过其他问题，来再次观察老艺人是否有家传特点。虽然老艺人说自己是自学成才，但在随后我们问他父亲的情况时，他说父亲是个非常好的木匠，从小对他影响很大，经常带着他出入干活，他还见过父亲祭拜鲁班爷，等等。从这个角度分析，老艺人的心灵手巧可能受家传影响，只是不太明确和清晰，但他又没有成为木匠，而是成为木雕艺人和泥塑艺人。从这个角度讲，这也是家缘传承的一种特殊类型。通过这次访谈，我们能够感觉到理论与实际生活的距离，也知道访谈是需要很多技术的，一个细小的问题，需要我们反复琢磨，推敲判断，特别是在现场的互动和细节处理上，需要格外注意。

4. 调查注意事项

(1) 安全第一，有集体团队意识，互留联系方式，调查中临时有事情向小组长请假。

(2) 注意访谈用语，与人接触时衣服得体、语言恰当、落落大方、彬彬有礼，注意自己形象。调查后，切记"拍屁股走人"和竭泽而渔。要充分尊重被访人的感受和地方民俗知识的权利，及时向被访人请教、沟通，遵循回馈原则。

(3) 提问技巧。提问的时候，不要双手叉腰问，可以蹲下来，坐下来问，真正的虚心请教。问题的提法要具体，提问一定要非常细致，有针对性，不要提抽象笼统的问题。这样避免让被访人无从答起。比如，您对民俗的看法是什么，您的民俗观是什么？等等。问题的用词要通俗易懂，不要使用过于专业化的术语。比如我们研究"移入民"，这是一个分析概念，设计成这样的问卷下去调查，民众大都看不懂，如果你把概念分解的更具体些，他就明白了，比如问，你们这有没有"逃荒的"，回答是很多，效果果然不一样，然后才能进一步沟通。研究者把这类群体叫"移入民"，而在实际民俗生活中，当地人叫"逃荒的""讨生活的"，这就是核心民俗语汇，要重视这种区别。

(4) 不要使用模棱两可、含混不清或容易产生歧义的词或概念。不要提双向问题，如你父母年龄是多大？究竟是父亲还是母亲要分清楚。提问题态度要客观，应持中立方式，使用中性语言。对敏感问题尽量采用第三人称，如访问禁忌等敏感问题，可以采用"有人说怎么样"等第三人称，避免直接询问当事人。不要使用否定句，如"你是否不同意？"等否定句，会把问题搞复杂，反而被访人不明白到底问什么，可以简单询问"是什么？怎么样？"就可以。①

---

① 郑杭生主编：《社会学概论新修》，521～522 页，北京，中国人民大学出版社，1994。

三、田野调查后整理

1. 整理资料

（1）录音整理；（2）笔记整理；（3）田野日记整理；（4）图片整理和调查点示意图；（5）搜集文献资料的整理分类；（6）整理访谈人信息表和联系方式，注意和被访人联系反馈，时间不要隔很长，约定事情一定要记得做好，如回寄合影照片等；（7）撰写回访调查提纲和计划。

2. 田野调查最终要落实到研究报告，要求及时准确地整理资料，时间不易太久，一定要勤写多练。撰写调查报告，要和小组人员讨论写作和调查意见，发现新问题，围绕兴奋点边写报告，边思考，修正理论假设。

3. 调研成果保存

系列性田野调查要建立统一格式，要有科学的资料保存和研究成果形式，要详细规定格式，便于保存。如访谈资料的整理、调研报告，搜集的各种形式的民间文献，像村志、家谱、碑刻抄录，或者复印本，等等。有相关照片、政策文件资料、非遗普查资料，视频光盘等，要置入档案夹保存。建立调研音频、视频、图片资料保存夹，并且需要备份保存。

录音需要有访谈资料整理稿，题目统一定为"××市××县××镇××人录音整理稿"，访谈信息注释格式为："时间、地点、被访人（包括姓名、性别、年龄、教育程度等）、调查人"。访谈资料可以附在报告后面，也可以单独整理，应该对访谈录音进行内容概要，并简单描述采访情景，如地点、在场人、时间等，同时介绍被访人的情况。

个案问卷设计：郭峪村汤王庙与相关民俗调查

郭峪村的地理环境、位置、布局、设施以及人文历史背景、民俗概况。

郭峪村的人口数量、户数、姓氏（大姓、坐底户以及各姓之间的比例，村政权参与形式）居住区、经济状况等。

汤王庙在村中的位置、占地；现存形制规模、大体格局；有无守庙人，可对其进行重点访谈。

村中有无其他庙宇，其位置如何（图示）？现在保存情况怎样？与汤王庙有何关系？其历史背景分别如何？

庙的管理状况，庙貌及其沿革；何时修建？何时重修？为何原因？有无碑刻记载？照原样记录碑文，并注明存放位置，规格大小。

搜集庙内各种资料，如还愿旗、灯笼、牌匾等，并仔细询问其蕴含的民俗意义。

汤王像造型特点、颜色、神态、质地，其他神像有何特点？其原型是谁？该神的神职、神格，有无配祀神？

庙会举办的日期、历史沿革，有无中断，为什么？当地民众庙会期间有何重要的民俗活动？饮食、服饰与平日有不同吗？为什么？

有有关汤王庙及汤王的神话传说吗（详尽记录各种说法）？有无显灵传说？当地老百姓祭祀状况，他们如何看待这些传说以及这些围绕汤王崇拜的民俗信仰？

有无祭祀活动？其仪式程序如何？如有影像资料，可以搜集。

庙会运行的机制如何？是谁在主持？收支如何？各种身份的民众反应如何？庙会组织者专访，庙会参与者性别比例，各种身份统计，主要愿望，从哪里来？程序如何？

采访祭祀总管，庙会前有何准备？买办什么祭品？其作用是什么？庙会主办人，名称、分工、资金分配，有无报酬？参与庙会祭祀的人数有多少？香客多少？观望者如何？态度分别怎样？早晨、中午时间段人数、性别比怎样？进行祭祀的祭文、第一炷香谁来烧？为什么？其作用如何？

庙会禁忌，守功，捐钱情况；庙会期间商品交流情况；有无其他民族的人参与？其态度如何？唱戏吗？什么戏班？唱几天？什么内容？什么剧种？什么时间？有无祭戏神内容？有无手抄本？

庙会白天活动和晚上活动分别有哪些？日常时间汤王庙有哪些活动？

各类传说、故事记录，要详细注明采访时间、地点，被采访人身份等相关信息。

个案问卷设计：店头村灯山节日与紫竹林寺庙调查

该村为什么有灯山这种特殊的建筑？该村对灯有什么特殊传说吗？为什么有这个节日，从什么时候起产生的这一节日和民俗活动？节日的主要职能是什么？放生还是祭祀（具体）？周围其他地方还有这样的节日和活动吗？灯山的建筑结构是怎样的，有什么讲究？知道是什么人做的灯山吗？点灯有什么寓意，祭祀什么神？村民对这个节日有什么评价？

活动怎样组织，由谁负责？什么时间举行仪式，仪式怎样开始？仪式由谁主持？为什么选他（她）主持，主持人需要有什么资格？有些什么人参加，主要参加者是谁，有其他村的人吗，参加人数大约是多少？参加人主要以何种形式参加，即是否以家族或者姓氏参加？参加人有什么禁忌吗？女人、小孩能否参加？

点灯的具体仪式过程是怎样的，由谁点？仪式过程有没有供桌，在哪里摆放，供品有些什么，有什么说法和讲究，由谁制作，由谁摆放，活动后怎样处置？仪式过程有什么特殊的表演项目吗，有戏吗，哪里的剧团？仪式什么时间结束，怎样结束？

关于节日的传说有哪些？村民对她有什么评价？从什么时候起产生的这一节日，什么时候人们把范姑姑奉为神灵？节日的目的是什么？活动怎样组织，由谁负责？什么时间举行仪式，仪式怎样开始？仪式由谁主持？为什么选他（她）主持，主持人需要有什么资格？有些什么人参加，主要参加者是谁，有其他村的人吗，参加人数大约是多少？参加人主要以何种形式参加，仪式有什么禁忌吗？仪式过程有没有供桌，在哪里摆放，供品有些什么，有什么说法和讲究，由谁制作，由谁摆放，活动后怎样处置？仪式过程有什么特殊的表演项目吗，有戏吗，哪里的剧团？仪式什么时间结束，怎样结束？

为什么对范姑姑的祭祀活动要采用送花的仪式？为什么石榴花代表男孩，红花代表女孩？村民们信范姑姑的神力吗，有什么神迹出现吗？有没有求子成功的，她们的求子经过是怎样的，她们对范姑姑和整个仪式是怎么看的？

该节日有什么表演项目吗，有戏吗，剧团是哪的？有什么人捐的戏，是还愿望戏吗？

附近有集市吗，是商铺还是流动商贩，主要经营什么，由谁管理？流动的多还是固定的多？摊位管理谁负责？

节日出过什么特殊状况吗，什么情况，怎么解决的，村民有什么评价？

节日活动目前发展状况，还热闹吗？在哪几年最热闹？为什么会出现这种状况？

紫竹林寺庙由谁管理，有没有主持、和尚？寺庙有没有登记，登记过几次？住持传承是口头的还是有仪式？主持或寺庙负责人有什么职责，与政府部门打交道吗，如何管理庙里的事务？庙里有什么法器，如钟、磬、供桌、香炉、五供、经卷、神像、画像？

除了烧香的大殿，庙里还有多少房间，都是什么用途？庙宇供奉哪些神灵？庙宇在村落内外的什么位置？什么时候修建的？有庙碑吗？关于这些庙宇有什么传说、故事？这些庙宇有庙会吗？会期如何？规模大小？哪天是正日子，如何确定？有什么庙会传说？村里人常去哪些庙会？庙会期间，主要是给哪个或哪些神灵烧香？其他还有什么神？这些神之间有什么关系？庙会期间，各种活动场所在庙的内外怎样分布？有什么特别的原因？这些神成神或成仙有什么说法吗？有没有关于这些神灵验的故事？村落中的庙宇有专人管理吗？哪个香火旺？这些庙宇之间有何关系？在什么情况下人们去庙里烧香？近百年来，这些庙会有哪些变化？庙内是否有和尚、尼姑、道士等人员？从哪里来的？出家的原因是什么？相互之间如何称呼？关系怎样？有结婚成家的吗？生活来源是什么？有庙产吗？平常有哪些活动？他们参与哪些村落生活？庙会期间他们主要做什么？庙会组织的人员构成和分工怎样？一般有多少人？他们的年龄、性别、文化程度及其在家庭中的地位如何？庙会组织是怎样召集其成员的？何时召开筹备会议？怎样分工？会首是如何产生的？通常需要具备哪些条件？会首在庙会组织中出钱、出物、出力大约多少？与会中的其他人有什么不同？庙会资金如何筹集、管理和使用？该庙会组织中是否有他们自己专门供奉的神灵？如有，对其有无特别的祭拜仪式？平常是怎样保管或供奉的？该庙会组织与其他庙会组织的关系怎样？与庙中的神职人员及神媒（如巫婆、神汉等）的关系怎样？一般香客的年龄、性别情况怎样？主要从哪里来？赶会原因是什么？如何许愿还愿？带回什么吉祥物品？除庙会外，平常在什么情况下去庙里烧香？庙会请神、迎神、送神等仪式过程怎样？庙会上有哪些花会表演？庙会期间有哪些禁忌，如忌荤等？

录音访谈整理样本

×× 市 ×× 县 ×× 村 YD 录音整理

时间：2010 年 7 月 29 日

地点：×× 市 ×× 县 ×× 村

调查人：WCH、QW

被访人：YD

内容：2010 年 7 月 29 日下午四点半，村长 ×× 介绍该村的文化人 YD，请他向我们介绍村落的历史概况。村长和 YD 是村里的两大姓，似乎在本村哪一姓历史更早方面有些争论，见他之前，村长提醒他的话有些是错误的，不要当成本村的真实材料宣传出去，并举例说明某某大学的学生在此地考察时，随便写出来，被他狠狠批评，了解这一情况后，我们的访谈更加慎重和紧张。本次访谈，主要在走访中进行，先后考察了龙王庙遗址、家族历史院落，对龙王庙形制规模、龙王塑像特点有了大致了解，比较突出的是抬龙王像祈雨和祭祀后的分羊肉情形。采访中 YD 老人是本村人，非常热情，表述流畅，娓娓道来，对村中民俗与历史耳熟能详。采访中，老人直说时间不够，抓重点给我们详细介绍历史建筑的民俗内涵，临走时，我们共同合影，并一再嘱咐我们要多多宣传，下次一定要再来，还有很多地方没有讲到。天气炎热，老人领我们走访了大约三个小时，大家非常累，不过看着老人质朴的笑容，敬意油然而生，理解他们的热情，或许就能领悟这片乡土民俗的厚重。以下分别用 WCH 和 YD 来表示采访情况。

　　YD：原来建设龙王的主体建筑，中间是一个龙王，两边是附属龙王的一些塑像。这个龙王庙建起来之后呢，这个两边还有综合性的庙宇，牛王庙、马王庙等。那边的小窗口就是风王爷爷，就是刮风的小窗口。那边有两扇软木门，那软门一关的话就没有风了。如果开的话风就随便流动了。就那个小神龛供风神的。

　　WCH：什么时候唱戏呢？

　　YD：每年的年末岁首都有唱的。

　　WCH：有没有庙会？

　　YD：这个解放前后的时候有的，后来就没有了。这个大庙宇就是一个炊事班，伙房。讲到建筑的结构呢。这不是有个龟形的走廊，在走廊房檐之间还有一个魁星楼，魁星楼就是文曲星吧。你看，现在是一重檐，魁星楼两重檐，带上叉廊是三重檐。这儿的庙宇四重檐。从外面一看，马上就会还原它的风采了。

　　WCH：这个龙王庙平时是用来干什么的啊？

　　YD：平时就是烧个香，许个愿。有针对性的话就是牛王庙、马王庙。圣王庙，就是我们的先祖了。

　　WCH：龙王庙的塑像您见过么，是什么样子的？

　　YD：我当然见过啊，就是我们搬走的。

　　WCH：是什么样子？

　　YD：两个特点，第一个，它那个雕塑起码形态要比现在的好得多。第二个，它那个眼睛是一种玻璃球状的，黑的。

　　WCH：就是条龙啊？

　　YD：不不不，龙还是人形的。

　　WCH：那个塑像还是人形，是么？

　　YD：是个泥塑的龙王。另外还有一个木质的神龛，还是人的形象。怎么讲呢？每年的六月六，一年的中间，每年的这个时间呢，老百姓都会把这个木质的龙王抬上，绕着田间大道走一圈然后回来。

　　WCH：在这个镇上？

YD：在这个村子中，绕大道走。抬回来后，那么这一天就没有不下雨的，哪怕下一小点。

WCH：六月六？

YD：对，很关键的一个时候。

WCH：几个社一块抬，是么？

YD：因为这个庙是元初建造的，不是我们一个村建造的。这还有一个集资的碑。现在看不清楚了。怎么讲呢，这个民俗的东西多了，供奉龙王你不能光有个口啊（光祈祷啊），还要供一些龙王吃的东西啊，比如羊之类的。我印象中就是吃羊的时候多一些。

QW：供品是么？

YD：恩，是，供品。

QW：全羊么？

YD：是的。全羊，这个羊是什么意思呢？养羊的专业户考虑到每年在田地里面吃老百姓的庄稼比较多，然后他就自己贡献出一头羊，供给龙王爷，然后分给每家每户。

WCH：把羊分给每家每户？

YD：对对对，如果是两个羊供的话，就贡献两头羊，每家一头。如果全村羊很多的话，就三头、五头。供献了以后就杀掉了，肉拉（割）开，然后按户平均分配。然后这个肉割好后，每个上面编个号，比如有三十户人吧，就三十个号。然后这个号码写在瓦片上，扣到肉上，然后来的人翻起来，我家编号是几号就拿几号。

WCH：你翻起来看瓦是几号，这样就比较公平，要不有的肉大肉小，肉好肉坏。

YD：对对对。

WCH：什么时候毁了的？

YD：应该是1956年吧，实际光这些泥胎在1950年就开始毁了。当时为了盖学校，学生上学就在这个里面，老师们也住在里面，当时是两村的学生，这边是一个大大的教室。大面积的毁坏就是1950年吧。全村有6所庙宇了，还有我们的菩萨庙，纯粹的庙宇。当年为了建校，把那个砖什么的都拆了下来。

田野日记样本

2010.7.17××县××镇

今天早上（2010.7.17），××从太原建南汽车站，坐班车前往××县，约

10点左右到达县城。××提前已和××镇联系过，有车把我们接到镇政府。我们向和书记、李镇长介绍了调查设计，并对此次调查作了简单介绍。中午正逢××村通路剪彩，于是和书记、镇长一起到××村调查。

据说××县十大财主，这个村就占两位。初到村里，也看不出富贵气，感觉和北方任何一个山村都相差无几。村里正搭台唱戏，市集商贸。WSY和NCH带我们在村里实地访谈。W老师，男，68岁，是原××镇文化站长，热爱剪纸，他创作的剪纸作品，曾多次代表××县参加各地非物质文化遗产展览。他家里经营照相馆，业余时间也摄影，拍摄了很多当地历史文化照片。W老师给我们介绍了小聂，说他是聂家后人，现在是研究生。W老师说自己的文字不好，想请小聂帮助整理下洲聂氏家族的材料。

我们主要走访的是聂家历史院落。从古朴精美的门楼进去，院落套院落，婉转相接。有家院落，两边旧厢房略显颓败，雕栏石砌还犹在，正房似乎重新翻修过，还比较端庄。不过从纵深的院落和仅剩的过堂台基，还可以看出院子当年的规模和风姿。主人叫NSX，女，67岁，××镇××村村民，20世纪50年代之后买下现在的院落。她也是聂家后人，据说祖上曾做过官。院里的杏，压满枝头，虽然果皮青涩，却着实好吃。女主人热情的让我们多尝尝，塞满了我们的各种背包。我想，抛开学术任务的话，田野中这种乡亲的淳朴、真诚，还有那扑鼻而来的甜杏，一定是让我们最难忘的。民间之俗不正是这样代代传承吗？

中午，吃过村里统一的招待饭，我和前来陪我们调查的××建设局张局长，一起去看戏，唱的是晋剧，天气炎热，戏场是黑压压一片看戏的人。W老师介绍说，这村里一唱戏，有亲戚在这村里的就走亲访友，和过节一样。我不禁感叹，民俗可能不是全部可视的、直观的，有些交融在心中，如风入长空，有些则就是一种生活情绪。

下午，W老师他们有事情，不能陪我们调查。6年前，还上学的时候，我曾访过××镇××村，了解祁氏文化。天色濛濛细雨，我早已按捺不住，就先奔××村看看是否还是老样子。听王主任说，当时陪同我们调查的YSR，是县志主编，也是《××县民俗》的作者，现在好像已经卧床不起了。我很吃惊，记得我还去家里拜访过他。他老人家，身体消瘦，讲话斯文条理，对当地的人文历史，不仅了如指掌，而且还怀揣一腔热情，当时给我们几位后生，印象特别深刻。岁月弄人，已是时过境迁了。

我们找到××文化站长WYH，6年前，我去过他家。人还是那样，只不过添了点沧桑。他在细雨中带我们参观了纪念馆，约我们明天再来细细考察。

值得留意的是，眼前规模盛大的纪念馆，已难见当时河滩地的情形。我很庆幸我曾知道它的前身，总觉得比起同行人等要多一份厚重之情。我想，或许历史是经得起展示和纪念的，人们总在回首感触间，思绪万千。

晚上9点，在镇上饭店，我们调查组3人和镇政府××吃晚饭。晚些时候，饭店门外已经有舞曲响起，镇上的一些年轻媳妇、姑娘们翩翩起舞。我说这么晚了还有人跳舞啊，王主任给我们介绍，一到夏天每天这个点儿都有人来跳。我真的没想到在这样一个古朴的山区小镇，在漆黑的夜色中还能保持如此的活力。我想这是一种对生活的追求，也是古镇跳动的文化脉搏。

思考题：

1. 调查者在田野作业过程中，提问时应该注意哪些问题？
2. 请在田野作业过程中，自己设计民俗专题调查计划，并撰写调查报告。
3. 民俗学田野作业有哪些类型与特点？

延伸阅读书目：

1. 董晓萍：《田野民俗志》，北京，北京师范大学出版社，2003。
2. 宋林飞：《社会调查研究方法》，上海，上海人民出版社，1990。
3. 风笑天：《现代社会调查方法》，武汉，华中科技大学出版社，2009。
4. 江帆：《民俗学田野作业研究》，济南，山东大学出版社，1995。
5. 王文章主编：《非物质文化遗产保护与田野工作方法》，北京，文化艺术出版社，2008。
6. 董晓萍：《非物质文化遗产与民俗评估》，《北京师范大学学报》（社会科学版），2005（5）。
7. 卢晖临、李雪：《如何走出个案——从个案研究到扩展个案研究》，《中国社会科学》，2007（1）。

第二部分
民间文学研究专题

第四章　神　话

　　神话产生于有文字记录之前的史前时代，表达了人类童年时代对自我、对世界的认知和体验。世界各地、各民族都有非常丰富的神话，而且显现出一定的地域特点和民族特点。中国神话是民间文学的重要组成部分，除了汉文典籍中记录的盘古开天辟地、女娲补天、羿射十日等上古神话之外，西南、西北、东北、东南等少数民族聚居区也有用史诗、歌谣等形式保留下来的大量神话故事，这些既是中华民族文化的宝贵遗产，也是值得我们进行深入研究的学术课题。

第一节　神话的本质、生成及发展

一、神话本质研究的相关理论

　　"神话"一词源于希腊语，意思是原始时代关于神或受神支配的自然事物的故事。在汉语中，"神话"一词出现得较晚，因为在古代中国多以"志怪"一说概括那些神仙鬼怪的奇异故事，但"神"的解释却很早就有了。在《易经·系辞上》中有云："阴阳不测之谓神。"韩康伯注："神也者，变化之妙极万物而为言，不可以形诘者也。"可见，在中国上古文化中，"神"这一词同无法把握、神秘莫测、神通广大、变化无边的意思是一致的。

　　关于神话的本质，一些西方的理论家从不同的哲学角度出发，作出了不同的解释，这些解释对我们形成自己关于神话的概念具有相当的借鉴意义。下面简要介绍几个影响较大的神话学派。

　　历史学派：代表人物是希腊历史学家修昔底德（约公元前460－公元前400）、英国社会学家斯宾塞（1820—1903）等。历史学派的观点由来已久，对早期的神话学研究很有影响，其主要观点是神话即历史，所有的神都是远古时代的历史人物，所以，每种神话其实都有历史事实作为依据。只是这些历史事件在传承过程中加入了很多荒诞新奇的想象，所以不自觉间演变成了神话故事。

　　神创学派：这一派的观点主要来自欧洲的神学家，因为基督教在古代欧洲处于绝对神圣地位，一些神学家自然而然地用宗教的观点来认识神话。他们认为神话来源于神的启示，或者干脆是来源于上帝（耶和华）的启示，上帝要把宗教信仰传授给一个民族，但当时的人们还不能完全理解那些信仰观念，于是融人想象、夸张、变形，将原本是信仰的观念演绎为神话。在他们的观点中，希伯来是神话发生的中心，而世界各国的神话都是从《旧约全书》中派生出来的。

语言学派：代表人物是德国语言学家麦克斯·缪勒（1823—1900），在其代表作《比较神话学》中，他提出神话是语言的疾病所造成的。具体来说，最初的人们没有抽象名词和集合名词，所以往往用具体的名称来代替那些抽象的形容词或者集合名词，后人读到的那些具体形象，其实并不是真正有这样一种形象（神），而只是对抽象名词的误读。例如，"在我们的谈话里是东方破晓，朝阳升起，而古代的诗人却只能这样想和这样说：太阳爱着黎明，拥抱着黎明。在我们看来是日落，而在古人看来却是太阳老了、衰竭或死了。在我们眼前太阳升起是一种现象，但在他们眼里这却是黑夜生了一个光辉明亮的孩子……"①这样，原始人运用与现代语言不同的表达方式叙述事件，而这些叙述文本被后人误读为神话。

人类学派：代表人物是英国文化人类学家爱德华·泰勒（1832—1917）和弗雷泽（1854—1941），他们结合小型社会的原始宗教信仰、巫术、仪式、禁忌，从人类学视角出发来研究神话。在泰勒代表作《原始文化》一书中，指出神话起源于图腾崇拜和万物有灵论。神话作为部族的习俗、信仰、哲学的保留，在本质上属于某种文化的"沉淀物"、"遗留物"或遗形。弗雷泽在他的代表作《金枝》一书里，对罗马附近的内米湖畔曾有过的一种习俗进行了研究，这个习俗源起于狄安娜神话故事。他分析了古人万物有灵与巫术信仰相融合的世界，诸如树神这样的神灵不仅是神话所描述的主角，而且也是人们信仰崇拜的中心，并由此产生了交感巫术或其他表达信仰的仪式。

功能学派：代表人物是英籍波兰学者马林诺夫斯基（1884—1942），他是非常著名的走入田野的人类学家，尝试从社会功能的角度解析原始部落的仪式、禁忌、宗教信仰和生活习俗。他在《巫术、科学、宗教与神话》一书中，指出神话是社会生活的有机组成部分，与宗教、巫术、仪式都有密切的联系。神话在原始社会的功能表现为三个方面：首先是表达出人们的信仰，并且提高和确定之；其次是以道德为保障而加以执行；最后是证明仪式的功效并运用实用的规律以指导人群。总之，"神话不是理智的解说或艺术的想象，而是原始信仰与道德智慧上实用的特许证书"；"神话是活的信仰所有的恒常副产品，因

---

① ［德］麦克斯·缪勒：《比较神话学》，金泽译，68 页，上海，上海文艺出版社，1989。

为活的信仰需要奇迹；也是社会现状的副产品，因为社会现状要求先例；也是道德规律的副产品，因为道德规律需要赞许"。①

结构主义学派：代表人物是法国学者列维－斯特劳斯（1908—2009），他的观点是神话有两个基本部分：神话故事和神话结构。神话故事是可见的，但在其背后还有一个看不见的神话结构。在《结构人类学——巫术·宗教·艺术·神话》的第三章中，他对古希腊著名的俄狄浦斯神话的内在结构作了演示性的分析，这是一个运用结构主义方法分析神话的经典案例。他将俄狄浦斯神话看成一个非线性系列，那些故事元素（他称之为"神话素"）被分成四栏，最后得出彼此的关系和意义，比如：第一栏表达了对血缘关系估计过高；第二栏则对血缘关系估计过低；第三栏与杀死怪物有关，表达了人由土地而生的一种否定；第四栏则表达了人由土地而生的这一看法。② 可以说，神话的本质在他看来与其是那些表面呈现的情节叙述，不如说是故事的深层结构所体现出来的种种关系。

大约在 20 世纪初，"神话"一词经由日本为中介传入中国。此时，西方学术界关于神话的本体论和方法论研究已形成比较成熟的体系。相比古希腊罗马通过史诗所呈现出的完整的神话体系，中国神话故事因种种原因只是散见于各类典籍中，于是，曾经有一些学者认为中国是没有神话的，或者没有完整的神话体系。1903 年，留日学生蒋观云在梁启超主办的《新民丛报》上发表了一篇名为《神话，历史养成之人物》的文章，这是中国学人第一次在学术研究中使用"神话"这一术语。在此后的二三十年里，以周作人、鲁迅、茅盾等为代表，中国学人开始相继引介西方神话学说，并对中国古代神话进行初步的整理和研究，奠定了中国神话学的理论基础。因此，可以说，具有近代科学意义的中国神话学，是 20 世纪初中外文化交流的产物，它的发生和发展，与近代西方和日本的学术思潮、神话流派的变迁，以及人类学、考古学、民族学的传入有着密切的关系，直接受到我国整个文化开放浪潮以及知识界对中国文化的自觉与反省运动的影响。③

鲁迅在其《中国小说史略》中第一次将"神话与传说"列入专章进行研

---

① ［英］马林诺夫斯基：《巫术、科学、宗教与神话》，李安宅译，85～128 页，北京，中国民间文艺出版社，1986。

② 参见［法］克劳德·列维－斯特劳斯：《结构人类学——巫术·宗教·艺术·神话》，陆晓禾等译，42～53 页，北京，文化艺术出版社，1989。

③ 参见马昌仪主编：《中国神话学文论选萃》，上卷，"编者序言"第 7 页，北京，中国广播电视出版社，1994。

究，而他的《古小说钩沉》一书则收录整理了一些散见于典籍文献中的神话故事；茅盾于 1928 年出版《中国神话研究 ABC》(后改名《中国神话研究初探》)一书，堪称最早的中国神话研究专著。在中国神话学研究的第一个阶段，学者们主要完成中国神话学理论的奠基工作，并且对中国神话的本质、神话的传承和神话与传说的差异等问题作出初步的解答。

从整体来看，这个阶段对神话本质的认识一般都集中于其文化、历史解释的功能。例如，周作人曾将神话与童话和传说作比，他认为神话产生于上古之时，那时候宗教初萌，"民皆拜物，其教以为天下万物各有生气，故天神地祇，物魅人鬼，皆有定作，不异生人，本其时之信仰，演为故事，而神话兴焉"。① 鲁迅更是明确提出，神话是先民对自然现象的一种解释和说明，"昔者初民，见天地万物，变异不常，其诸现象，又出于人力所能以上，则自造众说以解释之；凡所解释，今谓之神话"。② 茅盾在《中国神话研究 ABC》里谈起神话的起源，基本上也是这一观点："原始人本此蒙昧思想，加以强烈的好奇性，务要探索宇宙间万物的秘奥，结果则为创造种种荒诞的故事以代合理的解释，同时并深信其真确，此即今日我们所见的神话。"③ 中国较早的人类学家林惠祥在《论神话》一文中，提出："人类为要探究宇宙万物的奥秘，便由离奇的思想形成了所谓神话 (myth)，所以神话便是由于实在的事物而生之幻想的故事。"④ 应该说，这个阶段的学者因为直接吸取了西方神话学的成熟理论，因此对神话本质的概括是具有共性的，他们普遍认为神话是原始人对无法理解的自然现象的解释，万物有灵的观念和原始信仰活动是其进行离奇幻想的客观条件。

抗日战争期间，西南少数民族的神话故事被收集整理并得到初步的研究，以闻一多《伏羲考》、钟敬文《槃瓠神话的考察》、芮逸夫《苗族的洪水故事与伏羲女娲的传说》、凌纯声《湘西苗族调查报告》《畲民图腾文化的研究》等为代表，极大地推动了中国神话学的深入研究。新中国成立以后，中国神话学的研究也曾经历过发展的低潮，但在改革开放以后特别是近十几年来，在神话基础理论研究，少数民族神话的田野调查和整理，考古资料的发现和整理，原始

---

① 周作人：《童话略论》，见马昌仪主编：《中国神话学文论选萃》，上卷，47、48 页，北京，中国广播电视出版社，1994。

② 鲁迅：《中国小说史略》，12 页，上海，上海文化出版社，2005。

③ 茅盾：《中国神话研究 ABC》，见马昌仪主编：《中国神话学文论选萃》，上卷，127 页，北京，中国广播电视出版社，1994。

④ 林惠祥：《神话论》，见马昌仪主编：《中国神话学文论选萃》，上卷，222 页，北京，中国广播电视出版社，1994。

宗教与神话、巫术与神话之间的关系，凡此种种的研究总结，推动中国神话学理论进入了一个全新的发展阶段。

二、神话本质的概括

对当代中国的神话学研究来说，马克思主义对神话本质的概括一直有重要影响，是我们进一步探究神话本体论的理论前提。马克思主义肯定神话是社会生活的反映，提出："任何神话都是用想象和借助想象以征服自然力，支配自然力，把自然力加以形象化；因而，随着这些自然力之实际上被支配，神话也就消失了。"① 如此，神话的本质其实就是自然界和社会形态的反映，只不过不是现实状态的反映，而是在生产力低下、技术水平原始的情况下，被人们不自觉地用幻想的方式艺术加工过的现实。这种想象也是人类本质力量的一种显现，表现了人类试图认知自然、支配自然的一种努力。

我们认为，神话的多义性在于其既可以从文本的角度来看，也可以从仪式、信仰角度来看。口传时代的神话与后人整理收集的神话在本质上是有区别的：在原始人或者近现代依旧是原始生存状态的小型社会看来，神话的本质不能算是一种文学样式。很多田野调查结果都表明，原始部族里只有巫师或者祭师才有资格讲述神话故事，此时的神话是信仰的表达，也可能是生产技术的传播与教育，这种讲述是仪式性的而不是随意性或娱乐性的。但在后来的历史传承中，作为某种仪式补充的神话淡去了，而作为文本，乃至文学样式的神话却渐渐清晰起来，想象的新奇、情节的曲折和人物的性格成为关注的重点。神话传承的这一特殊性导致其定义的开放性，那么，从民间文学的角度分析，对神话的本质又将概括为哪些方面呢？

首先，神话的本质在于它是原始人在头脑中被幻想、被艺术加工过的全部，既包括初民所感受到的自然界，也包括他们自己的生命与身体，以及自己与自然的关系等诸多内容。神话故事的主角虽然是神，但这些神灵其实就是初民思想中被人格化了的自然，各地神话故事中几乎都有开拓天地之神、日神、月神、风神、雨神，又有一些诸如山神、河伯、后土之神等，他们的品性和行事特点基本上都和与之对应的自然事物或者自然现象相一致。与此同时，初民对自己的生命和身体，人类社会的关系也有自己的认识和理解，比如关于生命起源的疑问，人们用幻想中的某一具体神灵来解答这个疑问，于是就有了世界各地的造人神话，无论是泥土造人、植物化人、动物感生化人，究其实质，都是初民对其所感知的世界所作出的幻想和加工。

---

① 马克思：《〈政治经济学批判〉导言》，33 页，北京，人民出版社，1971。

其次，神话的本质在于它是一种形象化、具体化、个性化的叙述而不是抽象的说理和解释，这种叙述需要借助人物、故事情节来实现。原始人对自然、对人类社会的感知是借助具体的神灵来表达的，夸父的自信与好胜、盘古的勇气与无私、宙斯的多情与暴躁、那喀西斯的痴情与自恋，这些神灵一个个鲜活跳脱，本身就是特别具有个性化色彩的典型形象。而那些充满了斗争、和解、创造、发明、追求、恋爱等内容的元素，组合起来分明就是引人入胜的故事情节。神话从产生之初就形成了有别于哲学、科学的叙述方式，用具体的人物形象、曲折的故事情节、富有特色的情景描述来打动人心，在这种情况下，可以说文学性也是神话本质的具体表现。

最后，神话的本质在于它的形成基础是原始人的宗教信仰和巫术仪式，万物有灵和图腾崇拜的观念及行为是一切幻想的起点。神话的世界是离奇荒诞的，人兽合体的神灵形象，不明原因的争斗与惩罚，无法理解的生命起源奥秘，不可理喻的行为处事方法；而更让现代人难以理解的是在初民的思想中，这一切都是顺理成章自然而然的。对于科学、技术处于原始时代的人类来说，因为自然界的山川日月水火都由神灵操控，所以山火、打雷、暴雨、洪水、日升月落、死亡和做梦这一切自然现象才是合理存在的。而另一方面，人类对生命的起源、对部族的起源总是有一种发自本能的好奇心，而这种好奇追问的结果，就是把某一植物（动物、物件）看做自己部族的祖先，并且膜拜尊崇他们来让他们护佑自己。建立在这样一种信仰观念基础上的思维方式与现代人是不同的，我们把这种思维称作"原始思维"（列维-布留尔语），也可以称作是一种"神话思维"（恩斯特·卡西尔语），万物有灵的观念和图腾崇拜的行为，这一切使神话故事所创造的幻想世界具有后世文学无法替代的独特性与唯一性，而这也是神话故事的根本魅力所在。

三、神话的生成及发展

按马克思的说法，神话产生于野蛮时期的低级阶段。他在《〈摩尔根古代社会〉一书摘要》中明确指出："在野蛮期的低级阶段，人类的高级属性开始发展起来……在宗教领域中发生了自然崇拜和关于人格化的神灵以及关于大主宰的模糊概念；原始的诗歌创作、共同住宅和玉蜀黍面包——所有这些都是属于这一时期的。它也产生了对偶家族和组成胞族和氏族的部落所结成的联盟。想象，这一作用于人类发展如此之大的功能，开始于此时产生神话、传奇和传说等未记载的文学，而业已给予人类以强有力的影响。"①

---

① 马克思：《摩尔根〈古代社会〉一书摘要》，54～55页，北京，人民出版社，1965。

现代语义上的神话只是原始神话的语言形态，在神话故事被辑录成书之前，原始神话应该都有漫长的口传历史。古代印度的《吠陀》成书约在公元前6世纪之前，巴比伦的《创世纪史诗》约在公元前7世纪左右收集，最为完整系统的古希腊神话集《荷马史诗》成书约在公元前7世纪左右，而中国最早的也是最全面的神话集《山海经》大约是在公元前6世纪到公元1世纪之间完成的，所以，一般认为，神话的繁荣期是在氏族社会末期到奴隶社会的初级阶段，重要的神话辑录大都是在奴隶社会时期完成的，而神话起源的时间则大约可以上溯到旧石器时代晚期。

从世界神话的分布和传承情况来看，亚洲、非洲、欧洲、美洲都有丰富的神话资源，其中尤以古希腊神话、古埃及神话、古印度神话较为突出，这些神话都有长篇史诗的整理收集，形成完整的神话体系；美洲、大洋洲的口传神话历史非常悠久，分支较多，但从文本收录情况来看，大多是19世纪以后西方人类学家、民族学家进行田野调查之后的搜集整理，更多表现出不同族群、部落神话的分散性和差异性。中国神话的发展则比较特殊，需要结合不同的时代和文化语境进行具体分析。

下面对世界著名的几个神话体系作一简要介绍。

在世界各国的神话中，最丰富、最美丽与影响最深远的恐怕要算古希腊（罗马）神话。古希腊的神话主要在《荷马史诗》和《神谱》之中得以保留。大约生于公元前8世纪的盲诗人荷马，将口传神话结集成《伊利亚特》和《奥德赛》两部史诗；而另一位诗人赫西俄德则在其长诗《神谱》中系统地叙述了希腊诸神的来源，这样，一个完整的希腊神话世界便构筑而成。古罗马诗人奥维德曾写了一部《变形记》，也叙述了一些希腊神话和英雄传说。罗马人的神统基本继承了希腊人，只是名称不同，但神职与众神的彼此关系都与希腊众神对应，比如古罗马的众神之主朱庇特对应宙斯，天后朱诺对应赫拉，爱与美之神维纳斯对应阿芙洛狄特，爱神丘比特对应厄洛斯，等等，因此当代一般是古希腊罗马神话并称的。

古希腊神话是西方文学艺术最重要的源泉之一，许多诗歌、戏剧、小说、电影、电视、绘画和雕刻都从中取材。希腊神话里的神最具人情味，虽然在智慧、能力、美丽方面超越凡人，但同时都具有人类都有的嫉妒、贪婪、好胜、好色等品质。那些栩栩如生的人物和复杂动人的情节构成一个充满艺术魅力的世界，其中的经典段落和经典人物更是为世人所津津乐道。

古代埃及神话堪称非洲神话的经典。他们的神话主要在《亡灵书》《冥府书》《诸门书》里集中呈现，这是埃及人放在金字塔的石棺里供亡灵阅读，给亡灵指导的书，其中《亡灵书》最完整而杰出，因此也最著名。在这些故事之中，太阳神和冥王是最重要的神，而天神"努"（意思是水神）是众神之祖。努生出太阳神"赖"，但是赖神比生他的努神要大，于是他成为众神的父与主宰，风神舒、地神、苍穹之神以及他的妻子雨神苔夫努特都是赖生出来的。

古埃及神话中的众神之主赖既是众神之主，也是开天辟地之神，同时也是造出人类的天神。比较特别的一点是他既统治着神界，也直接统治着人间，因为他还是地球上第一个国王，常变成人形在人间走来走去。这一情节与古代埃及人对法老的崇拜有直接关系，因为在古代埃及，法老就常常被看做是神灵而受到尊奉崇拜。古埃及人万物有灵的观念在他们的神话中得以充分体现，更值得一提的是他们有数量众多的动物神，而且人兽合体的神灵也是其神话传说的重要特点之一。

古代印度的神话一部分载于《吠陀》，其他的部分通过《摩诃婆罗多》和《罗摩衍那》两部古代史诗流传下来，这两部史诗都包含着丰富的寓言、神话、童话和传说，印度的古代文学和现代戏剧、电视电影等都从中直接取材。"吠陀"意为"知识"，是印度最古老的宗教文献和文学作品的总称。最古老的《吠陀本集》共四部，包括《梨俱吠陀（颂诗）》《娑摩吠陀（歌曲）》《耶柔吠陀（祭祀仪式）》《阿闼婆吠陀（巫术咒语）》，大约在公元前十几世纪到公元前6世纪结集成册，于是人们又称这个时代为"吠陀时代"。这里面有印度最古老的天神，如伐鲁那（宇宙化身）、帝释天（雷和暴风雨化身），等等。受到婆罗门教和佛教的影响，"吠陀时代"的有些神灵在后来渐渐淡出人们视野，被其他天神代替，不过也有一些神灵及他们的故事得以保留，比如帝释天神。神话中帝释天为拯救人类，与旱魔战斗，最后放出云牛下雨的故事，非常具有印度本土的特色。

北欧神话主要存在于《埃达》和《萨加》两大史诗中。《埃达》有新、旧两个版本，《新埃达》包含北欧民间流传的古代神话传说，因为受到后起的基督教的影响，也包含了一些基督教的传说；《萨加》是在12世纪写成的，除记录一些历史事件外，也叙述了古代的神话和传说。北欧神话中的主神是奥丁，他是众神之父，他的妻后是弗丽加，奥丁有不少孩子，雷神、光明神、雨露之神、诗歌之神、战争之神，等等。在北欧的神话世界中，火神和恶神洛基属于专在神国作恶的恶势力，因为有善恶分明的两派力量，于是就形成了许多表现善恶斗争的神话故事。

古代巴比伦的神话起源也非常早，有很多神话资料是通过泥版记录下来的，同样的故事有可能形成不同的版本，比如《创世史诗》。由于古代巴比伦人与古希伯来人（犹太人）的文化渊源很深，希伯来人的一些神话和巴比伦神话非常接近，其中的大洪水神话是两种文化都有的，也是很有代表性的故事。

巴比伦的《季尔加米士史诗》记录了完整的洪水故事：位于幼发拉底河滨的雪立柏克城中，人民有忤逆神旨的行为，触怒了大神恩里尔，遂决定降洪水灭绝人类，以泄心头之恨。智慧之神伊阿不忍心，于是在梦中告诉了一个正直的人西纳比斯，并教他建造一只巨大的方舟来保全家人的性命。西纳比斯用 5 天时间建造了符合要求的方舟，并在洪水到来之前把财产、生活物资和各种成对的飞禽走兽搬到船里。可怕的洪水淹没了一切，过了十几天，大水退去，西纳比斯先放出一只鸽子，然后又放出一只燕子，但它们因为找不到休息的地方所以又回到船上，直到最后放出一只乌鸦，很久都没有飞回，于是知道洪水已经退去。① 公元前 6 世纪，被巴比伦人征服的希伯来人（犹太人）吸收并保留了这个神话的基本情节构架，并作出符合犹太教精神的改动，因此就有了《旧约全书》中那个著名的诺亚方舟故事。

中国的神话要分成两个部分来看：第一部分是汉民族的神话，早在先秦就开始辑录成册，后以文字记载的形式得以流传，一般认为《山海经》《楚辞》《淮南子》等典籍中收录了比较集中的神话资料或者神话线索；第二部分是少数民族的神话，在西南、东南、西北、东北生活的各少数民族，都有非常丰富的口传神话，通常以故事、史诗的形式得以流传后世。对少数民族神话的田野调查和收集基本始于 20 世纪 30 年代，不过有些著名的族源神话在汉文正史典籍里也有记录。相比较《荷马史诗》《吠陀》《埃达》《萨加》《创世史诗》这些早在公元前 7 世纪左右就已经成熟的神话体系，中国的神话文本表现出片断性、分散性和不成体系的特点，这一点影响了神话在后来的发展和学者对神话的研究。

一般认为，中国第一部搜集神话材料最丰富的书是《山海经》。《山海经》据传是夏禹、伯益所做，不过这两个人本来就属于神话中的人物，因此有学者提出这应该是自战国初年至汉代初年间的无名氏所作。② 全书约 3.1 万多字，分为《大荒经》《海内经》和《五藏山经》三个部分，初步形成中国上古神话的神统世界。

《山海经》里情节较为完整的故事有：

---

① 参见丰华瞻编译：《世界神话传说选》，39～43 页，北京，外国文学出版社，1982。
② 参见袁珂：《中国神话史》，17 页，上海，上海文艺出版社，1988。

精卫填海：

……有鸟焉，其状如乌，文首白喙赤足，名曰精卫，其鸣自詨。是炎帝之少女，名曰女娃。女娃游于东海，溺而不返，故为精卫。常衔西山之木石以堙于东海。

夸父逐日：

夸父与日逐走，入日。渴欲得饮，饮于河渭，河渭不足，北饮大泽，未至，道渴而死。弃其杖，化为邓林。

大荒之中，有山名曰成都载天。有人珥两黄蛇，把两黄蛇，名曰夸父。后土生信，信生夸父。夸父不量力，欲追日景，逮之于禺谷。将饮河而不足也，将走大泽。未至，死于此。

刑天舞干戚：

形天与帝至此争神，帝断其首，葬之常羊之山。乃以乳为目，以脐为口，操干戚以舞。

羿射十日：

尧时十日并出。尧使羿射九日，落沃焦。沃焦，海水泄处也。（《锦乡万花谷》引自《山海经》，今本《山海经》无）

黄帝蚩尤大战：

大荒之中，有山名曰不句，海水入焉。有系昆之山者，有共工之台，射者不敢北乡（向）。有人衣青衣，名曰黄帝女魃。蚩尤作兵伐黄帝，黄帝乃令应龙攻之冀州之野。应龙畜水，蚩尤请风伯雨师纵大风雨。黄帝乃下天女曰魃。雨止，遂杀蚩尤。魃不得复上，所居不雨。叔均言之帝，后置之赤水之北。叔均乃为田祖。魃时亡之，所欲逐之者，令曰："神北行。"先除水道，决通沟渎。

　　总的来看，这些为数极少的情节完整的神话，从这些故事中，可以大约触碰到原始氏族时代先民的心灵世界。在《山海经》中更多的都是一些片断的情节，虽然有众多的天神和半神半人的祖先们初步形成了一个神灵世界，但这本书更像是一部奇幻世界的游记，神话故事往往被淹没在众多异物、殊方的记录中，需要努力分辨，才能厘清其中的脉络。在《楚辞·天问》中也涉及诸多神话，八柱擎天、共工使大地倾斜、鲧腹生禹、羿射十日，而且也提到了女娲、羲和、烛龙、河伯、风神这些著名的神灵，为我们了解上古神话提供了不少线索。

　　《山海经》以后，在先秦到汉初的文献资料中都有一些古代神话的记载，有时以片断形式出现，有时完整讲述，除了《淮南子》，魏晋时期郭璞的《玄中记》、干宝的《搜神记》、任昉的《述异记》等典籍中，都有一些神话故事。不过，此时的神话是否还算得上原始社会时期的先民的那些神话？这却是一个值得探讨的问题。例如，西汉刘安主持编撰的《淮南子》中，尽管也收录了诸如共工触不周山、女娲补天等重要的神话，但这并不是一部专门的神话著作，非但如此，这时的神话已渐失上古神话朴野原始的特点，融入了道家求仙的思想和其他诸子学说。总体来看，道教、佛教和其他一些地方神的信仰，使后来的神话文本中加上更多仙话、鬼话、英雄传说的色彩。

　　关于汉民族神话为何没有形成像古希腊神话那样的完整体系，鲁迅在《中国小说史略》中的分析很具代表性。他认为，中国的文人都是神话的敌人，常常粉饰、更改上古神话的本来面目，所以中国古代的神话片断虽然丰富，"然自古以来，终不闻有荟萃融铸为巨制，如希腊史诗者，第用为诗文藻饰，而于小说中常见迹象而已"。究其原因有三方面：一是古代黄河流域的居民因生存环境艰辛，因此"重实际而黜幻想"；二是孔子不欲言鬼神，这一点对汉以后儒学占据主导地位的知识界具有根本性的影响；三是中国神话中本来就是天神、人鬼殽杂，后来又有新的神鬼层出不穷，这导致最后的结果是旧的神话没有保存好，新的传说也没有什么影响力。[①] 茅盾也谈到，古代诗人的努力，一方面固然使朴陋的原始形式的神话变化瑰丽多姿；另一方面却也使得神话历史化或哲学化，甚至脱离了神话的范畴而成为古代史与哲学的一部分。[②] 从这些分析来看，虽然说在民族文化心理、地域文化的根源方面还有待我们进一步深

　　① 参见鲁迅：《中国小说史略》，17～18 页，上海，上海文化出版社，2005。
　　② 参见茅盾：《中国神话研究 ABC》，见马昌仪主编：《中国神话学文论选萃》，上卷，128 页，北京，中国广播电视出版社，1994。

入研究，但是，中国神话成熟文本的缺乏确是上古神话传承发展的一个瓶颈。

由于古代各民族经济发展不平衡，神话的起源和发展也是不平衡的。生活在边疆地区的少数民族通过口传的方式尽量保留了原始神话的朴野稚拙，直至20世纪人类学家前往西南、东北、湘西、东南等地从事田野调查时，这才逐渐显示出清晰的面貌。在已经收录的少数民族神话中，尤以西南、东南地区少数民族的创世神话规模宏大、内容精彩，如苗族的《古歌》、侗族的《我们远祖之歌》、纳西族的《创世记》、壮族的《布洛陀》等都是其中的代表作。

以壮、侗为代表的少数民族的创世神话一般都有较为完整的神系，认为宇宙是从气体开始，气体凝固为神蛋，蛋裂开为天上、大地和地下三界，继而出现人兽体结合的女性始祖神，然后是创造万物的男性创造神，最后出现男性管理神。这时人类遇到洪水淹没天下，剩下兄妹结亲，是为生育之神。他们生下肉团，又剁碎撒遍大地，复生出人类，最后出现各司其职的英雄神。可概括为：一团旋转大气——神蛋——三界——始祖神（女性）——管理神（男性）——生育之神（兄妹）——肉团——人类——英雄神。① 而苗族的宇宙创造神话系列则包括《开天辟地》《造天地万物歌》《运金运银》《打柱撑天》《铸日造月》等，都是体系完备的故事序列。

少数民族创世神话里相当数量的主神是女性，众神的源起、宇宙万物的源起大多源于女神，这一点反映出母系氏族社会的遗留，而人兽合体的形象也表现出神话思维的特点。这些神话运用长诗的方式展开铺排描写，场景、人物形象、细节、动作细致入微，完整曲折的故事情节颇具感染力。如在瑶族神话里，宇宙开创归功于神人合一、至高无上的女神密洛陀。她在经过九千九百年的努力之后，终于使天地分离，创造出太阳、月亮、云彩和星星，从此，乾坤初定，日月星辰具备，荒凉冷清的宇宙变成了光明、温暖的世界。接着，她又派九个儿子整治大地，开辟山川，疏导洪水，搬山移岭，填土造田。密洛陀神话在民间还有很多变体，在一些具体开天辟地的方式和细节上有所差别。

和其他地区相比，西北少数民族的神话故事有其自身的发展轨迹和特点。比如塔吉克族族源神话《公主堡》，这个故事在《大唐西域记》里也有记载。讲的是波利斯（波斯）国王打算娶一位美丽的汉族公主做皇后。走到塔什库尔干时，不巧发生了战争，无法前进，被迫滞留下来。为了确保公主的安全，使臣把她安置在一座非常陡峭的高山上，周围密布岗哨，日夜巡逻。当战争平息后，使

---

① 参见马学良等主编：《中国少数民族文学史》（上），105页，北京，中央民族学院出版社，1992。

臣把公主从高山上接下来时却发现公主怀孕了。经过周密的调查，发现在山上时，每天中午都有一位来自太阳的小伙子骑着一匹神马来到山顶与公主相会。使臣和随从惧怕回国引来杀身之祸，于是决定在塔什库尔干留下来，大家推选公主作首领。不久，公主生了一个男孩儿，仪表非凡。孩子长大之后，成了一位出色的首领，并建立了一个名叫盘陀的国家，公主的后代就是塔吉克族的先民。

再如维吾尔族部落战争神话《卜古可汗的传说》，这则神话在《道园学古录》和《世界征服者史》等文献中都有记载，也就是著名的地乳故事。故事里从土中长出树，树中又冒出一个土丘，土丘裂开后出现五个小男孩，他们吃的是从地里冒出的乳汁。孩子们长大之后，人们推举最小的卜古可的斤为汗。后来，卜古可汗在神的指引下，调集兵马，领导部落征服周边的蒙古、吐蕃、契丹等地，最后建立斡耳朵八里城，留下一世英名。

总体来看，西北少数民族神话中，能够反映出史前人类生活感知体验的原始神话比较少，故事内容多以族源神话为主，有一些创世神话但数量极少。从时间上看，这些族源神话都比较晚近，故事中涉及的波斯、契丹、吐蕃都是在中古以后；10世纪伊斯兰文化传入之后，西北少数民族的原始神话受到较大的影响，整体面貌都有所改变。这些可以看做是西北少数民族神话的特点。

关于上古神话的传承与发展问题，历来受到中国神话学家的重视。如果从狭义的角度来说，与原始宗教信仰有关的、反映了原始氏族社会时代先民生活经验的、运用原始思维完成幻想的这样的神话，应该在人类的认知、把握自然的能力提高后就会消亡。马克思曾在《政治经济学批判导言》中问道："……成为希腊人的幻想的基础，从而成为希腊神话的基础的那种对自然的观点和对社会的观点，能够同自动纺机、铁道、机车和电报并存吗？在罗伯茨公司面前，武尔坎又在哪里？在避雷针面前，丘比特又在哪里？在动产信用公司面前，海尔梅斯又在哪里？……"原始神话所营造的那样一个想象世界与现代科学技术的发展是无法并存的，因此，上古神话的发展终将走向消亡。随着人类认识世界、支配自然的能力提升，那些关于自然的想象、叙述和解释会渐渐产生新的意象和新的叙事。后世的文学创作依然存有想象和幻想的内容，但这些将不再以神话的面貌出现，有可能是基于现实的浪漫主义诗歌，也可能是融入了世事人情、逻辑判断、科学思想的科幻或者魔幻主义小说。上古神话的原始性只是人类文学艺术创作的一个阶段性表现，那种无法复制的朴野和稚拙也只属于人类的童年。

第二节　中国神话的分类

　　中国神话的发展演变经历了漫长的历史时期，涵盖了包括创世、造人、洪水、洪水遗民、文化起源、族源神话等几乎所有类型，脉络繁杂。在这样一种复杂的情况下，神话的分类方法也呈现出多种方式，分类的结果也各有差异。如茅盾将中国神话分为六类，即天地开辟、日月风雨及其他自然现象、万物来源、记述神或民族英雄的功绩、幽冥世界、人物变形；鲁迅将神话分成四类，即天神、地祇（并幽冥界）、人鬼、物魅；林惠祥在他的《神话论》中引用《宗教与民族百科全书》中对神话的分类，有十二种之多，其中包括定期的自然变迁及季候、神的起源、人类及动物起源、变化神话、英雄家族及民族神话，等等。① 近年来，由美国学者汤普森主持编撰的《民间文学母题索引》（1932年出版）逐渐成为国际上比较通用的一个分类标准，在这里面关于神话故事的母题被分成造物主、神、半人半神和文化英雄、宇宙起源和宇宙论等共计十三大类。②

　　神话分类可依据不同的标准得出不同的结果，一般来说，按照故事的内容来进行分类比较常见，这是因为同作家的文学创作相比，神话在主题、情节、人物形象方面具有更多的一致性和共性。下面，我们将中国神话分为自然神话和人文神话两个大类，当然，这里的分类也只是理论上的人为划分，因为实际上有许多神话同时具有自然神话和人文神话的元素，不能机械对待。

一、自然神话

　　所谓自然神话，就是把宇宙万物作为叙述的中心，讲述宇宙起源、自然物由来、自然现象产生、人类起源这一类的神话，各种创世、创造自然的天神和各种自然神是故事的主人公，表达了先民对自然秩序的最初认知和体验。造人神话尽管与人相关，但内容的核心是围绕自然神展开的，造人只是其创世、创万物的一个延伸的结果，故造人神话也包括在内。各个民族普遍存在的创世神话、洪水神话、造人神话都是典型的自然神话，表达了人类运用幻想、想象的方式解释自然的愿望和能力，大部分的自然神话都有解释起源的功能。

　　创世神话是我们所熟悉的自然神话，各民族的创世天神一般都生在懵懂混

---

　　① 参见林惠祥：《文化人类学》，268～269页，北京，商务印书馆，1991。
　　② 转引陈建宪：《神祇与英雄：中国古代神话的母题》，14页，北京，生活·读书·新知三联书店，1994。

沌状态，先是开辟天地，继而创造自然万物和人。除此之外，人们还通过神话的形式解释日月运行、风云变幻、百川东流、洪水泛滥、山火蔓延、疾病流行、物种来源等自然现象，成为创世神话的补充。如在《山海经》中记载的烛阴，又称烛龙，眼睛睁开就是白天，闭上就是夜晚，一呼一吸就形成了春夏秋冬。有时这些自然现象不一定是由烛龙造成的，但结果是一样的，比如《广博物志》引《五运历年纪》中讲道："盘古之君，龙首蛇身，嘘为风雨，吹为雷电，开目为昼，闭目为夜。死后骨节为山林，体为江海，血为淮渎，毛发为草木。"

在万物有灵的观念作用下，自然神话中有许多令人印象深刻的自然神，如日神、月神、雷神、风神、雨神，类型丰富，性格多样。在《山海经》中记录了日月诞生的故事，"羲和者，帝俊之妻，生十日，日浴于甘渊"，"有女子浴月，帝俊之妻常羲生月十有二，此始浴之"。帝俊之妻羲和生下了十个太阳；另一个妻子常羲（两妻或为一人）生下了十二个月亮，而且常常在甘渊这个地方给这一群太阳、月亮洗澡。这两个小小的片断中，十二个月亮与一年的十二个月对应，十个太阳与后来的十日并出、羿射十日故事相一致，母亲给孩子洗澡使之每天鲜洁明亮照耀人间，这是何等其乐融融的神奇场景。

在瑶族神话里，日月运行是天神密洛陀的安排。她造出了太阳、月亮和星星，然后给它们分配任务，让它们各司其职，她对日月说："你们是兄妹，不能做夫妻，各自走一方，只准三年见一面。"于是日月遵嘱而行，这样人间就自然有了太阳东升西落，月亮照亮黑夜。苗族神话里的太阳和月亮是由宝公、雄公、且公、当公四位祖先用金银铸造出来的，日月分别铸造出了十二对，目的就是安排它们轮流出来照射。但是后来日月不听从安排，十二对日月一起出来给人间造成很多灾难，这才有英雄射下十一对日月，最后只留一对日月轮流值勤的神话。

雷神也是各地神话中常见的自然神，在《山海经》里就不止一次地提到过雷神，雷神是典型的人兽合体的神灵，这也是自然神常见的样貌："雷泽中有雷神，龙身而人头，鼓其腹，在吴西。"黎族神话《雷公根》里的雷神故事融入了民族英雄传说，英雄打败雷神的情节颇为风趣。故事里说：有一回，黎族青年英雄打占请雷公来做客，雷公却偷了他的藤条和豹尾逃回天上。打占于是大怒举起钩刀去追赶，在南天门外一刀砍断了雷公的左脚。打占把雷公的脚带回家，用刀一节节剁下来，每剁一节，在天上的雷公就疼得擂鼓、甩藤条、甩豹尾，于是天上便发出阵阵闪电和雷鸣。这个神话故事产生的时间应该比较晚近，其中的雷神被赋予更多人性化的色彩，表现出贪小便宜却又本领不够大的弱点，最后因为被人痛打而闪电打雷，与原始神话中的天神形象有较大区别。

除了对自然神的描写，大部分自然现象都能在神话里找到最具想象力的解释。比如在高山族排湾人的神话里就解释了地震产生的原因：天神命令沙拉阿兹保管大地，于是他用古藤编织藤索，把大地捆扎起来，悬挂在高高的山崖之上。每隔一段时间，他要去解下陈旧的藤索，更换一条新索，而这时候大地就会激烈摇动，大地震就发生了。沙拉阿兹平时也常常去检查试探藤索是否牢固，当他拉着藤索想试一试的时候，大地就出现了程度不同的小地震。

拉祜族的神话《牡帕密帕》里还解释了地形不平的原因：负责造天的扎罗比较懒惰，把天造小了，而负责造地的娜罗比较勤快，把地造大了。于是天神厄莎只好用藤子做地筋，才把地收拢，这样地上才出现了高山、深沟、大河和洼地。《山海经·大荒北经》里有一个片断，这是黄帝大战蚩尤之后的事情，"应龙已杀蚩尤，又杀夸父，乃去南方处之，故南方多雨"。风雨之神应龙功成名就之后，迁居到中国的南方，所以南方雨水就多了。在上述神话中，我们的老祖先用部族生活中的逻辑来解释眼中看到的自然现象，虽然这样的解释不免荒诞离奇，但在当时的人们来说，却是非常顺理成章的理由。

二、人文神话

所谓人文神话，就是把人及社会关系作为叙述的中心，讲述不同力量之间的斗争、压迫与反抗、文明起源、爱情与婚姻这一类的神话。除了各路神灵之外，一些神通广大的部落英雄也是被描述的主体，这些神话故事体现出先民对人的主体性和独立性的关注和肯定，表达他们对人类社会关系的初步理解。表面上来看，那些彼此争斗、反抗、追逐的都是天神，但他们都是被赋予神格的人，其喜怒哀乐、成功失败都带有强烈的人文色彩。

《山海经》里情节比较完整的神话，大都是较为典型的人文神话。前文引过的精卫填海、羿射十日、夸父逐日、刑天舞干戚、黄帝蚩尤大战等故事，无论是以弱对强所体现出的反抗精神，还是双方势均力敌的争斗，都是人类社会关系的曲折反映。比如黄帝蚩尤大战这个故事，蚩尤大约是一个人身牛头的神通广大的神，他居然不服黄帝的统领，率领大军主动攻击，风神雨神都相助于他。直到黄帝派出女神魃，也就是旱神，这才止了风雨，最后杀死蚩尤恢复太平。比较来说，那个因为大海吞噬了自己年轻的生命，因此死后化成一只小鸟衔石填海的精卫，和没有追到太阳就渴死在路上的夸父，他们的反抗更具有些许悲壮色彩。

与天帝对抗的刑天可谓上古神话中最具反抗性的神，当天帝砍掉他的头之后，他把双乳当做眼睛，把肚脐当做嘴巴，继续挥舞着他的盾牌和斧头，这一坚毅和勇猛的形象与射下九个太阳的羿颇有相同之处，因此他们常常被后人当作英雄来赞颂，屡屡出现在诗歌、散文等多种文学作品之中。

西南少数民族有许多表现部族英雄跟神怪斗争的故事，带有神话色彩。比如傣族的《九隆王》故事，这个故事在《华阳国志·南中志》和《后汉书·西南夷列传》中都有记载。有个勇敢的猎手被九条毒龙害死了，他的大儿子决心为父报仇，他带着弓箭和刀前去和九龙斗了三天三夜，大败而归。其他七个儿子都失去了勇气，只有最小的儿子光头九隆决心斩杀毒龙。他按长老的指点，用九九八十一天把九块大岩石熬成石汁，又用九九八十一天把石汁熬干，变成了九支长箭和一把宝刀。他用九支箭把毒龙的尾巴钉住，又用宝刀迎头砍杀，毒龙求饶，并把他驮到了龙宫，从九个龙女那里得到了一粒青黄色的种子。光头九隆把种子撒向山坡溪谷，顿时长满了庄稼。最后九兄弟和九龙女结亲，光头九隆被拥戴为王。不过这种神话在情节上带有更多人为的补充和想象，已经失去了原始神话的那种质朴的色彩。

文明起源神话也是典型的人文神话，主人公往往界于人神之间，后人有时把他们看做部落始祖而载于正史，但总的来说属于传说中的人物，无法用信史证实其存在，如上古神话中的三皇五帝。神话里往往把人类文明的某一成就归结到某一具体的人物身上，如伏羲教人八卦、有巢教人巢居、燧人教人取火、神农尝百草教人播种五谷等。而黄帝因其至高无上的地位就有了很多项发明创造，比如，他发明了鼓、车、船、弩、甑等用具，又让他手下的仓颉发明了文字。据《淮南子》的记载，仓颉看到鸟兽的足迹之后有所启发，于是发明文字，这时候天上下了小米，而鬼在夜里哭泣不止……从历史的角度来讲，人类文明的起源应该是循序渐进的，是由人类共同创造的，不可能由某一个人突然凭空地创造，所以上述这些文明的始祖大约是某一个氏族部落的名号，而那些发明创造也应该是人类在长期实践中摸索总结的结果。不过，这就是神话解释文明起源的固有思路，这种具体、生动的故事情节才最符合初民的想象。

少数民族神话中有一些涉及技术的传授、种子的传播故事也可以包括在文明起源神话中。比如高山族卑南人的《海鲸送粟》神话，给我们解释了人类农作物种子的由来。这个故事里为人类带来粟米种子的不是某个英雄，而是一头海鲸，这个故事很有地域性特色，表现出了沿海地区人民的生活情境。

在原始氏族时代，某一部族的文化英雄往往被赋予神异色彩，他们战胜艰难险阻为百姓谋求幸福的故事也就成了人文神话的组成部分。汉族流传的故事里，像鲧和大禹治理洪水、女娲炼石补天，都属于这一类神话。《山海经·海内经》里有鲧和禹治水的基本情节："洪水滔天，鲧窃帝之息壤以堙洪水，不待帝命，帝令祝融杀鲧于羽郊，鲧腹生禹，帝乃命禹卒布土以定九州。"虽然在后世还有很多关于治理洪水的故事，但这个故事最具上古神话的特点。鲧在治理洪水时偷取了天帝的息壤来堵住洪水，息壤是一种能够不断滋生的土壤；鲧死后，居然从他的腹中生出了大禹，然后天帝又命大禹来治理洪水……虽然只有寥寥数句，但是其中的天帝、息壤、男人腹中生子，这几个部分都有明显的原始思维的特点，是典型的原始神话。

一些推究部落民族起源的神话也归于人文神话，这类神话不仅是对生命源起的追问，更重要的是对一个族群整体来源的探求。从故事发生的条件来看，一般都有了成熟的人际社会交往，所以会按照人类社会的行为准则办事，因此和造人神话相比，更接近人文神话的类型。虽然"子不语怪、力、乱、神"，不过在《诗·大雅·生民》中却保留了一个完整的后稷出生的神话。后稷是周朝的先祖，《生民》这首诗篇幅较长，"厥初生民，时维姜嫄。生民如何，克禋克祀，以弗无子，履帝武敏歆，攸介攸止，载震载夙，载生载育，时维后稷。……"其主要情节如下：姜嫄在野外踩了巨人的足迹而有孕在身，生出儿子后稷，因为被人们视为不祥而弃之。然而把他放到街上，牛马都主动避让不踩；扔到寒冰之上，鸟儿们纷纷飞下来用羽翼盖着给他取暖，最后只好把这个天赋异禀的孩子带回家抚养。

类似的族源神话还有《世本·帝系篇》《吴越春秋》《太平御览》等文献收录的大禹出生的另一个故事版本："禹母修己，吞神珠如薏苡，胸拆生禹。"《太平御览》中收录的伏羲出生故事，"大迹出雷泽，华胥履之，生伏牺"，等等。《诗经·商颂》中说："天命玄鸟，降而生商……"而在《史记·殷本纪》里，也讲了简狄吞卵生出殷商先祖契的故事。在这些故事里，女子或吞神珠、吞蛋，或因为好奇心踩了巨人的脚印而怀孕生子，可见他们还不知道男性对生儿育女的重要作用。一般认为，这些部落先祖只知有母不知有父的情节安排，反映出母系氏族社会的文化遗留。有必要指出，后世的汉文典籍经常有帝王感生的故事收录，如《史记·高祖本纪》中讲到，刘邦的母亲曾经在大泽的岸边休息，梦中与神交合。当时雷鸣电闪，天昏地暗，有蛟龙在她身上，然后她有了身孕生下了高祖。但这大多是史家自造神异，目的是给皇室增添神异色彩从而受到更多尊崇，是不能算作神话的。

人文神话中还应包括神与神之间婚姻家庭关系的神话。中国有关婚姻家庭主题的神话极少，《山海经》中的女娲、精卫、瑶姬、魃、羲和、青女诸多女神都没有什么爱情婚姻生活，大部分都是单独行动而少有跟男神的交集。这一点和古代希腊罗马神话尤其不同，古希腊的众神之主宙斯就有很多次的恋爱故事，使得天后赫拉非常愤怒，经常私下里去报复那些与宙斯相好的女子；太阳神阿波罗狂热追求河神的女儿达芙妮，致使后者无处可逃，最后只好变成了一棵月桂树……像这样表现恋爱、追求、抢亲乃至争风吃醋的故事，在古代希腊神话中却是极为多见，这种不同也许是东西方文化的差异所致。

在古代流传的神话里，羿与姮娥（嫦娥）、牛郎织女的故事算是表现婚姻生活的两例。《山海经图赞》有云："万物暂见，人生如寄，不死之树，寿蔽天地，请药西姥，乌得如羿。"在《淮南子·览冥训》中羿之妻嫦娥偷吃不死药奔月的情节已经完备，"羿请不死之药于西王母，姮娥窃以奔月，怅然有丧，无以续之"。牛郎织女较早见于《诗经·小雅·大东》："维天有汉，盗亦有光。跂彼织女，织日七襄。虽则七襄，不成报章。睆彼牵牛，不以服箱。"汉代班固的《西都赋》中有一个引注，说在昆明池边树了两个石人，这就是牵牛织女。不过，这两个硕果仅存的婚姻家庭的神话，其成熟定型却是在汉代以后，细节不断演绎铺陈，最后吸收了过多道教的思想，已经没有原始神话的韵味了。

三、重要的中国神话序列

结合已有的神话文本，下面将中国神话中特点鲜明、影响深远的几个神话序列作一简介。

（一）创世神话

创世神话是神话的重要母题。无论是在哪个地区哪个族群的神话，几乎都包含了这一故事序列，因为这是人类对宇宙根源的最初猜想之一，表现了先民对自然世界的基本认知和体验。大多数情况下，创世神话都带有地域文化和族群文化的个性色彩，因此，在创世的具体细节、方式方法上体现出一些差别。

汉民族的创世神话由盘古完成：

> 天地浑沌如鸡子，盘古生其中。万八千岁，天地开辟，阳清为天，阴浊为地。盘古在其中，一日九变，神于天，圣于地。天日高一丈，地日厚一丈，如此万八千岁。（《艺文类聚》引自《三五历纪》）

> 昔盘古氏之死也，头为四岳，目为日月，脂膏为江海，毛发为草木。秦汉间俗说：盘古氏头为东岳，腹为中岳，左臂为南岳，右臂为北岳，足为西岳。先儒说：盘古氏泣为江河，气为风，声为雷，目瞳为电。（《述异记》卷上）

西南少数民族神话中，开天辟地主要来自三种力量，一种是巨人造天地；

一种是神造天地；还有一种是动物垂死化身成天地。例如，基诺族开天辟地神话《阿嫫晓白》说，远古时代没有天，没有地，只有水。水慢慢凝成了冰块，后来冰块炸成两片，阿嫫晓白从中间走了出来。两块冰有轻有重，于是重的沉沦变成地，轻的上升变成天。阿嫫晓白修了地又补了天，这就是宇宙天地的开始。

纳西族神话《创世记》说，混沌未分的时候山崩树摇震荡不安，接着三三变成九，九九生万物，万物有"真"有"假"，有"实"有"虚"。真和实相配合，产生了光亮亮的太阳；假与虚相配合，出现了冷清清的月亮。后来产生了善神依格窝格，依格窝格作法又变化，变了一个白蛋，白蛋孵出恩余恩曼。恩余恩曼生了九个白蛋，这些白蛋变成了天神和地神，变成开天的九兄弟和辟地的七姐妹。再造天地时，恩余恩曼生下的一对蛋又变成了一头力大无比的野牛，顶破了天，踏破了地，于是人们只好再造天地。

《力戛撑天》是布依族著名的创世神话，这里的力戛在用自己的力气分开天地之后，用左手撑天，右手拔牙当钉子，把天钉牢。后来他的牙齿变成星辰，拔牙流的血变成彩霞，气成风而汗成雨，眨眼成电，咳嗽成雷……右眼为日，左眼为月，最后他累死了，身上各个部位变成了万物。追问自然、追问自身的源头似乎是人类天然的好奇心，于是便幻想着有某个神通广大的神灵造出了自然的这一切。将这个神话与汉族神话里的盘古死后，身体化为日月星辰、山川河流等故事相比，可以看出早期人类对宇宙万物来源的认知和解释是具有一致性的。像力戛、盘古这样勇敢、无私的天神，普遍存在于创世神话里。

白族神话《创世记》则表现出与汉族创世神话更多的相似性，除了开天辟地的情节大体一致以外，巨神的姓名也和盘古一样，只不过是盘古、盘生两兄弟共同开天辟地。在天地产生以后，他们又变成巨人木十伟，然后身体的各个器官各个部位，又分别化成日月山川等自然万物。而哈萨克族神话《迦萨甘创业》说，迦萨甘创造了天和地，并把天地做成三层：地下、地面和天空。他用自己的光和热创造了太阳和月亮之后，在大地的中心栽种了一棵生命树，树上结出了像鸟一样会飞的灵魂。有了这些灵魂之后，他做的泥人才活了起来。

（二）造人神话

与创世神话密切相关的，就是造人神话的故事序列。由于神话产生地的自然环境各不相同，造人的原材料和方法也多种多样，如泥土造人、身体化人、植物造人、动物造人，等等。造人神话是人类探究自身生命来源的艺术化解释，一般来说，农耕地区的造人神话往往与泥土有关，而耕种狩猎在密林深处的造人神话却常常与植物相关，这说明神话并非空穴来风的想象，其产生的基础依然是现实社会。根据造人类型的不同，中国的造人神话大概有这样几种：

泥土造人说。这是最有代表性的一种造人方式，除了汉族的女娲抟土造人说以外，独龙族、傣族等少数民族神话中也是用泥土造人。

《太平御览》引《风俗通》中有云："俗说天地开辟，未有人民。女娲抟黄土做人，剧务，力不暇供，乃引绳于绲泥中，举以为人。故富贵者，黄土人也；贫贱凡庸者，绲人也。"这大概是女娲用泥土造人故事的较早版本，女娲一个一个用手捏出来的泥人就是富贵者的祖先，而用绳子甩出来的泥巴点子的后代就是低贱平庸的人，不仅讲述了造人的经过，而且已经带上了阶级社会的色彩。

用泥土造人是各地造人神话中比较普遍的一个方法，反映出史前人类对土地的绝对依赖心理。独龙族造人神话说道，天神嘎美嘎莎用泥土造人，然后向泥人吹气，这样就生成了人的男女祖先。傣族《英叭开天辟地》故事里，天神英叭是在开天辟地之后用身上的汗泥造出各种动物和人的。

植物造人说。拉祜族神话《牡帕密帕》中，人类始祖厄莎先是种了一棵葫芦，然后葫芦滚到海里面，过了七十七天，只听到葫芦里发出人的声音。这时候厄莎叫来一对老鼠，老鼠啃了三天三夜，把葫芦啃出两个洞，从洞里爬出一男一女，从此大地上就有了人类。土家族神话《摆手歌》中，女神受命做人，于是她就地取材，用竹子做骨架，用荷叶做肝肺，用豇豆做肠子，用葫芦做脑壳，通了七个眼，吹了一口气，竹人出气了，会走路了，从此世间有了人。而德昂族神话《历史调》中说，人是由一百零两片树叶变成的，他们互成夫妻，从此有了人类。

彝族的造人神话有一些分支，有动物说、事物说，等等。如神话《梅葛》说，天地万物是由老虎和虱子的全身气管变成的，人也来自虎和虱子，彝族为此崇拜虎，自称虎氏族。乌蒙山区的彝族神话《六祖源流》则讲述了人祖来自水的故事。相较而言，大凉山彝族长诗《雪族十二支》里讲到的造人神话很有特点，故事中说人类是用雪造出来的。天上降下桐树，霉烂三年后起了三股雾，升到天空中，降下三场红雪来，化了九天九夜，化成了人类，结冰成骨头，下雪成肌肉，吹风来做气，下雨来做血。

生活在东北山林中的鄂伦春族关于人类起源的神话不止一种，有扎老桦树皮成人说，大意是：很早的时候，恩都利看到地上没有人，只有野兽，就用老桦树皮扎成一帮人让他们拎着棒子，拿着石头打野兽。打死的就吃肉，没打着的也都吓跑了。从此人就越来越多了。另一个是刻石成人说：很早以前大地本来没有人，恩都利搬来五块石头，刻成人的样子，然后用手摸石人的各个器官，石人就有了生命。第三种是扎鸟毛鸟肉成人说：本来大地上没有人只有野兽，有的还在天上飞，恩都利天神打雷震死一些野兽后，用它们的毛和肉扎成十个男人。①

还有几个比较特别的造人神话，一是纳西族造人神话所特有的卵生说：白鸡生下白蛋，白蛋自己命名为"恩余恩曼"，这就是人类的始祖。还有一个是女娲造人的另一个版本身体化人说，《山海经·大荒西经》里说："有神十人，名曰女娲之肠，化为神，处栗广之野，横道而处。"（郭璞注：女娲，古神女而帝者，人面蛇身，一日中七十变，其腹化为此神），相对于抟土造人的方法，这个女娲的肠子化为十个神的故事更具有史前文明的色彩。

（三）洪水神话

大洪水神话也是全人类共有的神话母题，古巴比伦人、希伯来人的大洪水神话都讲述了天神（或者上帝）用洪水惩罚人类的故事，这个故事对周边其他国家的神话产生过较大影响。一般认为，洪水神话是人类对洪水灾难的记忆。中国的洪水神话有自己的特点，大概可分成三个阶段。

发洪水阶段。《论衡·谈天篇》中有云："'共工与颛顼争为天子，不胜，怒而触不周之山，使天柱折，地维绝。女娲销炼五色石以补苍天，断鳌足以立四极。天不足西北，故日月移焉；地不足东南，故百川注焉。'此久远之文，世间之言也。"东汉的王充作《论衡》一书本意是批判那些神怪异物的谶纬之说，但他在树立批判的靶子时，却无意间收录了当时流传较广的一些神话。共工为争当天子而发动战争，失败后气急败坏地撞断撑天柱子，导致洪水暴发殃及人类的故事就是这样被记录下来的，和更早时代《淮南子》中关于补天的故事不同，《论衡》记录的这个故事讲述了洪水产生的原因，从而使大洪水神话更加完整。

治理洪水阶段。治理洪水解救百姓的有三个重要的神，即女娲、鲧、大禹。女娲通过炼五色石补天而拯救人类的故事流传甚广，在这里，补天救人和抟土造人等故事互为补充，丰富和渲染了这位女性始祖仁慈智慧的形象。"鲧窃帝之息壤以堙洪水"、"鲧腹生禹"和其他有关禹的神话，通过文献的不断补充也日渐完备。尤其是大禹的故事，说他在江中乘船时，有黄龙负其船，别人都面无人色他却颜色不变；在黄河看见白脸高挑的人鱼出水，送他一同河图；治水时有应龙以尾画地，还有黄龙在前，玄龟在后进行协助；治

---

① 参见马学良等主编：《中国少数民族文学史》（上），71页，北京，中央民族学院出版社，1992。

水过程中曾经迷路，来到一个叫做终北国的地方，那里终年流着芬芳香甜的甘泉，人们幸福快乐，"缘水而居，不耕不稼；土气温适，不织不衣；百年而死，不夭不病"……最后，连大禹的出生也改变了，说他的母亲吞了薏苡后，剖胸生下了他。

洪水遗民阶段。洪水遗民的神话大多流传在华南少数民族地区，例如基诺族的《玛黑和玛妞》、怒族的《洪水滔天》，还有白族勒墨人、土家族、苗族、普米族、傈僳族、哈尼族、瑶族等，他们都有情节基本一致的洪水遗民故事。一般是这样，洪水退下以后，世界上只剩下了兄妹（或姐弟）二人，他们为了繁衍人类而被迫结成夫妻，不过，这个结亲的过程总有些波折，往往是一方拒绝，然后对主动的一方提出几个苛刻的条件，但奇怪的是这些苛刻的任务总是能够完成。于是二人结亲，但他们生下来的不是正常的婴儿，而是一个肉块，最后惊恐的父亲把肉块切成碎片扔出去，碎片化身为部落始祖，于是各个部落就产生了。

洪水遗民神话不仅流传于南方少数民族地区，而且对汉族的神话乃至习俗产生了重要的影响。据人类学家芮逸夫在湘西的田野调查，常任侠对汉代石棺上人首蛇身男女交尾图的研究，以及闻一多对伏羲的考证等诸多研究成果，[①]大致可以判定，最晚在东汉以前，汉族也开始有了兄妹成婚的神话，主人公就是人首蛇身的伏羲和女娲，而瑶族、苗族神话里的这一对兄妹有时就叫做伏羲、女娲。洪水遗民神话的广泛流传，体现了古代汉族与少数民族的文化交流和相互影响，同时也体现出口传神话文本的开放性和一定程度的不确定性。在这个神话中，兄妹成婚的情节是典型的史前文化遗迹，类似这样的兄妹、姐弟、母子、父女婚配生子的情节在古埃及、古希腊、北欧神话中大量存在，表现了人类最初曾经有过血亲内婚姻的习俗。不过这个神话里，兄妹在婚配之前曾有斗争和犹豫，而且生下的都是怪胎，这说明神话形成的时候人们已经对血亲内婚姻有所抗拒，应该已进入氏族外通婚的阶段了。

（四）射日神话

与太阳相关的神话是全世界神话的重要组成部分，太阳的普照是生命之源，特别是在靠天吃饭的自然经济时代，对太阳的崇拜更是不可忽视。中国的日神神话主要由两个部分组成：一是夸父逐日；二是羿射十日及一系列的射日

---

① 参见芮逸夫的《苗族的洪水故事与伏羲女娲的传说》、常任侠的《重庆沙坪坝出土之石棺画像研究》、闻一多的《伏羲考》，见马昌仪主编：《中国神话学文论选萃》，上卷，北京，中国广播电视出版社，1994。

神话。夸父逐日神话已有介绍故不赘言，应该说在这里太阳的威严是神圣不可侵犯的；射日神话就不同了，这是很有民族特色的故事：太阳不总是高高在上，它有时工作玩忽职守，粗心大意，所以也有失败甚至被射死的危险；人们依赖太阳但不盲目崇拜，在太阳给大地造成灾祸时有勇气反抗。

汉民族的射日神话主要见于《山海经·海外东经》《淮南子》和《楚辞·天问》：羲和生下的十个太阳不认真值勤，十日并出炙烤大地，于是天帝命擅长射箭的羿射下其中九个，金乌的羽毛纷纷掉落，最后留下一个太阳东升西落。射日神话情节虽然简单，却反映出人类试图改造自然的勇气；十日并出炙烤大地的景象，应该是史前人类对大旱灾的理解。

射日神话在少数民族神话里流传甚广，数量较多，虽然细节有些差异，不过基本内容是一样的。如布朗族的《顾米亚》，阿昌族的《遮帕麻与遮米麻》，羌族的《射太阳》，珞巴族的《射日》，苗族的《项洛丁沟》《九十八个太阳和九十八个月亮》《杨亚射日月》，瑶族的《格怀射日月》《太阳和月亮的故事》《勒光射太阳》，还有壮族的郎正射十二日，布依族的布杰射十二日，毛南族的格射十日，仡佬的老公公射七日，等等，而台湾高山族有关征服太阳的神话，据统计居然达到三十种之多。

除了射日解决太阳炙烤的问题，还有其他的解决方法，比如黎族的山猪咬五日故事，说的是大洪水过后，天上出现了五个太阳五个月亮，晒得人身上像火烤一样无法忍受。山猪说自己的牙齿长，自告奋勇去咬日月。它一鼓作气咬掉四个太阳，在咬第四个月亮时却咬碎了，于是碎月变成了天上的星星。这个神话的想象就非常奇特，表现出一些童话的色彩。

（五）盘（槃）瓠神话

盘瓠神话是西南少数民族的一个非常重要的族源神话，这个盘瓠与开天辟地的盘古发音极为相似，所以，此盘瓠是否就是彼盘古？关于这个问题，学者们也提出很多见解。这里只从故事的内容来看，当为两个独立的神话序列。盘瓠故事在官修正史中记载时，被放在少数民族文化介绍篇目之中，在《后汉书·南蛮传》里讲述了这样一个故事：高辛氏有犬戎之寇，屡次进犯而征伐不克。帝重金悬赏，而且许诺将女儿嫁给他。帝养了一条狗，有五色的毛，叫做盘瓠。把犬戎将军的头衔了回来。帝大喜，但是又不想把女儿嫁给狗，正在想办法报答它。女儿却认为帝皇有令不能言而无信，所以主动请嫁。于是和盘瓠走入人迹罕至的南山之中做了夫妻。三年之后，生了六男六女。盘瓠死后，子女们各自成家，织绩木皮，染以草实，好五色衣服，制裁皆有尾形。他们喜欢住在山区，不喜欢住在平原地区。

这个故事在《水经注》《搜神记》等汉文典籍里都有大同小异的记载，20世纪初一些人类学家分别在浙南畲族地区、广东、广西瑶族地区，都搜集到基本相似的故事。[①] 这个故事的基本框架是："皇帝（或部落首领）有难——犬解救出困境——皇帝嫁女于犬——二人于山林之中结亲生子——他们的子女就是后来的瑶、畲两族祖先。"盘瓠神话是一个经典的族源神话，也是人类图腾崇拜习俗的忠实记录。人类把某一种动物或者植物（也有一些是无生物的东西）当做自己的祖先，运用具体仪式对其进行崇拜，以求得祖先护佑，这种行为叫做图腾崇拜。现代人类学家对拉美、澳洲、非洲的田野调查证实，图腾崇拜文化在科技水平极低的小型社会中普遍存在，而盘瓠神话就是这种文化的具体表现。

第三节　神话的基本特征及其文学价值

从神话文本的情况来看，无论在非洲、美洲还是亚洲，世界各地的神话都存在共性，既表现在内容方面，如情节、形象，同时也表现在形式方面，如叙述、描写。而神话在流传的过程中，对后世的文学艺术创作、习俗与禁忌的形成、祭祀活动的礼仪等，都有深远的影响，其文化方面的价值是无可替代的。

一、神话的基本特征

神话的特征有很丰富的内涵，从不同角度可以有不同侧重的理论概括，我们试从文学的视角出发，将其概括为三个方面。

（一）神话文本的开放性

同作家文学不同，民间文学的创作往往是集体性的、非自觉的，通常以口传方式代代相承，因此文本内容具有一定的开放性和不确定性，叙述的事件、人物关系，甚至主人公的姓名都有可能出现多种版本，这是神话文本的一个重要特征。特别是在古代中国特殊的文化情境中，上古神话没有用史诗的形式进行专门收集整理，不能形成古希腊神话那样完善成熟的体系。在这种情况下，本来在口传过程就有许多不确定性的原始神话，更是容易在后人的铺排演绎中，人物、细节、情节层层叠加甚至变形，一方面使很多神话故事日渐丰富完整，成为民间文学的经典作品；另一方面也可能导致原始神话失去朴野稚拙的本来面貌，或者就此佚失。

---

① 参见钟敬文：《槃瓠神话的考察》，见马昌仪主编：《中国神话学文论选萃》，上卷，299～327 页，北京，中国广播电视出版社，1994。

以我们所熟知的西王母神话为例，古代文献里她的形象变化就体现出这一演绎的趋势，使原本《山海经》中只有外貌描写的西王母形象渐渐清晰，一直发展到小说里那个地位颇高的神灵。《山海经》里不止一次出现西王母，不过此时的西王母性别不定，大约是一个半人半兽的部落首领，"西王母，其状如人，豹尾，虎齿而善啸，蓬发戴胜，是司天之厉及五残"，"其南有三青鸟为西王母取食，在昆仑虚北"。与《山海经》里很多记录一样，这里只有一个西王母的简单介绍，虽突出了他（她）的神异，但还没有故事情节。在《淮南子》里也有关于西王母的记载，是在讲后羿之妻姮娥奔月之前，这个不死之药就是从西王母那里拿来的。

早期西王母的传说里有几个元素是具有上古神话色彩的，如三青鸟为之取食，又说青鸟就是三足乌，以及不死之药，后人则在此基础上不断加工想象，赋予更多完整的故事情节。《穆天子传》中有一段周穆王和西王母相见于瑶池的叙述，此时的西王母彬彬有礼，和天子酬酒，互相唱诗应答，在形象上已有非常重要的改变。汉以后西王母的故事渐渐融入更多道教求仙思想，甚至给她配了一个东王公做丈夫，西王母神话的原始色彩渐失。

类似的情况在黄帝、大禹、女娲身上也存在。神话传承之间，神神关系也有可能具有这种开放性和不确定性，女娲和伏羲的关系就是这样。女娲补天、抟土造人、女娲之肠化神的故事，和华胥感生伏羲、伏羲造八卦的故事本来是各自独立的，他们之间大体没有什么交流和联系。但在后世的演绎中，两人的关系渐渐形成兄弟说、兄妹说、夫妻说三种解释，人首蛇身的伏羲女娲交尾图在汉代绢画石棺上多次出现，说明这种新的演绎在汉代就已经很有影响了。

（二）形象世界的想象与怪诞

形象世界的怪诞感可能是神话故事给予读者最直观的体验，神话营造出的世界充分体现出人类的想象力和艺术加工的能力。神话中情节组合的非逻辑关系、天神面目的怪诞雄奇、不可思议的无限神通，夸张与想象的描绘均达到了淋漓尽致的境界，与后世的现实主义、浪漫主义艺术创作都有极为明显的不同。神话中的形象世界就像是初民无限自由的梦幻，体现出人类童年时代独特的思维方式和表达能力，他们的认知体验就是通过这样一种界乎于纯粹"描述"和"真实"感觉之间、愿望和实现之间、影像和物体之间的描述表现出来的。有学者由此认为，在神话意识的起源和发展中，梦幻体验的决定性意义最清晰地显示了这种情况。许多原始民族的整个生命和活动，甚至一直到微小的细节，都是由他们的梦幻所决定和支配的。而且，神话思维对于区别活和死，并不比区别睡眠和觉醒更清楚些。[①]

从神话故事的情节来看，神话所遵从的逻辑关系往往是现代人无法理解的，事件的先后顺序、因果关系大多体现为一种非理性非逻辑的关系。比如白族有一个创世神话，说太阳掉到海里，被水里的大金龙吞下，太阳哽在金龙喉咙里，金龙烫得受不了，然后太阳变成一个大肉球，被金龙吐了出来，肉球撞到山上成为碎片，飞到天上的变成云，悬在空中的变成鸟，落到水里的变成鱼虾，还有两块变成一男一女，男的叫劳谷（祖父），女的叫劳泰（祖母），这就是人类的祖先。而卫拉特蒙古神话《麦德尔创世》中说，在天、地将要形成之初，一片洪水滔天的景象，天地混沌一片。这时候女神麦德尔身骑白马，马蹄所过之处，燃起烈焰，烧成的灰尘越积越多，大地就此形成。《山海经》中的帝江，没有耳目口鼻却能歌舞……在这里，一方面是离奇的想象，比如太阳变成肉球，肉球又撞碎成片，碎片再化成动物和人；另一方面是因果关系的混乱，天地尚未形成却有了洪水和白马，马蹄所过之处又是何地呢？五官都不存在时，欣赏歌舞是通过什么渠道呢？这里的想象已经超出浪漫的界限，达到离奇荒诞的境地了。

神话所描述的天神形象更是体现了自由不拘、天马行空的幻想能力，对初民来说，人首蛇身的伏羲、牛头人身的炎帝、九头蛇身的相柳，这样的神灵是完全可以接受的；奇形怪状的人物、动物和植物也是有存在可能的。《山海经》里关于殊方和异物的介绍，实在显示出中华民族老祖先的想象力。这里有人面鱼身不长脚的氐人、人头狗身的犬戎人、一个身体顶着三个头的三首国、三个身体共一个头的三身国、高挑却不长肠子的无肠国、脸正中只长着一只眼睛的一目国、只长着一臂一目一鼻孔的一臂国、长羽毛而且生蛋的羽民国……有一个穿胸国，每个国人胸口都有一个大洞，后世的文献还详细讲述了具体情况和这个国家的来历：“穿胸国，在盛海东，胸有窍，尊者去衣，令卑者以竹木贯胸抬之。俗谓防风氏之民，因禹杀其君，乃刺其（胸），故有是类。”穿胸国里地位高的人脱了衣服，由地位低的人拿根竹棍从中穿过，然后像抬轿子一样抬着他们走，这是多么大胆离奇的幻想！除了对神与人的想象，《山海经》还记录了许多奇特的动物或植物，如天生一只翅膀、两只合在一起才能飞起来的比翼鸟，人面羊身但眼睛却长在腋下的狍鸮（饕餮），形如牛肝有两个眼睛、切下一块吃了马上再长一块的视肉……凡此种种，无奇不有，与这些相比，人面

---

① 参见［德］恩斯特·卡西尔：《神话思维》，黄龙保等译，42页，北京，中国社会科学出版社，1992。

蛇身的伏羲夫妇造型也算不得太怪诞了。

（三）与原始宗教的一致性

原始宗教是指人类在生产技术水平极为低下的时代，因为无法正确认识自然、解决人与自然的矛盾，从而产生的多神信仰。同文明程度较高的一神教相比，其原始性主要表现为多神信仰，包括对物神、祖先、图腾、鬼怪等多种崇拜；依赖于外在的巫术仪式，还没有抽象的能力幻想出一个主宰一切的神，等等。从某种角度来说，神话是宗教产生之初的具体形式或者具体表现。先民无法解释、理解身边的世界，于是幻想出多种神灵和神灵彼此之间的关系，这就构成了最初的神话。原始人讲述神话的场景是具有巫术功能的一种仪式，他们不是出自娱乐和艺术的需要，而是为了解决现实的生存问题，对神话的讲述本身就包含着对神灵的敬畏和崇拜。因此，我们说神话与原始宗教之间的关联是一种内在的质的相通，上古神话就是原始宗教观念的形象化、具体化的呈现和表达。

神话与原始宗教的一致性，常常表现为神话中的神与原始宗教祭拜的对象的同一，以及神话内容中本身就包含的宗教祭祀活动，等等。如古代中国人四时节令都必须祭拜的后土之神，就是在《山海经》里首先提到的，《山海经·大荒北经》里说，"后土生信，信生夸父"，可见他是逐日的夸父的先祖。《左传》《国语》有云，"后土为社"，"……其子曰后土，能平九土，故祀以为社"，这说明，早在先秦时候，后土就已经是人们祭拜的对象了。到了魏晋时分，后土祠在汾阴地方建立起来，这个来自上古神话的神灵就这样融入了中国人多神崇拜的系统。

再如门神，这是很有中国特点的一个神灵，上古的门神并不是唐朝的那两员大将秦琼和尉迟敬德。据《论衡》的《订鬼篇》《乱龙篇》记载：东海度朔之山上有高大的桃树，在那里住有兄弟两人，名叫神荼和郁垒，他们的工作就是管理各路鬼怪，如果是恶鬼他们就缚住用来喂老虎。黄帝时期就立了一条规矩，后来成为一个习俗，家门口树立桃木做的人，然后在门上画他们俩和老虎的像，两人手里拿绳子，让恶鬼不敢进门。前文提到过，《论衡》一书是东汉王充专门写来驳斥谶纬之说的书，但这一条记录却客观描述了早在汉代就已经形成的门神祭拜活动和习俗。

国人对盘古、女娲等的祭祀之礼由简到繁，地域由狭到广，也是这种一致性的体现。关于盘古，在《述异记》中提到："今南海有盘古氏墓，亘三百余里，俗云后人追葬盘古之魂也。桂林有盘古氏庙，今人祝祀。"《搜神记》中说用"掺杂鱼肉，叩槽而号，以祭盘瓠，其俗至今"。《赤雅》里提到岁时祭祀盘瓠的仪式："旗子五方，衣服五彩，男左女右吹奏葫芦、笙等乐器，祭毕合乐，男女跳跃，以定婚媾。在祭祀仪式上，还会先准备一个大木槽，先献上人头一枚，名吴将军首级。"这个吴将军就是盘瓠神话里那个侵犯边境的将军，盘瓠就是咬下了他的头才立下大功劳的。不仅是人物，就连具体的祭祀仪式都要模仿神话中的基本情节，无怪乎鲁迅先生曾在《中国小说史略》里说，《山海经》里面记载的祭神之物多用精米（糈），与巫术仪式是一致的，因此，《山海经》应该算作一本古代的巫书。

二、神话的文学价值

作为人类童年时代的思想成就之一，神话通过营造一个万物有灵的想象世界来表达原始人所感知的一切，神话所叙述的故事既是他们对自然追问的解释，同时也是支持他们继续生存下去的精神力量和指导。所以神话对人类文化的影响是多层次多角度的，对后人的精神生活和物质生活都具有塑形的作用，无论是祭祀、礼仪的完备，还是文学、艺术的创作，都能或多或少地找出神话的遗留。

以文学艺术创作为例，马克思在分析希腊神话时曾说，"希腊神话不只是希腊艺术的武库，而且是它的土壤"，这一论断指出了神话同后世文学艺术创作的基本关系。中国神话对文学艺术的创作也具有相同的意义，不仅在内容方面为后世文学艺术创作提供了丰富的素材，而且在形式美方面也提供了一定的参照。诸如《楚辞》中《天问》《招魂》《九歌》等名篇，《庄子》中《逍遥游》等篇章，从那些雄奇瑰丽的想象和描写中都能看出上古神话的影响；李白、李商隐等的浪漫主义的诗歌，有很多的意象和内容来自神话；明清时的神魔小说《封神演义》《西游记》《镜花缘》里，也有很多意象取自上古神话。如在《山海经》里有三次提到女子国，说这个地方在"巫咸北，两女子居，水周之。一曰居一门中"，郭璞注云："有黄池，妇人入浴，出即怀妊矣。若生男子，三岁辄死"，这个情节显然对《西游记》里女儿国的故事有直接的影响。

题材方面，有时文人会直接把神话中的人物和事件拿来作为题目，借以抒发自己的议论和感慨，如陶渊明《读山海经》组诗、卢仝《月蚀诗》《与马异结交诗》、李商隐《嫦娥》等诗作；有时则截取神话中的某一片断，拓展了文学创作的思想内容，如后汉张衡《东京赋》、李白《蜀道难》《上云乐》《把酒问月》，等等。神话中那个光怪陆离、五彩缤纷的神灵世界，既丰富了后世文学创作的形象序列，同时也成为进一步想象、抒情的起点。

《淮南子》云："青女，天神，主霜雪也。"青女与霜雪，这两个意象本身就营造出一种冷清孤单的美感，很容易激发诗人的想象。所以后人有"飞霜任青女，赐被隔南宫"（杜甫《秋野五首》）、"青女素娥俱耐冷，月中霜雪斗婵娟"（李商隐《霜月》）的动人诗句。在这里，诗人借用自然意象的同时又融合了与之相对应的某一个自然神，于是便自然而然地丰富了诗歌意境的层次。

自先秦起就在民间流传的牛郎织女故事，不仅出现在《诗经》里，在《古诗十九首·迢迢牵牛星》更有完整动情的叙述："迢迢牵牛星，皎皎河汉女。纤纤擢素手，札札弄机杼。终日不成章，涕泣零如雨。河汉清且浅，相去复几许。盈盈一水间，脉脉不得语。"此后，唐代卢仝写《月蚀诗》："痴牛与騃女，不肯勤农桑。徒劳含淫思，旦夕遥相望。"宋代晏几道填写《鹧鸪天》一词："当时佳期鹊误传，至今犹作断肠仙。桥成汉渚星波外，人在鸾歌凤舞前。"明代出现小说《牛郎织女传》，民国更有小说《新编神怪小说牛郎织女》出版发行，可见神话对后世文学创作影响之深远。

思考题：

1. 神话的本质是什么？以一个神话为例，谈谈你对神话本质的理解。
2. 结合具体的神话故事，谈谈为什么说神话是原始宗教的具体表现形式。
3. 神话的幻想与一般的想象有何区别？
4. 举例说明神话所具有的文化价值和文学价值。

延伸阅读书目：

1. 袁珂、周明编：《中国神话资料萃编》，成都，四川社会科学院出版社，1985。
2. 丰华瞻编译：《世界神话传说选》，北京，外国文学出版社，1982。
3. ［德］恩斯特·卡西尔：《神话思维》，黄龙保等译，北京，中国社会科学出版社，1992。

第五章　民间传说

第一节　民间传说的定义

从维基百科 legend 词条来看，传说（legend）的拉丁词源（legenda），即指在特定节日在教堂宣读的故事［things to be read（on a certain day, in church）］，因此，在西方，早期的传说可能更多与宗教相关，主要讲述的是圣徒们的传奇故事。与此不同的是，虽然中国的传说也会依附于一些道教、佛教的内容，比如附会于"佛成道节"之上的腊八节的传说、八仙过海的传说，等等，但内容主要还是集中在带有传奇色彩或幻想成分的、与历史事件、历史人物及地方风物有关的老百姓自己的生活和愿望。以中国的四大传说为例，无论是牛郎织女七夕相会、梁祝化蝶，还是孟姜女智斗秦始皇、白蛇传法海遁入蟹壳藏身，都是老百姓们用民间传说对日常生活的生动解释，对美丽爱情的讴歌，对惩恶扬善、善恶到头终有报的一种期待和愿望。作为民间文学的基本形式和类别之一，民间传说都是老百姓口传心授、世代传承的文艺形式和知识宝库，在老百姓生活中具有不可替代的教育和娱乐作用，有强大的生命力和影响力。只要聚居这种居住形式仍然存在，只要有可供民众交流的场合，或地头田间，或街头巷尾，只要稍有闲暇，就会有讲述传说和听传说的活动。

民间传说（legend）的概念有广义和狭义之分。广义的是指所有民间口头讲述的以散文体方式表现出来的形式，包括所有的神话、民间传说和民间故事在内。而本书采用的民间传说概念是狭义上的，指在民众中间流传的，关于某一历史人物、某一事件、某一节日习俗或某一自然物、人造物的口述性散文体故事。要搞清楚民间传说这一狭义的概念，我们首先要区分清楚民间传说与民间故事、神话、历史的区别。

一、民间传说与民间故事的不同

民间故事和民间传说作为民间口头文学宝库中的两大珍宝，在民间文学中占有重要的位置。在实际流传过程中，民间故事与传说之间偶尔会发生相互转化。比如，民间故事在流传过程中，有一部分故事逐渐"固定"，附在各地的风物上，或者民间故事与历史人物发生了联系，从而实现了民间故事固定附在具体的中心点上，向民间传说转化。反过来，传说在流传中没有相关的事物、人物使之得以固定下来，或者随着时间的延续和流传地域的扩展，原有的可信

（风物或人物）离开其存在的地域和时代，呈现逐渐消失的趋势，民间传说就会逐渐向民间故事演变。因此，民间传说和民间故事这两个概念常常容易混淆。但是，作为民间文学叙事散文中的不同门类，它们又具有一些明显不同的表现形式和特征。

一般来讲，民间故事多使用泛指性语言，缺乏较为明确的中心点。常以"从前"、"很久很久以前"、"古时候"等虚化的词语来表达故事发生的时间，主人公多是"张三"、"李四"、"老头"、"小姑娘"等一类的泛称，故事发生的地点也往往是笼统、不固定的，如"很远很远的地方"、"在一个村子里"等。

民间传说则不同。不管是特定的历史时期、历史人物，还是特定的风俗习惯、某地的山水古迹，民间传说必然指向一个固定的中心点。几百年乃至几千年的流传往往是为了解释某个特定的纪念物。它的时间、地点、人物都是具体的、固定的。

比如，青海日月山的传说：

> 日月山古时候称赤岭，得名于土石皆赤，或赤地不毛。相传当年文成公主远嫁吐蕃，途经赤岭，她在峰顶翘首西望，远离家乡的愁思油然而生，不禁取出临行时皇后所赐"日月宝镜"观看，镜中顿时生出长安的迷人景色。公主悲喜交加，但当她想到身负唐蕃联姻通好的重任时，便果断地摔碎了"日月宝镜"，斩断了对故乡亲人的眷恋情丝，下定了毅然前行的决心，义无反顾地走上了西行的道路。从此，赤岭改名为"日月山"。

如果把这一民间传说中的人物（文成公主）、时代（唐朝）、地点（不毛之地的赤岭）这些具体信息虚化，换成某人、某时、某地，那么这个故事以及这个故事背后几百年来汉藏人民所要表达的对大唐公主远嫁吐蕃的无比的敬佩、尊重和热爱之情也就根本无法存在。失去了这些重要的信息，这个传说也就不能称为日月山的传说。

二、民间传说与神话的不同

神话是人类童年时代出现的、以讲述天地起源和诸神活动为主要内容的幻想故事。以古希腊神话为例，古希腊神话讲述的是诸神与世界的起源、诸神争夺最高地位及最后由宙斯胜利的斗争、诸神的爱情与争吵、神的冒险与力量对凡世的影响。神话与信仰、仪式相结合，让人们相信是诸神创造了世界万物和人类，决定着人类的命运，对于讲述者和听众来说，是绝对真实、神圣的。

而民间传说虽然也会借用一些神话的幻想元素，但与神话的主人公是神不同，民间传说的主人公始终是人，民间传说描绘的生活始终是老百姓自己的生活。以《中国牛郎织女传说·民间文学卷》（广西师范大学出版社 2008 年版）选取的牛郎织女传说为例。不管是《浙江省杭州市萧山卷》中提到的"织女自从结婚以后，每天与牛郎一起吃喝玩乐，只讲夫妻恩爱、不讲劳动……"还是《福建省漳州市卷》提到的"几乎把那'男大易耕，女大易织'的正经事给忘了"，或者是《织女变心》一文中提到的"织女不仅停止了织布，而且连做饭、拌草料、带孩子等事也一并搁置，每日睡到日上三竿，头也不梳，脚也不裹，脸也不洗，成了令庄上出名的好吃懒做的懒婆娘……"民间传说中的主人公——织女，虽然是天上的七仙女，表面上具有神格，但是在具体的描述过程中，织女既然降临人间，就必须要遵循农业社会男耕女织的生活规律，甚至还要裹脚、拌草料、带孩子……民间传说中所有这些细节描写所体现出来的浓郁的日常生活气息、现实主义成分，都将它与神话截然区分开来。

《论语》有云"子不语怪力乱神"，在孔老夫子的训诫下，更关注当下生活、现世民生的中国人常常把遥远的来生和超现实的神话抛之脑后，却又常常借用神话中美丽的幻想因子勾勒出属于老百姓自己的神仙传说、习俗传说。原始神话中那些具有神格的神祇（或英雄）的传说，如"尧的传说""炎帝神农的传说"等，还有黄帝、颛顼、帝喾、舜、鲧、禹等的传说，也往往会在其发展过程中遭遇"历史化"，而由古老的神话变成民间传说。正如钟敬文先生所说：

> 中国，是一个"传说之国"。如果她极丰饶于自然物产，她也是极丰饶于民间传说的。有些学者说，中国是神话很缺少的国度，和这相反，她于传说却是异常的富有。中国是否为世界上于神话最贫弱之国，这还是一个有待商量的问题。但她于传说方面的富有，却是不容争辩的事实。①

三、民间传说与历史的不同

历史文献不乏民间传说的内容。西汉末年刘向在编撰《列女传》时，就吸收了民间传说，记录了杞梁妻（孟姜女）没有子嗣，娘家婆家也都没有亲属，夫死之后成了孤家寡人。杞梁妻"就其夫之尸于城下而哭之"，哭声十分悲苦，过路人无不感动。十天以后，"城为之崩"。这样的情况不少见，因此，民间传说与历史也是两个极需要理清的概念。

---

① 钟敬文：《钟敬文文集·民俗学卷》，222 页，合肥，安徽教育出版社，2002。

民间传说常常会把比较广泛的社会生活内容通过艺术概括而依托在某一历史人物、事件或某一自然物、人造物之上，达到历史的因素和历史的方式与文学创作的有机融合，使它成为艺术化的历史，或者是历史化的艺术。但是，传说毕竟不是真实人物的传记，也不是历史事件的记录（其中可能包含着真实历史的某些因素），而是人民群众的艺术创作。两者的区别在于：

1. 选取的对象不同。历史记载往往会选取重要人物和重大事件加以记载，而传说更多讲述的是老百姓们感兴趣的人物和事件。比如中国四大传说的主角（梁山伯、祝英台，牛郎、织女，白蛇、许仙，孟姜女）就没有一个是帝王将相。

2. 表现手法不同。历史以"求真"为要务，传说则以"动听、引人入胜"为第一目标。就算是人物传说依托于真实的历史人物，在表现形式上也是大相径庭。

以比干的传说为例。在中国历史上，比干确有其人。关于比干的记载，目前所知最早的，可见于《吕氏春秋》，《吕氏春秋》几次提到比干之死和比干以死直谏，但是，比干究竟是怎么死的并不是吕不韦的门客们记录的重点：

> 纣贵为天子，富有天下，能尽害天下之民，而不能得贤名之。关龙逢、王子比干能以要领之死，争其上之过。而不能与之贤名。名固不可以相分，必由其理。

时隔不久，以秉笔直书著称的《史记》在《殷本纪》中明确出现了关于比干挖心的记载：

> 纣愈淫乱不止。微子数谏不听，乃与大师、少师谋，遂去。比干曰："为人臣者，不得不以死争。"乃强谏纣。纣怒曰："吾闻圣人心有七窍。"剖比干，观其心。

因此，在历史记载中"比干"其名反复出现，其主旨在于讲述忠贞的臣子比干明知纣王残暴无道，仍以死直谏的故事，目的是以此往事通古今之变，让后代君王有鉴于治道。

然而在比干的民间传说中，老百姓们对这位赤胆忠心的臣子敬佩有加，人们充分展开自己的想象，尽情讴歌这位刚烈的臣子：

　　据说，纣王为狐狸精苏妲己所惑，比干用计想赶跑她，反遭苏妲己的陷害。苏妲己谎称自己老病根儿犯了，纣王问她如何才能治好，苏妲己说："要想除根，除非用七窍玲珑的人心作药引子才行。"纣王忙问："这七窍玲珑的人心到哪去找？"苏妲己说："远在天边，近在咫尺。满朝文武，就丞相比干一人长着七窍玲珑的心。只怕大王舍不得杀了比干。"纣王回答："你是娘娘，他是臣子，只要能治好娘娘的病，别说一个臣子，就是杀一百个，朕也舍得。"于是，纣王接二连三地宣比干进宫。比干进宫后再次劝谏纣王，纣王哪里肯听，便命武士下手。比干说声："慢！拿剑来。"比干解开衣襟，一剑下去，将胸腹剖开，并不见流血。比干伸手将心摘下，扔到地上，一言不发，转身出了宫门。原来，管封神的姜子牙早就算出比干将要大祸临头，事先已将一粒灵丹妙药送与比干，比干入朝之前先吃下了那粒药丸，故能无心而不死。民间传说比干出了午门，离开京都，来到民间，从此广散钱财，成了一位财神。因为没有了心，也就无偏无向、办事公道。那时候，在比干手下做买卖的人，都没有心眼儿，大家都公平交易，谁也不坑害谁。

　　但是，好景不长，有一次姜子牙败在了纣王手下的赵公明手中，赵公明向封神的姜子牙讨财神的职位，姜子牙无奈就诳赵公明："财神现在比干正当着呢，你若能把比干的心掏出来，就封你做财神（姜子牙知道比干无心）。"赵公明命令自己的坐骑黑虎去掏比干的心，黑虎趁比干不备，把一只黑乎乎的虎爪探入比干胸中，可摸来摸去摸了半天怎么也摸不着比干的心，黑虎气得大吼一声，撇下比干，悻悻而去。但比干的五脏六腑经黑虎爪子这一搅和都染黑了，从此，比干这位财神办事也不再那么公道了，常常要出一些偏差，以至于"发财的人越来越富，穷苦的人越来越穷"；买卖人也不再那么老实本分，时时做出些损人利己的黑勾当。这都是黑虎掏心惹下的祸害。①

　　正是为了突出比干的无所畏惧，比干传说的讲叙者一定要强调是比干自己剖开胸膛、将心摘下、扔在地上这样的情节。而人们更舍不得比干就这样在挖心之后死去，这与善良民众善有善报、恶有恶报的信念是相悖的，所以后面才会生出老天爷有眼，无心的比干化为无偏无向、公平公正的财神的情节。可是

---

　　①　摘自陈龙兴的讲述。陈氏讲述的《财神爷比干》的故事，见任骋搜集、整理：《七十二行祖师爷的传说》，郑州，海燕出版社，1986。

这样一来，天底下的财富在比干手下岂不是应该管理得井井有条？为什么常常是穷人更穷、富人更富？财神那么不公平？于是又衍生出黑虎掏心、比干黑心这样的情节……比干的形象在比干传说的流传过程中日益丰满、栩栩如生，让人印象深刻。

建筑风物传说也是如此。以西藏早期佛教建筑传说为例。据历史学家考证，公元822年汉唐会盟碑上的铭文详细记载了外来艺术家们的名字，唐代中晚期也有不少汉族能工巧匠被迫迁至雪域。唐代宗大历十四年（公元779年）吐蕃攻蜀，首领明言："凡伎巧之工皆送逻婆（拉萨）。"（《旧唐书·崔宁列传》）这些吐蕃王室从异域或劫掠或高薪聘请来的精于佛像制作的能工巧匠们都参与了当时佛像雕塑、绘制，以及修建寺庙等重大工程。但是藏族民众更津津乐道的却是类似"王（松赞干布）变化化身一百零八人，筑墙四昼夜、木工六昼夜、盖顶两昼夜，共七昼夜，完成大昭寺全部修造工作"之类充满神奇色彩、口耳相传的故事。至今，藏族民众都会把西藏第一幅唐卡的制作、大昭寺的修建、小昭寺的修建等统统都归功于箭垛式人物松赞干布的身上。这样一种附会名人之风的手法，从历史学角度是绝难以接受的，但是于民间传说来说却是一种惯用的表现手法。如建筑方面，不管是赵州桥、卢沟桥，还是白马寺、开封铁塔，这些有名建筑物都是鲁班造的；医学方面，不管是什么神药、妙方都是华佗发现的。

相传从前在河北省赵县城南五里的地方，有一条大河，名叫洨河。洨河发源于河北西部的井陉山。在古代，它的水势很大，每逢夏秋两季，大雨来临，雨水和山泉一并顺流而下，沿途又汇合几条河水，形成了汹涌的洪流。因此，洨河两岸的居民和来往的行人，都感到非常不便。赵县人民的这个困难，被著名的工匠祖师鲁班知道了。他特地远道赶来，施展出卓越的技术，在一夜之间就造好这座赵州大石桥。

神匠鲁班架起赵州桥的事一传十，十传百，神仙也知道了，惹恼了张果老、柴王爷和赵匡胤。有一天，张果老、柴王爷和赵匡胤一起来到赵州大石桥头，大喝一声："鲁班小子，竟敢冒充神匠，冒犯天帝，真是狗胆包天，快出来，咱们较量一番。"呐喊声惊动了四面八方众乡亲，他们一齐跟着鲁班走来。鲁班面不改色心不跳，笑着向张果老、柴王爷、赵匡胤躬身施礼："大仙大圣唤我来，不知有何见教？"

"今天要比试比试，看谁是真神仙？"

"请问怎么个比试法？"

张果老抢先说："我倒骑毛驴过一过桥。"柴王爷说："我推车，赵匡胤拉车也要从赵州桥上走一走。"

鲁班和众乡亲听了，仔细一看，大吃一惊。原来张果老的毛驴上搭着一个褡裢，里边装着日头和月亮，直冒金光；柴王爷的推车上装有四座名山——泰山、华山、嵩山、恒山。啊呀呀，这还了得！这毛驴驮着日月，推车上有四座大山，不知有多么重，压下去，别说是石桥，就是金桥银桥也准被压塌！

张果老见众人吃惊害怕，说："我若能平安过桥，就算鲁班是神仙，情愿把毛驴输给你！"柴王爷说："我和赵匡胤若能平安过桥，愿将小推车留下，鲁班算是仙人。"鲁班睁大眼睛打量了一番这毛驴和小推车，又仔细瞅了瞅赵州桥，说："好吧，君子一言驷马难追，请大仙大圣过桥！"乡亲一听可急坏了，程大龙抢着说："鲁班师傅，千万不能答应啊！"乡亲们也嚷起来了："对啊！不能让他们白白把桥给毁了！"鲁班笑了笑说："众乡亲，别着急"。说罢，他脱下鞋，一个箭步跃身跳进洨河，站在桥下。

张果老倒骑毛驴，登上了大石桥，随后，柴王爷推车，赵匡胤拉车也紧紧跟着上了大石桥。一瞬间，只听驴蹄声、推车声响起来，大石桥却稳如泰山。原来，鲁班在桥下用一只大手托住了石桥。程大龙禁不住高兴地叫起来："好啊！神匠鲁班一只手，托起月亮和日头，托住四座名山走！"众乡亲也齐声欢呼跳跃："鲁班爷爷一只手，牵着神仙桥上走！"

张果老、柴王爷和赵匡胤慌慌张张过了桥，要逃走。乡亲们急忙追过桥去，大声喊："神仙神仙慢点走，快把毛驴推车留下！"张果老、柴王爷和赵匡胤装聋，乡亲们喊声越大，他们跑得越快，最后，腾云驾雾朝天上飞去了。

众乡亲返回桥头，走上桥，奇怪的是桥面东侧留下了深深的驴蹄子印、车道沟印和膝盖印，鲁班不见了。程大龙忍不住大声呼喊："鲁班师傅——"没人回答。乡亲们从桥上找到桥下，见清清洨河水，向东流去。桥下石上有五个深深的手指印。这就是鲁班托桥时留下的仙迹。①

很显然，老百姓们对到底谁才是巧夺天工建筑的实际建造者，谁才是治

---

① 李生田、施维刚主编：《中国赵州桥志》，151～153页，石家庄，河北科学技术出版社，1994。

病良方的医师，这些所谓的"真实"并不感兴趣，人们口耳相传的是那一个个生动有趣、百听不厌的民间传说。因为在这些民间传说中，神仙也好，皇帝也好，都敌不过勤劳善良的能工巧匠、聪明智慧的劳动人民，正是这千千万万个无名的"鲁班"才有与天斗、与地斗的雄心壮志，托起一座座能承载日月山河的桥梁与建筑，建起那五千年屹立不倒的中华文明。

第二节　民间传说的分类

民间传说既是人们娱乐解颐、丰富知识、提升审美情趣的深入浅出而又富于想象的民俗文艺形式，又是传授人生经验、伦理道德、历史事件，治国安邦，讴歌英雄伟人的知识宝库。它的分类有很多种，下文分为四类进行介绍：

1. 人物传说。以历史上的各类出众人物（包括帝王将相、英雄豪杰、文人墨客、工匠大师等）为主人公的传说。

2. 史事传说。那些历史上发生的大事件，特别是那些充满了神奇色彩和震撼人心、壮怀激烈的事件，总会被附会成传说。

3. 风物传说。民众喜欢赋予目力所及的山水草木等自然景观、庙宇建筑、园林宫观等文化遗存以传说的形式。

4. 风俗传说。各种传统节日、风俗习惯的来历和传说。

一、人物传说

人物传说常常围绕某个历史人物或者神话宗教任务加以展开，作为群体历史记忆的符号，它的产生和流传过程都包含着丰富的社会舆论与情境的历史真实，是历史记忆的另一种呈现和表达方式。人物传说又可以细分为历史人物传说、神话宗教人物传说、巧匠名医传说、文人传说等。

下文以历史人物沈万三的传说为例，来说明人物传说的一些特征。沈万三是元末明初在江浙一带具有传奇色彩的真实人物。关于他的传说，流传之广、流传之深、流传之神亦为少见。口碑道之、史实载之，连街巷地名都留下他活动的印迹，至今人们依然津津乐道关于他是"白衣天子"的传说。

　　沈万三之富，是举世公认的。连《明史》都不止一次记载到他，承认他帮助帝王筑都城的事实，说明其富可敌帝王，故有"白衣天子"之称。称沈万三为"白衣天子"的另一个原因，可能是在传说中人们都认为他同明太祖朱元璋是同年同月同日同时生的。据说还有一个乞丐的生时也同他们相同，都是那一天早晨生的。而不同的是，那个时辰鸡叫头遍的时候，生了朱元璋，成了皇帝；鸡叫二遍的时候生了沈万三，成了天下最富之人；鸡叫三遍的时候生下了乞丐，成了天下最穷的人。①

众多的沈万三传说无法在本书有限的篇幅内一一展现，但是我们从中不难看出江南民众对沈万三这位富甲一方而又慷慨大方的人物的评价。沈万三因其富有而获罪于朱天子，落得个充军发配云南的下场，但是江南一带的民众却用无数的民间传说传唱着他的故事。在沈万三这一箭垛式人物的身上，汇集了明初移民、太祖打压江南富户、文字狱等一系列真实的历史事件。表面上看起来，这一传说的时间、空间（周庄、南京、云南）、幻想互相交错，复杂陆离，但在它的背后，我们不难看出明代江南地区的民众在传统农耕社会向商人社会、城市化社会逐步迈进这一过渡阶段的世界观、价值观的转变，以及老百姓对明代施行政策的看法。这些沈万三的传说在街头巷尾的传播过程中日益发展起来，有的甚至被记入史册，口头传说与历史文献的界限逐渐淡化和模糊了，老百姓们用民间传说的方式书写着"另一种历史"，表达着自己的声音。

二、风物传说

本书采用钟敬文在《浙江风物传说》一书的"序言"中提到的风物传说概念，他说："所谓风物传说主要是指那些跟当地自然物（从山川、岩洞到各种特殊的动植物）和人工物（庙宇、楼台、街道、坟墓等）有关的传说。……还有一些有关人事的，如关于某种风俗习惯的起源等，也应当包括在内。"②

从柳田国南《传说论》中提到的传说的中心点——"纪念物"到钟敬文的"风物"，后者进一步把传说的核心元素"人事"，包括人生活在其中的当地的风土人情一并融入，使得风物传说成为某个特定地域群体的共同价值观、集体记忆的宝库。所谓"一方水土养一方人"，而这一方民众也把他们最美好的想象诉诸耳闻目见的风物之上，形成美丽的风物传说。

以杭州飞来峰的传说为例。杭州飞来峰形成于冰期末期，就其成因主要是由冰川融化等地质原因天然形成的。因了东晋咸和初年印度和尚慧理的一句

---

① 吴福林：《沈万三及其家族》，45～47 页，见《江苏地方志》，1998。
② 钟敬文：《浙江风物传说》，杭州，浙江人民出版社，1985。

话："此乃中天竺国灵鹫山之小岭，不知何以飞来？"① 从此得名飞来峰。但是杭州民间流传的飞来峰传说则更为有趣。

传说杭州灵隐寺有个和尚，叫济癫。这天早上，济癫和尚迷迷糊糊醒过来，跨出山门外，抬头一望，只见老远老远的天空飘着一块乌云，径直向灵隐寺徐徐飞来。仔细一瞧，勿对，这哪里是乌云，是一座小山峰。推算起来，这座山峰到午时三刻，将在灵隐寺前面的村子上落下来。这下济癫和尚急啦，转身朝大殿跑去，一边跑一边叫："不好啦，山要飞来啦！不好啦，山要飞来啦！"人们听了，个个都笑了起来，说："又发酒疯了，谁见过会飞的山？"

正在这时，突然听到"滴滴答答"吹唢呐的声音。他连忙顺着声音跑去一看，原来人家娶亲办喜事呐。那新娘子头上披着红巾，新郎官肩上披着彩带，正在磕头拜天地哩！屋子里挤满了人，热热闹闹，喜气洋洋。济癫和尚想了想，就推开众人，钻到堂前，把新娘子往肩上一背，转身冲出大门，向村外飞跑。"疯和尚抢新娘子啦！疯和尚抢新娘子啦！"这还了得！一下子轰动了全村，不管是亲戚不是亲戚，也不管是朋友不是朋友，男的，女的，老的，小的，一齐冲出村子，边追边喊：

"抓住疯和尚！"

人们正追着，忽听风声呼呼，天昏地暗，"轰隆隆"一声，一座山峰飞降灵隐寺前，压没了整个村庄。这时，人们才明白济癫和尚抢新娘是为了拯救大家，于是就把这座山峰称为"飞来峰"。

而为了不让这座山峰再飞走，祸害别的无辜百姓，大家在济癫和尚的带领下，齐心合力，只一天一夜时间，五百个石罗汉就凿全了，山上山下布满了石龛佛像。济癫和尚上山一看，怎么五百个石罗汉一个个都只有身体没有眼睛眉毛，于是伸出手来，用他的指甲，在石罗汉的脸上"察察"两划，就是两条眉毛，再用指头"瑟瑟"两抹，就是两只眼睛。不到半天工夫，便把五百个石罗汉统统都安上了眼眉，活灵活现。②

① 此句最早见于北宋晏殊《舆地志》记载，晋贤和元年，西天僧慧理叹曰："此是中天竺国灵鹫山之小岭，不知何年飞来。佛在世日，多为仙灵之所隐，今此亦复尔耶？"由于《舆地志》已亡佚，转引自（宋）施谔：《华中地方·第五一四号浙江省淳佑临安志》，267页，台北，成文出版社，1983。

② 节选自杭州市文化局编：《中国地方风物传说之一杭州的传说》，83～87页，上海，上海文艺出版社，1980。

正是济公惩恶扬善、济人危难、可亲可敬、大慈大悲,同时又诙谐不羁、大达大观的"菩萨"、"活佛"形象的融入,使得飞来峰的传说日益受到人们的喜爱,丰富着广大民众的精神生活空间。而老百姓们也在不断补充着飞来峰的传说,不断地把元代飞来峰藏传佛教佛像的开凿等历史事件融入,丰富着飞来峰这一风物的传说。

三、风俗传说

风俗传说是解释各种传统节日、风俗习惯的来历和传说,它总是和某个特定地域、特定时期的生产生活紧密联系在一起。年年岁岁,从春节到冬至,每个特定的日子,特定地域的人们都做着特定的事情,孩子们不断追问为什么要做这些事?而那些伴随着这些习俗而存在的传说也就这样一代代流传下来。

以寒食节的传说来看。寒食节的源头,应为远古时期人类的火崇拜。古人的生活离不开火,但是,火又往往给人类造成极大的灾害,于是古人便认为火有神灵,要祀火。各家所祀之火,每年又要止熄一次。然后再重新燃起新火,称为改火。改火时,要举行隆重的祭祖活动,将谷神稷的象征物焚烧,称为人牺。相沿成俗,便形成了后来的禁火节。随着时间的流逝,人们对火的控制力日益增强,禁火节的存在越来越显得没有必要,但是火崇拜这样一种仪式却一直存在于人们的生活之中,人们力图为这种禁火节仪式寻找一个解释,于是"禁火节"逐渐成为纪念某个人物——介子推而存在的"寒食节"。

在《史记》中,并没有出现晋文公焚山不幸烧死介子推、人们寒食以纪念此事的记载。晋文公流亡期间,介子推曾经割股为他充饥。晋文公归国为君后,分封群臣时却忘记了介子推。介子推不愿夸功争宠,携老母隐居于绵山:

> (晋文公)使人召之,则亡。遂求所在,闻其人绵上山中,于是文公环绵上之山中而封之,以为介推田,号曰介山,"以记吾过,且旌善人"。(《史记·晋世家》)

但是,到了东汉时期,已经开始出现了介子推与寒食相关的明确记载:

> 太原郡民,以隆冬不火食五日,虽有疾病缓急,犹不敢犯,为介子推

之故也。《后汉书·周举传》太原一郡，旧俗以介子推焚骸，有龙忌之禁，至其亡月，咸言神灵不乐举火，由是，士民每冬中辄一月寒食。①

到了三国时期，魏武帝曹操曾下令取消这个习俗。但是到了三国归晋以后，由于晋朝与春秋时晋国的"晋"同音同字，因而对晋地掌故特别垂青，纪念介子推的禁火寒食习俗又恢复起来。同时，还把寒食节纪念介子推的说法推而广之，扩展到了全国各地。从此，寒食节成了全国性的节日，寒食节禁火寒食成了汉民族共同的风俗习惯。

由此可见，一个习俗传说的形成有着天时、地利、人和诸方面的因素。类似的传说还有很多，比如端午节的传说。这个节日在古代，是一个消毒避疫的日子。根据文献上的记载，以及历代相传流行下来的许多端午习俗，五月被视为"毒月"、"恶月"，五月初五是九毒之首，所以这一天便流传了许多驱邪、消毒和避疫的特殊习俗，如插蒲子艾叶、喝雄黄酒、祭五瘟使者等。根据《史记·屈原贾生列传》记载，屈原是春秋时期楚怀王的大臣，他倡导举贤授能，富国强兵，力主联齐抗秦，遭到贵族子兰等人的强烈反对，屈原遭谗去职，被赶出都城，流放到沅、湘流域。公元前278年，秦军攻破楚国京都。屈原悲愤之下于五月初五投汨罗江而死。

> 屈原五月五日投汨罗水，楚人哀之，至此日以竹筒子贮米，投水以祭之，汉建武中，长沙区曲，忽见一士人，自云三闾大夫，谓曲曰，闻君当见祭，甚善，常年为蛟龙所窃，今若有惠，当以楝叶塞其上，以绿丝缠之，此二物蛟龙所惮，曲依其言，今五月五日作粽并带楝叶、五花丝，遗风也。②

端午节"纪念屈原"的传说也因着自汉武帝刘彻、淮南王刘安、司马迁至宋代朱熹这历朝历代帝王将相、文坛领袖的一再推崇而在民间绵远流长。由此，寒食节、端午节这些习俗借助民间传说使自身获得了文化价值，而民间传说也随着习俗的不断展演而代代相传。

---

① 宿县安徽大学中文系"桓谭新论校注小组"编：《桓谭及其新论》，载《安徽大学学报增刊》，131、136 页，1976。

② （南朝·梁）吴钧：《续齐谐记》（上），5 页，北京，中华书局，1979。

第三节 民间传说的特征

一、可信性

正如日本的民俗学之父柳田国男所说，民间传说最大的特点就是它的可信性。尽管同一民间传说在不同的历史时期、不同的地域产生出很多变体，但是只要它的内核还在，就有生命力不断地流传下去。顾颉刚曾经感慨自己大大低估了全国不同地区孟姜女传说的数量，尽管各地的说法不一而足，但是其核心要素"孟姜女哭长城"却是一样的。

1. 要素一：长城。不管是齐国的齐长城还是秦始皇修建的长城，无论如何都要有修长城这回事。

2. 要素二：万杞梁之死。不管是累死的、还是饿死的、被打死的，抑或是由于伏胜之说而被故意害死后埋在长城之下的，总之一句话万杞梁是不得不死的。

3. 要素三：哭倒长城。不管是由于暴雨冲刷，还是孟姜女的诚意真的感动了上苍，无论如何长城是要倒下来的。

而各地的传说则都在尽其所能地试图解释上述几个要素，使其显得更为合理并让人接受。比如山东淄博的孟姜女传说总是会结合"淄水"、"（齐）长城"这两个周边的风物而提到"投淄水"、"修（齐）长城"这两个情节。而上海的孟姜女传说叙述者则不会忘记提及上海老城区出土的"杞梁墓碑"以证明万杞梁确有其人。这些可靠实证的例子，无一不是为了增强这一传说故事的可信性。

二、可变性

然而，民间传说在流传过程中，可信的某些因素常常又会消失或是产生出一些新的故事情节，这一现象的发生，绝不是讲述这一传说的讲述者个人的一己之力能够造成的，如若传说的讲述者不小心遗忘了某些情节，或是又凭空编造出了某些情节，这一行为是不能为听众所认可的。正如当代民俗学者坦哲里尼（Timothy R. Tangherlini）所说："传说是民俗信仰和集体经验在心理学层面的一种象征，是对该传统所属群体共同价值的重申。"[①] 因此，传说的可变性更多指的是一种有意识的变化，是特定历史时期、地域的群体的共同价值的一种有意识的塑造和重申的过程。

---

① Tangherlini, "It Happened Not Too Far from Here...": A Survey of Legend Theory and Characterization, *Western Folklore* 49.4 (October 1990: 371—390) p. 85.

孟姜女传说叙述重心的变化就很好地说明了这一问题。①

春秋时期孟姜女传说的重心在于一个"礼"字。杞梁妻（孟姜女）的故事最早记载在《左传》襄公二十三年里。周灵王二十二年（齐庄公四年，前550年）秋，齐庄公姜光伐卫、晋，夺取朝歌。公元前549年，齐庄公从朝歌回师，没有回齐都临淄便突袭莒国。在袭莒的战斗中，齐国将领杞梁、华周英勇战死，为国捐躯。后来齐、莒讲和罢战，齐人载杞梁尸回临淄。杞梁妻哭迎丈夫的灵柩于郊外的道路。齐庄公派人吊唁。杞梁妻认为自己的丈夫有功于国，齐庄公派人在郊外吊唁不合礼数，便回绝了齐庄公的郊外吊唁。因此，这一遭遇丧夫之痛却依然固守礼节的杞梁妻，显然是作为在那个礼崩乐坏的时代守礼的典范来加以塑造的，而到了后世，"礼"的地位一降再降之后，类似不得在郊外吊唁的礼节逐渐淡出了群体共同价值之外，这一故事情节也就自然悄然隐退了。

而在《左传》上没有哭声的杞梁妻，到了战国时则由于音乐盛行、风俗的转变而增加了哀哭的情节。战国时期的《孟子》引淳于髡的话说"华周杞梁之妻哭其夫而变了国俗"；使《左传》中的史实"杞梁妻拒齐庄公郊外吊唁"变成了"杞梁妻哭夫"。有意思的是，在后世对"哭夫"这一情节并不是完全认同的。2006年公布的第一批国家级非物质文化遗产名录"民间文学"类中入选六个民间传说项目之一的山东省淄博市的孟姜女传说就是一个典型的例子。以山东省淄博市淄河镇8村搜集到的22则孟姜女传说文本为例：

> 很多讲述者都说孟姜女得知丈夫死后，因家中既无老人又无小孩，一到白天就去哭，哭着哭着神经就有毛病了。在城子村讲述者李宝琴的儿时记忆里，老人经常对不听话的孩子说："再不听话，就把你扔到淄河去，就像孟姜女那样把你冲走。"②

老百姓们用"神经有毛病"这一观点表达了对孟姜女最后选择的抗议。山东是儒家文化的重镇，虽然孟姜女传说展示了男性心中的贞女形象，但以家族家庭为本位、追求小农和乐平安的生活理想的当地民众，是不能完全认同孟姜女十日哭夫这一行为的。

---

① 参见顾颉刚、钟敬文：《孟姜女故事论文集》，北京，中国民间文艺出版社，1983。

② 参见刘清春：《孟姜女故事在淄河一带人生仪礼中的缺位分析》，见《中国孟姜女学术研讨会论文集》，101页。毕雪飞：《民间传说的文化解读：淄河语境中的孟姜女传说》，载《民俗研究》，2009（3）。

三、地域性

与此同时，民间传说往往又是地方化的，通过民间传说，地方传奇人物在历史真实和民间想象的对话中不断被加以修改、补充或者删减，以维持在家乡民众群体记忆中保存和衍生的可能性，从而提升自身地方风物与历史的文化地位。

以绿珠的传说为例。传说绿珠生在白州境内的双角山下（今广西博白县绿珠镇），绿珠的姿容世所罕见。古时越地民俗以珠为上宝，生女称为珠娘，生男称作珠儿，绿珠的名字由此而来。石崇为交趾采访使时，以珍珠十斛得到了绿珠。后来，石崇因不愿把绿珠让与权贵而招来杀身之祸，绿珠遂坠楼而死。后人因其贞烈，凭吊绿珠的诗篇数不胜数，杜牧曾以桂花的散落比喻绿珠一跃而下的凄美留芳，后人遂尊她为八月桂花花神。

绿珠的传说虽然值得为人称道，但是在浩瀚的传说之国，不过是沧海一粟而不足为奇。但是到了绿珠的家乡博白则又平添出更多更为神奇的传说：

> 相传，盘古开天辟地的时候，女娲娘娘修炼了五彩宝石补天，其中一块宝石落地变成双角山下的一口水井。村民梁氏年过半百仍没有子嗣，一日梦见仙姑说，食井中莲花可得一女，依其言果然生下一女。此女不但生得美丽，而且绝顶聪明。三岁能学唱歌，四岁能学跳舞……到了二八之年，成了远近闻名的多才多艺的美女。①

不仅如此，绿珠还成了日常生活中保佑乡民的圣女。博白县专门建有绿珠祠，人们可入绿珠祠躲避瘟疫，传说食用祠前的大榕树落叶可百病消除……博白县还有绿珠岭、绿珠石、绿珠渡等许多地方都附会上了与绿珠有关的传说。绿珠这样一个中国历史上普通的女子，在她的家乡通过一个个民间传说的塑造，一跃成为一个保佑地方平安的绿珠娘娘。

而同一个民间传说的不同变体，也各自凸显了民间传说的地域性。以孟姜女传说为例，《中国民间文学集成·上海卷》记载：

> 孟姜女万里寻夫，正值江南雨季，路上泥泞难行。孟姜女摔倒了又爬起来，却始终不肯却步。她的一片赤诚感动了观音菩萨，菩萨即令东海龙王率领虾兵蟹将火速赶去，用细沙铺道，让孟姜女顺利前行。据说，当时

---

① 广西博白县民间文学三套集成办公室编：《博白县民间故事集》，1990。

龙王还吩咐虾兵蟹将一定要等孟姜女返回才能撤回，不料孟姜女一去不回，至今这一带的江河里，常有大批虾兵蟹将出现，人们称之为虾朝王。①

这一传说把孟姜女寻夫的故事与大海、尽忠职守的虾兵蟹将相联系，都是其他地方的孟姜女传说中不曾出现的，具有相当浓厚的地方气息，通过这一民间传说突出了上海海洋文化的特点。

四、解释的多样性

对生活中的日常现象进行解释，无疑是民间传说的显著特征。然而，对同一风物、习俗的解释又常常是多样的。

以元宵节的传说为例。

传说一： 汉武帝时期，东方朔看到宫女元宵欲投井，问起她的身世，才知道原来是入宫多年无缘得见父母所致。于是东方朔装扮成算命占卦，在民间散布签语为"正月十六火焚身"，意为正月十五傍晚火神君将派赤衣神女下凡探访奉旨烧长安，偈语"长安在劫，火焚帝阙，十五天火，焰红宵夜"。汉武帝听到这一民间的传言后，赶忙请东方朔想办法，于是东方朔建议用汤圆供火神、燃鞭炮、张灯结彩，让城外百姓也可以进城来看灯。宫女元宵的汤圆做得好，就让她手提写有元宵名字的大宫灯在前开道，东方朔手捧汤圆跟在后面，以敬奉火神君。结果正月十五日夜张灯，元宵终与父母相见。从此有了"元宵节"的名称。②

传说二： 源于道教的传说。《岁时杂记》记载说是因循道教的陈规。道教把一年中的正月十五称为上元节，七月十五为中元节，十月十五为下元节，合称"三元"。汉末道教的重要派别五斗米道崇奉的神为天官、地官、水官，说天官赐福，地官赦罪，水官解厄，并以三元配三官，说上元天官正月十五日生，中元地官七月十五日生，下元水官十月十五日生。这样，正月十五日就被称为上元节。③

传说三： 源于汉文帝纪念"平吕"说。相传，吕后病死后，诸吕害怕遭到

---

① 上海县民间文学集成编委会：《中国民间文学集成·上海卷·上海县分卷》，80页，1989。

② 张晓华：《中国传统文化节日研究2·元宵节》，11～12页，北京，中国青年出版社，2007。

③ （宋）陈元靓：《岁时广记》卷十，引北宋吕原明《岁时杂记》。

伤害和排挤。于是，在上将军吕禄家中秘密集合，共谋作乱之事，以便彻底夺取刘氏江山。此事传至刘氏宗室齐王刘襄耳中，刘襄为保刘氏江山，决定起兵讨伐诸吕，随后与开国老臣周勃、陈平取得联系，设计除掉吕禄，"诸吕之乱"彻底平定。汉文帝登基后，便把平息"诸吕之乱"的正月十五，定为与民同乐日，京城里家家张灯结彩，以示庆祝。①

　　这三种传说以不同的方式、不同的价值观念分别赋予元宵节以孝悌、忠君或是道教等不同的意义，而正是这些复杂的意义之网把民间传说所覆盖的人物、风物、习俗等网罗其中，让其尽显色彩斑斓的神奇魅力。

思考题：

1. 请举例说明民间传说与民间故事、神话、历史的区别。
2. 民间传说的种类有哪些？
3. 试例举民间传说的特征。

延伸阅读书目：

1. ［日］柳田国南：《传说论》，连湘译，北京，中国民间文艺出版社，1985。
2. 钟敬文：《民间文学概论》，上海，上海文艺出版社，1980。

---

① 张晓华：《中国传统文化节日研究 2·元宵节》，5 页，北京，中国青年出版社，2007。

第六章　民间歌谣

第一节　歌谣的含义、渊源与传承

一、歌谣的含义

民间歌谣是"民歌"和"民谣"的合称，是民间文学中可以歌唱和吟诵的韵文作品，是民间文学中产生最早、内容最丰富、数量最多、用途最广的一种文学样式。

关于"歌"和"谣"，历来有多种解释。《诗经·魏风·园有桃》中，有"心之忧矣，我歌且谣"的说法，似乎说歌与谣是分家的。"歌"和"谣"有何区别呢？《毛诗故训传》解释说："合乐曰歌，徒歌曰谣。"《韩诗章句》云："有章曲曰歌，无章曲曰谣。"这是从音乐方面加以区别的。严格地说，有词有曲，可唱可和，配乐曲歌唱的叫"民歌"；没有固定的曲调，以较自由的方式吟诵，但仍带有很强的音乐感和节奏感的叫"民谣"。就文学形式而言，我们把二者统称为民间歌谣。

二、中国歌谣发展轨迹

民间歌谣是人类历史上产生最早的语言艺术，从原始社会开始，它就一直伴随着民众的生活，在民众的劳动生活中产生，并随着社会的发展而发展。鲁迅在《门外文谈》中论述原始人抬木头所喊的"杭育杭育"是最早的歌谣创作。古代文献有民歌源于劳动的记载。《吕氏春秋·淫辞》篇云："举大木者，前呼邪许，后亦应之。"《淮南子·道应训》篇也有类似说法，加了"此举重劝力之歌也。"许多学者认同歌谣源于劳动的说法，也有学者认为歌谣源于原始巫术与原始宗教，远古氏族首领兼大巫师、大歌师。

相传作于黄帝时代的歌谣《弹歌》："断竹，续竹，飞土，逐肉。"（《吴越春秋》）此歌乃二言体，形象地记录古人削竹为弓，泥丸作弹，逐击鸟兽的狩猎劳动生活。到了农耕时代，歌谣的内容又有所不同了。如《蜡辞》："土反其宅，水归其壑，昆虫毋作，草木归其泽。"（《礼记·郊特牲》）据传这是伊耆氏蜡祭时的祝辞。全诗意思是命令或祈望土、水、昆虫及草木诸神各归其位，各司其职，不要危害人类。无论是内容还是句式，这首诗都比《弹歌》复杂一些了。歌谣的内容和形式随着社会发展而不断地进化。

到了夏商时代，歌谣由描写劳动生产转为揭示更为广阔的社会生活面貌。

《诗经》是我国最早的诗歌总集，收录了从周初到春秋中叶五百年间的作品共305篇，其中《国风》有106篇，绝大部分是民间歌谣。这些民歌中数量最多的是情歌，如《邶风·静女》《周南·关雎》等，都是非常精美的情歌。内容丰富，形式多变，主要以四言为主，杂以二言、五言和八言，广泛运用比兴，讲究句式复沓，注重双声叠韵的音乐感，极富抒情色彩。《魏风·出其东门》："出其东门，有女如云。虽则如云，匪（非）我思存。缟衣綦巾，聊乐我员……"东门游女多如云，都不是我所属意的，我心里只有那位白衣绿巾的人儿，这种表白是一往情深的。长江流域的歌《周南·汉广》："南有乔木，不可休思。汉有游女，不可求思。汉之广矣，不可泳思。汉之永矣，不可方思。……"男子求偶失望的诗，全篇用比喻和暗示：南方乔木之下不可休息，漫游汉水的女郎不可求，汉水宽，难游过，长江长，难绕过。此外，《诗经》中还有反映老百姓对剥削统治者不满情绪的歌谣，如《魏风·伐檀》："坎坎伐檀兮，置之河之干兮，河水清且涟猗。不稼不穑，胡取禾三百廛兮？不狩不猎，胡瞻尔庭有悬貆兮？彼君子兮，不素餐兮！……"反映劳动者的怨恨：伐了檀木放到河岸，河水清清泛起波纹。你不种庄稼不收割，为什么收走千万捆？你不狩猎，为什么庭院挂满野猪、狗獾肉？那些贵族啊，可不能白白吃闲饭！《硕鼠》《豳风·七月》等也反映了这一主题。还有厌恶征战、思乡盼归的民歌，如《唐风·鸨羽》《豳风·东山》《卫风·伯兮》《王风·君子于役》等。《小雅·采薇》体现了戍边兵士的苦情："……昔我往矣，杨柳依依。今我来思，雨雪霏霏。行道迟迟，载渴载饥。我心伤悲，莫知我哀。"全诗六章，前三章抒唱远别家室历久不归饥渴劳苦，接着两章叙唱将帅车马服饰之盛，戍卒不敢定居之劳，最后"昔我往矣"这章抒唱归途雨雪饥渴的苦楚和痛定思痛的心情。这些民歌反映了奴隶社会时期人民的劳动生产、爱情婚姻，是我国诗歌现实主义精神的源头。

战国时南方楚国民歌："沧浪之水清兮，可以濯我缨，沧浪之水浊兮，可以濯我足。"此歌见《孟子·离娄上》，称《孺子歌》，说是孔子亲闻的，后人因"沧浪之水"而称为《沧浪歌》。楚辞《渔父》里，屈原行吟泽畔与渔父交谈，临别时渔父给他唱此歌，因而更为著名，可见楚国民歌是屈原诗篇之源。楚国贵族鄂君子皙乘舟漫游，越人船夫唱越语民歌，一位懂楚语的越人给子皙翻译道："今夕何夕兮，搴舟中流。今日何日兮，得与王子同舟。蒙羞被好兮，不訾诟耻！心几烦而不绝兮，得知王子！山有木兮木有枝，心悦君兮君不知！"（汉刘向《说苑·善德》）这是著名的《越人歌》，最古老的汉译少数民族民歌。刘向用汉字记了越语，现代壮族学者韦庆稳用壮语犹能释读，《壮族文学史》

《侗族文学史》都引为壮侗语各民族歌谣之源。从刘向所记楚语译歌，也可推想屈原诗篇源于楚地民歌。以屈原《离骚》为代表的楚辞，吸收了楚地民歌的内容和形式，开了我国诗歌浪漫主义精神之先河。

随着社会的发展，民歌在反映社会生活方面比以前更为广泛和深入，民歌形式也发展为多种多样的体式与民间诗律。汉魏乐府民歌，由《诗经》四言诗，发展为五言、七言、八言和杂言诗。东汉以后，五言为主。乐府是汉武帝设置的掌管音乐的官署，从民间采集俗曲谣辞。《汉书·艺文志》载："自孝武立乐府而采歌谣，于是有赵、代之讴，秦、楚之风，皆感于哀乐，缘事而发，亦可以观风俗，知厚薄云。"班固著录时统称为"歌诗"，魏晋后称这些民歌和文人民歌体诗为"乐府"或"乐府诗"。汉魏乐府民歌深刻反映社会现实和人民哀乐，题材广泛。宋代学者郭茂倩编《乐府诗集》，将两汉魏晋南北朝的乐府民歌、文人创作的乐府诗汇集成书，方便后人研究这一时期的民歌，探索这一时期诗人如何学习民歌以创作诗篇，雅文学与俗文学如何结合。《相和歌·相和曲·江南》："江南可采莲，莲叶何田田！鱼戏莲叶间。鱼戏莲叶东，鱼戏莲叶西，鱼戏莲叶南，鱼戏莲叶北。"唱出了江南女子采莲时"人乐见鱼乐，鱼乐人更乐"的劳动欢悦情景，五句"鱼戏"排句，似乎平淡实则深刻，叙唱人鱼相乐、物我和谐的至高境界。《相和歌·平调曲·长歌行》："青青园中葵，朝露待日晞。阳春布德泽，万物生光辉。常恐秋节至，焜黄华叶衰。百川东到海，何时复西归？少壮不努力，老大徒伤悲。"以景物变化劝勉少年时期及早努力，结尾句成为人们熟知的人生格言。以上两首都是成熟的五言民歌。《鼓吹曲辞·铙歌·上邪》则为二、三、四、五杂言民歌，形式与内容统一："上邪！我欲与君相知，长命无绝衰！山无陵，江水为竭，冬雷震震，夏雨雪，天地合，乃敢与君绝！"抒唱一个女子对情人所发誓言，"山无陵"一串自然生态剧变排句，凸显她对爱情的坚贞。汉魏乐府不仅有抒情民歌，还发展出叙事民歌《上山采蘼芜》《相和歌·相和曲·陌上桑》《杂曲歌辞·古诗为焦仲卿妻作》（因首句"孔雀东南飞"，又称《孔雀东南飞》，为中国文学史上叙事长歌之名篇）。汉乐府民歌对后世的诗歌发展产生了深远的影响。

南北朝民歌五言句式成为主要句式，生动具体地表现了江南水乡和北方游牧民族的生活，有鲜明的区域文化特色与民族特色，它们的艺术风格也迥然有别。北方民歌有著名的鲜卑语民歌汉译的《杂歌谣辞·敕勒川》："敕勒川，阴山下。天似穹庐，笼盖四野。天苍苍，野茫茫，风吹草低见牛羊。"唱尽草原风流，与《越人歌》同属古代少数民族民歌汉译之极品。北朝叙事长歌《木兰辞》和汉乐府《孔雀东南飞》乃中国文学史上叙事长歌之双璧。南方民歌有长江中游湖北《西曲》和下游江南《子夜歌》《大子夜歌》《子夜四时歌》《子夜变歌》《读曲歌》《懊侬歌》《华山畿》等。《西曲·那呵滩》："闻欢下扬州，相送江津湾，愿得篙橹断，交郎到头还。"女子送别情人，不舍分离，愿意篙折橹断，郎船掉头回归，情深意切。《子夜歌》："宿昔不梳头，丝发披两肩。婉伸郎膝上，何处不可怜。"《子夜四时歌》："渊冰厚三尺，素雪覆千里。我心如松柏，君情复何似？"《子夜变歌》："岁月如流迈，行已及素秋。蟋蟀吟堂前，惆怅使侬愁。"《懊侬歌》："江陵去扬州，三千三百里。已行一千三，所有二千在。"《读曲歌》："打杀长鸣鸡，弹去乌柏鸟。愿得连冥不复曙，一年都一晓。"《华山畿》："相送劳劳渚。长江不应满，是侬泪成许。"江南吴声，感情细腻，语言婉约，善用比兴，长于谐音，水乡风采，开明清迄今江浙沪吴方言区民歌"吴歌"之先河。《大子夜歌》："歌谣数百种，《子夜》最可怜。慷慨吐清音，明转出天然。"赞美《子夜歌》艺术特色，乃《子夜歌》成熟时期的民间诗论。

　　唐代是我国诗歌发展史上的辉煌时代，民歌也很兴盛。民间流传有竹枝、杨柳枝、浪淘沙、采桑子、渔歌子等多种曲调。宋代七言四句体民歌代表作是《京本通俗小说·冯玉梅团圆》："月子弯弯照九州，几家欢乐几家愁，几家夫妇同罗帐，几家飘散在他州。"反映战乱中人民的苦难。元末民谣："天遣魔军杀不平，不平人杀不平人，不平人杀不平者，杀尽不平方太平。"元末红巾军起义时非常流行，鼓动人民起义。明朝中叶成化年间，郧阳李原称太平王起义时，农民还唱这首《不平谣》。纯七言的民歌在唐宋以来逐渐定型，与诗人七绝演唱之风有关，显然，民歌影响诗人诗歌，诗人诗歌反作用于民歌。七言四句体民歌，宋代以后成为主要民歌体式，直到 20 世纪末 21 世纪初仍然如此（尤其南方），可见这种体式具有很强的生命力。有人误以为这是唯一的"民歌体"，其实民歌体式是多姿多彩的。曲也源于民歌。元人燕南芝庵《唱论》："凡唱曲有地所：东平唱《木兰花慢》、大名唱《摸鱼子》、南京（今开封）唱《生查子》、彰德唱《木斛沙》、陕西唱《阳关三叠》《黑漆弩》。"金元民间曲："干荷叶，水上浮，渐渐浮将去，跟将你去随将去。你问：'当家中有媳妇？'问着不言语。"文人的词，源于民间新兴的曲子词。文人的曲，源于民间新兴的曲。新兴的民间歌曲的艺术魅力吸引了文人，文人学习、仿作，终于发展出新的文学样式——词和曲，形成新的诗歌高峰时期的宋词和元曲。胡适说："我们的韵文史上一切新的花样都是从民间来的。"[①]

　　明清两代是七言民歌及杂言民歌发展传播的重要时期。明代的民歌以吴歌

---

　　① 　胡适 1936 年为北京大学《歌谣》周刊撰写的《复刊词》。

为代表，重要的民歌集有冯梦龙编的《山歌》《挂枝儿》等。吴歌数量众多，但大都表现男女恋情，反映了新兴阶级冲破封建藩篱，追求人性解放的愿望与要求，风格上则比南朝民歌更为坦率泼辣。如《山歌》中《月上》："约郎约到月上时，郍了月上子山头弗见渠。咦弗知奴处山低月上得早，咦弗知郎处山高月上得迟。"较之田汝成《西湖游览志余》所记与《月上》相似的："约郎约到月上时，看看等到月蹉西，不知奴处山低月出早，还是郎处山高月出迟？"可见冯梦龙是"立体性"的科学采录，保持了吴歌的本来面貌。《山歌》第十卷《桐城时兴歌》记录"五句子歌"24首："不写情词不写诗，一方素帕寄心知，心知接了颠倒看，横也丝来竖也丝（思），这般心事有谁知。"今五句子歌流行于皖、豫、鄂、湘、川、渝、以及赣、闽、台、粤、桂、客家人"五句子圈"。明代民歌的采集、出版，促进了民歌理论的发展。卓文月《古今词统序》说："我明诗让唐，词让宋，曲又让元，庶几《吴歌》《挂枝儿》《罗江怨》《打枣竿》《银绞丝》之类，为我明一绝耳。"有自觉的民歌意识。冯梦龙《山歌序》说："而但有假诗文，无假山歌。"道出了民歌艺术之真谛。

清代民歌以粤歌为代表，重要的民歌集为颜自德辑、王廷绍点订《霓裳续谱》、华广生编《白雪遗音》、李调元辑《粤风》及郑旭旦的《天籁集》。其中《粤风》共分为四卷，收录民歌100多首，粤歌约占一半，几乎全是情歌，更值得称道的是收录了瑶、壮等少数民族民歌。《霓裳续谱》选京津一带流行的民歌，代表作《西调》乃陕西调流入北京天津："愿郎君，荼蘼架下牢牢记：休为那风儿雨儿误了佳期。长念着夜儿深，花期有个人儿立。紧防着花儿柳儿引逗的你意醉心迷。再叮咛些事儿，言儿语儿不可轻提，须教那月轮儿不空移！莫抛的莺儿独唤，燕儿孤栖！（叠）须要你情儿密，盟儿誓儿，切莫将人弃！"情歌中不少儿化音，可证陕西调进京后，语言北京化了。《白雪遗音》所选以山东济南为中心，兼及南北诸调，代表作《马头调》："露水珠儿在荷叶转，颗颗滚圆。姐儿一见，忙用线穿，喜上眉尖。恨不能一颗一颗穿成串，排成连环。要成串，谁知水珠也变，不似以前。这边散了，那边去团圆，改变心田。闪杀奴，偏偏又被风吹散，落在河中间。后悔迟，当初错把宝贝看，叫人心寒。"露水珠为喻，唱出情变的怨歌。

辛亥革命后，军阀割据，连年混战，民不聊生，反映人民痛苦生活的"长工歌"成了这一时期的民歌代表作品。五四以后，北京大学成立歌谣征集处，开始现代规模的民歌搜集工作。抗日战争时期，陈志良编著《广西特种部族歌谣集》（1942年《说文月刊丛书》之一，桂林出版），入选广西苗、瑶、壮、彝等少数民族歌谣3000余首。1949年以后，民众的口头创作受到高度重视，新民歌不断得以产生。第七个"五年计划"期间，在全国范围内开展了民间故事、民间歌谣、民间谚语等民间文学三套集成的采录辑集工作，各地出版了大量的民间歌谣，这是我国也是世界民族民间文学的巨大财富。

三、歌谣的传承

歌谣是一种口耳相传的语言艺术，它的传承有其独特的方式和传统，主要表现在以下几方面。

（一）节日庆典与民歌传承。我国各民族众多的传统节日多与民歌紧密相关，民歌活动在这些节日中往往扮演非常重要的角色。比如春节、三月三、中元节、中秋节，等等，亲朋好友在节日里互相走访，欢聚时往往唱歌助兴。传统的歌会、歌圩、歌坡、歌节更是一种狂欢活动，如甘肃莲花山花儿歌会、贵州苗族地区歌坡、湖南通道大戊梁侗族歌会、云南大理白族三月三、海南黎族三月三、广西罗城正月和八月十五仫佬族走坡节，等等，对民歌的保存与传承具有非同寻常的意义。

广西壮族聚居的 40 个县市有约定俗成的 642 个传统歌圩地点和日期。对歌主角是未婚青年男女，已婚而尚未长住夫家（俗称"不落夫家"）的女子也允许参与唱歌，已婚男女也可能参加歌圩对歌取乐，但只能唱盘歌，不能唱情歌。在歌场上，二人二声部合唱，有时一对姑娘会受到好几对后生"求歌"，姑娘选择最满意的一对，步其歌韵答歌，别的后生旁听。有歌规：同村又同姓者不对歌，不唱下流不文明的歌。有约定俗成的歌路：初会、问村、问名、探情、赞美、热恋、定情、盟誓、离别、约会、相思、重逢等，即兴对唱。双方有时"盘歌"，比知识，比智慧，有时"斗歌"，比歌才，赛诗艺。旁听后生凭歌艺"抢歌"，姑娘步其歌韵答唱，抢歌成功，依旧步原对唱者的歌韵答唱，抢歌失败，依旧旁听。双方对歌情深，互赠礼品，约定相会之期。女方多赠自制布鞋，男方多赠银镯、耳环、圆镜、食品，也有赠歌摺（古壮字抄于红纸，折成摺子）。例如，男方"求歌"："百花园中百花放，要数牡丹最艳红。蜜蜂成群园里飞，来往都归花丛中。采花虽苦蜜糖甜，花朵莫嫌采花虫。……"女方答歌："耳闻歌声心里跳，我唱不好也上场，鸡崽初啼音不亮，画眉学唱声不扬。"男方马上接唱："山中青松一棵棵，凤凰飞落桐树上……"脚韵"上"接住了"扬"。例如，热恋之歌："男：真金不怕红炉火，好刀不怕石头磨，妹有意重如高山，哥有情深赛江河。女：猴在果园不会饿，河中有水养天鹅，鸟既同笼又同飞，梁上有燕就有窝。……"田东县仰岩歌圩，平果县 18 个歌圩，专唱《嘹歌》，男方按古壮字手抄嘹歌歌本抒唱《三月歌》《大路歌》《献歌》《离乱歌》《建房歌》，女方即兴答唱，称"嘹歌歌圩"。先抬花婆（壮族创世女神女米洛甲）神像，游村游田垌游街后，举行歌圩，祈祝五谷丰登、人丁兴旺。田阳县敢壮山歌圩（也称"春晓岩歌圩"）在对歌活动开始前，先祭祖公祠、姆娘岩之壮族人文始祖布洛陀、姝洛甲。现今歌圩，中老年歌手多有参与，自娱自乐，与人同乐。广西南宁国际民歌节1999年起每年冬季举办，2004年起，与东盟博览会同步举行，广西各地和全国各省以及外国民歌手参与，形成新的歌谣文化传承场。

"花儿会"是西北各民族共同举办的歌会，其程序大致可分为"拦路听歌"、"朝山献歌"、"联欢夜歌"、"祝酒歌别"四个阶段。农历六月初一、初二，康乐、临洮、临潭、卓尼、渭源等县农牧民及歌手向莲花山进发。莲花山下附近村庄的村民们，以马莲草拧成长绳，拦住远路歌手，双方对答。客："马莲绳，拦路哩，拦路是有啥缘故呢？做亲哩嘛攀故呢？"主："马莲绳，一根弦，琵琶还要好家弹，你不唱花花不艳，我不听花儿心不甜。"初三、初四是莲花山花儿会高潮。白天，各路歌手上山献歌。花儿会由古老祭神活动演变而来，如今还可听到《求雨歌》《求子歌》《还愿歌》《迎神曲》。例如，得子后的《还愿歌》："去年来时要者哩，今年来时怀里抱者哩，灵佛爷，娃娃给你笑者哩！"还有为数众多的《苦心曲儿》，哭诉人生旅途上的一切坎坷与不幸，唱给神灵，也唱给乡亲，求得心灵深处的平衡。夜间，莲花山下长达十里的"足古川"，家家农舍和座座帐篷联欢赛歌，赛歌优胜者身披听众所赠红绸条，听众（俗称"好家"，即"歌迷"）围坐，赏歌评歌。参与赛歌者自愿组成小组，一般五六人一组，其中必有一位"串把式"（即歌师，歌词作者），其他成员主要是嗓音较好的"唱把式"以及"参谋"人员。对唱内容广泛。民间诗律有三种：句句押韵、一韵到底的叫"单套"，例如："白土打下墙者哩，你盖下洋式房者哩，安下钢丝床者哩，爷连阿婆凉者哩！"单双句隔句押韵的叫"双套"，例如："前山林里拉了雾，后山林里雨来了。鹞子落在李子树，喜鹊报者喜来了。没梦着者没素顾（不在意），谁能想到你来了！"六句一首，每两句一转韵的叫"三转腔"，例如："莲花山的路盘盘，想你想的不一般。眼泪打转双轮磨，想者眼麻（瞎）心儿破。肠子想成丝线了，心肝想成豆瓣了。"初五，歌手们往王家沟门转移，当晚又是欢唱彻夜。初六一早，攀上紫松山，大唱特唱，唱到下午四点钟，唱《离别歌》："说了一声去的话，眼泪就连衣袖擦，忙把系腰穗穗抓，心上就像篦子刮！""手抓襟襟说句话，年年青草发新芽，等到来年六月六，咱们重结骨朵重开花。"依依告别。民歌就这样借助节日得以生存和传袭。

（二）人生礼仪与民歌传承。在各民族传统社会里，无论是男婚女嫁、子孙满月、寿诞祝贺、丧葬仪式，均伴随民间歌唱活动，这些人生礼仪成为民歌传承的一个重要方式。如广西壮、仫佬、毛南等族婚礼中，伴嫁姑娘与新郎村上后生对歌通宵达旦，或男女双方歌师对歌。汉、壮、瑶等族新娘出嫁之前，同伴姐妹陪伴新娘做嫁妆唱《伴嫁歌》，邻村后生闻讯赶来对歌。丧礼上也有民歌对唱，如广西南丹县白裤瑶砍牛送葬，砍牛场也是歌场，男女青年借机对歌。桂东北汉、瑶等族邻里亲友夜间伴同丧家唱歌，所唱内容多样，形成"欢乐歌堂"，消解丧家悲伤。广西那坡壮族在丧葬活动中有唱《哭丧歌》等悲歌的习俗，主要是抚慰主家或歌颂死者的功劳和美德，表达人们失去亲人的哀痛。在许多民族中，婴儿的诞生礼仪、老人的祝寿礼仪也都有一系列的仪式歌。

（三）交际习俗与民歌传承。许多民族用民歌来进行各种社交娱乐活动，唱歌就是他们的生存方式、生活方式，在生活中占有重要的不可替代的地位。如广西侗、苗等族村与村之间有集体访问作客习俗，一般腊月时请歌师培训男女青年歌手、少年儿童歌手，春节出访，主客对歌。侗族称"也哼年"，苗族称"芦笙同年"。南方各省诸民族恋爱习俗中，男女交友往往要对歌，侗族称"行歌坐月"，苗族称"游方"，壮族称"歌圩"，瑶族称"坐歌堂"，布依族称"浪哨"、"玩表"，黎族称"放寮"，等等。20 世纪 90 年代以来，男女青年农民进城打工，"行歌坐月"、"游方"、"歌圩"风俗之主体在农村逐渐流失。

（四）宗教活动与民歌传承。在不少民族地区，人们的宗教活动均离不开民歌，每项内容都用民歌来表述，甚至有的民歌与宗教难分彼此，民歌本身就是宗教的内容。如壮族道公手上大多有道教经书、歌本、歌词，道公在念道经、唱道歌时，还有鼓、锣、钗、钹等乐器伴奏，演唱时还配有舞蹈动作和作法事。巫婆也有自己念经的唱法。宗教祭祀活动往往伴随着民间歌唱而行，宗教信仰借助民歌艺术表达自身，民歌成为宗教形式的载体和工具，同时宗教信仰又作用于民歌艺术，为民歌提供了生存和发展的空间。

（五）学校教育与民歌传承。民歌文化进学校课堂，这是民歌传承的有效途径。在侗族地区，20 世纪 80 年代就开始实行侗歌引进课堂制度，让孩子们在民族文化的熏陶下成长。贵州许多高校，如贵州民族学院、贵州大学艺术学院培养了许多侗族大歌歌手。贵州榕江县文化馆 1985 年编《长大要当好歌手》侗歌教材，培训民族音乐师资，以本县车民小学、邻县黎平县岩洞小学、从江县小黄小学等为侗歌进课堂重点，1985 年还创办了"金蝉侗族少儿合唱团"，利用课余时间学习训练，二十几年来培养出许多优秀的歌手。广西艺术学院的视唱练耳课教学中，一些教师将黑衣壮民歌作为教学内容纳入课堂，让学生学唱原生态民歌和观看采风录像，了解民歌的风格和特色。江苏省常熟市白茆镇中心小学音乐课教山歌，建立少儿山歌艺术团，建山歌馆、山歌特色文化家庭，等等。

（六）旅游景点歌舞展演与民歌传承。广西桂林市龙胜县旅游景点响水侗寨，侗族歌手吴金敏组织村民演唱侗族琵琶歌、笛子歌、大歌，吸引游客一起边舞边唱"耶歌"，并出售歌碟与歌本，成为侗族歌谣文化的传承场。桂林市区刘三姐景点，曾在电影中扮演刘三姐的演员黄婉秋，带领男女青年演唱广西汉语山歌和歌剧《刘三姐》选场，也成为重要的广西山歌文化传承场。全国各地不少旅游景点设有歌舞场地，为游客展演歌舞，成为一种新兴的民歌传承方式。

（七）现代传媒与民歌传承。书刊、广播、电视、电影、网络等为主体的传播媒介的增加带来了民歌传播途径的多样化，借助现代传媒技术可以更为广泛地传承传播民歌。各级文化部门、个体商、歌手自己将民歌制成唱片、磁带、光碟、歌本出售，农民买回去播放或照本学唱。一家播放，邻家聚拢听歌，形成新的歌谣文化传承场。广播、电视、电影、互联网上民歌试听和民歌视频等，这种视听合一的传播媒介能将民歌传播到更广阔的范围，起到远程传播的作用。

第二节　歌谣的分类与内容

我国的民间歌谣内容丰富，品种繁多，要把歌谣的分类说清楚并非易事。古今中外，人们根据不同的出发点和用途，提出了各种各样的分类标准和方法。朱自清先生曾在《中国歌谣》一书中，将国内外歌谣分类的标准归纳为十五种，即按音乐、题材、形式、风格、作法、母题、语言、韵脚、歌者身份、地域、时代、职业、民族、唱歌人数及歌谣效用给歌谣分类。在这十五大标准中，较常用的是音乐、题材、形式、歌者身份、地域、时代、职业、民族八项，余下七项使用的不多，这十五个分类标准，概括了我国歌谣分类的依据。目前人们常见的各种标准，大体都在这十五类之中。

我们从民间歌谣的内容出发，结合它们的特殊功能和服务对象，把歌谣分为劳动歌、仪式歌、情歌、生活歌、时政歌、历史传说故事歌、儿歌七类。

一、劳动歌

劳动歌是以劳动生活为内容，并伴随着劳动过程所唱的歌谣，它具有协调动作、指挥劳动、鼓舞情绪的功能。劳动歌大体有两种情形，一种是应和着劳动节奏，呼喊出的各种劳动号子，即"呼喊号令式的劳动歌"，如车水号子、薅秧号子、油坊号子、盐场号子、装卸号子、扁担号子、捕鱼号子、行船号子、打夯号子、搬运号子、伐木号子、采石号子、打榨号子，等等。不同的工种，其号子的节奏、声调、气氛都有所不同，这类劳动号子节奏急促，调子简单，它的艺术价值不如实用价值，文学价值不如音乐价值。如土族的《打夯歌》这样唱道："石头圆又重哟，新土松又软哪。大家用力打哟，夯夯向下钻哪。一人不用劲哟，大家又牵连哪。齐心一个劲哟，力量大如山哪。"这首歌只是一些即景生情的简单语词。另一种是反映劳动生活的歌，即"描写抒情式的劳动歌"，在动作比较单一，而负荷较轻的持续劳动中吟唱。从内容上看，有的描述劳动情景，有的诉说劳动感受，有的有感而发唱些带有风俗特征或表达爱情的内容，有的传授劳动知识、生产经验，有的表扬好人好事，有的批评坏人坏事，有的穿插一些历史或传统故事。上古的劳动歌《诗经·周南·芣苢》："采采芣苢，薄言采之。采采芣苢，薄言有之。采采芣苢，薄言掇之。采采芣苢，薄言捋之。采采芣苢，薄言袺之。采采芣苢，薄言襭之。"妇女们采芣苢（即车前子），边采边唱，欢乐劳动，满载而归。彝族《撵麂歌》："追麂子，扑麂子。敲石子，烧麂子。围拢来，作作作。"表现了打猎紧张的情绪。傣族《五月吟》："五月到了，遍地燃起了燎原大火，干枯树枝堆起来，茂密野草一起割倒。……辽阔的大地呵，正是插种的季节。"描绘的是一幅刀耕火种的生产图。京族《海歌·鱼满载》："鱼满载，沉甸甸，海面无风来鼓帆，船儿累得走不动，摇船一天未见岸。姑娘心，急如焚，踩塌京家渔港湾，望穿大海盼船归，嗨哟！银鱼金虾堆如山！"未正面唱海上渔业劳动，唱姑娘心急如焚，"踩蹋京家渔港湾"，惊叹"银鱼金虾堆如山"，"嗨哟！"一声，情景凸显。佤族的《打猎的日子》《打猎歌》叙述了人们的狩猎生活。独龙族的《劳动歌》表现了人们辛勤劳动庆贺丰收的欢乐。流传在黔东南苗族地区的《活路歌》是一首描述从春天到秋天的各种农事活动的歌，生动地表现了人们劳动的情景和追求幸福生活的思想感情，用象征、比喻、拟人化手法，叙事抒情，充满了诗情画意。

总之，劳动歌表达了人民热爱劳动的崇高感情，并对劳动情景作了高度诗意的描绘。这些劳动歌不仅传授了劳动生产经验，还表现了人们互助友爱和勤劳朴实的美好品德，因而能激发人们生活的勇气，鼓舞人们的劳动热情，丰富人们的生产知识和经验。在歌唱方式上，劳动歌大多与音乐、舞蹈紧密结合，有很强的节奏感，内容简约概括，具有一种朴素美。劳动歌艺术地、真实地反映了各地各民族人民的生产、生活情景，又因为它主要表现生活斗争的内容，故被称为"人民的科学、宗教和天文知识和备忘录"①。

二、仪式歌

仪式歌是一种伴随着人生礼仪和祀典仪式所唱的歌。这种民歌最早受原始宗教和民俗风情的影响，常伴有一定的祈祷目的，如祈年、禳灾、告祖、求福等。随着社会的发展，仪式歌不断地发生变化，有些随同原来依附的仪式一起消亡，有的演变为一种带有娱乐性质的民歌或儿歌，失去了原来的意义。

就仪式应用的情况来看，仪式歌可分为四种：诀术歌、节令歌、礼俗歌和祀典歌。

1. 诀术歌是一种被认为具有法术力量的民间歌诀或咒语。仪式歌的产生基础是原始初民对语言神秘力量的信仰，人们相信语言具有一种魔力，认为它可以打动神灵，用以祈福消灾。如过去久旱无雨，人们会念唱求雨谣："天苍苍，地茫茫，落下雨来见龙王。大雨落在秧田里，小雨落在菜地里。"孩子患病或哭夜，大人们就在街头巷尾张贴写有："天皇皇，地皇皇，我家有个夜哭郎，行人路过念三遍，一夜睡到大天光"之类的医病诀术歌。给小儿洗澡，也要边拍边念："拍拍水，不怕鬼。拍拍胸，不怕风。"认为这样做了，孩子就不会因畏水而受惊吓。

2. 节令歌是庆祝节日或描述节令的歌。伴随着春节、元宵、二月初二龙抬头、端午、六月六、七夕、中秋、腊月二十三祭灶等重要的岁时节日，均有这类歌的演唱，有些还伴有祝祷仪式和占卜活动。如元宵节请七姐（紫姑神），歌师要念唱："正月正，麦苗青，请七姐，看花灯……扫帚马，一双鞋，送得七姐下凡来。要来早些来，不等黄花夜露开……门神门神，莫管闲事，请个七姐，问个年成，大麦收几多，蚕豆收几升？"反映了民众祈求风调雨顺、人畜太平的美好愿望。又如四川的《十二月花名歌》："正月采花无花采，二月采花花正开，三月桃花红似火，四月蔷薇架上开，五月栀子人人爱，六月荷花满地开，七月菱角浮水面，八月风吹桂香来，九月菊花朵朵黄，十月金鸡闹芙蓉，冬腊二月无花采，雪里冻出腊梅来。"描述一年十二个月不同的花开情景。

3. 礼俗歌是用在男婚女嫁、贺生送葬、迎宾待客、新居落成等场合的歌。在各种礼俗歌中，最丰富、最有特色的当属人生礼俗歌。

人的一生要历经出生、周年、成年、婚嫁、寿庆和丧葬等几个阶段，这几个阶段具有人生里程碑的意义，因而特别被看重，也就有了仪式和仪式歌，尤

---

① ［法］拉法格：《关于的民间歌谣和礼俗》，见《文论集》，9页，北京，人民文学出版社，1979。

其是婚嫁、丧葬中，仪式歌显得尤为重要。

结婚乃人生大事，自古以来，人们把最美好的祝愿倾注于婚嫁的整个仪程。婚礼的每一程序都有相应的仪式歌，因地区不同、民族不同而使婚礼仪式歌呈现出丰富多样的特点。傣族赞哈（歌师）在婚礼上唱的《婚礼祝词》，一开始就歌颂"今天是金日子，今天是银日子"，接着祝愿新婚夫妇的爱情"像马鹿角一样坚硬，像野猪下巴一样结实，像金象牙一样不朽……"小凉山彝族的婚歌把男女之间的结合比作像"天和地开亲"、"两座大山开亲"、"石头和泥土开亲"一样牢靠，并规劝双方"不要看不起穷人"，"不要看不起奴隶"，要"永远不变心"。新疆哈萨克族婚礼《揭盖头歌》赞美新娘："毡房门前撒喜糖，瞧你婆婆有多忙。人人争着把你夸，都说你是好姑娘。像熟鸡蛋剥了皮，姑娘的脸蛋儿白又细。难怪你的好女婿，一百个部落挑中你。光听人说总不信。一见才知道是真的。这儿还有人把你夸，他舌头流蜜嘴生花。"歌儿一转出新意："一听好话别太喜，听到坏话别在意，我的意思你懂吧！"这些婚礼歌歌词虽有不同，但中心主题都是祝新婚夫妇白头偕老，早生贵子，百事顺遂，和睦安康。哭嫁是在汉族、西北和南方各少数民族中流行的婚礼习俗，原因是多方面的。有的反映了古代的抢婚习俗，有的表示出嫁女儿对父母、兄弟姐妹、亲友的惜别，有的是对不合理的婚姻制度的一种反抗，还有些民族认为姑娘出嫁不哭就得不到幸福。所以哭嫁歌常常是婚礼歌的重要组成部分。如甘肃撒拉族《哭婚调》以青稞和燕麦为喻，哭诉女儿外嫁的心情：同播一时同长一田的"黑青稞成真了，收回家里了，芒燕麦成假了，抛撒外面了"。女儿的哀怨，溢于言表。川西边区的民族聚居区的哭嫁歌《开声歌》中唱道："我的爹呀我的娘，爹娘都是狠心肠，自从女儿生下地，没有穿件好衣裳。""劝妹妹"、"骂媒人"以及上轿时唱"花花轿儿颜色红，我今把你比雀笼；姊妹拉我轿中坐，好似画眉进了笼"，反映了旧社会妇女在家中的地位，也表现了妇女对包办婚姻的反抗与控诉。

丧葬歌是随着丧葬仪式所唱的歌，大都叙述死者的品德，超度亡灵或乞求死者保护后世子孙的安宁。如云南德宏州傣族在家中老人死后，要请寨中有威望的老人或死者的长子长孙，一面将葫芦里的净水倒在地上，一面念唱《滴水歌》，对死者敬献供品时唱《敬供歌》。女儿们要唱《哭丧调》给死者送葬。此外，在死者停止呼吸前，在旁的老人要为他（她）安心离开人世唱《引路经》，在丧仪上唱《哀悼词》等。彝、纳西、傈僳等民族的长篇丧葬歌，实为该民族的创世史诗。

此外，民间生活中，贺生、加冠、寿庆、新居落成等习俗活动，也大多有仪式或仪式歌。有些地区和民族还形成唱歌的习俗和节日，如广西许多民族都举行歌圩，西北地区各民族有花儿会等。

4. 祀典歌是在重大祭祀和庆典时吟唱的祈祷性的歌。一般用于劳动生产的祝愿和祭祀，也有对祖先的赞颂和祈求，伴有相应的仪式。民间的祭典常常和节令结合，形式也较为活泼。如过去很多地区春节前都有"祭灶"习俗，祭灶那天，人们要唱祭灶歌，举行祭灶活动，颇为隆重。有些地区在祭祖时也唱祭祖歌，并伴有一定的仪式。

民间仪式歌一般都有较为固定的套式，不允许即兴创作，所以发展比较缓慢，其中有些仪式歌至今还保持着它的原始状态，有些则逐渐演变为以娱乐和游戏为目的的歌舞。仪式歌不仅是民间文学研究的内容，也是民俗学、文化史、民族学、宗教学、伦理学等人文学科研究的宝贵资料，具有很高的科学价值。

三、生活歌

生活歌指反映人民日常社会生活和家庭生活的歌。最流行的有工匠生活歌、农民生活歌、妇女生活歌。有这样一首民歌："泥瓦匠，住草房；纺织娘，没衣裳；卖盐的老婆喝淡汤；种田的，吃米糠；磨面的，吃瓜秧；炒菜的，光闻香；编凉席的睡光床；抬棺材的死路旁。"字里行间透露出人们对这种生活的不平。又如："太阳出来红通通，为穷为苦当矿工，三年干得两毛钱，腰杆挣得一张弓。"这是中国矿工苦难生活的缩影。反映农民生活最早的有《诗经·七月》。到了封建社会，人们用歌谣揭露了统治阶级的残酷剥削和压迫，反映了农民悲惨的境遇。如江苏常熟《白茆山歌》："挑圩开荒五六年，青沙海滩变绿田。地主心狠计又毒，重租高利又抽田。卷卷破絮去逃荒，心痛肉痛泪汪汪。勿种苗田吃好饭，种仔苗田呒不好下场。""三月里来菜花黄，嫂在田头泪汪汪，人问阿嫂啥事体？郎逃租米未还乡。"而长工比贫农更苦，他们无田地，只能靠出卖劳力度日："青天是我屋，衣裳无半幅，枕的是拳头，盖的肋巴骨。"广为流传的《十二月长工歌》，历数长工生活的辛酸与痛苦，是长工们对黑暗社会的血泪控诉。在封建社会里，广大劳动妇女被神权、政权、族权、夫权紧紧地束缚着，备受压迫和欺凌，生活极为痛苦，所以描写妇女生活，反映妇女呼声的歌谣很多。她们的婚姻由父母包办，只能"嫁鸡随鸡，嫁狗随狗"，毫无自主权利可言。嫁到婆家后，便是"娶来的媳妇买来的马，随人骑来随人打"。湖南土家族《媳妇苦歌》真实地反映了妇女的不幸遭遇："坐到娘家穿花鞋，来到婆家脚踩岩，日里背水十里路，夜里背水上高台，上了高台泼了水，眼泪一起衣袖揩。"如果丈夫早逝就得终身守寡："守寡守得我成了鬼，站在人前张不开嘴，上刀山来下油锅，比起守寡强得多。"有些女孩因家境困难尚未成年便去婆家当童养媳，她们的命运极其悲惨。仫佬族歌谣《十八姑娘三岁郎》唱出了童养媳的悲痛："十八姑娘三岁郎，夜夜洗脚抱上床，三更半夜喊吃奶，是你妻子不是娘。"这种不幸与痛苦的造成，在形式上与媒人有些关系，所以有不少歌谣是咒骂媒人的，例如，"媒人的肉，放锅熬；媒人的骨头，当柴烧；媒人的皮，当鼓敲"。可以说，受欺凌虐待的妇女对媒人是痛恨至极。面对封建礼教的压迫，许多妇女勇敢地起来抗争，有这样一首歌："人家丈夫像条龙，我家丈夫像毛虫；哪年哪月毛虫死，斑鸠跳出画眉笼。"这是对不幸婚姻的强烈反抗，是追求自由婚姻的大胆表白。

新生活歌一反悲苦低沉的基调，欢快活泼，热情洋溢，表现了人民当家做主的欢乐心情。

四、时政歌

时政歌是广大民众有感于某些时事政治状况而创作的歌谣，是民歌中的匕首投枪。这类歌谣有褒有贬，有美有刺，有歌颂，有暴露，紧贴时代脉搏，能敏锐地反映时势的兴衰，刻画出历史的足迹。

人民是历史最公平的评判者，对历史上为民办事的清明官吏及其政府，人们给予热情的歌颂，对历代农民起义英雄，人民也由衷地赞扬。例如，"满城都是火，官府四下躲，城里无一人，红军府上座"，歌颂了元末红巾军起义；"吃他娘，穿他娘，大家开门迎闯王，闯王来了不纳粮"，对明末农民起义领袖李自成给予了热情欢迎。在时政歌中有一种讽刺歌谣，它的主旨在于揭露社会弊端，针砭时政，是政治色彩最浓、斗争锋芒最锐利的武器。夏桀时有"时日曷丧，予及汝偕亡"的诅咒夏桀的民谣。秦朝有"楚虽三户，亡秦必楚"，揭示了秦朝必亡的趋势。西汉时，人民用"狡兔死，走狗烹；飞鸟尽，良弓藏"的民谣来揭露刘邦枉杀功臣的行为。东汉时有"直如弦，死道边；曲如钩，反封侯"的民谣抨击宦官专权的朝政。而"千里草，何青青，十日卜，不得生"则直刺董卓的专权。唐代的《神鸡歌谣》；宋代的"若要官，杀人放火受招安；若要定，跟着皇帝卖酒醋"；明朝的"可笑严介溪，金银如山积，刀锯信手施。常将冷眼观螃蟹，看你横行得几时"；清代的"前门开，后门开，前门引进虎，后门引进狼。不管虎与狼，终朝每日铛铛铛"等都是对反动统治的尖锐揭露与讽刺。近现代对袁世凯、蒋介石也有民谣进行鞭笞。"十年动乱"时期，人民对林彪、"四人帮"讽刺的歌谣不胫而走，广为流传。可以说，在旧社会，讽刺歌谣是匕首投枪，是对现实淋漓尽致的揭露；在新社会，是带刺的玫瑰，是对时政善意的嘲讽和热情的规劝。

五、情歌

情歌是反映劳动人民爱情生活的歌谣。在我国歌谣中，情歌不仅数量最多，而且优美动人，思想性和艺术性都很高，充分表现了民歌艺术传统的精华。在爱情生活比较自由的少数民族地区，情歌更是不可或缺的工具和媒介，它伴随着青年男女爱情生活的各个阶段和侧面，甚至可以说，没有情歌就没有青年男女的恋爱与结合。从爱情的发展过程来看，相应有初识、试探、爱慕、赞美、求爱、相恋、思念、盟誓等内容。如有表现青年择偶观的："天上星星恋月亮，地上金鸡配凤凰；小妹生来农家女，一生只爱种田郎。"有试探情人的："渠边青草一丛丛，无数白兔里边生。唱支情歌寻知音，不知心上的姑娘可爱听？"（新疆维吾尔族）有赞美情人的："小妹生得水淋淋，好比高山红林檎；唱曲好像黄莺叫，走路好似风送云。"有男女之间表达爱慕之情的："东山头上挂红云，红云照红我的心，几时有缘招得妹，酒壶装酒谢媒人。"有表达相思之苦的："高山顶上种钵兰，种花容易浇花难，隔山照月难讲话，见郎容易近身难。"（闽西客家）有表现恋人之间山盟海誓，永不变心的："风吹云动天不动，水推船移岸不移。刀切莲藕丝不断，斧砍江水水不离。"（广西宜州）由于封建制度和礼教的长期束缚和摧残，男女青年的婚姻毫无自主可言，从而造成很多爱情悲剧。不少青年奋起抗争，用歌声表示誓死相爱、绝不屈服的决心及与封建势力斗争到底的意志。如"要吃辣子不怕辣，要恋情姐不怕杀；刀子架在脖颈上，眉毛不动眼不眨"，反映青年男女在恶势力的压迫下所表现出来的大无畏的斗争精神。"铁打链子九十九，哥拴脖子妹拴手；哪怕官家王法大，出了衙门手牵手"，表现他们藐视王法，对爱情坚贞不屈的美好品格。战争年代及新中国成立后产生的情歌，有相当一部分是把爱情与革命、劳动结合起来的，这是情歌的一个新开拓。如"阿妹革新戴红花，阿哥生产当模范。'四化'连起心两颗，双双比翼飞向前"，表现了人们将自己的爱情融入创造性社会劳动中的高尚情操。

六、历史传说故事歌

历史传说故事歌是传诵历史传说和民间生活故事的叙事歌谣。它是民众对某些历史人物、社会事件发表看法、作出评价所常采用的重要方式之一，有短篇、中篇、长篇。各民族都有这种历史传说故事歌，通过传唱进行民族传统道德教育和爱国主义教育。内容相当广泛，上至神仙皇帝、祖先英雄，下至历代忠臣良将、叛臣贼子、烈女孝子，及至虚构的白蛇传、牛郎织女、孟姜女、梁祝故事等都有涉及。历史歌如广西桂平市《大藤峡瑶民起义歌谣》："官有万兵，我有万山，兵来我去，兵去我还。"传说歌如湖南通道县、广西三江县侗族《勉王》："浓云滚滚雾濛濛，日月天地全蒙盖，苦难重重总会变，劝我亲人心莫哀！六角神灯长不灭，狂风阵阵闪金彩。百节神鞭呼呼响，群山得令冲得快，水击崖壁浪漫山，勉王（明太祖时侗族起义英雄铲平王吴勉）起兵翻江倒海重又来！勉王一来苍天开眼万众欢，冲出地狱心花开，冲破牢笼展翅飞，任飞任唱歌如海！"相当一部分历史传说歌是在宗教仪式或其他节日活动中传唱的，如瑶族的《盘王歌》《历史源流歌》、壮族的《布洛陀》等，故常被划为风俗歌。但有部分则是在平时茶余饭后、劳动间歇中传唱的，如壮族的《瓦氏夫人》《中法战争歌》、侗族的《勉王》《娘梅歌》等。在热闹的娱乐气氛中，这类歌不知不觉地传播了历史知识，成为劳动者口耳相传的通俗历史读本。

七、儿歌

儿歌是在广大民众中广为流传的富于幻想性、符合儿童心理特征的韵语体式的歌谣。它的功利目的是启发儿童的智力，传授简要的生活和生产经验，教育儿童分辨是非善恶，培养高尚的道德情操，还有些儿歌是纯游戏性的或为了对儿童进行语言训练。儿歌内容丰富，题材多样，从天上到人间，从陆地到海洋，从动植物到非生物，都可以唱进儿歌中。按其功用大致可分为：抚育歌、游戏歌和教诲歌三类。

抚育歌又称摇篮曲、催眠曲，是人一生中最早接触的歌谣，是人们唱给婴儿听的，倾注了母爱和人类最崇高温柔的感情。如侗族儿歌《哄妹妹》唱道："小妹妹，你乖乖，朵朵花，开山崖；不吵不闹呼呼睡，好比鲜花逗人爱；爸妈上山去种地，捡回山果一口袋。"东北满族的摇篮曲："狼来啦，虎来啦！老和尚，背鼓来啦。小孩哇，盖花被，小孩哭来，想他姑。"

游戏歌是儿童一边玩耍、一边吟唱的歌谣。孩子天性好玩，当他们相互追逐嬉闹，玩各种游戏时，便会唱各种各样的游戏儿歌。如捉迷藏、踢毽子、拍皮球、放风筝、荡秋千、跳皮筋、骑木马、丢手绢等，一边玩，一边唱，唱的内容五花八门。如捉蜻蜓时唱："大麦秸，丁丁猫（蜻蜓的别名），落下来；不打你，不骂你，玩玩就放你。"捉萤火虫时唱："萤火虫，夜夜红；上天去，雷打你；下地来，火烧你；进洞去，蛇咬你；翻坡去，猫抓你；快快来，我救你。"这些儿歌充分反映了儿童的心理特点，使他们感到亲切、有趣，大大增加了游戏时的乐趣，同时也启发了他们的想象力。

教诲歌是侧重对儿童进行知识、道德教育的歌，包括训练发音、传授知识、培养高尚品德等内容，对儿童形象生动地进行自然、社会和人生的教育。锻炼儿童说话技能主要有绕口令，它是将若干双声、叠韵词汇或者发音相同、相近的词有意集中一起，组成韵语，它能矫正发音部位，使儿童更容易把话说清楚。如"出前门，走十步，拾着鸡皮补皮裤。是鸡皮补皮裤，不是鸡皮不补皮裤。""高高山上一枝藤，藤条头上挂铜铃，风吹藤动铜铃动，风停藤停铜铃停。"以"补"、"裤"与"鸡"、"皮"，"停"与"铃"的叠韵以及"藤"与"铜"的双声关系来结构，以此来锻炼儿童的说话能力。培养儿童智力、增强儿童知识的儿歌不少。如彝族童谣："喜鹊穿青又穿白，鹦哥穿的绿豆色；箐鸡穿的十二件，老乌鸦穿的一身黑。"这首歌显然是让儿童认识各种事物和现象。四川的《数蛤蟆》："一只蛤蟆一张嘴，两个眼睛四条腿，乒乓跳下水。两只蟆两张嘴，四个眼睛八条腿，乒乓乒乓跳下水。"这是教儿童数数的。"高高山上一头牛，两个犄角一个头；四个蹄子分八瓣，尾巴长在身后头。"教给儿童动物知识。儿歌还有培养儿童道德风尚、教育儿童成长的作用。"排排坐，吃果果，你一个，我一个，妹妹睡觉留一个。"说明了要关心别人、互相友爱、不能自私自利的道理。高山族的"世界上的妈妈好啊，算我的妈妈最勤俭，白天上山和下田，晚上穿针和引线。世界上的妈妈好啊，算我的妈妈最能干，白天喂猪又喂鸡，夜晚捣米在流汗。"这首歌谣教育儿童要热爱劳动，尊敬父母。

儿歌一般内容浅显，明白易懂，生动有趣，节奏鲜明，音韵铿锵，最适宜口头唱诵，这与它特定的服务对象有密切关系。

第三节 歌谣的艺术特色

我国各民族的歌谣不但生动地再现了劳动人民的各个历史时期的社会生活，还展示了他们高超的艺术天才。劳动人民在长期的歌谣创作实践中，形成了一套适合于口头说唱的民间歌谣的艺术风格。总结民间歌谣的艺术经验，对诗歌史研究的深入，对新诗创作都有重要作用。民间歌谣的艺术特色主要表现为以下几个方面。

一、率真自然的情感

民歌是扎根于人民心上的花朵，是发自内心深处的声音，是感情自然的流淌，是生活的形象抒写，它带有天然的意味，没有文人诗词那种刻意雕琢的痕迹。文学家、戏曲家李开先在他的《李开先集·闲居集（之六）》中说："故风出谣口，真诗只在民间。"冯梦龙在《叙山歌》中也说："但有假诗文，无假山歌。"人们用"天籁之声"、"山歌无本句句真"等来称颂这种率真的民歌风格。

率真自然是指歌谣所表达的感情非常真实，而且常常把所抒之情和四周的人、事、物、景结合起来，形象生动，富于浓郁的泥土气息，表现了劳动人民自己的生活。所用语言往往是经过提炼的口头语，明白晓畅，内涵丰富。四川巴山流传着这样的一首民歌："太阳落坡郎要回，团转四邻有人围；他要围来等他围，两人情愿还怕谁。"这是男女青年纯真爱情、坚强性格的直接流露。"生不丢来死不丢，除非蚂蚁生骨头，除非冷饭又发芽，白岩上头生石榴。"追求婚姻自主的行动是那样果敢，充分体现了民歌情真意切的特色。一首民歌"举秀才，不知书，察孝廉，父别居，寒素清白浊如泥，高第良将怯如鸡"，对反动统治者的丑恶嘴脸给予了无情的讽刺与揭露。

优秀的民歌之所以历经千百年而艺术生命力不衰，首先在于它唱的是真情，讲的是真话，不矫揉造作，不为文造情，这是民间诗歌创作的最宝贵传统，也是一切诗歌创作的生命线。"感人心者，莫先于情。"作诗要有真情实感，发乎心声，不说空话、假话和大话，不虚情矫饰，不无病呻吟。惟其如此，诗歌艺术才能获得长久的艺术生命力。

二、丰富多样的艺术手法

民歌中运用的艺术手法是非常丰富的，其中最常见、运用最广泛最普遍的手法是赋、比、兴。与文人诗歌相比，民歌广泛运用赋、比、兴而又极为贴切，原因就在于劳动群众经验丰富、情感真挚，往往有感而发，借赋、比、兴表意，而且善于把事物进行比较，"比附事理"，托物言志。这样的手法可以使民歌韵味深长，扣人心弦。

赋，铺也，"敷陈其事而直言之也"（朱熹语），即运用铺张的手法对事物进行具体描述。如："那年那日闹灾荒，街头儿女摆成行，娘割骨肉为颗米，儿扯衣角不舍娘。"直叙天灾之年出卖儿女、儿扯衣角的景事。"连就连，我俩结交定百年，哪个九十七岁死，奈何桥上等三年"，不加修饰地陈述男女定百年的决心和真情。

比，是"指物譬喻"，其中有明喻、隐喻、借喻等。明喻是用"像"、"如"等词联结本体和喻体，以表明其相似关系。如"姐妹生得灵手巧，采茶好比绣金球；上采好似蝶恋花，下采好似金鱼游，左采好似龙戏水，右采好似凤点头。采得春风开口笑，采得青山笑点头"。运用形象的比喻来描写采茶的动作，千姿百态，想象纵横。隐喻，喻体和本体不用比喻词连接。如"风吹云动天不动，水推船流岸不流，刀切莲藕丝不断，我俩生死永不丢"。对爱情的坚贞是抽象的，而"风吹云动天不动，水推船流岸不移，刀切莲藕丝不断"是具体形象的，这一比，就化无形为有形了。借喻则更加含蓄，本体不出现，直接以喻体当本体。如福建民歌"入山看见藤缠树，出山看见树缠藤；树死藤生缠到死，藤死树生死也缠"。借"藤缠树"的事物来比喻男女之间生死不渝的爱情，景真情浓，含蓄蕴藉，耐人寻味。

兴，是"先言它物，以引起所咏之辞也"（朱熹语），即先咏叹其他事物，来引出要表达的主题。起兴句是情感的前奏，常常是歌者"触景生情"唱出的歌头，其作用在于"寓情于景"、"借景抒情"。起兴句大多与正文内容有关。如南北朝民歌"高高山头树，风吹叶落去。一去数千里，何当还故处？"前两句托物是为了引起后两句的意思。又《想念太平军》："豌豆花开花蕊红，太平军哥哥一去影无踪，我黄昏守到日头上，我三春守到腊月中，只见雁儿往南飞，不见哥哥回家中。"第一句就是起兴，由豌豆花开想到当年此时太平军离开此地，从而引起下面的思念之情。"菠萝叶子尖又尖，妹你面花哥不嫌，不信你看菠萝果，外头麻麻里头甜。"首句"菠萝叶子"起兴，由叶联想果，由菠萝果外麻里甜联想姑娘面麻心好，运用表面不美而内在美的事物作反比。当然，有些起兴句与下文的主体没有意义上的联系，只起限制韵律的作用，如"月儿弯弯照九州"、"太阳一出满天红"、"远远看见一枝花"、"石榴开花叶子青"等。这些起兴句，常常是从传统现成的歌词中借来一句，开个头，定个调，而下文内容可以随编随唱。如"正月里来是新年，单身汉子好可怜"，"山外青山楼外楼，英雄好汉争上游"，"石榴开花叶子青，看妹有口又无心"，等等。这些起兴句只取其韵和记忆上的作用，俗称"歌头"或"韵尾"。

夸张也是民歌常用的方法。如"我的山歌牛毛多，唱了三年三个月，还没唱完牛耳朵"，"唱得青山开口笑，唱得黄河水倒流"，"树林当笔天当纸，海水磨墨写不赢"，等等，这些夸张的说法，也都是有一定的现实基础的。

重复的运用也是民歌的一种重要手法。有词的重复、句的重复和段的重复。重复是为了便于记忆和传唱，同时加强了艺术效果，更好地表现主题。如贵州民歌"哪个认得妹要来，请人挑水去洗街；请人挑水去洗路，洗条大路等妹来"，运用词句重复的手法，把殷切盼望情人的心情和情人在心中的地位表达得淋漓尽致。

此外还有烘托、白描、排比、对比、对仗、拟人化、谐音、双关等手法，这里不一一赘述。

三、质朴清新的语言风格

劳动人民创造的语言，生动活泼，丰富多彩，富于表现力，具有"朴素、简洁、用三言两语就创造出形象来的雄壮力量"。① 民歌虽以日常生活为题材写景状物，却形象生动，各具风貌。如纳西族民歌："鹦鹉可以随便说话，马鹿可以随便行走，只有受苦的奴隶，永远没有自由。"这首歌谣语言朴素、自然，虽然完全是乡土话、口头语，却像宝石一样闪闪发光。"石榴青，石榴多子又多心，石榴多子人吃了，妹你心多连别人。"以石榴多子多心写爱情要专一，通过具体生活的现象，把抽象的道理形象化，生动贴切。又如"砍头好比风吹帽，坐牢好比坐花园"，相当风趣幽默。各族劳动人民懂得乡土话、口头语的作用，他们不在自己的创作中堆砌华而不实的辞藻。当然，朴素、自然并非就不需要提炼。各族歌谣的语言是既朴实无华，又简洁凝练，含蓄蕴藉。如彝族民歌《我有大石岩》唱道："你永仁县的衙门大，我永远不下坝；假如你要开兵来，我有大石岩；你的子弹比我多，我有乱石窝。"这里，虽用字不多却非常精练地表现出新中国成立前彝族人民决心与反动统治者斗争到底的坚定信念。广西流传的一首情歌《为何不闰五更天》："五更鸡仔叫连连，送妹送到大门前；三年还有两头闰，为何不闰五更天?!"全诗并无深情、依恋之类的词语，而具体地交代了一对情人依依惜别的时间、地点、心境，用幻想把无法形容的深情惟妙惟肖地表达出来了，其想象真是出人意料，三言两语含绵绵无尽之意。又如"票上一点墨，民间千点血"，仅两句十字，就勾画出一幅旧社会人吃人的图画，表现主题何等深刻！"你爱交来只管交，切莫交到半中腰；洗衫就爱长流水，晒衫就爱长竹篙。"这首客家情歌没有华丽的辞藻，没有风花雪月的描写，有的是客家山区人民常见常听的口头语词，这些口头语词平实无奇，情歌似乎不是在吟唱，而是在拉家常中诉衷情。这些从现实语言中信手捡来的通俗淳朴、色彩鲜明的语言充分表达了客家青年男女之间真挚的爱情。四川民歌《高高山上一树槐》："高高山上一树槐，手攀槐枝望郎来。娘问女儿望什么，我望槐花几时开。"写女儿与母亲的巧妙对答，却毫无雕琢，质朴无华。

民歌语言像顺口说出来的话，像冲口而出的歌，却又那么简洁、洗练，这是对日常用语加以选择、提炼的结果。只有在广阔而深厚的生活的基础上，观察入微，感受深刻，又善于取舍，对抒写的对象把握得十分准确，才能写得如此质朴、自然、清新、形象。这些语言是从千变万化、五彩缤纷的生活海洋和丰富的语言矿藏中提炼出来的，具有一种朴素、自然和单纯的美。

---

① ［苏联］高尔基：《高尔基文学书简》，上册，132页，北京，人民文学出版社，1962。

思考题：

1. 歌谣的含义是什么？歌谣一般分多少种类？

2. 歌谣的艺术特色主要表现在哪几方面？

3. 想想自己家乡流行的歌谣内容和形式是怎样的？

延伸阅读书目：

1. 毕桪主编：《民间文学教程》，北京，中央民族大学出版社，2009。

2. 陈勤建、常峻、黄景春选注：《民间文学》，广州，广东人民出版社，2003。

3. 钟敬文主编：《民间文学概论》，上海，上海文艺出版社，1980。

4. 刘守华、陈建宪主编：《民间文学教程》，武汉，华中师范大学出版社，2002。

5. 万建中：《民间文学引论》，北京，北京大学出版社，2006。

6. 朱自清：《中国歌谣》，北京，作家出版社，1957。

7. 张紫晨：《歌谣小史》，福州，福建人民出版社，1981。

8. 戴思雄选注：《历代民歌精华》，桂林，漓江出版社，1987。

第七章　民间说唱

　　民间说唱历史悠久，其内容和形式都为各种文学样式提供了丰富的养料。民间说唱由于扎根乡土，贴近民众，折射出民间的情感和思想，表现出浓郁的乡土气息和民族色彩。我国幅员辽阔，有 56 个民族，民间说唱遍布全国各地，以往被忽视的民间说唱正借当前"保护非物质文化遗产"的东风，逐渐走向前台。

第一节　民间说唱的概念、特征及其发展历史

一、民间说唱的定义及特征

　　关于民间说唱的定义，历来界限不清。一种观点认为民间说唱等同于民间曲艺；另一种观点认为民间说唱属于民间文学。在出版的很多民间文学教材里往往设民间曲艺章节，而不设民间说唱，可见民间说唱的范畴相对较小。

　　郑振铎把讲唱文学归为俗文学的一类，他认为："这种讲唱文学的组织，是以说白（散文）来讲述故事，而同时又以唱词（韵文）来歌唱之的；讲与唱互相间杂。使听众于享受着音乐和歌唱之外，又格外的能够明了其故事的经过。这种体裁，原来是印度输入的。最初流行于庙宇里，为僧侣们说法、传道的工具。后来乃渐渐地出了庙宇而入于'瓦子'（游艺场）里。"[①]

　　段宝林主编的《民间文学教程》中设"民间曲艺"一章，其中的观点是："民间曲艺是民间说唱艺术的总称。它既是表演艺术，往往有乐器伴奏，又是语言艺术，和书本文学有一定联系，所以又称'说书'。"[②]

　　刘守华、陈建宪主编的《民间文学教程》中设"民间说唱和小戏"一章，他们认为："民间说唱是以说说唱唱的形式来敷演故事或刻画人物形象的口头文学作品。有些论著称为'曲艺'和'民间曲艺'。"[③]

　　李慧芳在《中国民间文学》中指出："民间说唱俗称'曲艺'，是一切说唱曲种的总称。它以说说唱唱的形式，给人说故事，唱故事，说笑话，说情唱

---

① 郑振铎：《郑振铎说俗文学》，7 页，上海，上海古籍出版社，2000。

① 郑振铎：《郑振铎说俗文学》，7 页，上海，上海古籍出版社，2000。
② 段宝林主编：《民间文学教程》，340 页，北京，高等教育出版社，2006。
③ 刘守华、陈建宪主编：《民间文学教程》，244 页，武汉，华中师范大学出版社，2002。

情，反映社会生活。"①

《中国大百科全书·戏曲曲艺》卷将"中国曲艺"定义为："中国曲艺是由古代民间的口头文学和歌唱艺术经过长期发展演变形成的一种独特的艺术形式。曲艺的艺术特征，是通过说唱敷演故事和刻画人物形象。"②《中国戏曲曲艺词典》中"曲艺"的定义是："各种说唱艺术的总称。以带有表演动作的说唱来叙述故事、塑造人物、表达思想感情、反映社会生活。多数以叙事为主，代言为辅，具有'一人多角'（一个演员模拟多种角色）的特点，部分以代言为主，叙述为辅，分角色拆唱。与各地方言关系密切，其音乐为我国民族音乐的重要组成部分。演出时演员人数较少，通常仅一至二三人，使用简单道具。表演形式有坐唱、站唱、走唱、拆唱、彩唱等。音乐体式有唱曲牌的'联曲体'、唱七字句或十字句的'主曲体'，或综合使用两者。曲本体裁有兼用散文和韵文、全部散文和全部韵文三种。"③

关于"民间说唱"的定义往往与其特征、分类紧密联系。薛宝琨在《论曲艺的本质和特征》中说："曲艺演员以他自身本来的面貌同观众进行情感交流和艺术表现，是曲艺区别于戏曲以及歌舞的根本特征……传统的戏曲是'现身的说法'，曲艺是'说法的现身'的概括显然是正确的……第一人称的代言和第三人称的叙述就成为戏曲和曲艺在表现方式上的界标。"他进一步指出："叙述性是曲艺艺术的基本特征，'观众中心说'是曲艺艺术体系的核心。"④

李慧芳在《中国民间文学》中概括民间说唱的基本特点是："以叙述为主，表演为辅，一人多角，虚中求实。"⑤

刘守华、陈建宪主编的《民间文学教程》中总结民间说唱的特点是："民间说唱为叙述体的口头文学，具有叙述性强的特点。""民间说唱演唱简便、灵活，具有轻便性。""民间说唱的语言朴素易懂，具有通俗性。"⑥

---

① 李慧芳：《中国民间文学》，242 页，武汉，武汉大学出版社，1999。

② 《中国大百科全书》总编辑委员会《戏曲曲艺》编辑委员会编：《中国大百科全书·戏曲曲艺》，583 页，北京，中国大百科全书出版社，1983。

③ 上海艺术研究所、中国戏剧家协会上海分会编：《中国戏曲曲艺词典》，667 页，上海，上海辞书出版社，1981。

④ 鲍震培：《10 年来曲艺基本理论研究状况及趋向》，见吴同瑞、王文宝、段宝林编：《中国俗文学七十年》，129 页，北京，北京大学出版社，1994。

⑤ 李慧芳：《中国民间文学》，248 页，武汉，武汉大学出版社，1999。

⑥ 刘守华、陈建宪主编：《民间文学教程》，250 页，武汉，华中师范大学出版社，2002。

王玉霞认为："民间说唱文学是土生土长的口头传承文学。它的流布规则一是没有文本而依靠严格的师徒间口耳相传的师承规则；二是依循中国民众的思维定式及模式化艺术欣赏规则；三是贴近现实生活和创作因时而变的发展规则。"①

总结前人研究成果和学界普遍认同的观点，笔者认为民间说唱属于曲艺的范畴，是起源于民间，扩散于民间，深受民众喜爱的一种说说唱唱的曲艺形式，有时有乐器伴奏，有时伴有动作表演，语言往往朗朗上口，较为通俗，有不太严格的押韵，一般以叙事为主，代言为辅，叙述有一定的程式化，虚实结合，表现社会生活，传递民众情感和希冀。从文化的层面和传播层面看，民间说唱应该属于民间文化。

二、民间说唱与曲艺、说唱文学、戏曲的关系

（一）民间说唱与曲艺、说唱文学、民间文学的关系

刘守华、巫瑞书主编的《民间文学导论》认为：曲艺属于艺术范围，而民间说唱则是指民间说唱文学，属于民间文学范围。② 刘守华、陈建宪主编的《民间文学教程》中指出："其实民间说唱同民间曲艺既有密切的关系，又有明显的区别：曲艺是各种说唱艺术的总称，属于艺术的范畴，它是以文学为基础，配以音乐和表演的综合性艺术，包含着文学、声乐、器乐、表演等因素；而民间说唱侧重于文学方面，主要是从文学角度探讨作为曲艺表演底本的构成与特点，属于民间文学的范畴。当然，承认二者的区别，并非人为地划分楚河汉界，使之截然分开，只是指出各有侧重罢了。"③

从现在出版的各种民间文学教材看，民间说唱的各种形式都归民间文学范畴。笔者认为民间说唱（或统称为曲艺）在民俗学教材里基本不出现，而在民间文学教材里出现，说明学者们更多的是关注其民间文学的价值。事实上从表演形态看，民间说唱有时还伴有乐器，带有歌唱舞蹈等表演行为，是一种综合性的艺术，或叫说唱艺术；从说唱主体看主要是底层民众参与传承，属于民间文学，狭义地从文本角度看就是说唱文学。同时民间说唱又离不开特定的民俗场合，本身也构成地方文化系统的一部分，也应该属于民俗学的范畴。

---

① 王玉霞：《中国民间说唱文学的流布规则》，载《郑州大学学报》，2004（4）。

② 参见刘守华、巫瑞书主编：《民间文学导论》，391页，武汉，长江文艺出版社，1997。

③ 刘守华、陈建宪主编：《民间文学教程》，244页，武汉，华中师范大学出版社，2002。

（二）民间戏曲与民间说唱的关系

段宝林主编的《民间文学教程》对民间戏曲与民间说唱的关系作了梳理："民间说唱是民间曲艺中的说唱文学和表演形式，其演出用第三人称的叙述体。在说唱一个完整故事的时候，无论故事中有多少个角色，演员却只有一到两个，在多种角色中跳进跳出，对故事中的人物进行模拟性表演，而不进行角色细分，即采取'一人多角'的扮演方式。所以只要把剧中角色分开表演，民间说唱就很容易变成一人一个角色的'代言体'的民间戏曲。如绍兴的'莲花落'，便接近民间戏曲了。此外，东北的'二人转'、山东的'吕剧'、江苏的'锡剧'等都是在民间说唱的基础上形成的小戏。"① 刘守华、陈建宪主编的《民间文学教程》认为："曲艺与戏剧也不相同，它是以叙述为主的，多用第三人称交待故事情节、刻画人物。有时虽有人物对话的表演，但常常一人可同时演两三个角色。如二人转（走唱）演员转过来是媳妇，转过去成了婆婆。而戏剧形式则一个演员只能演一个角色，主要通过表演和对话而不是通过叙述来表现主题。"② 这两本教程对于戏曲和民间说唱的区分主要是从叙述和表演层面来加以区别。

《说唱艺术简史》一书认为："戏曲艺术运用歌舞说白来演故事，戏曲演员在舞台上'现身说法'，曲艺艺术则是通过说唱来讲故事，说唱者是在书台上说说唱唱，让古往今来的各样人物在他们的'说法'中来现身。"③ 也就是说，戏剧表演以拟仿为主，说法为辅；而说唱是说法为主，拟仿为辅。或者说表演的时候一个是他为主，一个是我为主。

笔者认为：前人研究成果表明，戏曲与说唱艺术有着密切的关系，说唱艺术为戏曲的成熟提供了丰富的养料。如格萨尔藏戏就为戏曲从说唱艺术演变发展而来的观点提供了一种参考。④ 需要进一步指出的是：民间说唱的直系祖先是唐代变文，而戏曲的成熟是在宋元时期。从时间上看似乎民间说唱应该影响了戏曲的形成和发展。从文学的源头来看，民间说唱和戏曲中的表演、说唱、舞蹈因素，都当追溯到原始歌舞、祭祀。王国维在《宋元戏曲史》就指出：

① 段宝林主编：《民间文学教程》，357～358页，北京，高等教育出版社，2006。

② 刘守华、陈建宪主编：《民间文学教程》，214页，武汉，华中师范大学出版社，2002。

③ 中国艺术研究院曲艺研究所编：《说唱艺术简史》，"引言"2页，北京，文化艺术出版社，1988。

④ 参见曹娅丽：《"格萨尔藏戏"：一种奇特的文化现象——说唱戏剧形态及其演剧情形的描述》，载《民间文化论坛》，2007（2）。

"后世戏剧，当自巫、优二者出。"① 正是在起源上的相似性，历来民间说唱与戏曲的相互影响研究较多，如民间说唱与杨家将、黄梅戏、藏戏等戏曲关系的研究。

三、民间说唱的渊源及发展历史

曲艺说唱历史悠久。民间说唱的故事性、音乐性、说唱技巧、表演特征等各种说唱因素，可以追溯到上古的巫觋。周初的瞽瞍矇（掌乐、诵诗）用乐器伴奏演唱、春秋时期的诸子论说技巧、秦汉的俳优滑稽表演、唐代变文的说唱等皆为说唱文学之源。

原始社会时期，民众的日常活动与宗教活动很难区分。《吕氏春秋·古乐篇》曰："昔，古朱襄氏之治天下也，多风而阳气蓄积，万物散解，果实不成，故士达作为五弦之瑟，以来阴气，以定群生。"这里以演奏音乐，来聚阴气，达到求雨的目的。《吕氏春秋》："昔葛天氏之乐，三人操牛尾，投足以歌八阕"。这"三人"很可能是早期的巫。而"歌八阕"又与唱词有关。巫风的习俗在古代盛行，《尚书·尹训》："敢有恒舞于宫，酣歌于室，时谓巫风。"到《周礼·春官·宗伯》明确记载："若国大旱，则师巫而舞雩。"可见巫以歌舞求雨。春秋时的陈国更以盛行巫舞著称，可见巫觋好乐善歌舞。

春秋时期百家争鸣，民间说唱中的论说成分、机变技巧难免不受其影响。《荀子·成相篇》的三三七句式和联章歌唱与后世民间说唱相似，因此也就被认为是"现代弹词之祖"。从周到先秦，各国宫廷除了"散乐"外，还有一批瞽、瞍、矇等残疾人为乐师，瞽献曲，瞍献诵，矇献赋，为国君提供民间信息，以自己独特的方式参与政治活动。瞽、瞍、矇的活动特点在于唱诵，而倡俳优的更在于说逗。

"优"的出现当在西周末年，为贵族娱乐的艺人。晋献公时有优施（见《国语·晋语》），楚庄王时代有优孟。"优孟衣冠"最为出名，其故事载于《史记·滑稽列传》，其模仿滑稽性和故事性都很强，既是戏剧发展之源，也必然影响民间说唱的发展。

秦汉时期宫廷"散乐"，已经具备了百戏的特征和规模。汉代百戏，兼容并蓄，"鱼龙曼延"，包括各种杂技、魔术、歌舞、体育等表演活动。汉代百戏中最具戏剧性表演的是角抵戏。葛洪《西京杂记》中记载《东海黄公》故事性、戏剧性强。汉代设乐府，乐府采集的范围极其广泛。《陌上桑》《东门行》《陇西行》《孔雀东南飞》叙事性较强，可以作为说唱故事的曲艺特征而存在。

---

①　王国维：《宋元戏曲史》，4页，上海，上海古籍出版社，1998。

1957 年，四川成都天回镇汉墓出土了汉代"说书俑"，表现的是打鼓说唱的艺人形象。1979 年，扬州江胡场一号西汉木椁墓中出土了木质说书俑两件，神态滑稽。汉代文物的出土，有力地证明了汉代是民间说唱发展的一个重要时期。

隋代民间流行一种讲唱故事的"说话"和唐代佛教寺院里和尚用来宣讲佛法经文的"变文"，被认为是我国说唱音乐的正式形成标志。有学者认为："'变文'。这是讲唱文学的祖称，最早出现于世的。"① 唐代变文，有说有唱，图文并茂，并且公开演出、说唱。后来变文受民间口头文学和民众审美取向影响而俗化。唐赵璘《因话录》中记载文淑和尚讲说"变文"，假托经谕"所言无非淫秽鄙亵之事"还受到了民众喜爱。变文的俗化在触及佛门的清规戒律就为后来禁止庙堂讲唱埋下祸根。走出庙堂的变文，在内容上进一步摆脱佛教束缚，而向大众审美靠拢，在敦煌变文中体现的就有《伍子胥变文》《王昭君变文》《孟姜女变文》《秋胡变文》等。20 世纪初发掘的敦煌变文主要是唐宋变文，目前成为学者关注的热点。另外，元稹的诗、李商隐的诗、郭湜的《高力士外传》、日本高僧圆仁《入唐求法巡礼行记》等也对变文有所记录。另外唐代娱乐文化发达，优戏承继前代，唐代优戏著名的有《弄参军》。唐代歌舞戏发展，崔令钦《教坊记》中的《踏摇娘》已经有了说唱歌舞形式。

宋代商业的繁荣，勾栏瓦舍催生了职业艺人，如孔三传、张五牛、白秀英、小张四郎等。北宋的诸宫调、合生、商谜、说诨话，南宋的像生、杂扮、陶真及各种杂曲小调相当盛行。诸宫调、杂曲小调对民间说唱音乐唱词的影响，商谜、说诨话、杂扮等对民间说唱喜剧性和"说"的技巧的影响，合生、像生对相声均产生了影响。于天池在《宋元说唱伎艺脞说》中列举了"叫声"、"小唱"、"嘌唱"、"唱令曲小词"等民间说唱形式。② "叫声"也称吟叫、吟哦、叫果子，是宋代流行的说唱伎艺，这可能是宋代瓦舍勾栏艺人模仿商业叫卖声形成的。"小唱"，相对于大曲而言，是从大曲中分离出来的。在《都城记胜》瓦舍众伎里的解释是："小唱，谓执板唱慢曲、曲破，大率重起轻杀，故曰浅斟低唱，与四十大曲舞旋为一体，今瓦舍中绝无。""嘌唱，谓上鼓面唱令曲小词，驱驾虚音，纵弄宫调，与叫果子、唱耍曲儿为一体，本只街市，今宅院往往有之。""唱令曲小词"，方式简便，用拍板伴奏即可，可自娱也可娱人，与茶肆酒楼及妓女营业活动有关，当时较普遍。小唱和嘌唱类似于现在艺术歌

---

① 郑振铎：《郑振铎说俗文学》，8 页，上海，上海古籍出版社，2000。

② 参见于天池：《宋元说唱伎艺脞说》，载《北京师范大学学报》，1998（2）。

曲，而唱令曲小词相当于通俗流行歌曲。

元明时期，词话、弹词、鼓词、宝卷等说唱形式兴起。元代词话散见于元杂剧，现在看到的词话为明代词话，代表性词话为《历代史略十段锦词话》《大唐秦王词话》，而《快嘴李翠莲记》《说唱词话》也具有说唱叙事特点。

明代我们熟知的"货郎儿"、"道情"、"莲花落"、"弹词"等都被统称"词话"。这些曲种，有的一直流传到今天。明末词话分为弹词和鼓词，有关弹词的最早记录在《西湖游览志余》卷二十"杭州八月观潮说"中。明代的"鼓词"概念不明确，清代一般认为以鼓来伴奏的说唱技艺就叫鼓词，以琵琶来伴奏的说唱技艺为弹词。说唱文学鼓词领域的第一部目录学专著是《中国鼓词总目》。20 世纪 50 年代出版的《鼓词汇集》收集了许多传统鼓词曲目。

清中叶以后大型的鼓词讲唱逐渐为"摘唱"所代替，常将大型鼓词选取精华部分单唱，讲说部分压缩。清代"子弟书"盛行，"子弟书"就是由鼓词发展而来。东北大鼓，又称辽宁大鼓、奉天大鼓，是主要流行于我国东北三省的曲艺。东北大鼓约形成于清代中期，最初的表演形式是演唱者一人操小三弦自行伴奏说唱，并在腿上绑缚"节子板"击节，也叫"弦子书"。后发展成一人自击书鼓和简板表演，另有人操大三弦等专司伴奏，说唱表演采用东北方音。东北大鼓受子弟书、东北民歌、二人转等曲艺影响深刻，张作霖就很爱听著名艺人霍树棠唱的东北大鼓。清代民间说唱的发展，很大程度上奠定了现代民间说唱的基本面貌，"现代相声"也开始孕育并发展。

民间说唱具有社会学、民俗学、文学等多种价值，其影响深远。宋元杂剧中有许多民间说唱的痕迹，明清文人从传统民间说唱和口头文学中汲取养料，加工创作了《水浒传》《三国演义》《西游记》《封神演义》等，反过来小说又推动了说唱文学的发展。《金瓶梅词话》中就有尼姑宣卷活动的描写。据《红楼梦书录》等资料记载，许多曲艺演唱红楼梦故事。"子弟书"中的《红楼梦》曲目被其他曲艺多采用，扬州大学的周丽琴就写了《红楼梦子弟书》的硕士论文。与《红楼梦》《西厢记》等有关的各种说唱文学底本的发现，让我们对民间说唱的流布、影响等的研究成为可能。

现当代作家诗人李季曾运用鼓词的"十字攒"形式，创作了《杨高传》三部曲；老舍的《茶馆》运用了"数来宝"安排结构；"山药蛋派"作家赵树理创作了评书体小说；寻根文学中许多地域文化的彰显，也离不开民间说唱的介入。可见民间说唱不仅仅是底层文学，而且至今对作家文学都产生着一定影响。

第二节　民间说唱的分类与少数民族民间说唱

一、民间说唱的分类

对于民间说唱的分类，目前仍存在争议，没有统一的标准。

《郑振铎说俗文学》中讲唱文学列举五类，分别是变文、诸宫调、宝卷、弹词、鼓词。

刘守华、陈建宪主编的《民间文学教程》中把民间说唱分为唱故事、说故事、说笑话三类。

段宝林在《中国民间文学概要》（增订本）中认为："曲艺形式大致可分为十个大类，即评书、相声、快书快板、大鼓、弹词、渔鼓道情、琴书、牌子曲、时调小曲、走唱等。前三类是说的，后七类是唱的。"①

李慧芳在《中国民间文学》中把民间说唱分为"说类""唱类"和"说唱兼有"三大类。又把说类分为散文体式（说故事类如评词、评话、评书等，说笑话类如相声）和韵诵体式（以说为主，但有节奏韵辙要求，无音乐伴奏，如快板书，山东快书等）。唱类曲种分为板腔体（以伴奏乐器鼓板为标志，以七字句为主要句式，如湖北大鼓、京韵大鼓、梨花大鼓、奉调大鼓、梅花大鼓、乐亭大鼓、道情、渔鼓等）和联曲体式（使用固定曲牌，如湖北小曲、长阳南曲、恩施扬琴、山东琴书、常德丝弦、四川清音、大调鼓子曲等）。说唱类如苏州弹词。

笔者认为：唱故事、说故事、说笑话的三分法给人的感性印象是民间说唱是一种叙事文学的误导，其次在分类上三者有交叉重叠的地方。而说类、唱类、说唱皆有的三分法，虽然注意到了说唱文学"说"与"唱"的本质特点，但因为说唱皆有类，本身就与说类和唱类交叉，不易于把握界限。笔者以为，民间说唱可以笼统地分为两大类（段宝林在《中国民间文学概要·民间曲艺》中也有"前三类是说的，后七类是唱的"二分法视野），即说类和唱类。说类就是以偏重讲说的曲艺，一般无乐器伴奏，如评书、评话、快板书、相声等。唱类就是以偏重演唱和音乐效果的曲艺，一般有乐器伴奏，如北方的鼓词、单弦牌子曲和江南的弹调、广东的木鱼书、四川的琴书以及白族的大本曲、苗族的噶百福歌等。

---

① 段宝林：《中国民间文学概要》（增订本），213 页，北京，北京大学出版社，2002。

现在对影响较大、学者研究较多的民间说唱形式作简要介绍。

（一）评书

评书是说长篇故事的曲艺，在北京、四川、湖北叫评书，在苏州、扬州、南京、杭州、福州、浙江叫做评话。评书历史上也叫说话、评话、平话、评词、说书、说大书、说评书等。"北方的评书以北京评书为主体，相传为乾隆年间的王鸿兴所创。""南方评话以扬州评话、苏州评话为代表，……此系统的评话皆受柳敬亭的直接影响较深。"① 陈毅中著《宋元话本》中说："说话就是讲故事，相当于现代的说书。"并引述孙楷第《说话考》的观点：后人把讲历史故事叫做"说古话"，把小故事叫做"小话"。②

评书的特点一般以第三人称展开叙述，长篇叙事，一条主线多条辅线，故事性强，情节曲折，悬念迭出，人物众多，书面语和口语相结合，语言形象生动，拟仿性强，多用象声词。讲述中善于抓住听众的心理，并在现场与听众互动。有程式语言，如开头"书接上回……"或"上回书说到……"，中间为增加悬念，往往用"只听得……""忽然间……"，结尾有"请听下回分解"，"预知后事请听下回分解"等。内容有真实的历史事件，也有虚构的神话传说故事，既有历史英雄人物，也有草莽绿林好汉。思想上宣扬真善美，批判假恶丑。手法上多用对比、夸张、比喻等渲染气氛，突出人物。叙述上以第三人称叙事，叙议结合，说书人往往视情节发展需要作三言两语点评，或发表个人看法，或引导听众欣赏。结构主要有"梁子"、"桄子"、"扣子"，通俗的理解即提纲、故事、悬念。评书曲目有《列国》《三国》《隋唐演义》《杨家将》《呼家将》《大明英烈传》《施公案》《三侠五义》《绿牡丹》《八窍珠》《哪吒闹海》《封神榜》《聊斋》《西游》等。新中国成立以来著名的评书艺人有刘兰芳、单田芳等。我国古代说书艺术研究的理论大家陈汝衡，一直关注说书，成果斐然。1936年中华书局出版了陈汝衡的《说书小史》，这是我国第一部说书简史。该书在1958年扩容，由作家出版社出版为《说书史话》。1979年陈汝衡又出版了《宋代说书史》（上海文艺出版社）。陈汝衡不仅从史的角度研究说书艺术，而且关注说书艺人柳敬亭，还写了《大说书家柳敬亭》《说书艺人柳敬亭》两书。③

① 刘守华、陈建宪主编：《民间文学教程》，246页，武汉，华中师范大学出版社，2002。

② 程毅中：《宋元话本》，1页，北京，中华书局，1964。

③ 参见李小红：《中国评书研究的现状与思考》，载《艺术百家》，2010（3）。

与说书有关的重大民俗活动，有河南马街书会、山东胡集书会、河北石家庄书会并称为我国的三大书会，石家庄书会已消亡。目前河南的马街书会较为兴盛，民间艺人还能达到百人以上，成为首批国家非物质文化遗产。马街书会又称"十三马街书会"，是一个具有六百多年历史的民间说唱艺术盛会。"从元代就已经开始，最兴旺时曾出过两千多名艺人参加活动，除河南本省的曲艺艺人外，乃至四川、东北等地艺人也来赶会，几百年来从未间断。"① 每年农历正月十一至十三日，民间说唱艺人齐聚在马街村，露天表演，场面壮观。学者们对马街书会的研究从民俗学、社会学、音乐学等角度对其起源、听众、文化市场、民俗特色等全面研究。

黄河三角洲的民间说书独特，说书的曲目有《杨家将》《岳飞传》《瓦岗寨》《小五义》《小八义》等。黄河三角洲的说书有本土特色，那就是"还要编写乡间小段插在整本大套的书目之前，叫做曲帽，也叫书帽"。② 艺人们在编写曲帽的时候，"充分发挥自己的技巧与才能，尽用乡土语言挖掘、表演乡间的趣事，在诙谐、戏谑上下工夫，以博听众大笑捧腹"。③ "曲帽"多和当地习俗结合，如《挑女婿》等；和日常生活结合的作品如《小两口抬水》等。曲帽为取得诙谐效果和吸引听众，往往运用夸张手法来表现，并配合夸张形成一种说唱程式。开头往往是"说了个……本姓……"如《两头忙》：说了个大姐本姓王，坐在她绣房泪汪汪。《老财迷》：说了个老头本姓钱，今年岁数六十三，自幼活到六十单三岁，一辈子没舍得花过一文钱。《拙老婆》：说了个学生本姓白，娶了个媳妇好人才。他赶集买了八尺布，让媳妇给他把裤裁。《梅香上当》：说了个妮儿叫梅香，模样儿长得真漂亮。结尾往往以"我说这事你不信，去问你……"如《尿床》：说了个大姐本姓黄，摊了个丈夫好尿床。二更里尿了鸿绫被，三更里尿了绣花鞋一双，四更里尿了个满床流，五更里尿得遍地淌。十冬腊月上大冻，化出了一海带两江。白：好大尿！南来个光棍洗个澡，北来个老汉打鱼忙。打了个鲶鱼吧嗒嘴，打了个鲤鱼尺半长。幸亏道旭（黄河三角洲名渡口）口子把得紧，不然把下游淹个光！我说这事你不信，去问你无影庄的二大娘！④《矬老婆》：我说这事你不信，回家问你二大爷。曲帽的程式化叙述，即简练，直奔主题，便于记忆，又能为前文夸张虚构的成分遮掩，增

---

① 倪钟之：《曲艺民俗与民俗曲艺》，48 页，天津，百花文艺出版社，1993。

② 段剑秋、张献青：《黄河三角洲民间文学研究》，219 页，济南，齐鲁书社，2003。

③ 同上书，220 页。

④ 同上书，226～227 页。

加可信度，吸引听众。

（二）相声

现代相声与宋代"合生"有一定的说话艺术渊源。程毅中在论述"合生与酒令"关系时说："合生确为宋代瓦舍伎艺之一，而且起源很早，合生之名早见于《新唐书·武平一传》，似乎是与歌舞艺术相结合的。"① 程毅中还举例说明现代相声的有些情节或结构与宋代合生篇目的相似性。相声以说学逗唱为主要艺术手段。相声通过"抖包袱"以引人发笑出彩，具有"三翻四抖"的包袱结构（其中"三翻"是指对矛盾假象反复进行渲染和强调；"四抖"是指在"三翻"之后揭露矛盾的真相）。相声具有喜剧滑稽色彩，其喜剧滑稽和拟仿手法的源头可上溯到先秦优孟俳优、唐代的"弄参军"、宋代的"像生"和"杂扮"。

相声的发展源于北京。因为北京的说唱文学发达，像京东大鼓、梅花大鼓、乐亭大鼓、京韵大鼓等或肇始于京畿或流行于北京一代。李惠芳认为，北京是大鼓、单弦、相声、评书、八角鼓等民间说唱集中地之一。相声源于北京，评书盛行于北京、天津等地。

耿瑛、刘英男指出："近代相声从清道光年间的张三禄等人算起，已有160多年的历史，传了8代演员。"② 相声界公认的祖师爷是朱少文（又作朱绍文，艺名"穷不怕"），他起初在北京说单口相声，后来改为对口相声。相声发展初期很多北京艺人为了迎合部分市民需求，相对低俗。朱少文、冯昆志的相声却力图避免低俗，提高品位。冯昆志离京去东北发展，在东北形成"冯家门"。而对相声发展贡献最大的则是张寿臣。张寿臣的相声讽刺时弊，雅俗共赏，革故鼎新，紧跟时代。他是相声艺术的集大成者，为相声艺术的传承作出了巨大贡献，其弟子常宝堃、刘宝瑞等皆为名家。但说到相声历史，就不得不提三个人——马三立、侯宝林、刘宝瑞。马三立是平民艺术家，他的相声带有强烈的市民性，嘲弄神圣，如传统相声《开粥场》《吃元宵》。侯宝林的相声更讲求文化品位，有着国学基础。他的作品带有中华民族的机智和文化，代表作是《关公战秦琼》。而单口相声大师刘宝瑞反讽的意味强，如《贾行家》。相声发展中由于师承关系，渐有流派形成，如张

---

① 程毅中：《合生与酒令》，见吴同瑞、王文宝、段宝林编：《中国俗文学七十年》，88页，北京，北京大学出版社，1994。

② 耿瑛、刘英男：《70年来相声的发展与研究》，见吴同瑞、王文宝、段宝林编：《中国俗文学七十年》，123页，北京，北京大学出版社，1994。

（寿臣）派、常（宝坤）派、侯（宝林）派、马（三立）派等各具特色。侯宝林改编、演出的曲目有《改行》《戏剧杂谈》《戏剧与方言》《关公战秦琼》《空城计》《阴阳五行》等。现代题材曲目有《夜行记》《百分迷》《离婚前奏曲》《种子迷》《醉酒》等。常宝堃编演的新曲目有《新灯谜》《思想问题》等。马季创作、演出的相声作品达100多个，《登山英雄赞》《画像》等影响较大。新中国成立后的著名相声艺人有张寿臣、刘宝瑞、侯宝林、马季、侯耀文、姜昆、唐杰忠、牛群、郭德纲等。我们现在熟悉的姜昆、冯巩、李金斗等演员属于相声第八代传人。

相声分单口相声、对口相声和多人相声"群活儿"。在刘守华、陈建宪主编的《民间文学教程》中把相声归为"说笑话类"。单口相声是从民间故事和笑话发展、演变而来的，它兼有故事和笑话的艺术特点，一人表演，讲述模仿中逗乐。对口相声是两人参与的相声，主角叫"逗哏"，配角叫"捧哏"，一唱一和，一逗一捧，互为补充，在不经意间制造笑料。对口相声的演员组合相对固定，如冯巩与牛群、马季与刘伟、郭德纲与于谦组合。群口相声是在对口相声的基础上进一步发展、演变形成的多人对话的戏剧性相声。相声在内容上是喜剧艺术，在形式上则是对话的艺术。相声在内容和形式上的这两大特点，并不是彼此孤立的，而是相互依存的。相声表演采取直接面向观众的方式，表演中形成互动，"第四堵墙"在相声表演中是不存在的。这样，就大大加强了演员与观众的联系与交流。

双簧附属于相声，多由相声演员兼演。有甲、乙二人表演，甲化妆在前，模拟动作口形，称"前脸儿"，乙在后说唱称"后背"。传统相声都是甲智乙愚，演双簧则反之。双簧演员上场，先用相声垫话铺场，甲找包袱，乙捧哏。演双簧开始，甲坐在桌后椅子上，先向观众咧嘴眯缝眼不发声音地大笑，然后紧急收敛笑容，面目严肃，拍醒木给信号，乙蹲着说唱，甲表演乙的动作口型，术语称为"发托卖像"。演出中故意露出破绽抖包袱，甲起身离桌露出乙。二人对口说几句，接着再学双簧。

（三）弹词

郑振铎认为弹词和鼓词以唱为主，都是从变文蝉蜕而来。"据考证结果，弹词始于元代。"[①] 弹词最早在1919年初版的谭正璧《中国文学进化史》设弹词文学一节，进入文学史。最早肯定弹词价值的是郑振铎的《中国俗文学史》："弹词在今日，在民间占的势力还极大。一般的妇女和不大识字的男人们，他

---

① 郑振铎：《郑振铎说俗文学》，278页，上海，上海古籍出版社，2000。

们不会知道秦皇、汉武，不会知道魏征、宋濂，不会知道杜甫、李白，但他们没有不知道方卿、唐伯虎，没有不知道左仪贞、孟丽君的。那些弹词作家们创造的人物已在民间留下极为深刻的印象和影响了。"① 郑振铎说弹词是讲唱文学，把弹词分为国音弹词和土音弹词。在《中国俗文学史》中对变文、宝卷、弹词、鼓词、子弟书都有论述。赵景深在《弹词选导论》中把弹词分为叙事和代言两种。② 赵景深认为"董解元西厢记"又称"西厢弹词"，所以有这样一种说法——诸宫调是弹词之祖。

弹词在明清时期主要流传于我国南方的吴语方言区，以琵琶、三弦伴奏，是一种说唱皆有的曲艺形式。弹词大约到了乾隆中期以后，主要流行于江浙一带，地域文化的特征明显。苏州弹词俗称"小书"，流传于江南长三角地区，晚清以来出现"女弹词"。"受明代宣卷在家听经的影响，清代闺中女子在家听弹词、写弹词成为一种习俗。"③ 一些著名的作品如陈端生、梁德绳的《再生缘》、陶怀贞的《天雨花》、邱心如的《笔生花》，李桂玉的《榴花梦》等均出于女性作家之手。其中福建才女李桂玉的《榴花梦》有 60 卷，近 483 万多字，洋洋大观。作品提倡男女平等思想，塑造了一位女英雄形象。在弹词发展中，评话和弹词又合称评弹。弹词表演性、音乐性、诙谐讽刺性很强。古代弹词多为清代作品，数量有二三百种，如《白蛇传》《珍珠塔》。传统弹词多为长篇，可演说几个月，后来发展中逐渐缩短为中篇。

（四）宝卷

宝卷一般被认为是对唐宋变文的继承，宝卷在南宋已发轫，与佛教有密切关系，由僧尼宣讲佛经故事或劝人为善的故事。宝卷的说唱表演一般被称做"宣卷"，也有"念卷"和"唱卷"的提法。宣卷人可以为男性僧人，后来也可以是女性尼姑。《香山宝卷》（又名《观世音菩萨本愿真经》）被称做最早的宝卷，这一提法受到学者质疑。元代宝卷有《销释真空宝卷》（年代有争议）和《目连救母出离地狱升天宝卷》。郑振铎认为："虽然宋版的宝卷尚未被发现，然元代写本的《目连救母出离地狱升天宝卷》一册足以证明宝卷的生命是紧接着变文的。"④ 明清"宝卷"现存较多，"现存最早的宝卷为

①　郑振铎：《中国俗文学史》（下），348 页，上海，上海书店，1984。

②　参见周良：《70 年来的弹词研究》，见吴同瑞、王文宝、段宝林编：《中国俗文学七十年》，97～103 页，北京，北京大学出版社，1994。

③　倪钟之：《曲艺民俗与民俗曲艺》，35 页，天津，百花文艺出版社，1993。

④　郑振铎：《郑振铎说俗文学》，275 页，上海，上海古籍出版社，2000。

明代正德年间所刊的罗祖五部经（即《苦功悟道卷》《叹世无为卷》《破邪显证钥匙卷》《正信除疑无修证自在宝卷》《巍巍不动太山深根结果宝卷》)"。①2006 年列入国家非物质文化遗产首批保护名录的汉川善书就源自唐代俗讲和明清宝卷。中国宝卷在清代城乡曾盛极一时，辛亥革命后即迅速走向消亡。有近 300 年历史的靖江宝卷是我国古代宝卷至今还在农村讲唱、传承的"活化石"。此外各地较有影响的宝卷有甘州宝卷、河西宝卷和山西介休宝卷等。有的已经被整理成书如《靖江宝卷》圣卷选本、《靖江宝卷》草卷选本、《靖江宝卷研究》《河西宝卷选》《酒泉宝卷》《河西宝卷真本》等。对于宝卷的分类，有学者分为六类：一是神道故事宝卷，如《目连宝卷》《观音宝卷》《太子宝卷》《三茅宝卷》《先天原始土地宝卷》；二是妇女修行故事宝卷，如《刘香女宝卷》《红罗宝卷》等；三是民间传说故事宝卷，如江浙地区的《南瓜宝卷》、甘肃的《孟姜女哭长城宝卷》等；四是戏曲、说唱传统故事宝卷，如《赵氏贤孝宝卷》《金锁宝卷》等；五是时事故事宝卷，江浙《山阳县宝卷》、山西介休《新刻烈女宝卷》等；六是小卷，如《鹦哥宝卷》《百鸟名宝卷》等。②

对于宝卷的研究，从文献学、宗教学、民俗学等角度关注的较多。车锡伦在《中国宝卷的渊源》中更正前人宝卷是"变文的嫡派子孙"、"谈经等的别名"的结论，指出佛教的俗讲是中国宝卷的渊源，它是佛教僧众向世俗民众讲经说法的活动，其内容为讲解经文（讲经）和说唱因缘（说法）两大部分。车锡伦所著《靖江宝卷研究》对靖江宝卷作了专题研究。李豫的课题组对山西介休宝卷的发掘和整理，用田野调查和文献结合的方法，多有新发现，《山西介休宝卷说唱文学调查报告》的问世，给人以惊喜。

（五）词话

"词话"最早可追溯到唐代，敦煌本《季布骂阵词文》："且说汉书修制了，莫道词人唱不真"被认为是早期的说唱作品。明诸圣邻《大唐秦王词话》第三十四回有："试听一代兴唐王，尽属词人话里传。"又第三十六回云："诗句歌来前辈事，词文谈出古人情。"由此可知，当时说唱词话的艺人称为词人，说唱词话的底本即词文。宋代曲艺兴盛，民间流行的陶真和涯词成为唐代"词文"向元明"词话"过渡的重要桥梁。"词话"名称的出现及关于说唱词话艺

---

① 倪钟之：《曲艺民俗与民俗曲艺》，33 页，天津，百花文艺出版社，1993。

② 参见吴同瑞、王文宝、段宝林编：《中国俗文学概论》，210～216 页，北京，北京大学出版社，1997。

人的表演活动记载最早见于元代。[①] 1967 年上海嘉定县农民在平整土地时，从一座明代古墓中发现了一批明成化年间刊行的说唱词话。1973 年影印刊行题名为《明代成化说唱词话丛刊》，在 13 篇词话中 8 篇为包公系列词话。张海涛撰文《包公系列词话的发现及其意义》认为：这批包公系列词话的发现，弥补了从元末到明末《包公案》小说出现之前的缺失，有利于对包公故事的源流进行梳理，有助于了解词话与小说间的关系。

（六）鼓词

鼓词多为长篇说唱文学。最早的鼓词是明成化年间（1471—1478）的《花关索传》。明末有《大唐秦王词话》鼓词。清代出现文人鼓词，如蒲松龄就有鼓词创作流传。传统鼓词继承了乐府诗的现实主义传统，反映的生活面广阔，艺术上语言流畅，情节曲折紧凑，句型多以七字句和十字句为基本句式。清中叶以后大型的鼓词讲唱逐渐为"摘唱"所代替，子弟书就是由鼓词发展而来。还有一种说法，大鼓也是由鼓词发展而来，大鼓书是说唱结合，以唱为主，故事简洁。北方的大鼓因地区、方言、文化不同，可分为京韵大鼓、乐亭大鼓、西河大鼓、东北大鼓、梅花大鼓、梨花大鼓、太原大鼓等。南方以温州鼓词为代表，温州鼓词又称"唱词"，以温州地区的瑞安方言为标准音，具有浓厚的地方色彩和独特的艺术风格，是流行于浙南地区最大的曲艺种类，也是华东地区和浙江省的主要曲种之一。

（七）莲花落

最早记载莲花落的是南宋僧人普济的《五灯会元》卷十九："俞道婆，金陵人也。市油餈为业。常随众参问琅邪，邪以临济无位真人话示之。一日，闻丐者唱莲花乐云：'不因柳毅传书信，何缘得到洞庭湖？'忽大悟，以餈盘投地。"[②]《中国大百科全书·戏曲曲艺》称，莲花落于"宋代始流行民间，为丐者乞讨时所唱，多以因果报应为内容"[③]。莲花落本来是佛教诵偈的唱词，后来民间化，其赞颂性使得莲花落成为乞丐行乞的一种手段。元明时期，莲花落的曲牌、音乐逐渐渗透到说唱和戏曲中。清代莲花落与"什不闲"出现了讲唱故事的内容，可分为清唱和彩唱两种，嘉庆、道光时期演唱"什不闲"已经普

---

① 范雪飞：《明代〈历代史略十段锦词话〉版本研究》，3～4 页，山西大学中国古典文献学硕士论文，2007 年 5 月 1 日。

② 《五灯会元》，苏渊雷点校，1271 页，北京，中华书局，1984。

③ 中国大百科全书总编辑委员会《戏曲曲艺》编辑委员会：《中国大百科全书·戏曲曲艺》，352 页，北京，中国大百科全书出版社，1983。

遍，因此莲花落有时也直称"什不闲"。新中国成立前"什不闲"流行于北京、天津、河北等地。演"十不闲"最著名的艺人叫"抓髻赵"，本名叫赵奎垣，他每次演出时梳抓髻，因此得此艺名，擅长演《摔镜架》。流传于内蒙古乌兰察布盟东南部及黄河两岸汉族较为密集的农村和城镇，类似于莲花落的一种民间说唱叫"门楼调"，俗称"讨吃调"。有一种说法是：道情出于道教，莲花落出于佛教。在山西这两种形式都有遗存，山西有右玉、河东道情①和太原莲花乐。太原莲花乐，也称作"莲花落"、"莲花闹"，是一种地方剧种，主要产生于山西文水、交城、平遥一带，流传于太原及晋中地区，是研究莲花落向戏曲发展演变的"活化石"。

其他民间说唱形式还有很多，如山东快书源出自山东西部农村，艺人手执梨花片（鸳鸯板）说唱武松故事，故在新中国成立前名曰"说武老二"，传统剧目为《武松传》。山东快书节奏快，板式有春云板、流水板、连珠板，一般每段一韵到底。快板书是说故事的，但也有不说故事的"数来宝"民间说唱，多是赞美性的，山西大同就有数来宝民间说唱。凉州"贤孝"多以称颂古今淑女烈妇、孝子贤孙、帝王将相、英雄贤士、才子佳人故事为主，讲劝善赞贤和因果报应。唱词以凉州方言为主，通俗易懂，幽默风趣，富有生活气息又蕴含一定的人生哲理。音乐吸收了"凉州杂调"和地方民歌的成分，具有鲜明的地方特色，同时又保留着许多古老的唱腔曲牌。陕北说书、河津说书等民间说唱，限于篇幅不再详列。

二、少数民族的民间说唱

我国少数民族众多，少数民族的民间说唱既有民族特色，又拓展了民间说唱形式。研究少数民族民间文学，不能不关注少数民族的民间说唱。

（一）满族的民间说唱

满族的民间说唱以"子弟书"出名。"子弟书"又名"清音子弟书"，产生较晚，曾在北京、东北地区盛行，以创始于八旗子弟而名，属于鼓词的一种。乾隆年间始，盛行于乾隆、嘉庆、道光三代，清末衰。这种曲艺形式渊源于清军中流行的俗曲和巫歌。在北京流行的子弟书分为东韵和西韵子弟书，"东韵"慷慨激昂，多唱历史故事，"西韵"则缠绵雅致，多唱情爱故事。嘉庆三年（1798）前后，东韵子弟书传入沈阳东北一带，逐渐无乐器伴奏，形成清音子弟书。西韵子弟书流传到天津形成天津卫子弟书。约嘉庆末年，子弟书流入民间，北京的一些鼓书艺人开始演唱子弟书。光绪年间，子弟书一些曲本被京韵

---

① 卫凌：《河东道情的当代文化内涵》，载《音乐研究》，2010（2）。

大鼓、东北大鼓等广为采用。

罗松窗、韩小窗等人完善奠定了子弟书的形式和体制。韩小窗是现存子弟书作品最多的作家，现存京韵大鼓唱词中的 39 段子弟书中，有他的作品 20 段。"子弟书的体制，在罗松窗时期已经定型，至韩小窗时更加成熟。"[1] 韩小窗、罗松窗的《泪露像》演唱《红楼梦》故事。

满族保存下来的用满语说唱的民间说唱作品不多。目前，为人所知的满语说唱作品有《德布德林》。赵志忠于 20 世纪 80 年代中期，在黑龙江满族屯落搜集到的《空古鲁哈哈济》是一部鲜为人知的用满语演唱的满族长篇说唱作品。整部作品说一段、唱一段，其形式与赫哲族的伊玛堪、鄂伦春族的摩苏昆一样，是典型的中国北方满—通古斯语民族民间说唱艺术。[2] 满族女真文化中，著名的东海萨满史诗《乌布西奔妈妈》[3] 的说唱形式也一度引起海内外学者关注。

（二）维吾尔族的民间说唱

维吾尔族常见的民间说唱表演形式有"达斯坦"、"苛夏克"、"埃提西希"、"来派尔"和"瓦依孜勒克"等。"瓦依孜勒克"亦称"买达"，意译为"维吾尔说书"，说唱结合，以说为主，宣讲历史故事、宗教战争、神话故事为主。"达斯坦"是一种有说有唱，有完整的故事和核心人物，篇幅较长，叙事、抒情并重，多用乐器弹布尔、都他尔、热瓦甫伴奏，深受群众欢迎的曲艺。按主题划分，如表现爱情的有《艾里甫与赛乃姆》、表现英雄的有《坟之子》。"埃提西希"为单人或双人说唱和歌舞结合的表演，内容以幽默讽刺为主，曲调简单，可以重复，可以有乐器伴奏，也可以清唱表演。"苛夏克"意为民间歌谣，篇幅较短，内容风趣，不一定有完整的故事情节和贯穿始终的人物，音乐曲调单一，常以热瓦甫、都他尔等弹拨乐器伴奏，有较强的宣叙性。[4]

目前对于维吾尔族说唱文学，人们不仅注意到了多样的说唱形式，而且进入文本源流研究。如耿世民的《古代维吾尔语说唱文学〈弥勒会见记〉》就对于文体学界争议的《弥勒会见记》是剧本、唱本，还是一般的佛经故事，进行了研究，倾向认为是戏剧的雏形，或相当于汉文变相、变文文体，或是指图讲故事。

---

① 　陈祖荫：《浅议韩小窗子弟书的艺术特色》，载《中央民族大学学报》，2001（6）。

② 　参见赵志忠：《满族民间说唱〈空古鲁哈哈济〉浅析》，载《民族文学研究》，1997（2）。

③ 　参见富育光（吉林省民族研究所）：《〈乌布西奔妈妈〉采录始末》，载《北方民族》，2008-07-02，http：//www. manju. cn/viewNews. php？id＝367&cate＝9，盛京满族文化研究发展协会，2010 年 8 月 30 日。

④ 　参见《维吾尔族民间说唱艺术》，载《天山网》，http：//www. chinaxinjiang. cn/mlxj/yygw/t20051031_66400. htm。

（三）蒙古族的民间说唱

蒙古族的说唱文学形式有好来宝、乌力格尔、笑格等。其中科尔沁地区的民间说唱一直为学者重视。科尔沁右翼中旗位于科尔沁腹地，有"乌力格尔之乡"的美誉。科尔沁蒙古族说唱文学审美独特性在于"继承了科尔沁蒙古部的尚武文化，充分发扬其骁勇善战的英雄主义精神"，语言独特性在于说唱当中采用大量的汉语词汇。何红艳的博士论文《科尔沁蒙古族说唱文学研究》从不同经济形态对说唱文学的影响，佛教、萨满教、汉族文化对说唱文学的影响，从表演层面、民俗层面、心理层面作了分析。蒙古族音乐学博士博特乐图（杨玉成）的专著《胡尔奇：科尔沁地方传统中的说唱艺人及其音乐》（上海音乐学院出版社 2007 年版），"是迄今为止我国第一部系统地论述蒙古族说书音乐的民族音乐学专著"。[1]

胡尔齐著名的说书艺人琶杰，不仅用蒙语说汉族故事《三国演义》《隋唐演义》等，还根据蒙古草原现实改编民歌，如经典之作《凶猛的哈日》。老艺人还有宝音那木呼、乌斯呼宝音、海宝、扎拉申、白锁胡尔齐，有"知识分子胡尔齐"之称的扎鲁特旗人劳斯尔，师承琶杰，擅长说唱《女英雄苏布道》，故事风格完整曲折，语言幽默诙谐，演唱声音优美。叶希雅拉图擅长用民歌体演唱好来宝《大唐故事》。此外现存艺人有杨森扎布、七十三、冬日布桑布、五向、齐铁红、东日布、巴图乌力吉、朝鲁、白乙拉、杨铁龙、布仁巴雅尔、布和额尔敦、那仁满都拉、舍乐、乌恩宝音、海青、满都拉。演唱乌力格尔的有额尔敦朝古拉（《在党的关怀下茁壮成长》）、嘎达（《秦王上朝》）、古入（《五祭南唐》）、那木吉拉（《罗通出征》）、乌日图（《宋朝故事》）等。演唱好来宝的有：哈斯奇木格（女）（《赞美家乡》）、班布拉（《歌颂成吉思汗》）、好毕斯（《中国马王》）、毛胡（《赞抗洪英雄》）、额斯朝鲁（《美丽的扎鲁特旗草原》）等。[2]

"好来宝"是蒙古族曲种，也叫"好力宝"、"好勒宝"，意译为"连起来唱"、"串起来唱"、"联韵"。"好来宝"流传于内蒙古地区的科尔沁、喀喇沁一带，后遍布内蒙古及其周边蒙族聚居的省份，已有几百年历史。它是由蒙语说书"乌力格尔"派生出的一种曲艺形式，倪钟之的《中国曲艺史》认为最早的

---

[1] 红梅：《胡尔奇：科尔沁地方传统中的说唱艺人及其音乐》，载《中央音乐学院学报》，2010（1）。

[2] 参见何红艳：《科尔沁蒙古族说唱文学研究》，第三部分"田野调查"，苏州大学中国少数民族语言文学博士论文，2004 年 5 月 1 日。

好来宝是乌力格尔的一个唱段。最早的好来宝曲目《燕丹公主》就是说书艺人说唱七国故事时夸赞燕丹公主的一段唱词发展而来。好来宝的演唱形式与汉族的数来宝、莲花落有点相似，都是以歌颂赞美为主，自己说唱，自我伴奏。好来宝的表演形式有一人演唱和两人问答式两种。一人演唱往往由艺人操胡琴自拉自唱，两人表演往往一问一答。大约清末民国初年，出现了"荡海好来宝"，演唱人数不固定，内容广博，即兴创作，代表性传统曲目有《燕丹公主》《僧格仁亲》《醉鬼》《懒婆娘》等。

（四）藏族的民间说唱

藏族曲种"喇嘛玛尼"，流行于拉萨、日喀则等地。演唱时张贴绘有与演唱故事内容有关的唐卡画。"喇嘛玛尼"说唱书目总数近于 20 本，传统曲目多为藏族历史故事，如《文成公主》《朗萨姑娘》。西藏著名的"喇嘛玛尼"民间说唱艺人名叫次仁群宗。每年藏历四月份萨嘎达瓦节时，人们往往双手合十虔诚地静静地听民间艺人说唱"喇嘛玛尼"。"喇嘛玛尼"诞生比藏戏早。据说"喇嘛玛尼"与宗教祭祀仪式有关，最初是为了敬鬼娱神进行的说唱。传统的八大藏戏剧本很多是"喇嘛玛尼娃"（说唱喇嘛玛尼的民间艺人）的说唱书目。藏区还有一种传统的说唱表演形式，为大众所喜爱，那就是"折嘎"曲艺。其最初形态类似于汉族的莲花落，是藏区底层人民进行"乞讨"性表演，唱词以赞颂为主，代表曲目是《吉祥的祝词》。"折嘎"曲艺独特的地方是手持五彩木棍，怀揣木碗，戴羊皮面具表演，色彩艳丽，视觉冲击力强。每逢藏族传统节日、城乡集会、喜庆的场合，往往都有"折嘎"艺人的演唱。"折嘎"主要在西藏、四川、青海、甘肃、云南等地藏区流传。此外，藏族史诗说唱文学如"格萨尔说唱"的研究一直是个热点。

（五）彝族的民间说唱

彝族民间说唱有"阿斯牛牛"、"阿依牛牛"和"毕"。一般男子演唱的辞曲称为"阿斯牛牛"。"阿斯牛牛"可以分为过年曲和婚庆曲，曲调喜庆祥和。过年曲叫"库斯牛牛"。"阿依牛牛"演唱的场合比较宽泛，如节日庆典、婚丧等，参与人员自由，以妇女演唱为主，男女老少都可以参与。"毕"是彝族毕摩在各种祭祀场合对经卷的演唱曲调，较为庄重。

此外，其他少数民族民间说唱还有朝鲜族的"漫谈"、回族的"宴席曲"、锡箔族的"念说"，哈萨克族的"冬不拉"弹唱、鄂伦春族的"摩苏昆"、赫哲族的"伊玛堪"等。

思考题：

1. 简述民间说唱与民间戏曲的关系。

2. 谈谈"变文"在民间说唱历史上的独特地位。

3. 简述相声的分类及其艺术特色。

4. 什么是评书？你如何看待"十三马街书会"这一民俗现象。

5. 谈谈你对满族"子弟书"的认识。

延伸阅读书目：

1. 叶德均：《宋元明讲唱文学》，上海，古典文学出版社，1957。

2. 朱一玄校点：《明成化说唱词话丛刊》，郑州，中州古籍出版社，1997。

3. 姚颖：《清代中晚期北京说唱文学与伎艺研究——以子弟书、岔曲为中心》，北京，北京燕山出版社，2008。

4. 谭达先：《中国评书（评话）研究》，香港，商务印书馆香港分馆，1982。

5. 陈汝衡：《说书史话》，北京，作家出版社，1958。

6. 卫凌：《河东民间说唱》，北京，中国社会出版社，2009。

7. 博特乐图：《胡尔奇：科尔沁地方传统中的说唱艺人及其音乐》，上海，上海音乐学院出版社，2007。

8. 贾芝主编：《中国解放区文学书系——说唱文学编》，重庆，重庆出版社，1992。

9. 张秀艳、王燕琦：《当代北京说唱史话》，北京，当代中国出版社，2009。

第三部分

民间文学资料举例与个案分析

射日神话的源流与分析

射日神话是流传已久的中国古代神话，同其他国家有关太阳的神话传说相比，中国的射日神话内容完整、数量丰富、分支较多，构成了特有的一个神话序列。对射日神话流变的梳理，以及射日神话与中国的日神信仰文化的关系研究，对我们充分理解中国神话与传统文化的关系问题具有一定的理论意义。

一、中国射日神话的基本构成

中国射日神话基本由两个部分构成：一是载于古代汉文典籍文献的羿射十日神话；二是近现代由人类学家、民俗学家搜集整理的少数民族的射日神话。下面进行简要的梳理和对比。

羿射十日的神话出现较早，屈原在《楚辞·天问》中发问："羿焉弹日？乌焉解羽？"王逸注：《淮南》言尧时十日并出，草木焦枯。尧命羿仰射十日，中其九日，日中九乌皆死，堕其羽翼。故留其一日也。可见，射日神话在屈原生活的时代已为人熟知，所以他才很自然地在诗作中引用这一典故。

被公认为中国最早也是最完整的上古神话集成《山海经》（今本）中虽然没有羿射十日的记载，但在《海内经》中提到："帝俊赐羿彤弓素矰，以扶下国。羿是始去恤下地之百艰。"这说明《淮南子》中所讲述的羿射十日的故事并非空穴来风，羿这个人物及其善射的特点是早就定型的。成玄英疏《庄子·秋水》中，引《山海经》有云："羿射九日，落为沃焦。"（今本无）在《淮南子·本经训》里开始有一些其他的细节衍生出来：

> 尧之时，十日并出，焦禾稼，杀草木，民无所食。猰貐、凿齿、九婴、大风、封豨、修蛇，皆民害。尧乃使羿诛凿齿于畴华之野，杀九婴于凶水之上，缴大风于青丘之泽，上射十日而下杀猰貐，断修蛇于洞庭，禽封豨于桑林。万民皆喜，置尧以为天子。

根据上述文献的记载，可以说十日并出炙烤大地、羿射十日解救苍生的故事最晚在先秦时代就已经完备成熟，成为中国上古神话的重要组成部分。

与世界上其他国家的神话体系不同，中国不但有射日神话，而且还有数量丰富的射日神话变体，广泛流传于自东北赫哲族到东南高山族、西南苗族、侗族、瑶族、壮族等少数民族之中。射日母题的存在应该是中国神话体系的一个特有现象，反映了古人独特的精神文化世界。

少数民族的射日神话从文本构成来讲，一种是被包括在创世神话中的，还有一种是单独成文的。

如《苗族史诗》在造日月的情节后有射日月的专节，共一百七十余行。故事说造出的十二个太阳耳聋听错了命令，本来是让它们轮流出来照耀大地的，它们却误听成一起出来，结果大地上的山石和人都被晒化了。于是苗族英雄昌扎就站在马桑树上射下了十一对日月，把最后一对日月吓得藏了起来，是公鸡把它叫出来的。侗族创世史诗《密洛陀》也有射日月的专节，约有二百余行。意思是创世大神密洛陀造出了天空，天空生出了十二个太阳。这些太阳恶毒得想晒死所有的人，于是一起出来。这时密洛陀命令九个儿子射下了十个太阳，留下了两个，然后让他们昼夜轮流出来，这样人间就有了一个太阳和一个月亮。瑶族史诗《布洛陀》和彝族史诗《梅葛》也是如此，把射日月情节作为创世神话的一个部分，情节基本相同。①

还有一些独立成篇的射日神话。比如壮族的《特康射太阳》，说天上出了十二个太阳，英雄特康就造了万斤力的弓，磨了十二支千斤重的箭，爬到巴泽山上，射落了其中的十一个。最后一个太阳躲到遥远的海岛上不敢出来了，于是鸭子自告奋勇背着公鸡过了海，来到小岛上，让公鸡把太阳叫出来。布依族的故事也是十二个太阳，说天神有十一个儿子和一个女儿，天神怕冷，说谁要是能为他找来温暖就可以继承他的王位。子女们在盘古王的指点之下拿回火种，结果他们一起点燃了火把。盘古王愤怒地让他最小的一对儿女去射下了十个儿子。天神众子女中只有最小的儿子和妹妹留了下来，从此妹妹白天出来，哥哥晚上出来，人间就有了太阳和月亮。

东北赫哲族的《射太阳》故事基本大同小异，只是太阳数量不同，是三个太阳并出，于是民族英雄莫日根苦练箭法，最后射落了两个太阳。剩下一个躲了起来，莫日根跟它商量好，由公鸡叫它东升西落。同其他少数民族射日神话相比，高山族的《射日的故事》略有不同，说的是天地之间本来只有一个太阳没有月亮，一年的时间里上半年有太阳，但下半年没有太阳生活很不方便。族人经过商量选出了三个优秀的青年，要他们把太阳射成两半。三个青年分别带着自己的孩子出发上路，经过漫长的跋涉，他们老死了，他们的孩子长大了，最后终于把太阳射成两半，大的一半挂在白天，小的一半晚上出来成为月亮。②

① 参见陶阳等：《中国创世神话》，200～201 页，上海，上海人民出版社，1989。
② 参见陶阳等编：《中国神话》，400～413 页，上海，上海文艺出版社，1990。

总体来看，射日神话的基本情节在各民族神话中都是一致的：天上出了不止一个太阳，灼烧大地，人民无法生存，于是某善射的民族英雄将多余的太阳射下来，终于解救了人类。相对来说，羿射十日神话更具有原始神话的面貌，情节简洁而没有枝蔓，也许跟古代文献典籍的记录方式有关；而少数民族通过口述方式传承下来的射日神话的内容则比较丰富，一些情节显然带有后人添加的成分，比如太阳躲起来后是公鸡叫出来的，十二个孩子为了王位而向盘古王求助要火种，等等，随着后人的演绎铺排，已渐有部落英雄传说的特点而渐失上古神话古朴原始的色彩。

二、与射日神话相关的两个神话序列

根据先秦典籍记载，射日神话不应该是孤立的神话故事，与之相关的神话至少还应该有两个序列，即十日并出和羿与帝俊关系。本书认为，这两个神话序列体现出与射日神话的一致性，尤其是前者，可以说十日并出是射日神话形成的一个必要条件。在少数民族神话中虽然少见关于多日并出及其来龙去脉的专门介绍，但在故事里也一定安排这个必要的情节前提。而羿与帝俊的关系，特别是关于帝俊这一支的内容，又表现出上古中主神的至高地位及创世的神通。

首先，关于十日及相关的叙述，我们可以把《山海经》里的片断部分组合起来，从而获得一个大约完整的印象：

> 东南海之外，甘水之间，有羲和之国。有女子名曰羲和，方日浴于甘渊。羲和者，帝俊之妻，生十日。（《山海经·大荒南经》）
>
> 下有汤谷。汤谷上有扶桑，十日所浴，在黑齿北，居水中，有大木，九日居下枝，一日居上枝。（郭璞注，《淮南子》云：尧乃令羿射十日，中其九日，日中乌尽死。）（《山海经·海外东经》）
>
> 大荒之中，有山……有谷，曰温源谷。汤谷上有扶木。一日方至，一日方出，皆载于乌。（《山海经·大荒东经》）

如我们所知，史前时代的人类由于科技水平极为低下，认识自然的能力极为有限，于是产生了万物有灵的观念，宇宙万物的每一个构成部分几乎都有自己的神灵，人们常用人类社会已有的关系来猜测诸种神灵之间的关系。上述的神话片断勾勒出一幅人情味十足的画面：帝俊之妻羲和生下了十个太阳（还有十二个月亮的），常常在甘渊这个地方给孩子们洗澡，十个太阳（长大后）住在温源谷这个地方的扶桑树上，每天轮流出勤，一个回来了另一个就出去，都由金乌载着他们出行……

就像春、秋、夏、冬这样的四季轮回一样，太阳每天东升西落是初民最先感知到的自然规律之一，而太阳的来源对先民来说也始终是一个想要破解的谜题。在原始人的思维中，母亲生下太阳，甚至是多个太阳，太阳轮流出现光照大地，这是最贴近其思维逻辑的一种猜想。在希腊神话中，日神赫利伊斯每天清晨乘四马金车奔驰于太空，晨出昏没，以光明普照人间，也可以算是一种类似的猜想。

在世界神话体系中，太阳的诞生其实有自生说、被造说、婚生说、眼睛说、人变说等多种解释，比较来说，盘谷身体的某一部分化为日月的情节比较具有共性，中国少数民族的创世神话里也有类似的故事。不过，像羲和一次就生出十个太阳，苗族、侗族等神话里一次就造出十二个太阳这样的情节，在古埃及、希腊、北欧的神话中却是没有的。在中国上古神话中，太阳的出现除了帝俊之妻生日说以外，还有一个说法，就是盘谷化身说。在《五运历年纪》《述异记》里都有较完整的记载：

> 首生盘谷，垂死化身：气成风云，声为雷霆，左眼为日，右眼为月，四肢五体为四极五岳，血液为江河……（《五运历年纪》）
>
> 昔盘古氏之死也，头为四岳，目为日月，脂膏为江海，毛发为草木。秦汉间俗说：盘古氏头为东岳，腹为中岳，左臂为南岳，右臂为北岳，足为西岳。先儒说：盘古氏泣为江河，气为风，声为雷，目瞳为电。……（《述异记》）

显然，在中国的上古神话体系中，同时存在两个完全不同的太阳诞生神话，与汉文典籍收录的神话文本具有片断性、分散性和不成体系有一定的关系。因此，我们可以把羲和生日、十日并出与盘谷化身日月这两个神话序列看做是彼此独立无关的，前者和羿射十日的故事组合成完整的射日神话，且在民间广为流传；后者则是创世神话的组成部分，与羿射十日神话没有直接关联。而苗、侗、瑶、彝等族在创世史诗中出现的射日神话，应该是把两个相对独立的神话情节进行人为组合的结果，一方面解释了太阳的出生；另一方面解释了太阳运行规律的缘由。

其次，羿射十日的故事还与一个主神有关，就是帝俊或者尧。

> 帝俊赐羿彤弓素矰，以扶下国。羿是始去恤下地之百艰。（《山海经·

海内经》）

　　尧时十日并出。尧使羿射九日，落沃焦。沃焦，海水泄处也。（《锦绣
万花谷》引自《山海经》，今本无）

　　尧乃令羿射十日，中其九日，日中乌尽死。（《山海经·海外东经》郭
璞注引《淮南子》）

　　茅盾的《中国神话研究》里曾引用了一个很有意思的例子：16 世纪的西
班牙诗人特拉伐茄过描写过一位印加的王子对于祖传的太阳神崇拜有些怀疑，
这个印加王子问：既然太阳的威力是无上的，为何又受了什么纪律的束缚，总
是每天走那单调的老路，却不会上上下下去跑一趟？于是这王子的结论便成
了：这是一定有一个东西比太阳还要伟大，能够管束太阳；便是至高无上的
神。① 和这个王子的猜想略有相似，古代中国人仿佛一开始就意识到太阳神之
上（或者之前）还有别的更伟大的天神，中国神话里的日神从一开始就只是众
多的自然神之一，这一点同古代埃及人、古代玛雅人、古代印加人等地区的太
阳神崇拜有很大区别。

　　从文献资料来看，帝俊大约是上古神话中的一个主神，不过，他的事迹在
后世的流传却远及不上黄帝、炎帝、伏羲等那么深远。作为古代中国东方殷民
族所奉祀的上帝，《山海经》里所记载的帝俊故事篇幅较少，与黄帝为中心的
神话也没有什么交集，无怪乎有学者指出：“帝俊虽是曾经煊赫一时的大神，
有关他的神话却只剩下如上所述的这些，断片零星，凑不成个稍为完整的故
事。这大约因为殷民族终于被周民族战败，亡了国，乃至于连所奉祀的上帝也
倒了运中，许多神话都散失了。”②

　　羿之善射一事，在《山海经》里是通过帝俊赐给他红色的弓和白色的箭来
体现的，而帝俊命令他前往人间扶助下国，于是有了羿体验人类社会生存状态
的结果。与此同时，帝俊又是那十个太阳的父亲，这样，帝俊这一主神的存
在，对构成完整的羿射十日神话具有至关重要的作用。虽然在后世的流传演绎
过程中，命令羿射十日的不再是最初那个帝俊，而是影响更大的尧，但从这个
神话的基本结构来看，无论是羿还是太阳这个自然神，都是在某一至高无上的
主神统领之下的，在中国神话营造出的神统世界里，很早就形成了具有等级色

　　① 参见茅盾：《中外神话研究》，62 页，见《茅盾全集》，二十八卷，北京，人民文学
出版社，1993。

　　② 袁珂：《古神话选释》，200 页，北京，人民文学出版社，1982。

彩的主神——自然神的格局。

三、射日神话与日神信仰

从某种角度来说，神话是宗教产生之初的具体形式或者具体表现。先民无法解释、理解身边的世界，于是幻想出多种神灵和神灵彼此之间的关系，这就构成了最初的神话。当代人类学家的大量田野调查结果显示，原始人讲述神话的场景是具有巫术功能的一种仪式，他们不是出自娱乐和艺术的需要，而是为了解决现实的生存问题，对神话的讲述本身就包含着对神灵的敬畏和崇拜。在宗教的萌芽阶段，人类因为无法正确认识自然、解决人与自然的矛盾，从而产生包括对物神、祖先、图腾、鬼怪等多种崇拜在内的多神信仰，这时的宗教信仰活动依赖于外在的巫术仪式，还不能创造出一个抽象的众神之主，体现出较多的原始性。而上古神话中那些具体的自然神，大多直接成为人类信仰的起点，崇拜的对象，各种崇拜祭祀的活动由此展开，继而在文明传承过程中完备、升华或者转型。

从更广的范围来说，日神信仰应该是史前人类普遍存在的一种文化现象。对于生活在原始的自然经济时代的人来说，日月星辰的运行和变化是神秘而不可预测的，而太阳照耀大地，为人类带来光明温暖和生机，这更是伟大而神圣的。"凡是阳光照耀到的地方，几乎都能创造出它的崇拜者。"[1] 在公元前3500年左右到公元前6世纪的埃及，太阳神信仰曾经是最重要的原始宗教形式之一，他们所崇拜的太阳神"赖"，不仅是太阳神，同时还是众神之父和宇宙的主宰；直到哥伦布发现美洲之前，生活在墨西哥的阿兹特克人一直都信仰伟大的太阳神惠兹洛奇特利，他们建造了高高的太阳神金字塔，甚至用敬献活人牺牲的方式进行祈祷。在中国人信仰的多种神灵之中，对太阳的崇拜和祭祀文化，也一直流传至现当代社会。

从考古发现来看，位于内蒙古的阴山岩画和云南的沧源岩画都有祭拜太阳神的场景，这说明对太阳神的崇拜在中国信仰体系中也是由来已久。在《礼记》中有云：

> 郊之祭也，迎长日之至也。（《礼记·郊特牲》）
> 郊之祭，大报天而主日，配以月，夏后氏祭其闇，殷人祭其阳，周人祭日，以朝及闇。祭日于坛，祭月于坎，以别幽明，以制上下。祭日于

① ［德］麦克斯·缪勒：《比较神话学》，金泽译，"序言"12页，上海，上海文艺出版社，1989。

东，祭月于西，以别外内，以端其位。……（《礼记·祭义第二十四》）

据文献记载，夏商周都有祭日的传统，殷墟卜辞也有关于殷人朝夕迎送日神的祭祀仪式，对日神的祭祀活动在西周时代就已形成完备详尽的体制，除了官方的典章礼仪之外，民间也因太阳崇拜而产生了一些相应的习俗。如：

> 二月初一日，市人以米面团成小饼，五枚一层，上贯以寸余小鸡，谓之太阳糕。都人祭日者，买而供之，三五具不等。（《燕京岁时记》）
>
> 初一日为中和节，传自唐始……京师于是日以江米为糕，上印金乌圆光，用以祀日，绕街遍巷，叫而卖之，曰太阳糕。其祭神云马，题曰太阳星君。（《帝京岁时记胜》)①

直到新中国成立以前，在云南昆明西山区的白彝还保留着祭太阳的古老习俗，村民们在农历十一月二十九日要举行太阳会，前往山神庙祭"太阳菩萨"，念"太阳经"，求太阳神保佑自己。西南少数民族中的阿昌族普遍供奉太阳神和月亮神，而珞巴族则把太阳作为女神崇拜，并且奉献丰富的牺牲。② 在湖北神农架地区，还发现在老百姓之间流传的《太阳经》和《太阳太阴真经》，不过前者带有浓厚的佛教色彩，而后者有明显的道教特点。人们也因此形成了一些关于太阳的禁忌，比如不准对太阳小便，"早不朝东，晚不朝西，午不朝南"，等等。③

不难看出，在古代中国人所信奉的多神世界中，太阳神也一直是最为重要的一个神灵之一，无论是从传承的时间来看，还是从流传的地域来看，对太阳神的信仰崇拜都是成体系成规模的，只是这些对太阳神的祭拜活动却跟普遍流传的射日神话之间形成了分裂和矛盾。如此受人膜拜祭祀的太阳神，为什么在与之同时产生的神话故事里却不能怜惜苍生、最后被人毫不留情地射下来呢？在口传的一些射日神话中，最后留下的那个太阳甚至被吓得躲了起来，是因为有了嗓门大的公鸡才将之叫出来。这一特有的崇拜——反崇拜的对立，是在怎样的历史条件下形成的呢？

---

① 转引自周德均：《双鸟朝阳考释》，见上海民间文艺家协会编：《中国民间文化》(1)，186 页，上海，学林出版社，1991。

② 参见陶阳等：《中国创世神话》，203 页，上海，上海人民出版社，1989。

③ 参见韩致中：《新荆楚岁时记》，264～273 页，上海，上海文艺出版社，2001。

首先，神话究其本质还是根源于现实世界，虽然原始人的解释、幻想不免荒诞离奇，但都反映出人类对自然万物和人类社会最直接的感知、体验，这种想象也是人类本质力量的一种显现，表现了人类试图认知自然、支配自然的一种努力。射日神话中，那个十日并出之后"焦禾稼、杀草木"的场景，显然来自于人类对烈日炎炎、酷热难耐的感性体验。太阳的神威不仅表现在其温暖光明的正价值，同时也表现在其炙烤庄稼导致颗粒无收的负价值，因此，关于十日并出的场景，有相当一部分学者都认为，这有可能是对上古时代所发生过的大旱灾的一种形象化记录。人们用十日并出的神话，解释干旱和酷热的根源，再把解决问题的途径，寄托于射下多余的太阳这样的英雄壮举，于是形成了数量丰富的射日神话。

在其他国家和地区，虽然没有明显的射日神话故事，但是有几个关于太阳的神话也有异曲同工之趣。比如在南太平洋的萨摩亚人有一个太阳神话，这个神话说，太阳与一位萨摩亚妇女通奸生下了一个儿子，后来这个孩子用藤蔓做的绳索捉住了太阳，以索求恩赐。最后，另一位萨摩亚人替太阳解除了束缚，于是就达成了一个交换条件，那就是太阳以后必须走得慢些。新西兰的毛利人也有一个太阳的神话，说毛乌认为太阳走得太快，于是就用一张网把太阳捉住，并且狠狠地打了一顿，太阳被打的时候，情急喊叫。他的脚也被打跛了，从此就再也不能快跑，只好拐着脚慢慢地走，于是毛利人就有较长的白昼了。

关于这一点，茅盾有一个很生动的总结："现在我们来考察所有的太阳神话，都是把太阳当做一个人，可以被媚，可以被诅咒，并且可以捉住了打，能够到地面来，并且会拿人类的女儿去做老婆。"[①] 可见，太阳终究被射落下来，最终人间恢复太平，这样的想象仍是一种符合人类现实需要的想象。在中国南方生活的少数民族，对太阳的炎热应该体会颇深，终于造出了十二个太阳出来；东北的赫哲族感受到的天气应该凉爽得多，但在特殊时节也不免炎热难耐，于是想象出了三个太阳。

不过，只是用神话反映现实的本质来解释射日神话在中国神话体系中的广泛存在，仍是过于简单和草率了，在世界其他的国家里，特别是生活在赤道附近的古代埃及神话，为什么就不会产生射日神话呢？在阿兹特克人、印加人生活的环境中，又何尝不是烈日炎炎、酷热难耐呢？因此，关于射日神话的产生

---

① 茅盾：《中外神话研究》，62～67 页，见《茅盾全集》，二十八卷，北京，人民文学出版社，1993。

和流传，还需要结合特殊的中国文化传统来分析。

历史地来看，中国古代的日神信仰，从一开始就被包含在众自然神信仰的整体之中，太阳神从一开始就不是唯一的主宰神。总的来看，殷商以前的日神地位还是非常崇高的，故朝夕祭祀之。但在殷墟卜辞中也提到"大甲不宾与帝，宾于帝"的说法，这说明天帝的观念在此时也已经产生了。帝或天帝属于一种形而上的具有抽象意义的神，与之前产生的纯粹的自然神是有区别的，这一点体现了人类精神世界的进步，开始表现出抽象、概括、提炼的思维能力。周代以后，帝的神威不断扩大，渐渐成为万事万物的主宰，而日神等自然神，就顺理成章地变成受到天帝统辖的众神灵。

传说中的周公制礼作乐，所制定的礼仪其根本目的便是为了维护宗法制社会的等级秩序，这种等级观念一方面在典章礼仪上完全确立了以天帝为核心的祭祀秩序；另一方面也通过各种文化的宣传说教手段，使天帝的神性跟封建社会的政治制度和伦理纲常结合，从而更进一步地巩固了天帝的绝对地位。

《周礼·天官·酒正》中提到："凡祭祀，以法共五其三酒，以实八尊。大祭三贰（增添），中祭再贰，小祭一贰，皆有酌数。"（郑玄注云："三贰，三益副之也。大祭天地，中祭宗庙，小祭五祀。"）可见，早在周代已形成定制，将官方的祭祀分成大中小三个等级，昊天、上帝、先王的祭祀称为大祭，对四望、山川、先公的称为中祭，对山林、川泽、风师、雨师的祭祀称为小祭。[①]原本在殷商时每天朝夕都要进行的祭日活动，到了周以后，就只在立春、春分、立夏、夏至这样的重要节令举行，太阳神受祭次数大大减少。

这种体现了封建等级秩序的祭祀制度自周代，一直延续到清朝。"清初定制，凡祭三等：圜丘、方泽、祈谷、太庙、社稷为大祀。天神、地祇、太岁、朝日、夕月、历代帝王、先师、先农为中祀。先医等庙，贤良、昭忠等祠皆为群祀。"[②]可见，就是因为中国的古代礼仪制度比较发达、完善，用礼仪将天、地的信仰确定了下来，对太阳的祭祀活动才不可能发展成真正意义上的宗教信仰。

有学者提出，当日神信仰与祖先崇拜、来世观念相联系、相融合时，日神的自然特征就会逐步减弱。而史前时期的日神仅仅是一种自然神灵，其作用只在于物质方面。日神由自然神到伦理神、由物质神到精神至上神的过渡，是原

---

① 参见许嘉璐主编：《中国古代礼俗辞典》，334～345 页，北京，中国友谊出版公司，1991。

② 《清史稿·礼志一》，转引自郑土有：《中国民俗通志——信仰志》，10 页，济南，山东教育出版社，2005。

始信仰向正式的、系统化的宗教转化的标志。根据原始宗教发展的历程，人类信仰逐渐超越了纯粹的自然神灵观念，因此只要民族思维和文明程度不断提高，其信仰也会不断地得到进化和提升。[①] 这一论断对我们理解中国的祭日礼仪和民间日神信仰活动的联系与区别很有启发。中国神统中的太阳神本来就不是唯一的众神之主，后来又因封建礼制的确立而成为祭祀的第二等级之一。与此同时，在上古神话世界里很早就形成了地位至高无上的主神，虽然诸如帝俊、尧等并非属于一脉相承的同一个主神体系，但他们对日、月等自然神的控制能力和控制结果却是显而易见的。在这样一个历史条件下，太阳被射落的情节也是能够被人所接受了。

---

① 参见高福进：《太阳崇拜与太阳神话：一种原始文化的世界性透视》，98页，上海，上海人民出版社，2002。

社会记忆的重塑——从孟姜女传说中 "哭" 这一情节的演变谈起

　　孟姜女的传说，论其年代要追溯到两千多年前的春秋时期，按其地域几乎传遍了中国的大江南北，千百年来一直以口头传承的方式在民间广为流传。然而正如顾颉刚先生所说，可惜一班学者只注意于朝章国故而绝不注意于民间的传说，以至失去了许多好的材料。但材料虽失去了许多，至于古今传说的系统却尚未泯灭。① 由此才生发出 20 世纪初研究者在断编残简之中把传说的系统搜寻出来的热潮。仅就传说涉及的人物来看，从最初的杞梁妻、齐侯到后来的孟姜女、万喜良、秦始皇、蒙恬、孟兴、太白金星、龙王、龙女等这一系列人物的出现，显然并不是某地某一村夫野民信手拈来的随意杜撰，而是有意设计的结果，通过精心挑选的个体人物来浓缩历史，目的正是为了形象化地凸现需要记忆的 "历史"。显然，传说的讲述者在呕心沥血创制、改变、增补传说的人物时，已经充分意识到传说作为某个特定地域群体社会记忆宝库的价值所在。

　　宋代郑樵在《通志乐略》中曾提到："杞梁之妻，于经传所言者，不过数十言耳，彼此演变成万千言。"那么这一从数百言到万千言的变化又是如何发生的？这一社会记忆又是如何建构起来的呢？这个经过历代老百姓精心选择的传说又是如何展示出来的，以使听众们得以行为循规蹈矩、不越雷池一步？限于篇幅有限，下文仅以孟姜女传说中的 "哭" 这一情节的演变为个案加以分析。

　　春秋时期孟姜女传说的重心在于一个 "礼" 字。杞梁妻（即孟姜女）的故事最早记载在《左传》里。襄公二十三年（前 549 年），齐将杞梁在莒国战死；齐侯回来，在郊中遇见杞梁之妻，向她吊唁。杞梁妻认为自己的丈夫有功于国，齐庄公派人在郊外吊唁仓促草率、不合礼数，便回绝了齐庄公的郊外吊唁。《左传》记述这个故事是想褒扬杞梁妻在哀痛之际，仍能以礼处事，令人钦佩。遭遇丧夫之痛却依然固守礼节的杞梁妻，是作为在那个礼崩乐坏的时代守礼的典范来加以塑造的，而到了后世，"礼" 的地位一降再降之后，类似不得在郊外吊唁的礼节逐渐淡出了群体共同价值之外，这一故事情节也就悄然隐退了。

---

　　① 参见顾颉刚：《孟姜女故事的转变》，见《孟姜女故事论文集》，7 页，北京，中国民间文艺出版社，1984。

而在《左传》上没有哭声的杞梁妻，到了战国时则由于音乐盛行、风俗的转变而增加了哀哭的情节。战国时期的《孟子》引淳于髡的话说"华周杞梁之妻哭其夫而变了国俗"；使《左传》中的史实"杞梁妻拒齐庄公郊外吊唁"变成了"杞梁妻哭夫"。

从此，"哭"这一情节被引入孟姜女的传说。这一"哭"便一发而不可收。西汉史家刘向甚至在《说苑》和《列女传》中都以此"齐东野人"那里道听途说来的孟姜女传说作为女子学习的节义楷模而载入史册：杞梁妻没有子嗣，娘家婆家也都没有亲属，夫死之后成了个孤家寡人。杞梁妻"就其夫之尸于城下而哭之"，哭声十分悲苦，过路人无不感动。十天以后，"城为之崩"。

那么，杞梁妻哭崩的城到底在哪里呢？古代的文人们也是颇费了一番心思加以考证：

杞梁妻哭的是丈夫杞梁，因此，这哭崩的城自然而然也要与"杞梁"二字挂钩。东汉初年王充在《论衡》一书中首次提到城池的确切名称是杞城，而且在汉朝天人感应思想的影响下，王充还提到这杞城还不是一般的倒塌，而是由于天地为之动容，一下子给哭崩了五丈之远。到了三国时期，曹植在《黄初六年令》和《精微篇》中都提到三国时期杞妻哭崩梁山的民间传说。至于后魏的地理学家郦道元则在《水经注》说杞梁妻哭崩的是杞梁战死的沙场——莒城。

一直到唐代，由于隋唐开疆拓土、连年征战，"长城道旁多白骨"，长城成为寄托全国兵士、家人哀思的象征，无数像杞梁妻一样的女子送别亲人奔赴死地。杞梁由春秋的齐人变成秦朝的燕人；杞梁妻的名字出现了，她姓孟名仲姿，或姓孟名姜女；杞城、梁山、莒城这些不为人们所熟悉的小地名已经根本无法表达这样一种举国上下一致的悲哀，因此《同贤记》才出现孟仲姿（即孟姜女）哭倒长城的说法：杞梁的死因不再是战死疆场，而是因避役被捉后筑于城墙之内，所以其妻要向城而哭。

在考证哭崩的城墙地点的同时，人们也开始陆陆续续传唱孟姜女的哭调。东汉末年蔡邕所著《琴操》一书中第一次出现了后世文人为杞梁妻所写的《杞梁妻叹》的曲词。而在广大的民间，人们则纷纷传唱着类似孟姜女十日哭调。到了元代，俗文学的兴起，更是使得许多杂剧大家纷纷加盟孟姜女传说的再创作，出现了许多脍炙人口的作品，进一步丰富了民间的孟姜女传说的生命力。至今，在江南民间人们还流传着《孟姜女十二个月哭长城》的民歌：

> 正月里来是新春，家家户户点红灯，
> 别家丈夫团团圆，孟姜女丈夫造长城。

二月里来暖洋洋，双双燕子到南阳，
新窝做得端端正，对对成双在华梁。
三月里来正清明，桃红柳绿百草青，
家家坟头飘白纸，孟姜女坟上冷清清。
四月里来养蚕忙，姑嫂俩人去采桑，
桑篮挂在桑树上，抹把眼泪采把桑。
五月里来是黄梅，黄梅发水泪满脸，
家家田内稻秧插，孟姜女田中是草堆。
六月里来热难挡，蚊子飞来叮胸膛，
宁可吃我千口血，不可叮我亲夫郎。
七月里来七秋凉，家家窗下做衣裳，
蓝红绿白都做到，孟姜女家中是空箱。
八月里来雁门开，花雁竹下带书来，
闲人只说闲人话，哪有亲人送衣来。
九月里来是重阳，重阳老酒菊花香，
满满酒来我不饮，无夫饮酒不成双。
十月里来稻上场，牵笼做米成官粮，
家家都有官粮积，孟姜女家中空思想。
十一月里雪花飞，孟姜女出外送寒衣，
前面乌鸦来引路，万杞良长城冷清清。
十二月里过年忙，杀猪宰羊闹盈盈，
家家都有猪羊杀，孟姜女家中空荡荡。①

如此质朴的语言，感人至深。

不仅如此，不同的地域根据当地的民俗和民众的不同兴趣取向，对这个故事作了各种改造，使孟姜女的传说呈现出极其强烈的地域色彩。以哭丧歌为例，人们把哭丧这一礼俗与"华周杞梁之妻善哭其夫而变国俗"相联系，认为当时的齐国就已经有"哭丧歌"。越是关系亲近的人，越是情真意切。如哭丈夫、哭妻子、哭父母、哭子女，痛之深，情也哀，哭者哀哀欲绝，不能自休，哭死者生前的种种好处，和今后没有亲人的苦况，这种哭还往往勾起对自己一生的坎坷和悲苦的诉说。

---

① 见百度文库：http：//wenku. baidu. com 孟姜女十二个月哭长城。

267

然而颇令人玩味的是，孟姜女哭调的发源地——齐地山东省淄博市——对孟姜女传说中"哭"这一情节却并不是完全认同的。2006 年 1 月，国家文化部公布首批非物质文化遗产认定的"孟姜女哭长城"传说落户山东省淄博市。史料记载，淄川区淄河镇城子村、梦泉村一带是春秋战国时期齐楚、齐鲁的重要边界，至今梦泉风景区内还存有齐长城遗址。据专家介绍，"孟姜女哭长城"中孟姜女哭倒长城的故事应该发生于齐地。

而恰恰是这一不认同孟姜女"哭倒长城"这一做法的齐地，在战国时期却不乏善哭歌者。据《淮南子》：

> 昔雍门子以哭见于孟尝君，已而陈辞通意，抚心发声。孟尝君为之增欷歔鸣邑，流涕狼戾不可止。《览冥训》
> 韩娥、秦青、薛谈之讴，侯同、曼声之歌，愤于志，积于内，盈而发音，则莫不比于律而和于人心。《氾论》

两相比照之下，我们发现在这个"善唱哭调"的齐国故地，老百姓们却用"神经有毛病"这一观点表达对孟姜女最后选择的评价，是一个颇值得深思的问题。

以山东省淄博市淄河镇 8 村搜集到的 22 则孟姜女传说文本为例：

> 很多讲述者都说孟姜女得知丈夫死后，因家中既无老人又无小孩，一到白天就去哭，哭着哭着神经就有毛病了。在城子村讲述者李宝琴的儿时记忆里，老人经常对不听话的孩子说"再不听话，就把你扔到淄河去，就像孟姜女那样把你冲走"。[①]

那么，这样一个"哭得神经都有毛病的"孟姜女形象是如何建立起来的？叙述者在讲述这一传说的时候又是受到了哪些传统社会文化因素的影响，在传说演变的过程中又是借鉴和改变了哪些传统的表现方式，反过来又是如何重塑"社会的记忆"？改变齐国一国的善哭之风，甚至落得"把你扔到淄河去，就像孟姜女那样把你冲走"这般受人诅咒的天地？

---

① 刘清春：《孟姜女故事在淄河一带人生仪礼中的缺位分析》，见《中国孟姜女学术研讨会论文集》，101 页，2009。毕雪飞：《民间传说的文化解读：淄河语境中的孟姜女传说》，载《民俗研究》，2009（3）。

《礼记·檀弓》记载：牟人有其母死而孺子泣者。孔子曰："哀则哀矣，而难为继也。夫礼，为可传也，为可继也。故哭踊有节。"孔子恶野哭。陈皓注："郊野之际，道路之间，哭非其地，又且仓卒行之，使人疑骇，故恶之也。"

由此看来，毫无节制的痛哭，在儒家看来完全是失礼的行为。特别对于孟姜女的寡妇身份来说，寡妇夜哭在礼节上更是犯了"思情性"（性欲）的嫌疑。战国时期齐鲁接壤，如此任性妄为显然是为儒家所不齿的。因此，当今田野考察搜集到的山东省淄博县淄河镇 8 村对孟姜女之"哭"的极端负面评价，应该是受后世儒家礼教的影响而作出的刻意为之的改变，是对旧有的没有受过礼法熏陶的齐东野人形象的一种彻底的颠覆，同时也在建构着社会文化，改变着人们对社会的记忆。经历了千年儒家思想的涤荡，以家族家庭为本位、追求小农和乐平安的生活理想的当地民众，已经不能认同孟姜女十日哭夫这一行为了。

顾颉刚先生曾用"小题大作"一词来形容自己的孟姜女研究。自 20 世纪 30 年代以来，研究者们倾尽心血关注于孟姜女传说的历史考证与耙梳，他们的著作的确丰富了我们对于这一传说的了解和其对于中国社会、历史的价值与意义。在我国学术界，最早开始研究孟姜女故事并取得卓越成就的，当首推顾颉刚先生。他用研究历史学的精神和方法来从事民间文学的研究，写了 3 万多字关于孟姜女传说的文章。他的《孟姜女故事研究》一文的发表，虽距今已有半个多世纪，但仍不失为研究孟姜女故事的重要文献。

但是由于可供研究者利用的古代史籍资料有限，究竟孟姜女传说的历史原型如何，人们无从也不太可能完全知晓。或许，所谓的求真与科学性并不像以往的研究者所认为的那么重要，更为重要的是这一传说对于中国社会文化构建的意义。今天我们对社会记忆这一概念已经不再陌生，今天被人作为传统接受的东西，实际上或多或少是后世的、人为的创造。所谓的历史远非想象得那么真实，更多的是一种建构的过程。

顾颉刚先生曾对从明代中叶到末叶的一百八十年间各地忽然兴起的孟姜女立庙运动不得其解。[①] 明代同时期另一蓬勃兴起的建筑热潮是贞节牌坊，我们不妨将两者联系起来。据《古今图书集成》记载，"烈女"、"节妇"唐代只有 51 人，宋代增至 267 人，明代竟达 36000 人。我们可以看到来自庙堂和民间两股力量共同塑造的西汉《列女传》记载，却又来自齐东野人口耳相传的这一

---

① 参见顾颉刚：《孟姜女故事研究》，见《孟姜女故事论文集》，61 页，北京，中国民间文艺出版社，1984。

贞洁烈女形象——孟姜女，以其千里寻夫的忠贞，以其感天动地，天地为之变色，龙王、菩萨为之助威，连残暴的秦始皇都为之动容的节烈。在这里，孟姜女哭长城这一个"哭"字已经不再是一个简单的动作，已经逐渐上升为一种仪式、一种象征。作为特定地域的特定传说不断展演，向所有听众传递着或者更确切地说是替老百姓们说出自己对妇女贞洁的重视。这样一些特定的社会意义并不是由孟姜女传说本身所传达的，更多的是在各种孟姜女建庙运动、庙会等仪式中加以传达。

各地的方志纷纷都把孟姜女说成是本地人，临淄、同官（铜川）、安肃（徐水）、山海关和潼关都有孟姜女的墓冢。各地孟姜女寺庙的香客调动必需的经济资源和组织能力，通过孟姜女被秦始皇封为贞洁烈女、为其家人加封厚禄、令蒙恬大将军为其护庙等传说的演绎，使孟姜女成为妇女们学习的典范，与其所在的社会结构紧密相连。

这些形形色色的地域性特征，构成孟姜女传说内部的反思力量，为特定的社会提供了相应的行为准则，让人们领悟道德的规范和准则。

正因为如此，本书所研究的孟姜女传说在我们情境外的人看来可能是比较粗糙、经不起推敲的。比如有一则孟姜女传说就安排了孟姜女与杞梁妻这两个人物的相遇，还让杞梁妻对孟姜女敬重有加，看似荒诞，却也表现出讲述者所处的社会对两位女性的态度与评价。这样一种认识是西方知识论意义上的"求真"知识所无法获得的。西方知识论告诉我们，只要你面对现象去探究，用科学的方式，用客观的态度，最后总是能够得知的。但是当我们注视着丰富驳杂的民间传说宝库时，却常常为之震撼和晕眩，如何挖掘出隐藏在这种传说背后，沟通传说叙述者为之变化和呵护的社会群体的价值观本质，才是我们真正应该面对的课题。

在中国这样一个传说的大国，传说在民间文艺数量上的优势已经表明，传说这一文艺样式是经过千百年来老百姓精心选择，融合了人的心智，经过选择的、可用言语表达的、可分析的、具有目的性的部分与心智中那些更为原始的、直觉的无意识。这种无意识并不只是那些被否定的或被压抑的部分，而是包括了人类基本的生物智慧、种族的身体直觉，它并没有将自身完全地从它所处的宇宙中隔离开来。其心理功能并不仅是简单的提供一个安全的避风港，而是一个获得完整性的过程；不只是一个通向自我的旅程，而是一次超越自我束缚更深层次的探求。

在此探求过程，民间传说的内容随着地域、时代、种族等外在力量的改变而不断演变。淄河的孟姜女传说的许多情节及细节就隐含着民众对重修齐长城和山寨以及被日寇、国民党抓伕的真切体验和记忆。[①] 在西股村一位老人的孟姜女故事讲述中，就反复出现国民党对他们不干活就打的情形的描述。正是民众在孟姜女传说的再叙述和传唱孟姜女哭调的过程中，他们对现实苦难的体验和记忆，会通过对孟姜女传说的哭调宣泄出来，以求得精神上的安慰和自足。稳定性与自由度这两个民间传说的特征，正如硬币的两个面，处于此消彼长的不断发展之中。传说的生命力在这两者的互动之中不断涌现。也正因为拥有如此巨大的能量，民间传说才能伴着中华五千年的璀璨文化同生共长。

---

① 参见毕雪飞：《民间传说的文化解读：淄河语境中的孟姜女传说》，载《民俗研究》，2009 (3)。

歌 谣 鉴 赏

长 歌 行

青青园中葵，朝露待日晞。

阳春布德泽，万物生光辉。

常恐秋节至，焜黄华叶衰。

百川东到海，何时复西归？

少壮不努力，老大徒伤悲！

  《长歌行》这首汉乐府民歌妙用比兴，以万物由盛而衰、时间一去不回、流水赴海不归的自然规律，感叹人生盛年难得，劝勉世人应在少壮之时及早努力，不然岁月蹉跎，老而悲伤。歌中积极、健康的思想感情，与富于感染力的艺术表现手法完美统一，表现出民歌的浓厚色彩。

  "青青园中葵，朝露待日晞。"起句描写了园葵蓊郁的景象：春回大地，万物复苏，一派生机，繁茂的园葵长得绿油油的，青青的葵叶上滚动着亮晶晶的露珠，那晶莹透明的朝露，正期待着日光将它晒干。这生机盎然的情景，自然催人奋发，也让歌者浮想联翩，便以吟唱园葵起兴，进而借物抒怀。

  "阳春布德泽，万物生光辉。"阳春：温暖的春天。布：施给的意思。德泽：恩惠。春天把阳光、雨露带给万物，因而说是一种恩惠。生光辉：形容万物生机盎然、欣欣向荣的样子。这两句展示出一幅春光融融、万象更新的画面。林木青翠，桃红李白，莺啼燕啭，世上的万物都在春天受到大自然雨露的恩惠，焕发出无比的光彩，充满着旺盛的生命力。此两句与前两句字面上是对春天的礼赞，实际上是借物比人，是对人生最宝贵的东西——青春的赞歌。人生充满青春活力的时代，正如一年四季中的春天一样美好。民歌借赞浓郁的春意，抒发珍惜人生盛年的情感。

  "常恐秋节至，焜黄华叶衰。"是说常常担心秋天到来，使得碧草枯黄，百花凋残。常：时常。恐：担心。秋节：秋季。至：到。秋气肃杀，万物多因长成而趋于衰败、死亡，故而担心。焜黄：颜色衰败的样子。华：同"花"。衰：衰老，衰败。转眼春去秋来，园中葵及万物经历了春生、夏长，到了秋天，它们成熟了，昔日奕奕生辉的叶子失去鲜艳的光泽，变得枯黄衰落了。万物都有盛衰的变化，大自然的生命节奏如此，人生又何尝不是这样？由青春勃发而长大，而老死，也要经历一个新陈代谢的过程。歌者用"常恐秋节至"表达对"青春"稍纵即逝的珍惜，以但愿春常在，喻愿望人生盛年永不衰！

"百川东到海，何时复西归？"作者由园葵想到万物，从春光写到秋色，然后又变换角度，借江河流水而兴怀：那滔滔流向大海的江河水，什么时候倒流复返呢？百川：泛指所有的河流。东：表示朝东、向东的意思。复：重新、又。西：向西、朝西。归：回。这句意思是光阴像流水一样一去不复还。作者从时序的更替联想到宇宙的无尽时间和无垠空间，由季节转换联想到日月不居。时光像东逝的江河，永不复返，真是如孔子所说的：逝者如斯夫，不舍昼夜！

"少壮不努力，老大徒伤悲！"此句意谓：青少年时代不努力，到老只能悲伤叹气了。这是这首民歌的主旨句，也是流传千古的名句。在永恒的自然面前，人生岂不就像叶上的朝露，一见太阳就被晒干了吗？岂不就像青青葵叶，一遇秋风就枯黄凋谢了吗？民歌由对宇宙的探寻转入对人生价值的思考，终于推出"少壮不努力，老大徒伤悲"这一振聋发聩的结论，结束全诗。

这是一首咏叹人生的歌，用了赋比兴的手法。唱人生而从园中葵起调，这在写法上被称作"托物起兴"，即"先言他物以引起所咏之辞也"。这首歌从青葵起兴，联想到四季变化，又借百川归海、一去不回比喻韶光之匆匆流逝。前四句通过朝露易逝、花草枯萎和百川归海说明美好时光短暂而易逝，且一去不复返，后一句则用赋的手法，直抒胸臆，劝诫人们珍惜时光，及早努力，不要等老了再徒然叹息。最后一句浑厚有力，深沉含蓄，如洪钟长鸣一般，深深地打动了读者的心，令人深思，发人深省。这首民歌有描述，有抒情，有叹惋，也有劝勉，显得含蕴细腻，余意无穷。既继承了"歌以咏志"的传统，又极富形式上的美感，讲究押韵，便于反复吟诵，朗朗上口，确属佳作。

她在倾诉衷肠① （藏族）

在东方的山顶上，
升起了明媚的月亮；
哦，那不是月亮，
那是她玉润的脸庞！

---

① 陈立浩：《中国历代民歌赏析》，180～182页，贵阳，贵州人民出版社，1987。

在蔚蓝的天空里，

飘浮着一缕白云；

哦，那不是白云，

那是她轻纱的袖儿飘荡！

在青青的草滩里，

河水淙淙地歌唱；

哦，那不是河水歌唱，

那是她在倾诉衷肠！

一位燃烧着爱情烈焰的青年，仰望山顶的明月、蓝天飘浮的白云，耳闻涓涓流淌的河水，引起他无限的遐想，想到了他思念的姑娘。于是，他情不自禁地放声歌唱。

这首情歌分为三节，描绘了三个优美的意境，从三个方面来赞扬、歌唱他心爱的情人。歌者在第一节里，以明快、洗练的语言，借初升的明月衬托他心上人的美丽容颜。在那东山之顶，一轮明月冉冉升起，将清辉洒向四方。此时的月亮光洁、明媚，惹人喜爱。他凝视明月，心中翻腾着感情的潮水，自然地以银盘之美，将他热恋的姑娘赞扬："哦，那不是月亮，那是她玉润的脸庞。"作者不直接描写姑娘的俊美，而是妙用比喻的手法，以"明媚的月亮"作比，便将情与景，人与物交融一体，构成一种绝妙的艺术情境，让人浮想联翩。

第二节由东山之月，转入写蓝天白云。广阔无垠的蔚蓝天空中，飘浮着缕缕白云，那柔美之态深深触动了歌者的情怀，他将奔放的激情化为赞美的诗句："哦，那不是白云，那是她轻纱的袖儿飘荡！"一句"轻纱的袖儿飘荡"起到了一斑窥全豹的作用，由此可见，他的情人平日身着的服饰朴素大方，其形态举止又是多么潇洒自然。

我们读着上面的两节诗：长着"玉润的脸庞"、飘荡着"轻纱的袖儿"的姑娘，她那美丽的形象仿佛就浮现在眼前。

这首情歌富于鲜明的地域色彩，充满了藏族人民放牧的生活气息。歌中那位热恋中的青年人便是一位勤劳的放牧小伙子，他的情思随着放牧的足迹，见到什么景物都触景生情，想到他心爱的姑娘，情不自禁地将她歌唱。当他来到"青青的草滩"，聆听着那淙淙的河水，就又联想到姑娘甜蜜、动听的歌声："哦，那不是河水歌唱，那是她在倾诉衷肠！"小伙子时时想念着姑娘，时时把姑娘歌唱，而多情的姑娘，也同小伙子一样，是那样的深深爱着他，在向他倾诉衷肠。歌中虽是一方单唱，但在字里行间却闪现出一对心心相印的情人形象，感人至深。

这首民歌用了许多优美的意象，如：明媚月亮、蔚蓝天空、白云、轻纱、青青草滩、淙淙河水，等等，向我们展现了一幅浓淡相宜、意境深幽、情境优美的画面。从这幅画面，我们不仅看到美丽姑娘的身姿，还听见放牧小伙子动听的歌声，伸手触摸到他热情似火、柔情如水的丝丝心绪。歌以每段前两句起兴，以明月、白云、河水比喻姑娘的容颜、姿态与歌声，抒发了小伙子对姑娘炽热的爱情，赋比兴的手法是相当明显的。此外，民歌三节的前两句都是描景状物，第三句均使用"哦，那不是……"的转折语，对姑娘的美貌与多情加以赞美，有重复，又有变化，曲调悠扬，情感深沉，有一种别样的美感。

采桑歌① （朝鲜族）

采桑的姑娘哟，
不要斜眼东看西瞧，
哎噜哗，采你的桑叶吧，
我爱的是老实的姑娘。

锄草的小伙哟，
少说点调皮话，
哎噜哗，铲你的田去吧，
我爱的是会种田的小伙。

西山的太阳落了，
姑娘，我帮你采桑叶吧！
桑叶好，小伙的心更好，
可是姑娘不要，怕被别人知道。

这首民歌描绘了这样一幅美好的生活图景：一对心中萌发了爱情之花的青年，在采桑、锄草的劳动中，通过妙趣横生的对歌，吟唱了真诚、纯洁的爱情，情真意切，令人感动。

---

① 陈立浩：《中国历代民歌赏析》，210～212 页，贵阳，贵州人民出版社，1987。

在明媚的春天里，嫩绿的桑叶油光焕发，桑林中，欢乐的姑娘春心荡漾。她灵巧的双手左右挥动，把片片桑叶采入筐中。她多情的眼睛透过密林，将心爱的情人盼顾。一瞬间，一对情人的目光正好相碰，激起心灵火花。小伙子激情涌溢，向姑娘送去了动听的情歌："采桑的姑娘哟，不要斜眼东看西瞧，哎噜哗，采你的桑叶吧，我爱的是老实的姑娘。"这甜蜜的歌声夸赞着勤劳的姑娘，滋润着姑娘的心田。

姑娘满心喜悦地回唱："锄草的小伙哟，少说点调皮话。"这对歌，不是在歌台，也不是在场坝，而是在两人劳动的田野间；这歌词，不是故作情态，更不是无病呻吟，而是一对相爱的情人在劳动中的对话。两人在劳动中播下了爱情的种子，又在劳动中唱起心中的恋歌，各自向对方倾吐爱慕之情："哎噜哗，铲你的田去吧，我爱的是会种田的小伙。"小伙子赞美姑娘勤劳、老实，姑娘钦佩小伙子是种田的能手。两人有共同的喜爱、相同的追求、一致的思想感情，两颗赤诚的心紧密连在一起。

劳动产生民歌，民歌伴随劳动，歌声始终在传递情人的心事。小伙子眼看一天的劳动快结束，惦念着姑娘采桑，用歌声表达自己关切的情意："西山的太阳落了，姑娘，我帮你采桑叶吧！"这朴实的话语，说明了一个深刻的道理：真挚的爱情是以共同的事业作基础的，这道理，小伙子明白，姑娘也领会。所以，她情不自禁地回歌唱道："桑叶好，小伙的心更好，"可是在众人一起劳动的场合，姑娘还有几分腼腆，她谢绝了小伙子友好的相助，因为她"怕被别人知道"，一时不想把爱情的秘密过早地显露在他人面前。"西山"四句歌词，寥寥几语，却描绘出生动的情景，道出了深厚的情意，把一对初恋情人的复杂情感展示得神情逼真，细致入微，动人心弦。

《采桑歌》截取了生活的横断面，通过劳动场面的抒写，反映了一对恋人情趣盎然的爱情片断生活。歌的格调清新、朴实、自然，使人读来犹如身临其境，目睹着小伙子和姑娘在一起欢乐劳动，欣喜对歌，两人的神情、举止历历在目。他们的歌唱对答如山涧清流，谈吐是那样自然，情意是那样真切，字里行间洋溢着浓厚的生活气息。歌者若不是生活的主人，不是心声的吟唱，是创作不出如此质朴自然、亲切感人的作品的。

介休宝卷中的神圣与世俗文化

从民间说唱史看，对于唐宋变文研究是以敦煌变文为代表的，成果已经蔚为大观。而宝卷的出现在民间说唱历史上仅次于唐变文，其古朴性和丰富的价值有待发掘。从目前民间文学教材的个案分析选择看，相声、评书等相对多些。笔者为补漏，尝试分析宝卷，以起到管中窥豹，抛砖引玉的效果。山西介休宝卷很久以来被人忽视，李豫教授带领学生多次奔赴介休地区，田野考察介休宝卷，终于出版了《山西介休宝卷说唱文学调查报告》。由于笔者资料所限，论述材料多源自《山西介休宝卷说唱文学调查报告》，①主要涉及山西范围发现的宝卷。

宝卷最初是由俗讲演变而来，由寺院僧尼宣讲佛经故事或劝善故事的说唱形式。因此宝卷的内容和形式等必然受到佛教的影响制约。同时在发展中由于受众的民间化、审美的形象化，传承的宣卷性（口头性）和地方性，决定了宝卷必然出现神圣与世俗矛盾统一的奇特现象。

从思想内容上看，宝卷或直接讲述佛教教义，或通过故事间接表现佛教"空、静、善、缘"等理念。通常宝卷的开头和结尾往往是佛教术语最集中的地方，直接宣教加深记忆，引起重视。佛教术语的渗透，如缘、度化、福田、三宝、法界、佛界、众生、八部龙天、圆觉会、龙华会、三世佛、各种菩萨神灵名称（菩萨摩诃萨、韦陀、如来、观音）在宝卷中经常出现。佛教三宝是指"佛、法、僧"，礼三宝是要礼敬如来佛、佛经教法、出家修行的僧人。所谓"进入佛门，应先皈依三宝"。正是这一理念，在众多的宝卷开场时都有"礼三宝"的唱词。如《佛说红灯宝卷》："红灯宝卷，佛界来临，诸佛菩萨度众生，众呼三声。归命十方一切佛法僧，信礼三宝。"皈依的方式有发大誓愿，经受苦难，渐进修行等方式。经受苦难的方式往往是通过宝卷中的人物故事来表达。如《金钗宝卷》中林和胡二人恰是牛郎织女神仙下界受磨难，磨难也是一种修行，宝卷结尾对故事的总结是："林状元本是牛郎一转，下凡世受磨难终有成功。胡小姐他本是织女下凡，在世上遭磨难同受封赠。"此外还有清嘉庆年间介休抄本《仙罗帐宝卷》中冯家四口行善，却磨难不断，但终为观音度化。

---

① 李豫、刘娟等：《山西介休宝卷说唱文学调查报告》，北京，社会科学文献出版社，2010。

强调"修行"的《红罗宝卷》中起首语有"人生命属阴阳，贫富、贵贱各人所修"，强调"因果"，"行好得好行恶得恶"，"奉劝男女，为人受命如电光石火之速，莫待延延，急早修持"。《劝妇女修行歌》："贤孝妇女齐坐下，听我把话表根芽。三从四德人伦话，不如修行学仙家。……目连救母辛苦大，一步三叩到灵塔。亲领佛旨地狱下，十殿阎君齐朝他。天德退亲瞒爹妈，圆觉会中头一家。观音修行庄王杀，魔来魔去坐莲花。……过去仙家难尽话，不过大概表几家。若问仙佛多少家，山上麻林水中沙。他们都是娘生的下，不是树上结的他。我劝世人修行罢，百岁光阴电火霞。"从中可以看出佛教故事的渗透，通过众所周知的故事，感性表达劝人修行的意图，甚至直接说"三从四德人伦话，不如修行学仙家"。其中类似"电光石火"、"光阴电火霞"等语都是佛经术语的翻版。《金刚经》云："一切有为法，如梦幻泡影，如露亦如电，应作如是观。"佛教在发展中有"顿悟成佛"的理念，《佛说刘子忠贤良宝卷》二种的结尾："灵光悟了者诸仙领路，放光者超彻十方，东西下回光放，超南北处正到家乡，正无生漂又到，小婴儿得见亲娘，入母三台灾不怕，赴龙华八十意劫永远安康。再说刘子明刘子忠刘定生贤良宝卷四人归天。"其中"灵光悟了者诸仙领路，放光者超彻十方"就宣传了"顿悟"修行的方法，宝卷叙述成佛就会放出佛光护体。

宝卷中的佛教思想除了劝世人修行为未来做打算外，还有劝世人现世行善。所以"劝善"成为宝卷的重要功能。"介休宝卷大体可以分为以下几类：追悼亡人卷，如《白马宝卷》；敬神卷，如《玄天上帝宝卷》；许、还愿卷，如《香山宝卷》；时事卷，如《赵二姑宝卷》；劝善卷，如《二度梅宝卷》《目连救母宝卷》。其中劝善的内容在现存宝卷中占到绝大多数，约占整个介休宝卷数量的70％～80％。"[①] 为了宣传"劝善"理念，宝卷往往还宣传因果报应，如《金钱钥匙宝卷》宣传妇女守节、男人不做坏事、善恶有报的思想，《手巾宝卷》《仙罗帐宝卷》也都有因果报应的情节。

从形式上看，题目表现佛教内容的有《空王佛宝卷》《新刻佛说沉香太子开山救母宝卷》《佛说红灯宝卷》《佛说牧羊宝卷》《佛说翠花宝卷》《佛说刘子忠贤良宝卷》等。从文献记载和现存宝卷看，明前期宝卷《金刚科仪宝卷》《金刚宝卷》《心经卷》《法华卷》等直接以佛教经书命名。

结构上，开篇往往是"某某宝卷，佛界来临，诸佛菩萨度众生"。如清同

---

① 李豫、刘娟等：《山西介休宝卷说唱文学调查报告》，106页，北京，社会科学文献出版社，2010。

治二年方册抄本《佛说红灯宝卷》："红灯宝卷，佛界来临，诸佛菩萨度众生。"《红罗宝卷》："红罗宝卷，法界来临。古佛转世度众生。"《佛说欢喜宝卷》："欢喜宝卷，法界来临。诸佛显化度众生，醒会世间人。"有的在之后又加："某某宝卷才展开，诸佛菩萨降临来。龙天八部生欢喜，保佑大众永无灾。"如《佛说欢喜宝卷》："欢喜宝卷才展开，诸佛菩萨降临来。龙天八部生欢喜，保佑大众永无灾。"《红罗宝卷》："红罗宝卷才展开，诸佛菩萨降临来。龙天八部生欢喜，保佑众生永无灾。"这种叙述程式的出现，让宣卷人容易记忆，也能起到佛经佛意渗透民众、被底层人民传承记忆的效果。当然民间说唱有传承就有变异，同样是一个意思的开卷也可变化，如《贤良宝卷》的卷首与前面的程式化叙述就略有不同："贤良宝卷，一部才宣，法界来临，诸佛神祖显化，度众生脱难沉沦，赴命早归根。"宝卷的发展过程中受评书、鼓词、小说等影响，在叙事模式上出现了先吟一首诗、"诗曰""话说"（却说）……或加插入语，或交待时间、地点、人物就进入宣卷正文。如清道光五年（1825）介休衡源斋写刻本《烈女宝卷》（又名赵二姑宝卷）卷首："百鸟相呼唤春光，桃花映水巧艳粧。犀牛欲配天台客，枉把苍生送九泉。话说国朝道光年间山西太原府榆次县城南有一地方名叫双村，村内有个庄户姓赵名天中，为人生来忠厚秉性和平专以务农为业，兄弟天和学习剃头生意。这天中娶妻王氏年间（疑为近）五十，无子嗣只生一女名叫二姑。年及十三岁尚未婚配。"从宝卷开头看，宗教仪式性的宣讲部分减少。可见宝卷的传播是个互动的过程。民间在接受宝卷内容时，由于底层民众受教育程度不高，更喜欢感性的故事，从故事中去体会真、善、美，反之佛经要义也得借助故事形象化的传输给民众。那些森严的宗教仪式的宣讲开场，不适合本以生活压抑的民众。所以最初严肃的宝卷与带有娱乐轻松成分的其他民间说唱有机会结合，以适应民众审美要求。

宝卷的结尾，往往对故事做总结，劝人为善，宣传佛理。范式上有几报恩的形式，如"一报……二报……"。如清道光十六年（1836）介休抄本《何文秀宝卷》卷末："文秀坐官三年满，辞官不坐回家乡。两位夫人都生子，世代书香直到今。湛湛清天不可欺，未曾举意早先知。善恶到头总有报，不管来早与来迟。一报天地盖载恩，二报日月照临恩。三报皇王水土恩，四报父母养育恩。五报祖师传授恩，六报宫殿佛门恩。七报江上生英秀，八报八方得安宁。九报九主生天界，十报祸去早起身。借去宝卷，念完早送。若要转递（送），再借不能。"（后为收藏宝卷的人加的）《三元宝卷》卷末："善男善女侧耳听，听我仔细说分明。人善人欺天不欺，人恶人害天不容。为人在世休瞒昧，哄人哄己哄自身。行上人游西天路，作恶打入地狱门。善者善来恶者恶，善恶二字报分明。一报天地盖载恩，二报日月照临恩。三报皇王水土恩，四报父母养育恩。……诸佛菩萨摩诃萨，摩诃陂而波罗蜜。生死轮回几万遭，愚人不醒半分毫。"《秦雪梅宝卷》卷末以诗收尾，总结全文："雪梅本是玉女星，季玉织女下凡尘。姐妹受尽心（辛）苦意，才得商洛跳龙门。"《金钗宝卷》结尾对故事的总结是："林状元本是牛郎一转，下凡世受磨难终有成功。胡小姐他本是织女下凡，在世上遭磨难同受封赠。……人害人世上有苍天不肯，天害人眼目下惟命难存。今留下这宝卷奉劝世人，一个个必须要万古收存。"

如果说宝卷的开篇较为神圣，即使发展中简化程序，少了"齐香赞"一类的繁文缛节，但还需引子，或入话，有个过渡，有章可寻。而宝卷的结尾在发展中则相对自由。宣卷人讲完后或如《金钗宝卷》再说个题外笑话，或像《三元宝卷》再随意旁白几句，或叮嘱交代借阅宝卷事项等。如清咸丰丁巳年（1857）满月方册抄本《三元宝卷》末尾就较自由，有拉家常闲话的风格："咸丰丁巳年满月牙痕卷共上中下册，慎勿亵污灯油，小心宣完即送，勿得传递。念卷得人口中干，住家下炕把茶端。说声清茶不好看，就好俺的油蛋蛋。柿饼桃核有端上，大枣协列两大盘。吃了此物还不算，主家烧黄二酒办。别得酒菜办不及，干片牛肉是一盘。主家端看瞪了眼，我们不过是戏玩。话说三元宝卷念完，合宅平安，有免灾难，子孙们代代兴旺。各小心好，节福有免祸，如虽男女人等走在危吉难之处，正好舍命救他，不可推下坑中。人跟前不可说好，背后亦不可说不好，如此。初得清朝不用刀，大明人马无分毫。中梁丁柱全不要，思想清朝心自消。（打一字）"

需要指出的是借阅宝卷注意事项，在宝卷结尾中频繁出现，尽管表述简单，内容相似，但折射出的是民间心理。《金钗宝卷》中是"不（伦）论谋（某）人借去宝卷，宣完即送是君子，不送是小人。"《何文秀宝卷》中是"借去宝卷，念完早送。若要转遁（送），再借不能。"这种借阅宝卷成为宝卷传播的一种方式，同时由于宝卷的珍贵，传播中的损坏丢失也应该存在。这种唱词的补白，一方面反映了底层民众良莠不齐，再加上经济制约，难免有自私心理，甚至是农耕文化下农民的狭隘心理表现；另一方面也表现出藏卷人对宝卷的珍惜，民间有"家藏一宝卷，百事无禁忌"、"宝卷在，如佛在"的宗教心理，这也是目前发掘的宝卷很多是个人收藏的原因之一。

语言风格上，通俗易懂，受方言影响，语言朗朗上口，有一定的押韵现象。"三三四句式"在宝卷里经常出现，如清代介休《金锁记宝卷》："只见那，庙门上，三台大戏。有京广，并集货，排列两边。说书的，弹弦子，又敲鱼鼓。玩把戏，打铜锣，看的人多。"这种就是"三三四句式"。此外像清乾隆年间介休抄本《秦雪梅宝卷》《慈云宝卷》、清《巧合奇冤宝卷》、清道光五年（1825）写刻本《赵二姑宝卷》、清道光十六年（1836）《何文秀宝卷》、民国二十三年（1934）抄本《双钗宝卷》等都有"三三四句式"的运用。宝卷发展到后期，叙述中有白，有诗。

从宝卷词语上看宝卷在传抄过程中有很多明显的错字，并且很少更正。如《金钗宝卷》"不（伦）论谋（某）人借去宝卷，宣完即送是君子，不送是小人。卷念完，教众位，漫（慢）走一步，有一段，笑话儿，说与大众"。这一现象恰恰说明宝卷这一说唱文学的"说唱"性质，藏卷人、宣卷人相对固定，对文本也就较熟悉，错字不影响理解内容。而听卷人群体一般就是听，所以错字往往是"字错音对"，在听的过程中结合前后故事应该不难理解，也不影响听的效果。

宝卷的说唱性，决定了宝卷在语言上可以通过谐音达到出其不意的效果，也便于民众记忆和理解。清光绪八年（1882）介休德庆堂方册抄本《金钗宝卷》："新春宣宝卷，答谢上苍天。日日增福寿，月月保平安。不（伦）论谋（某）人借去宝卷，宣完即送是君子，不送是小人。卷念完，教众位，漫走一步，有一段，笑话儿，说与大众。人生在，天地间，全凭心术。丧良心，古今来好了何人。山东省，出了个，坏心之人。他姓贾，名介淑，贸易为业。做生意，他全凭，奉承吹嘘。因此上，未费力，财发万金。十（实）指望，从今后，利贯金城。谁知道，天有眼，祸儿来临。忽一日，来一人，姓鲍名应。口称是，大客商，特来照顾。他二人，一见面，心投意合。在神前，就拜盟，结为弟兄。这鲍应，本是个，有名拐带。贾介淑，他何能，知晓此人。不上了，一个月，昏迷颠倒。将家中，财与物，一概骗清。这鲍应，谁知道，心本公平。骗介淑，济穷人，到处有名。劝世人，做生意，准要公平。万不可，存奸污，利己损人。常言道，出乎尔，反乎尔者。汤里来，水里去，毫厘难存。坏良心，如介淑，财发万金。没多时，被鲍应，一齐骗清。他发财，亦何尝，一日安享。用计谋，苦劳心，又恶众人。这就是，生意人，损人利己。到后来，只落得，骂名在身。依我劝，切不可，计谋奸巧。如介淑，到后来，悔恨难名。光绪八年立介休德庆堂。"

这段中人物"鲍应"谐音"报应"，在故事中角色恰是对贾介淑的报应。宝卷一定程度上反映商人"诚信为本、发财有方，施财有道"的经商理念，这也是晋商的追求。

宝卷某种程度上是神圣和世俗的结合。宝卷在宣讲中既要传播佛教理念，又要迎合民众功利心态和世俗审美。在内容和形式上必然有所表现。如《佛说红灯宝卷》："红灯宝卷，佛界来临，诸佛菩萨度众生，众呼三声。归命十方一切佛法僧，信礼三宝。烈女宝卷才展开，诸佛菩萨降临来。天龙八部生欢喜，保佑众生永无灾。请听宝卷讲原因，出在名朝传古今。大众听宣因果卷，善者荣长恶者亡。听宣之人增福寿，念卷之人免灾殃。答佛之人也兴旺，混卷之人定降瘟，你众休要来胡说，听表这部列女传。"《佛说红灯宝卷》末尾："宣完一部莲灯卷，世上闲人散闷情。留此宝卷许众看，看完不必藏家中。"宣卷既强调了宣卷的神圣性，"红灯宝卷，佛界来临，诸佛菩萨度众生，众呼三声。归命十方一切佛法僧，信礼三宝。烈女宝卷才展开，诸佛菩萨降临来"，又强调了宣卷对民众的世俗好处，消灾免难，福寿荣长，也可起到为"世上闲人散闷情"的作用。可以说佛教的看破红尘的超脱与民众烦心俗欲的杂念，在宣卷中矛盾而统一。

宝卷的神圣性，一方面表现在开头结尾的敬佛敬卷，宣讲教义的叙述上。前面有论述，不再赘述。其神圣性还表现在告诫或禁忌性语言叙述上，常用"切莫""定"一类预言性断语。如《金钱钥匙宝卷原序》："众位既要听此卷，切莫当做戏玩场"，"看卷之人要仔细，听卷之人莫乱谈"。《佛说红灯宝卷》："答佛之人也兴旺，混卷之人定降瘟。"而宝卷形式的世俗化，表现在开篇简化程序，结尾在发展中相对自由。说个笑话，猜个谜语、拉个家常、随意旁白，叮嘱传阅宝卷注意事项等。宝卷有受小说、说书、鼓词的痕迹，如"表"的运用，《劝妇女修行歌》："贤孝妇女齐坐下，听我把话表根芽"，"过去仙家难尽话，不过大概表儿家"。

宝卷往往通过故事宣传思想，人物形象的复杂化、现实化，也是宝卷走下"神台"世俗化的表现。如果说宝卷源自变文。那么早期宝卷僧人在宣卷中僧人一般是正面形象，但发展到后来在《巧合奇冤宝卷》中我们看到出现了淫贼佛善和尚，可见宝卷的俗化已经触及僧人。在《赵二姑宝卷》中赵二姑相貌的描写具有章回小说的笔法，人物形象和情景设置具有小说的虚构成分："赵二姑，他生的，十分窈窕，好比那，西似女（缺三字）头上的，乌云发，两鬓齐整。粉脸儿，赛桃花，白里映红。柳叶眉，杏子眼，其实好看。樱桃口，玉米牙，一点朱唇。十指儿，真个是，织织女手。身穿这，粗布衣，雅道宜人。这双村，有一座，面店生意。就开在，赵二姑，自己对门。这铺中，有一个，贪花饿鬼。看见了，赵二姑，他便（缺一字），心内说，好一个，风流女子。倘与他，成夫妇，死也甘心。思想了，多半年，不能成配。那一日，赵天中，与妻探亲。他看见，赵天中，与妻不在。放这胆，他竟敢，亲自上门。天中家，并没有，邻居叔伯。只留这，赵二姑，独自单身。父母一同探亲去，二姑独自看家门。自己容颜天生就，谁知风流惹祸根。"

宝卷内容的世俗化表现在其内容的现实性、民俗性和地方性。如庙会赶集对于"面朝黄土背朝天"的农民，无疑是一种狂欢，记忆犹新。清代介休《金锁记宝卷》："只见那，庙门上，三台大戏。有京广，并集货，排列两边。说书的，弹弦子，又敲鱼鼓。玩把戏，打铜锣，看的人多。打撂的，演的是，张飞卖肉。跑马的，耍的是，蹬里藏身。各样的生意人，数他不尽。明一明，赶会的，那些妇人。也有那，手拿着，金银钱。也有那，香盘内，掇着馒头。"民俗活动的描写，民众熟悉，体会深刻，增添了无穷乐趣。清光绪年间介休抄本《佛说刘子忠贤良宝卷》二种，描述刘子明妻子马氏为定生做羊肉扁食，设计陷害。"扁食"的称呼就是晋南对"饺子"的地方称呼。《三元宝卷》末尾："说声清茶不好看，就好俺的油蛋蛋。柿饼桃核有端上，大枣协列两大盘。"文中提到"油蛋蛋"、"柿饼"、"桃核"、"大枣"，都是地方食物土产，具有地域性。

宝卷在世俗化的路上，介休宝卷内容上往往与家庭纠葛、分家、生意、情爱、教子等有关。反映家庭伦理的故事有《佛说刘子忠贤良宝卷》《佛说红灯宝卷》《手巾宝卷》。《秦雪梅宝卷》二种宣扬了缘分前定，内容上既有爱情，也有教子情节。《二度梅宝卷》是表现悲欢离合爱情的。《双钗宝卷》《金钗宝卷》《佛说翠花宝卷》斥责爱情婚姻上，嫌贫爱富的行为，是爱情和家事的结合。《佛说牧羊宝卷》为争夺财产的家庭伦理故事。《月结宝卷》是家庭伦理和蒙冤雪案的结合，反对图财害命的不义行为，宣扬前世今生。《巧合奇冤宝卷》《月结宝卷》涉及商人家庭，图财害命和蒙冤受屈结合。《聚仙炉宝卷》是一个图财害命的公案，触及恶仆形象。可见，民间因嫌贫爱富的悔婚行为很多。争夺财产、亲人反目的事情很多。而民众地位低下蒙受冤假错案的几率也大，因此宝卷的俗化往往贴近民众最关心的问题，与争夺财产、家庭纠葛、爱情等结合，一定程度上反映了民众的现实生活。

总之，宝卷是一种以宣传佛教教义为主的民间说唱形式，其内容和形式在发展中既有神圣的一面，也有世俗的一面，这二者共同推动了宝卷的发展。从心理学层面看，神圣与世俗并存，也是人的多样化心理需求的反映。

东北大鼓《西厢记》文本研究

东北大鼓是主要流行于东北三省的一种鼓词。本书依据的材料是 1957 年出版的内部资料《鼓词汇编》第四辑。爱情是永恒的话题，是人性的组成部分，在东北大鼓中，《红楼梦》《西厢记》曲目所占比例较多。因此本文选取《西厢记》文本作一分析，该文本如下：

四月清和巽风微，丁香放蕊柳金垂，自古君子求淑女，红粉佳人惹是非。表的是相府莺莺真国色，生成的倾国倾城一位女俊闺，为高堂尽心了愿普救寺，偏遇贼兵把寺围。只因莺莺生得美，孙飞虎五千恶霸要抢娥眉，也是那有情人该成眷属，遇难呈祥有人给解围。张君瑞路寓西厢图幽雅，借书斋一为读书二为娥眉。忽然间书童报说贼兵困寺，孙飞虎要抢莺莺女俊闺。时方才太老夫人亲口许，谁要能退兵就许配谁。张君瑞久爱莺莺美，显奇才一笔要退五千贼。请来了白马将军他的义友，这位杜君实进寺院救出莺莺杀退了贼。他母女如同鱼脱金钩离了龙潭虎穴，又好像破镜重圆把相府回。老诰命差人请来张君瑞，东阁府摆酒筵谢谢恩惠。老夫人酒席筵前把他前言悔，命他们姊弟相称夫妇算靡。张君瑞一片痴心赴流水，只觉着眼前发花一片黑。他这里将酒不吃抬身起，辞诰命步出东阁西厢回。到西厢又气又恼又恨又悔，只觉得四肢无力身子发微。且不言西厢张生身染病，表一表相府小姐独坐香闺。崔小姐寂寞无情愁恹恹，思想起张生一阵好伤悲。恨只恨巫山咫尺如天远，我好比蝴蝶见花被风吹。如同是比目鱼被浪打散，又好像棒打鸳鸯两下飞。奴家我盼张生如同早苗思雨，他好比明珠被土培。奴家我思念张生针线懒绣，凄惨惨垢面蓬头芳容挂灰。他那里思念我文章懒念，到夜晚瑶琴不抚玉笛也不吹。一瞄怨心比天高命薄如纸，二瞄怨高堂老母行事太黑。你断亲如同把女儿赤绳割断，咱母女之情倒像是靡。也不管女孩我的好与歹，也不管天理良心亏也不亏。张君瑞死去奴家也得死，一到九泉之下谢谢恩惠。也瞄怨月下老作事太错，五百年赤绳好歹给我们均撮。崔小姐寂寞无情写成书简，装封筒把红娘唤进香闺。小红娘进绣房垂手而立，尊一声姑娘听我回。你要想吃什么珍馐美味，渴了有雨前毛尖香片寿梅。崔小姐一闻此言心中不悦，叫一声红娘听明白，姑娘我这几天不像上几日，昼夜不安你可晓得，我有件心腹事难以出口，怕只怕红娘你不把手随。红娘说有什么话休碍口，天大的事情一定化靡。莺莺说叹张生为救我心都使碎，可怜他痴心枉想我一回。张君瑞西厢身染病，可叹他举目无亲两眼黑。女孩家不能出头露面，姑娘我心不忍托付你一回。这封书比赤绳你比月老，但等我们合欢之时再谢鸿媒。小红娘早知道姑娘心腹意，暗说道何不顺水把身推。常言道烧香拜神不如作好事，我何不趁水和泥就个机会。但是我得难他一下，免去日后惹起是非。说姑娘你只顾文君司马凰求凤，把奴婢活活就往火坑里推。这件事雪里埋孩能有几日，疏而不漏天网恢恢。要叫太老夫人知道此事，堂楼上家法森严奴得吃亏。莺莺说若不知道三生有幸，要知道只管往我身上推。红娘说那时恐怕有你没有我，为什么把黑锅单叫我们揹。崔小姐闻听此言心中不悦，骂一声蠢才丫头下贱贼。论家法奴不从主该打死，你这丫头该火化灰。小红娘闻听此言咀一撇，说姑娘少与我数黄道黑。作丫环不过是捧茶倒水，侍奉不到打死奴婢心也不亏。女孩家谁不知道偷寒送暖，我问你当姑娘保的什么媒。张君瑞他是孤男我是处女，传出去长江流水洗不净面上黑。你只顾春暖放青叫我担过，讲不了堂楼去把太老夫人回。崔小姐一闻此言心中害怕，暗说道自己将事作错还瞒怨谁。无奈我硬着头皮把话讲，丫环你不能不作媒。这件事天知地知你我知道，红娘说要想人不知除非己莫为。莺莺说你把姑娘这事办妥，主仆二字半点靡。从此咱们论姊妹，端茶倒水不用你陪。红娘说光你口说我不凭信，莺莺说一言出口驷马难追。小红娘一听此言心花开放，说这件事管装管卸管来回。不是奴婢说大话，一霎时管叫你姓张不姓崔。小红娘下楼梯穿街越巷，到西厢请来张生同入罗帏。到后来太老夫人知道了，六花板拷打红娘细把根追。张君瑞拔水长安去赶考，得中爷家状元魁。金殿饮罢琼林筵，奉旨回家衣锦荣归。（胡德中述，冯德本记）①

　　《西厢记》这段东北大鼓说唱，与戏曲《西厢记》相比情节上要简单的多，内容上删减不少，文本字数 1500 字左右，但故事轮廓基本完整，有头有尾。可见东北大鼓的这个文本应当是鼓词发展到后期，由长篇叙述的讲唱逐渐演变为节选的"摘唱"时期出现的。时间上最早应当是清中叶以后。这种变化类似于戏曲发展中整本戏向折子戏的发展。而鼓词说唱中的详细部分当是民众审美期待所在。

　　从语言上看，东北大鼓一般以"十字句"为基本句式，字数上根据实际情

---

① 　沈阳市文学艺术工作者联合会编：《鼓词汇集》，第四辑，89～91 页，1957。

况可灵活变动。说唱词语中俗语运用较多，如"蠢才"、"下贱贼"、"数黄道黑"、"想要人不知除非己莫为"等。有的为语言朗朗上口或为了押韵，个别词语稍加变化，如"天知地知你我知道"、"一言出口驷马难追"、"疏而不漏天网恢恢"、"心比天高命薄如纸"。东北大鼓语言通俗，口语化色彩浓，"小红娘一听此言心花开放，说这件事管装管卸管来回。不是奴婢说大话，一霎时管叫你姓张不姓崔"。"张君瑞他是孤男我是处女，传出去长江流水洗不净面上黑。""靡"字方言的运用较为独特："你断亲如同把女儿赤绳割断，咱母女之情倒像是靡。""老夫人酒席筵前把他前言悔，命他们姊弟相称夫妇算靡。""莺莺说你把姑娘这事办妥，主仆二字半点靡。""红娘说有什么话休碍口，天大的事情一定化靡。""靡"，方言，意思为"没有"，"不再提起、搁置起来"。"靡"在说唱中还有押韵的效果。

从押韵上看，首段"四月清和巽风微，丁香放蕊柳金垂，自古君子求淑女，红粉佳人惹是非"基本奠定了整本曲目的韵律。曲目一般偶句押韵，以偶句 ui 和 ei 为主韵。每句字数没有严格规定。正文偶句最后一字如闱、围、眉、贼、黑、陪、妹、飞、培等主要用 ei 韵；如谁、回、惠、吹、推、亏、灰、崔、随等，则用 ui 韵等，首句可押可不押。基本上这两个主韵的顺序几乎都依照首段七言诗范式，先押 ui 韵，后押 ei 韵。但具体到文本二者主韵可以互相置换。偶有变韵，一般也是音相近，如方言"靡"，可能方言读 ei 韵。正是押韵使得语言朗朗上口，也易于配乐伴奏。东北大鼓最初的表演形式就是演唱者一人操小三弦自行伴奏说唱，并在腿上绑缚"节子板"击节，又叫"弦子书"。

情节上可详可略。这段鼓词重点在悔婚后崔莺莺的情感变化，如"小红娘下楼梯穿街越巷，到西厢请来张生同入罗帏。到后来太老夫人知道了，六花板拷打红娘细把根追。张君瑞拔水长安去赶考，得中爷家状元魁。金殿饮罢琼林筵，奉旨回家衣锦荣归。"这几句话略去了很多情节，而在其他鼓词中《红娘下书》《拷打红娘》等《西厢记》故事就单节表述。这也是鼓词发展的一种趋势。

内容上，鼓词往往侧重爱情内容，如《红楼梦》故事的鼓词和《西厢记》故事的鼓词等。鼓词大多取材于戏曲、小说和传奇故事，是人们喜闻乐见的一种艺术，受民间神话传说歌谣的影响。女娲造人神话中女娲和着水抟黄土而造人，民间歌谣中也有"拈一个你，拈一个我"的民歌。再加上民间认为"给人做媒，成就好事，是积德之善举"，所以鼓词中才有"常言道烧香拜神不如作好事，我何不趁水和泥就个机会"。民间观念认为，姻缘天定，主管婚姻的神为"月老"，月老把有情人用一根红绳拴住，那就必然成就姻缘，所以鼓词才有这段细腻的唱词："你断亲如同把女儿赤绳割断，咱母女之情倒像是靡。也不管女孩我的好与歹，也不管天理良心亏也不亏。张君瑞死去奴家也得死，一到九泉之下谢谢恩惠。也瞒怨月下老作事太错，五百年赤绳好歹给我们均揽。"红娘成为崔张传递情书的中介，因此就有"这封书比赤绳你比月老"。民间有"十年修得同船渡，百年修得共枕眠"，那么"五百年赤绳"的情结，理应有情人成就眷属了，所以鼓词中"五百年赤绳好歹给我们均揽"一句，也为后文崔莺莺执著地以身相许，奠定信仰的基石。封建社会家法族规严厉，奴婢往往没有人生自由，是主家财产的一部分，可以作为礼物送人，也可以作为陪嫁，甚至主家有生杀大权，而不用承担法律责任，所以主仆关系历来也是民间热议和关心的问题。"论家法奴不从主该打死，你这丫头该火化灰"就微妙地折射出奴仆的可怜地位，也为衬托后文红娘的机智勇敢埋下伏笔。从饮食民俗来理解看，"你要想吃什么珍馐美味，渴了有雨前毛尖香片寿梅"。"明前茶"、"雨前茶"是我国长江流域江南茶区按节气对不同阶段春茶的称呼。"雨前茶"是清明后谷雨前采制的茶叶，"雨前茶"品质尚好，而谷雨后立夏前的茶叶一般较粗老，品质较差。"雨前毛尖香片寿梅"折射的是我国茶文化中对茶种和采茶时间的要求。"雨前"是时间上的稀有，"毛尖"、"香片"、"寿梅"是茶种上的稀有。"雨前毛尖香片寿梅"可谓茶中上品，此句也表现出红娘对茶艺的精通，也与她是相府小姐的丫环身份符合，见多识广。

从叙述特点看，东北大鼓最初一人说唱表演兼音乐伴奏，后来又加入几人乐器伴奏。乐器演奏人数可变，但说唱表演始终为一人。所以叙述方式往往是一人表演不同的人物叙述故事，文本中常以第三人称客观叙述，涉及身份转换时就出现了"莺莺说"、"红娘说"这种叙述方式。第三人称叙述，也变化丰富。有的以代词"他"或直呼名字出现，有的以代言方式叙述，如"奴家我……""姑娘我……""姑娘我这几天不像上几日，昼夜不安你可晓得"。这时的说唱人成为隐藏作者，但隐藏作者往往视故事的进程，一会儿又跳出来直接以全知全能的第三人称口吻叙述，如"崔小姐一闻此言心中害怕，暗说道自己将事做错还瞒怨谁。无奈我硬着头皮把话讲……"，既展现了人物复杂的内心世界，又有助于吸引听众。

鼓词艺人客观叙述往往为了前后衔接紧密，叙述上用"表"，意思是"说"。"表的是相府莺莺真国色，生成的倾国倾城一位女俊闺，为高堂尽心了愿普救寺，偏遇贼兵把寺围。""且不言西厢张生身染病，表一表相府小姐独坐香闺。""表"的使用也起到引人注意，或情节段落过渡的效果，或描述当时场景、行为、动作等，为后文对话、故事的发展埋下伏笔，如"小红娘闻听此言咀一撇……""小红娘进绣房垂手而立，尊一声姑娘听我回。""崔小姐寂寞无情愁恹恹，思想起张生一阵好伤悲。"但是对行为动作、场景的描述，一般点到即止，不作大肆渲染。叙述节奏简短而紧促，抒情与叙事相结合，在情感的高潮往往叙事上也浓墨重彩，大肆渲染。

人物形象上看，东北大鼓重视故事叙述，也重视重点突出一两个主要人物。《西厢记》这种表现情感类的曲目，更重视通过对话、心理活动来展现人物细腻的情感变化，如在《西厢记》中表现崔莺莺作为大家小姐，既有封建小姐的顾忌，也有为追求自由爱情的心理和行为。当老夫人悔婚时，莺莺内心对老夫人异常不满，并有为痴情郎赴死之心。"一瞤怨心比天高命薄如纸，二瞤怨高堂老母行事太黑。你断亲如同把女儿赤绳割断，咱母女之情倒像是靡。也不管女孩我的好与歹，也不管天理良心亏也不亏。张君瑞死去奴家也得死，一到九泉之下谢谢恩惠。"随后再叙述写书简托付红娘传情的行为，情感的发展与封建理性的束缚，在守礼与越轨的描述中完成人物形象的塑造。"女孩家不能出头露面，姑娘我心不忍托付你一回。这封书比赤绳你比月老，但等我们合欢之时再谢鸿媒。"尤其是"等我们合欢之时再谢鸿媒"真可谓语出惊人，对于封建社会的女子在他人面前直言"等我们合欢之时"在当时是不可想象的，其对封建礼教的颠覆也是巨大的，从另一个侧面看也表现了莺莺对张生爱得深沉。

鼓词中对红娘人物形象的描绘最为生动。作为一个丫环，红娘察言观色，聪明机智。当莺莺叫红娘入闺房，"小红娘进绣房垂手而立"，可谓"知礼"。"你要想吃什么珍馐美味，渴了有雨前毛尖香片寿梅。"这是丫环职责所在，吃的喝的都问到了，可见红娘思维敏捷，考虑周全。当知道小姐有事时，"红娘说有什么话休碍口，天大的事情一定化靡"。从中可见红娘热心肠。当知道小姐让自己传简送书，为其成就好事时，既要帮，又要给自己留下退路，表现出处事冷静、思维缜密的特点："小红娘早知道姑娘心腹意，暗说道何不顺水把舟推。常言道烧香拜神不如做好事，我何不趁水和泥就个机会。但是我得难他一下，免去日后惹起是非。"而在和小姐斗智斗勇的过程，更让我们看到红娘随机应变、机智聪明的一面。红娘欲扬先抑，先找理由回绝，说这是"把奴婢活活就往火坑里推"，"要叫太老夫人知道此事，堂楼上家法森严奴得吃亏"。当莺莺许诺："莺莺说若不知道三生有幸，要知道只管往我身上推。"按说可以答应小姐的请求了，但是聪明的红娘知道自己的奴婢身份，这种越礼越规的事情的严重性。老夫人和小姐都是自己的主人，他们母女再反目，也是一家亲，小姐没事，受害的还是红娘。因此"红娘说那时恐怕有你没有我，为什么把黑锅单叫我们揹"。当小姐生气发火，说话不中听，并以家法威胁："骂一声蠢才丫头下贱贼。论家法奴不从主该打死，你这丫头该火化灰。"这时红娘临危不乱，反唇相讥，据理力争："小红娘闻听此言嘴一撇，说姑娘少与我数黄道黑。作丫环不过是捧茶倒水，侍奉不到打死奴婢心也不亏。女孩家谁不知道偷寒送暖，我问你当姑娘保的什么媒。张君瑞他是孤男我是处女，传出去长江流水洗不净面上黑。你只顾春暖放青叫我担过，讲不了堂楼去把太老夫人回。"在这一回合的较量中，红娘首先表明自己作为奴婢恪尽职守，不会越礼，进而指出小姐越礼越规错在先。使得崔莺莺"无奈我硬着头皮把话讲，丫环你不能不作媒"来央求红娘，并降低主人身份，许诺以姐妹论："莺莺说你把姑娘这事办妥，主仆二字半点靡。从此咱们论姊妹，端茶倒水不用你陪。"在软言相求下，红娘依然保持警惕与理性，乘胜追击，空口无凭，直到莺莺盟誓"一言出口驷马难追"才作罢。可以说在和小姐的较量中红娘是不卑不亢，有理有据，步步紧逼，环环相扣，把小姐引到自己设置的圈套里，为自己留下退路。同时慷慨陈词，表现自己的热心与义气："说这件事管装管卸管来回。不是奴婢说大话，一霎时管叫你姓张不姓崔。"一旦解除后顾之忧，"小红娘下楼梯穿街越巷，到西厢请来张生同入罗帏"。成就张生和崔莺莺美好的相会，既实践了红娘的许诺，同时也展现了红娘的办事能力。至此红娘的形象丰满而生动：聪明而机智，热情而又冷静。作为奴婢，其处境之艰难，让民众同情；而处事的游刃有余，让我们敬佩赞叹。

从以上分析可知，东北大鼓《西厢记》曲目故事性和抒情性强，很可能是用唱腔优美的以沈阳为轴心的"奉调"来演唱的。故事中突出人物，突出矛盾，语言通俗易懂，有一定的押韵，朗朗上口，便于说唱。方言俗语和地方风俗、民间信仰的渗透，极具地方色彩和民间审美效果。民间口头文学和其他说唱文学对东北大鼓的说唱内容和风格也有影响。

后　记

　　本书作为一部新型的民间文学教材，主要适用于综合性大学民间文学专业课与选修课的教学。在编撰中，以民间文学基本问题为纲，努力实现民间文学的理论与作品相结合。

　　本书各章的编撰分工如下：

绪　论　（毛巧晖，山西师范大学文学院）

第一部分　民间文学基本理论与方法

第一章　民间文艺学基本原理　　　（郑土有，复旦大学中文系）

第二章　20 世纪中国民间文学学术史　　　（刘波，西南民族大学文学院，撰写第一节；毛巧晖撰写第二节、第三节）

第三章　民俗学田野作业法　　　（卫才华，山西大学中文系）

第二部分　民间文学研究专题

第四章　神　话　　　（田欢，华侨大学华文学院）

第五章　民间传说　　　（俞蓓，华东师范大学对外汉语学院）

第六章　民间歌谣　　　（陈丽琴、过伟，广西民族大学文学院）

第七章　民间说唱　　　（彭栓红，大同大学中文系）

第三部分　民间文学资料举例与个案分析

射日神话的源流与分析　　　（田欢，华侨大学华文学院）

社会记忆的重塑——从孟姜女传说中"哭"这一情节的演变谈起　　　（俞蓓，华东师范大学对外汉语学院）

歌谣鉴赏　　　（陈丽琴、过伟，广西民族大学文学院）

介休宝卷中的神圣与世俗文化　　　　（彭栓红，大同大学中文系）
东北大鼓《西厢记》文本研究　　　　（彭栓红，大同大学中文系）

　　由于认识和水平所限，书中所论，难免偏颇甚至错误，衷心期望各位专家和读者不吝批评，慷慨赐教。

毛巧晖

2011 年 6 月 2 日